JN056862

野菜大国とちぎ、その栽培の歴史をたどる

とちぎの野菜栽培史

川里 宏

随想舎

トマトの接木　共同作業
足利市1985年9月27日

高糖度トマトの隔離床
藤岡町1995年10月

トマトのトンネル栽培　壬生町北小林1978年3月

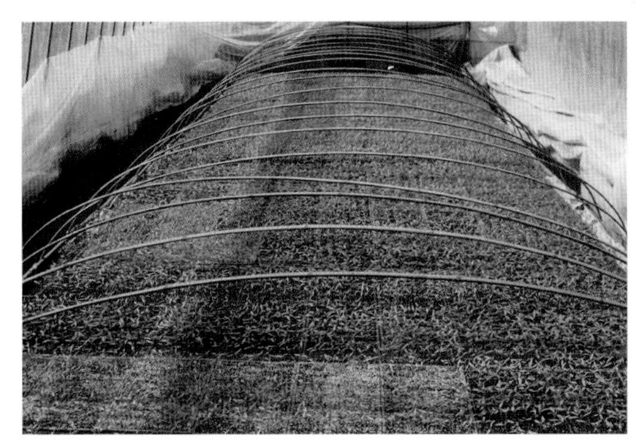

夏秋トマトの苗床
市貝町1993年3月

半促成トマト　宇都宮市平出町1966年3月

夏秋トマト
壬生町1975年5月17日

トマトの3段摘心密植栽培
宇都宮市1965年4月品種はごろも

抑制トマト末期のぶったおしの状況、夜間は保温材を被覆する
宇都宮市1993年11月19日

ジュース用トマトのホールプラント
大田原市1985年5月

ナスの接木作業
宇都宮市1996年8月

ジュース用トマトの機械定植
那須町小深堀1974年5月

プリンスメロン後作のナス
真岡市1982年10月

ジュース用トマトの無支柱栽培
大田原市1981年6月9日

ナスの越冬栽培
真岡市2001年12月26日

ミニトマトの放任栽培（ソバージュ栽培）
宇都宮市2012年8月

子ナスの果実
佐野市1989年6月

キュウリの苗床
石橋町1982年3月26日

夏キュウリの薬剤散布
上三川町1967年6月

キュウリのトンネル栽培
宇都宮市岩曽町1985年5月14日

夏キュウリの雨除け栽培
上三川町1993年7月22日

キュウリの
半促成栽培
小山市1966年3月

キュウリの早熟栽培
宇都宮市石井町1959年5月

夏秋キュウリ
今市市1963年9月

夏キュウリの急性萎凋症状
鹿沼市1966年8月4日

プリンスメロンの断根接木の挿し木前の硬化
真岡市1982年3月2日

プリンスメロンのハウス（間口2.7m）
真岡市1974年4月18日

プリンスメロンの定植準備
真岡市1982年3月29日

プリンスメロンのハウス栽培
真岡市1974年4月

プリンスメロンの圃場
真岡市1974年4月18日

アスパラガス
黒磯市1981年7月

プリンスメロンの圃場
真岡市1981年6月23日

アスパラガスのハウス栽培
上三川町1994年3月25日

ネギ苗
宇都宮市新里町1996年5月15日

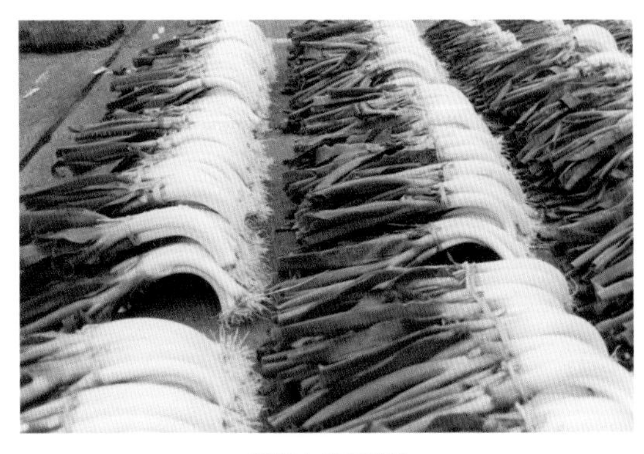

新里ネギの荷姿
宇都宮青果市場1963年12月

定植後のネギ
宇都宮市新里町1988年6月

宮ネギの圃場
栃木市1991年10月

曲りネギ、倒す側に溝を掘る
宇都宮市新里町1995年8月4日

ハウス軟白ネギ
大田原市1994年4月19日

曲げるために株を倒す
宇都宮市新里町1995年8月

ニラの手植え定植
鹿沼市1986年5月

練り床の作成、水を入れこねてから平らにならす
宇都宮市1965年8月

練り床の作成、包丁でブロック状に切込みを入れる
宇都宮市1965年8月

ハクサイの練り床
壬生町1984年8月18日

ハクサイのハウス栽培
真岡市1995年2月18日

ハクサイの収穫出荷
小山市1981年12月6日

貯蔵ハクサイの出荷
壬生町1990年2月

キャベツの定植準備
栃木市片柳町1964年9月

キャベツの定植
足利市1984年8月24日

キャベツの荷造り
大田原市1964年12月

ホウレンソウの雨除け栽培
塩原町上の原1993年

ホウレンソウの雨よけハウス土壌消毒
湯津上村1993年7月

レタスの苗床、セル育苗
小山市1996年9月

ホウレンソウの播種
藤原町高原 （左）1991年6月 （右）1992年5月

トンネル栽培レタスの換気
上三川町1987年2月

露地ホウレンソウ
藤原町高原1981年6月

レタスの収穫
上三川町1987年3月

タマネギの収穫
（左）南河内町1998年6月　（右）宇都宮市2001年6月

ウドの株分
鹿沼市1994年3月12日

ゴボウの収穫
壬生町1976年4月

溝軟化（土伏せ）のウド
宇都宮市1973年3月

ダイコンの播種
塩原町上の原1993年7月1日

サトイモの催芽
宇都宮市1987年5月7日

干しダイコン
鹿沼市上石川1994年11月24日

サトイモの貯蔵穴　ビニール屋根と換気口
鹿沼市1987年12月

本書をとちぎの野菜栽培の発展に尽くした先人たちに捧げます

とちぎの野菜栽培史　目次

第1編　通史

第1章　古代から平安期まで …… 14

第2章　中、近世の野菜　―農書の中の野菜― …… 15

1. ナス …… 16
2. キュウリ …… 17
3. ダイコン …… 18
4. ナ、カブ、ツケナ …… 19
5. ネギ …… 20
6. ニラ …… 21
7. サトイモ …… 22
8. ウド …… 23
9. ゴボウ …… 24
10. 江戸期における栃木県の野菜の種類 …… 25

[附1] 江戸期の促成栽培 …… 25

[附2] 江戸幕府と野菜 …… 26

第3章　19世紀後半の野菜　―明治期を中心として― …… 27

1. 種苗の導入と試作 …… 27

コラム：船津伝次平の講演記録に見る野菜 …… 27

2. 明治期の野菜栽培の理論と実際 …… 28
3. 明治期の栃木県における野菜生産 …… 29

コラム：栃木県でのトマト試作者、国府義胤のこと …… 30

噴霧器の始まり …… 33

第4章　20世紀前半の発展と戦時の影響 …… 35

1. 1900年代初期の野菜生産 …… 35
2. 野菜生産の方向性と論議 …… 36

3. 野菜生産と出荷組合 …… 37
1）栃木県農業経営方法共進会に見る野菜生産 …… 37
2）野菜生産と産地 …… 38
[附] 軟化栽培について …… 40
4. 行政施策と野菜 …… 41
1）町村是と野菜 …… 41
2）経済厚生運動と野菜 …… 41
3）戦時下の作付統制 …… 42
[附]カボチャの増産運動 …… 43
コラム：作付統制への園芸界の抵抗 …… 44
5. 栽培 …… 44
1）品種 …… 44
2）栽培事例 …… 45
3）佐藤政明の著書に見る栽培法について …… 48
4）野菜農家の経営事例 …… 49

第5章 戦後の復興 1945年－1960年 …… 51
1. 農業政策と野菜生産 …… 51
コラム：1949年頃の識者の野菜生産に対する考え方 …… 52
2. 県内地域と野菜生産 …… 52
3. 初期の先駆者たち …… 54
コラム：キュウリの温床促成栽培について …… 55
4. 生産組合の状況 …… 56
コラム：初期の農業研究クラブの雰囲気 …… 58
5. 栽培 …… 59
1）作付の状況と実績 …… 59
コラム：練床育苗について …… 60
2）品種 …… 61
3）栽培事例 …… 61
コラム：トマトの着果ホルモン剤 …… 63
4）生産上の課題、問題点 …… 63
（1）生産上の課題／（2）栽培上の問題点

第6章 産地の定着と専作化の進行 1960年－1970年 …… 66
1. 農業政策と野菜生産 …… 66
2. 生産出荷組織への農協の関与 …… 66
3. 県内地域の野菜生産 …… 68
コラム：軟弱小物野菜について …… 72

4. 主な野菜の動き 72
コラム：立ち上がった地這いキュウリ 74
5. 栽培 74
1) 作付の状況 74
2) 品種 75
3) 栽培事例 75
4) 課題と問題点 80
(1)栽培技術上の問題点／(2)組織・運営上の問題点
[附] 夏キュウリの急性萎凋症状 80
コラム：白と黒 81

第7章 農政の歴史的転換期と野菜 1970年－1980年 82
1. 農業政策と野菜生産 82
1) 米減反政策と野菜 82
2) いわゆる石油危機と野菜栽培 83
3) 野菜生産の概要 84
コラム：オイルショックの結末 86
2. 県内地域の野菜生産 86
3. 主な野菜の動き 89
4. 栽培 92
1) 品種 92
2) 栽培事例 93
3) 課題と問題点 95

第8章 主産地の形成と首都圏農業の始まり 1980年－1990年 97
1. 農業政策と野菜生産 97
2. 県内地域の野菜生産 98
3. 主な野菜の動き 103
4. 栽培 105
1) 品種 105
2) 栽培事例 105
3) 課題と問題点 108
(1)主要野菜の課題と問題点／(2)接木栽培の状況

第9章 首都圏農業と新技術の登場 1990年－2000年 110
1. 農業政策と野菜生産 110
1) 首都圏農業確立事業の概要 110
2) 首都圏農業確立事業に対する農業改良普及事業の取り組み 111

3）系統農協の首都圏農業への取り組み …… 112
4）新規就農者について …… 112
5）有機農業、持続性農業生産の勃興 …… 112
2. 県内地域の野菜生産 …… 113
3. 主な野菜の動き …… 116
4. 栽培 …… 118
1）品種 …… 118
2）新技術と新資材 …… 119
(1)セル成型苗の普及／(2)マルハナバチの利用／(3)オンシツツヤコバチの利用
コラム：無形文化財的な育苗技術 …… 121
3）栽培事例 …… 122
4）課題と問題点・対策 …… 124
(1)真岡農協の主要品目の対策／(2)小山地域の春トマト、栽培上の問題と対策

第10章 栽培施設の高度化と経営の分極化 2000年－2010年 126
1. 農業政策と野菜生産 …… 126
1）首都圏農業の推進 …… 126
2）持続的農業の推進 …… 127
(1)有機農業／(2)とちぎの特別栽培農産物とエコファーマー
2. 県内地域の野菜生産 …… 129
3. 主な野菜の動き …… 132
4. 栽培 …… 134
1）品種 …… 134
2）栽培事例 …… 135
3）課題と問題点・対策 137
コラム：栃木県トマト生産者大会―県産トマト危機突破に向けて― …… 137

第11章 施設園芸初期の動き …… 138
1. 本県における初期の早出し栽培 …… 138
2. 塩化ビニールの農業への利用 …… 140
3. 全国野菜園芸技術研究会の発足 …… 141
4. 本県における初期の施設園芸 …… 141
5. 初期の生産出荷組織 …… 144
6. 栃木県施設園芸農業協同組合と系統農協の対応 …… 145
1）施設園芸農協の設立 …… 145
2）系統農協の施設園芸への対応 …… 145
3）農協組織としての施設園芸 …… 146

第12章 栽培施設の発展 148
1. ハウスの型式 148
2. 内部施設・装備 149
1) 加温施設 149
2) ハウス内部のカーテン装置 149
3) 炭酸ガス発生機と利用 150
4) 養液栽培 151
5) 省エネルギー施設と機材 154

第2編 種類編

第1章 トマト 158
1. 明治期から1930年代まで 158
2. 戦後の復興とビニール利用の早出し栽培の普及 160
3. トマトの播種期と作型について 161
4. 春採りトマトの栽培概要と問題点 162
5. 密植摘心栽培(三段密植栽培) 163
6. 長期栽培(越冬長期多段どり栽培) 164
1) 1970年代 164
コラム: グリーンステージ大平　飯田智司さんのこと 166
2) 2000年代以降 167
(1)鹿沼市の事例／(2)栃木市の事例
コラム: 板木利隆のトマト長期栽培に対する所感(2005年) 169
7. ジュース用トマトの栽培 170
1) 生産経過 170
2) 栽培 171
8. 宇都宮市清原地区の夏秋トマト 172
9. 市貝町の完熟トマトの夏秋栽培 174
10. 湯津上村から始まったハウス用完熟トマトの栽培 174
11. 整枝と誘引について 175
1) 整枝法 175
2) 誘引法 176

第2章 キュウリ …… 178
1. 古代から江戸期まで …… 178
コラム：キュウリの民俗 …… 178
2. 1800年代後半から1900年代中期まで …… 179
1）1900年代初期（明治、大正期）まで …… 179
（1）生産概要／（2）品種／（3）成書に見る栽培法／（4）本県における栽培
2）1900年代中期まで …… 182
（1）生産概要／（2）栽培
3. 1900年代後半期 …… 185
1）戦後の動き …… 185
2）夏秋キュウリの栽培拡大 …… 186
（1）那須町の那須高原キュウリ／（2）日光・今市地域の日光キュウリ／（3）栃木市の大麻後作から始まった夏秋キュウリ／（4）葉タバコ跡地利用の夏キュウリ―馬頭町、茂木町での地這いキュウリ／（5）小山地方の夏キュウリ
[附] 地這いキュウリの栽培法 …… 189
コラム：霜不知キュウリからときわの支柱栽培 …… 190
3）白イボキュウリへの転換 …… 190
4）接木栽培 …… 192
5）ブルームレス台木について …… 192
6）品種の動き …… 194
（1）1950年頃よりの関東での夏キュウリ品種の動き／（2）白イボキュウリ移行後の品種の動き

第3章 ナス …… 195
1. 古代から江戸期まで …… 195
2. 1800年代後半から1900年代前半まで …… 195
1）生産概要 …… 195
2）品種 …… 196
3）栽培 …… 196
3. 1900年代後半期 …… 197
1）生産概要 …… 197
2）品種と栽培 …… 198
4. 主な産地と栽培 …… 199
1）真岡市とその周辺 …… 199
2）那須北部 …… 200
3）喜連川町の促成栽培 …… 201
4）小山市のナス半促成栽培 …… 203

第4章 メロン、マクワウリ 204
1. 古代から江戸期まで 204
2. 1900年代前半まで 204
3. 1900年代後半期 205
1）戦後復興期の動き 205
2）真岡市のメロン 206

第5章 ニラ 209
1. 古代から近世まで 209
コラム：ニラの名称について 209
2. 1950年以降 209
1）周辺県の状況 209
2）栃木県でのニラ生産 210
(1)西方村と鹿沼市／(2)大平町と栃木市／(3)氏家町／(4)県北
3）栽培 214
(1)品種／(2)栽培／(3)作業の機械化／(4)ニラ生産者の健康管理
[附] 栃木県育成のニラ品種 215
コラム：長 修の回想 218

第6章 ネギ 220
1. 古代から近世まで 220
1）栃木県のネギに関する記述 220
2）宮ねぎの歴史 220
3）新里ねぎの歴史 221
コラム：ネギの薬効 221
2. 1800年代後半から1900年代前半まで 222
1）生産概要 222
2）栽培 222
(1)品種／(2)栽培
3. 1900年代後半から2010年頃まで 224
1）生産概要 224
2）那須野農協のネギ 225
3）栽培 226
(1)品種／(2)栽培

第7章 ウド 229
1. 古代から近世まで 229

2. 1800年代後半以降 230
1) 品種 230
2) 軟化法 231
3) ホルモン剤の使用 231
4) 高冷地委託栽培 232
5) 掘り取り作業の機械化 232
コラム: 密室の技術 232
3. 栃木県におけるウド栽培―1900年以降― 233
1) 1950年頃まで 233
(1)生産概要／(2)栽培
2) 1950年以降、2000年頃まで 235
(1)1950－60年代／(2)1970年以降
コラム: 栃木県育成のウド品種 237
ウドの組織培養による増殖 238

第8章 アスパラガス 240
1. わが国への導入と初期の栽培 240
2. 栃木県における栽培 240
1) 各地域の栽培経過 240
(1)那須北地域／(2)宇都宮市と上三川町／(3)その他の地域
2) 栽培概要 243
(1)1970、80年代の栽培／(2)2000年代初期の栽培

第9章 タマネギ 244
1. わが国への導入と発展 244
2. 栃木県における栽培経過 244
1) 1945年以前の概要 244
2) 1945年以降の概要 245
3. 栽培 246
1) 品種 246
2) 栽培 247
(1)1963年頃の栽培／(2)2000年頃の栽培
3) 栽培上の問題点 248

第10章 サトイモ 249
1. 1800年代までの概要 249
2. 1900年代前半の概要 249

3. 1900年代後半の概要 …… 250
4. 栽培 …… 252
1) 品種 …… 252
コラム：善光寺いもについて …… 253
2) 栽培 …… 253
(1)1912年の施肥例／(2)1930年代の栽培／(3)1950年代の栽培／(4)1970年代の栽培／(5)2000年代初期の栽培

第11章 その他の野菜 …… 256
1. 野口菜 …… 256
2. 鹿沼菜 …… 257
3. かき菜 …… 258
4. シュンギク …… 259
5. ゴボウ …… 261
1) 1940年代までの概要 …… 261
2) 1950年以降の概要 …… 261
3) 稲葉のゴボウについて …… 262
6. ダイコン …… 264
7. ショウガ …… 265
1) 1900年代前半の概要 …… 265
2) 1900年代後半の概要 …… 266
8. 中山カボチャ …… 267

第3編 地域編

第1章 開拓地・高冷地の野菜 …… 270
1. 明治の那須野が原開墾地 …… 270
2. 1945年以降の開拓地 …… 270
1) 黒磯・那須地域 …… 271
2) 塩原町 …… 272
3) 藤原町 …… 274
4) 塩谷町 …… 276
5) 藤原町、栗山村 …… 276
6) 日光市 …… 277

コラム：栃木県開拓農協連合会の集出荷施設 …… 279

第2章 宇都宮市とその周辺 …… 280
1. 1950年以前の概要 …… 280
2. 1950年以降の概要 …… 281
3. 上三川町の野菜 …… 284
[附] 立松和平の「遠雷」について …… 287
コラム：農業自得（1841年）のナスの記述 現代語訳 …… 288

第3章 足利市とその周辺 …… 289
1. 1950年以前の概要 …… 289
2. 1950年以降の概要 …… 290
コラム：回想　足利のトマト …… 293

第4章 佐野市とその周辺 …… 294
1. 1900年代前半までの概要 …… 294
2. 1900年代後半以降の概要 …… 295

第5章 小山市とその周辺 …… 297
1. 1900年代前半までの概要 …… 297
2. 1950年代以降の概要 …… 298
1）野菜の早出し栽培から施設園芸へ …… 298
2）レタス …… 301
3）ハクサイ …… 301
4）ネギ …… 301
5）国分寺町の野菜 …… 302
コラム：白菜の豊作貧乏について（1964） …… 303

第6章 那須北地域 …… 304
1. 那須町での初期の概要 …… 304
2. 黒磯市での初期の概要 …… 305
3. 大田原市とその周辺地域 …… 306
コラム：回想　早出し栽培事始め　―昭和28年― …… 309

あとがき …… 311

第1編

通史

第1章　古代から平安期まで

栃木の野菜史を記述する第一歩として、古代までさかのぼって見ていく。古代の野菜は文献的にはヒミコの時代から始まる。魏志倭人伝には人は冬も夏も生菜を食べているとある。生菜の解釈としては各種あるようだが、文字通りみれば食用となる草本を加熱せずに食べていたことになる。しかし遥か以前にサトイモやダイコンなどが渡来していたことは明らかであり、野菜の利用は自生品を含め多彩であったと思われる。

文献に現れた野菜についてはよく知られた例として断片的ではあるが次に示してみる。

古事記では中巻に「粟生には臭韮（かみら：ニラ）一茎…」という歌の一節があり、同じく仁徳天皇記に「…木鍬持ち打ちしおおね（ダイコン）根白の…」なる歌がある。万葉集の東歌には「上毛野佐野のくくたち…」(註、くくたちは抽苔茎のこと、佐野は前橋郊外の地名、しかし下野の佐野とする説もある)とある。日本書紀の持統天皇の項（693年）には「天下をして…蕪青等の草木を勧め…。」と奨励策に救荒作物としてのカブ類がでてくる。救荒作物としてのカブは斉民要術にもあり、これにならったものであろうが、カブは年間播種ができ、また短期作物であるからこの点を買われてきたのであろう。現在の欧州系のカブと違い、はるかに乾物率が高く干菜でも利用できたものである。また天然痘対策としての朝廷の布告（732）ではネギやニラの多食を勧めている。最近話題になった長屋王木簡（711－717年頃）には長屋王の自家菜園から多くの野菜が平城京に運ばれていたことが分かり、ナスについては正倉院文書（734）より古い初出記録となった。

さらに下って「延喜式」（901－927）には20種類もの野菜、香辛野菜の名と共に耕作法も記載され当時の栽培状況をうかがうことができる。奈良期の野菜の種類は関根真隆によると、延喜式、和名抄などを総括して青菜25、果菜8、根菜5、臭菜6、香辛菜10種類としている。もちろん、すべてが栽培されていたとは限らないし、中国の本草書の引用もあるかもしれないが、多彩な野菜の利用があったといえる。

栃木県に関しては何も記録はないが、野菜の利用について特殊な香辛料をのぞき同様であったであろう。万葉集の「くくたち」の東歌がこの地方の菜の利用を表すものであるが、下野か上野か解釈は分かれている。河野守弘は下野国誌（1850）においてこれは下野のこととしている。

梁塵秘抄（1179年までに成立）にナスの歌詞（No371、372）がある。No372はナスの採種についての古い「記載」である。歌詞の解釈として古女房に飽きたという訴えに対して、それを諌めた歌という。(新潮日本古典集成　1979年、新潮社による)

　山城茄子は老いにけり。採らで久しくなりにけり。吾児噛みたり。
　さりとてそれを捨つべきか。措（お）いたれ措いたれ種採らむ。

参考文献(第1章)

古島敏雄（1975）　古島敏雄著作集第6巻　東京大学出版会
関根真隆（1969）　奈良朝食生活の研究　吉川弘文館
青葉高（1991）　野菜の日本史　八坂書房
久保功（1996）　野菜は世界の文化遺産　淡交社（京都市）
河野守弘（1850）　下野国誌　1968年現代語訳p100　下野新聞社
浅井敬太郎（1964）　明治前日本農業技術史（新訂版）　日本学術振興会
杉山直義（1991）　延喜式の中の野菜　農業および園芸66（7）29－36
伊佐治康成（2012）　律令国家の蔬菜栽培奨励策　日本の歴史　2012年4月号

第2章 中・近世の野菜 —農書の中の野菜—

中世に入り外国船の入港も増え、欧州、アジア南方からの新野菜の導入も増えてくる。

奈良、平安期の中国からの導入事例に次いで第2の作物導入時代である。主な渡来野菜はスイカ、カボチャ、トウガラシ、トウモロコシ、サツマイモなどである。江戸期に入ると城下町の発達があり、野菜を食べる人と作る人の区別がはっきりしてきて、近在の野菜生産地が生まれてくる。いわゆる野菜の商品化であり、露地栽培を基本とするも肥料の多投、金肥の普及、種苗の交流、篤農家の誕生など昭和初期の頃までの基礎が形成されてくる。水本邦彦（百姓たちの近世、岩波新書、2015）によれば1700年代に入ると、農間余業が勧められ野菜作りもその一つであり、一方新田開発に伴う草肥供給地・里山の減少から1700年代半ばには金肥（干鰯ほしか）の普及があり、18世紀は自給肥料から金肥へ移る画期であるとしている。

農書についても単なる品名の記載から一歩進んで、栽培技術を扱う書が全国的に出版されてきて、この農書を中心に指導者層が各地に起こってくるようになる。

江戸期の農書については以前から古島敏雄ら農政学徒による研究があるが、幸いなことに多くの農書が農山漁村文化協会により現代語に訳され出版されているので、以下これによって農書の中の野菜について考察していく。

野菜の記事のある主な農書は下記の表の通りである。野菜名はカタカナで表し暦日は陰暦である。本章の文中のかっこ内の数字は以下の農書のNoである。

表 引用する農書一覧（主として農山漁村文化協会、日本農書全集による）

No	農書名	年	場所
1	清良記	1629～	愛媛
2	百姓伝記	(1680)	東海地方
3	会津農書	1684	福島
4	園圃備忘	1688	
5	地方の聞き書き	1688	和歌山
6	本朝食鑑	1695	
7	農業全書	1697	
8	耕家春秋	1707	石川
9	農事遺書	1709	石川
10	和漢三才図会	1712	
11	幕内農業記	1713	福島
12	菜譜	1714	
13	老農類語	1722	対馬
14	農術鑑正記	1723	
15	民間備荒録	1755	岩手
16	家訓全書	1760	長野
17	農業日用集	1760	大分
18	家業考	1764	廣島
19	一粒万倍穂に穂	1786	岡山
20	農事弁略	1787	山梨
21	私家農業談	1789	富山
22	開荒須知坤巻	1795	群馬
23	松村家家訓	1799	石川
24	農家業状筆録	1804	愛媛
25	粒々辛苦録	1805	新潟
26	農家捷径抄	1808	栃木
27	社稷準縄録	1815	神奈川
28	稼穡考	1817	栃木
29	山本家百姓一切有近道	1823	奈良
30	農業要集	1826	千葉
31	農業余話	1828	大阪
32	北越新発田領農業年中行事	1829	新潟
33	郷鏡	1830	熊本
34	作りもの仕様	(1831)	兵庫
35	砂畠菜伝記	1831	福岡
36	上方農人田畑仕法試	1834	秋田
37	年々種蒔覚帳	1837	神奈川
38	耕作仕様書	1839～	埼玉
39	農業蒙訓	1840	福井
40	農業自得	1841	栃木・上三川

No	農書名	年	場所
41	農業功者江御問下げ並に御答書	1841	山口
42	家業伝	1842	大阪
43	自家業事日記	1849	鳥取
44	農稼録	1859	愛知
45	広益国産考	1859	
46	農具揃	1865	岐阜
47	菜園温故録	1866	茨城

このほか栃木県関係の野菜の種類については、「江戸時代中期における諸藩の農作物（1716－1740）」（盛永俊太郎・安田健、1986、日本農業研究所、副題：～享保・元文　諸国産物帳から～　文中は諸国産物帳と略記）より引用した。

1. ナス

ナスの本邦への渡来は奈良時代であるといわれ、文献的な初出は正倉院文書（734）とされてきたが、近年の長屋王木簡に「韓奈須比」とあり木簡の年代が711－717年のものとされているのでナスの記載は約20年さかのぼることになった。平安期の延喜式にはナスが育苗された後、定植されたとの記載がありすでに重要な野菜であった。

1）1600年代の農書

種類と品種：清良記（1）には12品種が挙げられ、百姓伝記（2）には早晩性、果形、果色の違う品種があり、農業全書（7）には詳しい品種解説があり、丸ナスをほめている。

栽培：早生は1月中旬、晩生は2月末に播き（5）苗を作って植える（6）。催芽は囲炉裏の近くに置いたり、日にあてて行う（7）。整枝法としては枝が込み合わぬようにする（6）。

肥料は干鰯、菜種粕など金肥を使い（5）予定地は前年からよく肥やしておく（6、7）、定植時に主根を切って側根を増やす（7）。

採種：種子は二番なりから採り灰をまぶして貯蔵する（2、7）。

防除：アブラムシには地際に硫黄華を混入する（6）。連作をきらう（5）。

2）1700年代の農書

種類と品種：果色と早晩性による類別があり紫色のナスが最もよい（10）。

栽培：2月に苗を作り（10）、直根を切って（21）雨あがりの晴天日に植える（23）。浸水済の種子を藁つとに入れ囲炉裏の近くに置き催芽する（11、12）。浸水は5、6日で春の彼岸過ぎに播きわらで覆っておく（16）。床土は毎年代える（11）。葉が五枚の時植える（12）。田植えの後に植える（16）。

くらつきに直播した場合、間引き苗は売るとよい（8）。連作を避け（10）開花初めに芯を止め枝を伸ばす（16）。

採種：種子は2、3番果より採る（11、21）。

3）1800年代の農書

種類と品種：早晩性による区別は従来通りであるが（32）、中手千成やおく巾着などの品種名が出てくる（38）。

栽培：苗作りについては多くの農書で触れている。催芽については砂にまぶし湿気を保ち、ふところや日なたで温めたり（35）、人肌くらいの厩肥の中に入れ熱すぎるときは穴をあけ熱を逃がすなどの例が述べられる（38）。苗床は下肥をまいておき播種後はこな肥を厚くかけ夜はこもを掛けておくと20日くらいで出芽する（35、46）。熱源として厩肥の利用や保温のための風よけのこともある（40、47）。直播が最もよいという記述もある（47）。

定植苗は大苗がよく、直根を切って植えると立ち枯れがでない（35、40、46、47）などの記述も多く、整枝については下方の脇芽は取り実のなる付け根の枝を伸ばす（47）。

採種：種子は二番なりから採り、採種果は下水のそばに埋めておく（40）。また分枝の一番成りからとる（35）との記事もある。

4）まとめ

1800年代になると品種名らしい名前となるが、栽培そのものは1700年代から1800年代まであまり変わりはないようである。ただ記述は1800年代となると細かくなる。連作害は早くから認識されているが、対策としては休閑のほか植穴に無関係の土を入れることくらいである（47）。中国の農書である斉民要術の内容と同様のことも多い。

5）栃木県におけるナス

農書中では栃木に関することは見当たらないが、農業自得（上三川町の田村吉茂著、40）には踏込み床や床土のブロッキング（定植前の断根）のことが細かく載っているので、江戸後期には育苗技術の普及もあったであろう。諸国産物帳には県内の飯貝村などのナス品種として早生、晩生、しろなす、くろなすの名が挙げられているが多くではない。

会津歌農書（1704）にあるナスの歌の一つ
なすひたね水にひておきひるはまた天の日をうけあたためてまけ

2. キュウリ

わが国には5世紀ごろの渡来とされているが、マクワウリほど普及せず正倉院文書にある黄瓜や長屋王木簡に確認された黄瓜がキュウリのことかは、はっきりしないようである。和名抄（918）には胡瓜の字がある。

1）1600－1700年代の農書

品種：種類として白、黄、長、短があり（2）、早生と晩生がある（3）。

栽培：水浸のあといろりの近くに置き発芽後容器に土を入れて播く。それをカマの中に入れ弱火で加温、日中は日なたに出す（2、5）。4月に直播してもよい（5）。

芯を止め成りつるを育てる（2）。三、四葉で摘心、つるを四方に這わせまた四、五葉で摘心する（7）。垣根作りは4、5尺の竹を立て、細縄を三、四段に張る。合掌として蔓が先端まで行ったら摘心する（8）。

2）1800年代の農書

垣に這わせ六、七葉の時芯を止める、子蔓は二、三葉で止めてもよい（32、24）。早播きは火鉢か炬燵で催芽するが、遅播きが安全である。直播きもよい（35）。水戸の郊外では室（ムロ）で苗を作っている（47）。

害虫には囲炉裏の四隅の灰をかける。鳥害には網を張り鳥の羽のようなものを立ててよける（35）。

3) まとめ

種類については果形や果色による区別のみで、直播と育苗が行われ育苗には人工熱が利用され、1800年代には室(むろ)育苗のことも出てくる。垣根に這わせることは1707年の耕稼春秋(8)に出てくる。

農書においてはマクワウリに比べ記載は少ない。しかし1800年代初期の本草書の分野ではその記事は多い。成形図説（1804）には形状として長キュウリ、椙キュウリ、栽培上として這いキュウリ、垣キュウリが挙げられ、本草図譜（1828）には半白キュウリの名がある。

後述のように幕府の初物出荷規制は果菜類ではナス、マクワウリが主であったが、キュウリも初物として珍重されていたであろう。当時、キュウリは果物としてのマクワウリ、漬物としてのシロウリの中間を埋めるものであった。

4) 栃木県におけるキュウリ

諸国物産帳では飯貝村の項にはキュウリは無く、河内郡高谷林新田村と羽牛田村地域にはきふり、芳賀郡竹原村には瓜類きうり、岡本村地域には青きふり、白きふりが挙げられている。同じ果菜類でもナス、トウガラシに比べ記載は少ない。

上三川町の農書：農業自得にもキュウリのことはない。

3. ダイコン

ダイコンは縄文時代にサトイモ、ウリ、カブなどと共に渡来し、オオネとして普及していた。文献的には古事記の仁徳天皇の歌とされる「つぎねふやましろめのこぐわもちうちしおおね…」がよく知られており、延喜式には宮廷の菜園で作られ、献上品のリストにもある。古来から消化力など薬効が認められている。春の七草はよい例である。野菜としては現在と同様よく食べられていたようで、枕草子六十八段には毎日ダイコンをたべる武士の話がある。

1) 1600年代の農書

種類と品種:清良記（1）には底入りダイコン、ネズミダイコンなど8品種をあげ、本朝食鑑（6）は三月、ネズミ、秦野、秋、夏ダイコンをあげ、農業全書（7）には前記のほか辛、津賀野、もち、宮の前ダイコンがあり、すでに地方品種や季節に応じた品種が存在していた。

栽培：3－5月には夏ダイコン、土用過ぎは秋ダイコンを播くが（2)、秋ダイコンは8月1日まで播けるという（7)。抽根しないものは作土の深いところ、浅地には短根種を（2)、採種用には根形のよいものを11月に選び1－2日干してから植える（7)、しかし採種を繰り返していると劣化する（2）とある。このほか農業全書には肥料、防除など詳しい記事があり古島敏雄は中国農書にはない独自の技術がここにあるとしている。

2) 1700年代の農書

種類と品種：従来通りの品種が挙げられているが（8、10）、練馬ダイコンが和漢三才図会（10）に初出する。三月ダイコンは春に葉をたべるダイコンとしている（10）。

栽培:麻、麦のあとに夏の土用過ぎに播くが間引きの手間を考えて薄く播く、株間は5－8寸、牛馬糞を埋め（13）畝は高くする（16)。播き溝は深い方が旱に耐える（23)。

間引きは最初三本、9月のうちに一本にする（20)。根が上に抜き出ているのを残す（23)。

アブラムシ対策にはアセビ葉やタバコ茎を煎じたものをわらを短く切った束で葉裏に着ける(25)。五十ダイコン四十菜というようにダイコンは50日（16)、三月ダイコン、五月ダイコン、夏ダイコンは60日で採れる（21）。貯蔵には逆さまに埋める（21）。

採種：切ってすいりのないことを確かめ肌のわるいものは選ばない（9）。葉と根のきれいなもの、根の上下同径のものを選び、下部を切り2、3日干してから植える（8、12、13）。

3）1800年代の農書

種類と品種：従来の品種があるが、宮重ダイコンが惣菜として優れる（47）ことが出てくる。

栽培：夏ダイコンは2月上旬、秋ダイコンは土用、三月ダイコンは8月中旬に播く。夏ダイコンを春彼岸に播くと70日で薹がたつ（30、47）。秋ダイコンは慣例の10日遅れで播くと柔らかいよいダイコンがとれる（40）。特殊な作業として株が二寸くらいの時、くびまき（注、地際の胚軸を土で覆うことか？）をする（42）ことも述べられている。

肥料は人糞、馬糞、稲堆肥、えごま粕、米糠、灰（28、39）が挙げられ、良質の動物質肥料が味をよくする（31）。害虫として具体的な名前があり（31）、カラハゼ、センダン、ヒマの葉を煎じてちゃせんで掛ける（33）。

採種:下部を四分の一切り捨てて植え（42）、枝先に花が少し残っているうちに刈り取る（41）。

4）まとめ

重要品目らしく農書のなかでもダイコンは細かい記述が多い。品質にも関心があり、宮重種がよいとか、遅播きで柔らかいダイコンができるとか、進物用には下肥を使わない（47）などの記事が1800年代になると出てくる。抽根性の有無も早くから認識され（2）薬剤散布にはわら束や茶せんを使うことも興味深い。

5）栃木県におけるダイコン

田村吉茂の著書（40）には秋ダイコンが最良であり、貯蔵にもよいとしている。肥料として米糠、大豆くずをあげ下肥を避けるとしているが、実際はどうであったであろうか。諸国産物帳には夏、秋、尾張、赤ダイコンなどの名があり1700年代には各地と同様の種類が作られていたようである。

4. ナ、カブ、ツケナ

ツケナ類は史前帰化植物ともされ、作物として導入されたものと雑草として渡来したものがあるとされる。古代から食用にされていたが記紀の時代になると文献にも多数出てくる。古事記の仁徳天皇の歌に「やまがたに蒔ける菘菜も…」とあり栽培もあった。一方ククタチは野生のものの抽苔茎でもあったであろう。カブは日本書紀によれば持統天皇期に救荒作物として奨励されていた。延喜式ではアオナが周年供給されており、漬物としての利用もありこの時代の重要作物であった。

1）農書の中のツケナ類

清良記（1）は菜類を三群に分け、真菜、水菜は6月中旬播き、ふだんそう、ほうれんそうは夏採り、菘類（たかな）は7、8月播きとしている。会津農書（3）にはナは陽草だから陰の日（偶数日）に播くという。種類として天王寺カブ、近江菜、畝に水を入れて作る水菜（7）、貝割れ菜、鶯菜、水入れ菜（畝の間に水を入れる）（6）などがある。カラシナには青、白、紫色の3種がある（7）ククタチは8、9月に播き2月まで採る（2）。アブラナは移植と直播がある（7）。

カブは救荒作物としてダイコンと共に重要である（7、38)。各地にあった在来の菜やカブについての記載は少ない。

2）栃木県におけるツケナ類

万葉集東歌の茎立菜の歌はよく知られており、東国にもククタチの利用があったことが分かる。諸国産物帳の羽牛田村の記載は長カブ、天王寺カブ、うぐいすな、ふゆな、かさいな、たかな、みずなとあり多彩である。日光の野口菜も江戸期からの地方野菜であるが確たる記録はなく、東照宮造営に関して静岡から持ち込まれたという説と地元の「岩の沢」に自生していたものを「今から240－250年前」（1）に栽培化したという説がある。日光山内への野菜の供給は地元日光神領から行われていたが、菜類や水掛け菜の類の記載はない（2）。

引用文献［第2章第4項 2)］
1.農業視察便覧（上） 栃木県（1954） 農業評論社
2.日光市史 中巻4章 村の生活（1979） 日光市役所

5. ネギ

ネギは弥生時代に薬草として渡来したともいわれ、延喜式には苗を仕立てて栽培していたことが記してある。農書の時代となると軟白することが行われるようになる。茎葉の利用で葉ネギと根深ネギに分かれ、収穫時期により刈りネギ、根深ネギと言われていたようである。

1）1600年代の農書

種類:大ネギ、小ネギ、根深、刈りぎ、春ネギ、夏ネギなどの名称がでてくる（1、2、6、7)。刈りぎは地上部を採るもので、根深は土寄せで地下部を軟白したものであろう。

栽培：種播きの時、種子と穀物の種子をまぜて播くと平均に播ける（7、これは斉民要術からの引用)。葉身を切って収穫した後、そのまま残して20日でまた元通りになる（1)。刈りネギは秋に植え替えて根ネギとする（2)。土寄せで股部を埋めるのはよくないが、白根を長くするには深く植える（7)。植え付けは3本まとめて植えるが大ネギは分けつしないので、これより多く植える。(7)。俗に四韮三葱という（7)。

畝をやや狭くして植え一畝交互に収穫しておくと、畝が広くなり土寄せが十分できる（7)。

2）1700－1800年代の農書

前代と同様な区別があり、春に葉を食べ夏に株を干してから植え直して根深にすることが述べられている(31)。多肥にすると病気にかかりやすく下肥は堅くなるので、馬糞がよい(47)。

軟白については炭俵に植え馬糞を踏み込み熱を出させもみがらをかぶせておく、日中は日に当てるという方法を水戸青物町の八百屋がやっている（47)。

3）まとめ

品種としてはあまり記事がなく白ネギ、赤ネギ、太ネギと会津農書にあるだけで、あとは利用時期での区別のようである。農書では刈りネギと土寄せする根深ネギの区別があり、土寄せの注意点や作畝の工夫（一畝おきに収穫)、干してからの植え替えなどあり、江戸末期の農書には藁わくの中での軟白法も出てくる。斉民要術には種播きは蒸した穀物の種子と混ぜて均等に播くことや2、3回地際から刈り取ることも出ていて、これらからの引用も多い。

4）栃木県におけるネギ

諸国産物帳には各村でネギの名はあるが品種名はない。しかし特産的なネギが古くからあり記録に残っている。

○新里ネギ：曲がりネギとして現在におよんでいるが、農書には現れず日光道中署記（1843年頃）に「徳次郎三宿の産物、にんじん、牛房、葱、干瓢…」とあり最も古い記録である（1）。しかしこれが今の曲がりネギかどうかは分からない。本朝食鑑（1695）には下野・梅沢（宮葱）と並んで産地として佐野、足利、日光の名があるが新里ネギが含まれているどうかは分からない。

○宮ネギ：栃木市周辺（主として北西部）で古くから作られている下仁田系のネギを宮ネギと呼んでいる。以前は同地の千手村にちなみ「せんずねぎ」とも呼ばれた。本朝食鑑には梅沢のネギ（栃木市梅沢町）とあるのはこれであろう。当地の箱之森村の名主、日向野四郎兵衛が領主へ歳暮として送ったことから名声を博したといわれる（2）。1704－11年、宝永の頃とされるが、確定できる史料は不明である。また大田南畝（1820）の記述に「下野国栃木村にしころという根葱あり、岩槻根葱のごとく、白み多くして味美也」とある（3）。

菜園温故録には下野栃木のネギは周囲が三寸あり太いが大味で驚くには当たらないとある。安政6年（1859）に出た狂歌集に「栃木町あさよりひさぐ葱みせて、ひともしころはわけてにぎはふ」とある（4）。かように栃木の宮葱はかなり著名であったようだ。

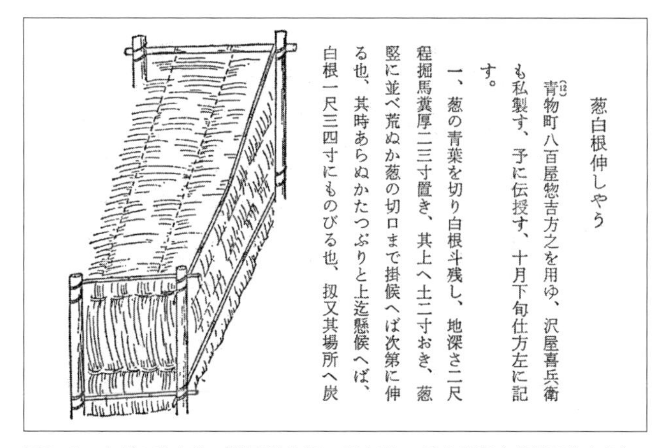

図2-1　ネギの軟白法（菜園温古録、1866年、日本農書全集第3巻より）

引用文献［第2章第5項 4）］

1. 今井金吾（1996）　道中記第6巻日光道中署記　大空社
2. 日本歴史地名体系第9巻「栃木県の地名」（1988）　平凡社
3. 古事類苑植物部　p1030　葱　吉川弘文館　1980年刊
4. 栃木史心会会報20号（1988）

6. ニラ

弥生時代に薬草としてネギとともに渡来したと推定される。いわゆる葷菜・五辛のなかの一つである。延喜式によれば朝廷の菜園でも栽培されていた。中国農書・斉民要術にも詳しい栽培法があり、現在にも通ずるところが多い。

1）農書の中のニラ

ニラの記事は少なく、中国農書の引用が多いようである。丈夫な多年草なので、殆ど自家用野菜として畑の隅に作られていた。

どこの家にもあり土止めに役立つが、(2) みだりに食べるものでなく生食はよくない (6)。株分けや実生で増やし (35)、収穫は年5回以内とする (10、12)。植え付けは三葱四韮というように4本を1株とする (7)。植え溝は深く切り株が上がらないようにする (7)。切り口には灰を塗る (30)。日陰で作ると黄味を帯び柔らかくなる、冬に掘り上げて温床で作ることもある（7）。

種子採り用の株は1回刈りとする（10）。これらを見ると現在とあまり変わらない栽培であったことは興味深い。

2）栃木県におけるニラ

諸国産物帳には国本村、羽牛田村にニラ（作物名のみ）の記載がある。どこにでもあったものであろうが、あまり重要でなかったのでこの程度の記載である。宇都宮市雀宮に伝わるニラの民話はよく知られた話だが、ニラの薬効を示すものであろうか。

7. サトイモ

サトイモは多くの学者により稲作文化史と並行して古代畑作の作物として研究されてきた。わが国への渡来は縄文時代であろうと考えられている。しかし文献的には他の野菜ほど出てこないが、初出は出雲風土記（733）とされ、延喜式の時代にはかなり栽培されていたようである。

農書の時代には多くの品種が存在し、それらの品種は現在にもつながっている。

1）1600年代の農書

品種：清良記（1629年頃）には12品種が、百姓伝記には9品種が挙げられている。

栽培：日照の強い所を避け、湿度の保たれる土地を適地としている（2、7）。土寄せにより芋の緑化を防ぐこと（3、7）とあわせ、子芋の芽を切ること（7）が勧められている。

貯蔵：無傷で丸いものを選び軒下に穴蔵する（7）。

利用：食味については丸く肉色が白いものを良しとしている（7）。

2）1700年代の農書

品種：水いもと早いもと葉柄用の蓮イモの記載がある（10）。

栽培：2年の連作はしない（9）。芋の尻を切って麦の間に穴をあけ植える（13）、隣の株と交互に植え（9）、子芋の芽は刈り取るか株の周りに巻き付ける（18、20）。土寄せは6月または土用、これ以降はやらない（9、20）。

利用：凶作に備えるものである（15）。

3）1800年代の農書品種

とういも、はすいも、からくいも（32）、つるのこ、親抱き、赤目いも、はすいも（35）、とうのいも、八つ頭、くりいも、いごいも（葉柄用）（38）など多数が挙げられている。

栽培：麦の間作とする（28）、畝は大きいほどよい（34）。尻を切って植える（30、39）。苗床に植え、2、3寸の時定植する（39、42）。旱天の時は日よけする（24）とか畝を切る（中耕）（38）。処暑のころ子芋の芽が出るので土を厚くおおう（32）。親芋を植えてもよいが少収である（40）。

貯蔵：種芋は早く採らぬと冬に腐る（29）、寒露のころ掘り2日ほど乾かして埋め、もみがらをかけておく（34、46）。

4）まとめ

1600年代から1800年代まで大きな変化もなく続いている。連作、適湿性、土寄せ、貯蔵性など特性の認識は確かであるが、芋の尻を切ること、子芋の葉を切ることは現在行われていない方法である。サトイモについても中国の農書からの引用も見られるとされている。

農具揃（のうぐせん、1865年）にある記事：鍋の底に穴が空いたらその穴に葉柄を挿しておくと百日くらいもつ。それでいもがらをいもし（鋳物師のこと）という。また孫芋を親芋に使うので「いもいもしまごによをつぐいものたね」という。三世代同居の芋畑ともいう。

5）栃木県におけるサトイモ

上三川の田村吉茂の農業自得にはサトイモの食糧としての重要性が説かれ、9月に葉柄をつぶすと子芋が太るとか親芋を種芋にしてもあまり採れないとある（40）。これは現在は行われていない技術であるが、他の農書にもサトイモの除けつや子芋の茎を除くという記述がある。これは子芋の「親芋化」することを避けるためなのか、杉山直義も確かめてみる必要があると述べている。菜園温故録には下野での例として、種芋に下肥の固形部分をからめ灰をまぶし天日で乾かしてから植えるという一種の「弁当持ち肥」が紹介されている（47）。

諸国産物帳の飯貝村や岡本村の部にはゑごいも、くろいも、とふのいも、はすいも、やつがしら（またくろいも、くりいも）、しろいもなどが挙げられ、すでに数種の品種が作られていたことがわかる。熊沢三郎らの考察では、くろいもは現在の黒軸、しろいもは同じく蓮芋としている。

参考文献［第2章第7項 5）］
杉山直義（1998） 江戸時代の野菜の栽培と利用 39p 養賢堂
熊沢三郎（1956） 綜合蔬菜園芸各論 248p 養賢堂

8. ウド

わが国に自生する数少ない野菜である。古くから香辛野菜や薬用として利用され、播磨風土記（700年代）にはその名があり、延喜式には献上品の中にその名が見える。栽培化された経過は明らかでないが、中世農書にはウドの記述が多い。もともと自給野菜としてよりも商品性が高い作物で、利益をあげるには山野や開墾地に植えることが勧められている（7、22）。

すでに大阪・天満市場には1700年代後半には芽ウド、山ウドが各地から入荷し、このころから京都では軟化栽培が行われていた。江戸においても1685年の「早出し禁止令」の中に芽ウドが挙げられており、ウドの消費が多かったことがうかがわれる。

1）農書の中のウド

品種：茎の色で青、赤と区別される（2）。

繁殖法：株分けの時、金物で切るのは良くない（2、47）。9月頃茎を切って挿せば根が出る（47）。

栽培法：植え替えなしで栽培すると芽が細くなるので、株分けして植え替える（47）。

軟化法：冬の内から土中の芽を食べる（7）ことも行われていたが、秋の頃からごみやあくたを株の上にかけておく山ウド式のやりかたから、溝軟化や室（むろ）軟化まで多様であった（2、32、47）。

2）栃木県におけるウド

諸国産物帳によると岡本村、羽牛田村の項にウドがあり、作りものの部となっているので、野生採取でなく栽培品である。また1840年頃から60年代にかけての日光神領から日光山内への諸役としての献上品のなかに、ワラビ、フキ、ワサビなどと共に土沢村、大澤村からウドが献上されている。

青森県の津軽山唄の歌詞にウドが出てくる。唄の起源は不明であるが江戸期からのものであろう。3番の歌詞

十五七が沢をのぼりに独活の芽かいた　うどのしろめをくいそめた

早春の山菜として広く親しまれていたことがわかる。（日本民謡集　岩波文庫　1960年）

参考文献［第2章第8項］

なにわ大阪の伝統野菜（2002）　農文協

杉山直義（1998）　江戸時代の野菜の栽培と利用　養賢堂

日光市史　中巻　第4章　村の生活ほか（1979）　日光市役所

9. ゴボウ

中国から古代に渡来したが、延喜式の供奉野菜には出てこない。食用として中世以降、発達した野菜でダイコンと共に重用されてきた。各地にその地の名を付した種類があり、太くて短いものと細長いものに大別されるが、品種生態的には未分化である。

1）農書の中のゴボウ

太いものと細いものがあり、「近時これを賞味することが多くなった」(6) という。土層が深く重い土が適し (7) 低湿地は不向きで、草勢が強いと岐根（またね）となる (38)。過繁茂の時は踏みつけて抑える (7)。秋播きして抽苔株を淘汰し採種するという三年子採種も行われていた (38)。

2）栃木県におけるゴボウ

諸国産物帳の河内郡羽牛田村の項にはゴボウとして青くき、赤くき、あざみごぼうの3種が挙げられている。各地で栽培されていたが、中でも下都賀の稲葉村のゴボウが著名であった。稲葉牛蒡の名は多くの文献に見ることができるが、その特性、栽培法などは不明である。以下、

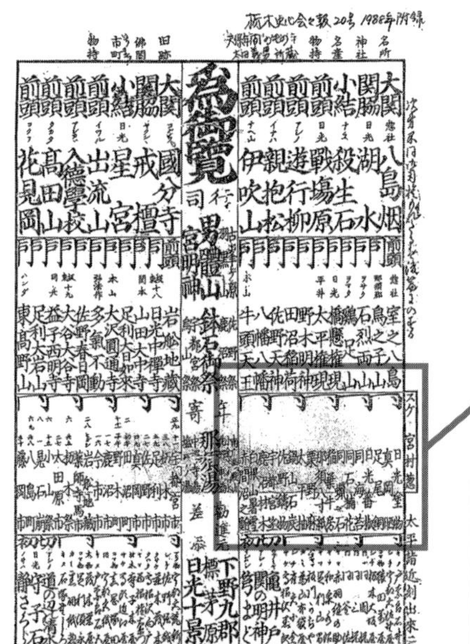

図2-1　天保年間（1830－1843）産物番付表の稲葉牛蒡
（栃木史心会会報20号1988年より、3段目に稲葉牛蒡の名、スケ役に宮葱の名）

いくつかの記載を上げてみる。栽培は1712年以降とされているが（1）、1648年4月の徳川将軍の壬生城宿泊に際しての献立にはゴボウの名があり（2）藩主の献立にもカンピョウと共にゴボウも数多く登場する。また壬生藩、鳥居忠孝から将軍家への献上品（1773年冬）にゴボウが使われている（3、4）。

1712年の壬生表町通町明細帳にはゴボウは下稲葉、上稲葉、家中、大塚村から取り寄せるといった記事がある（5）。

また天保年間（1830～）の栃木名所物産番付表に日光とうがらしと並んで稲葉牛蒡の記載があり（6）、1852年の歌川国芳の浮世絵・山海愛度図会（さんかいめでたいえず）には全国各地の名産の一つとして稲葉のゴボウが描かれている。

引用文献［第2章第9項 2)］

1. 日本地誌第5巻　p451（1968）　日本地誌研究所
2. 壬生町立歴史民俗資料館企画展資料（2012）「壬生城本丸御殿と徳川将軍家」
3. 橋本博・編（1965）　大武鑑中巻　p697
4. 文化二年献立帳　壬生町立歴史民俗史料館
5. 壬生町史・資料編近世　p551（1979）　壬生町
6. 栃木名所物産番付表　栃木史心会会報20号付録（1988）

（壬生町関連の史料については同町立歴史民俗資料館、中野正人氏の御教示による。）

10. 江戸期における栃木県の野菜の種類

諸国産物帳（1736）にある岡本村ほか11カ村の作り物野菜の種類を記すと下記の通りである。栽培品としてはかなりの数があり、作り物以外としてはセリ、ミツバ、ヨメナ、ゼンマイ、ミョウガ、タケノコ、レンコン、フキなど多数が挙げられていて野菜の利用は多彩である。

ナ類とダイコン：カブ、フユナ（天王寺カブ）、岩槻ナ、チソナ、ミズナ、タカナ、夏ダイコン、秋ダイコン、水ダイコン、赤ダイコン、尾張ダイコン、ニンジン

イモ類：ハナツキ、シロイモ、クロイモ、マタクロイモ、トフノイモ、ハスイモ、ヤマイモとしてツクネイモ、イテフイモ、ナガイモ

ゴボウ：ゴボウ、栗山ゴボウ

ナス：クロナス、シロナス

ウリ：シロフリ（注シロウリ）、アオキフリ、シロキフリ、トフロクフリ

トウガラシ：大トフガラシ、柿トフガラシ、グミトフガラシ、八ナリ、天上マブリ

ユウガオ：長フクベ、ハチフクベ、センナリフクベ

その他：セウガ、チサ、フダンソウ、カラシナ、ニンニク、ネギ、アサツキ、ニラ、ウド

［附1］江戸期の促成栽培

当時、栃木県には促成栽培はなかったものと考えるが、京都、大阪、江戸には富裕層対象の野菜の早出し栽培があった。城下町が発達してきた16世紀以降、青果市場が生まれそこでは当然ながら生産物の評価や競争が発生し高価格を目指して早出し競争も行われたであろう。幕府公認の青果市場ができたのは江戸では1650年、大阪では1653年とされている。そして早くも1685年には最初の早出し制限令が出されている。従っていろいろの早出し技術が行われ

ていたことは想像できることであるが、初期の状況は明らかでない。

京都では市内東北部の聖護院、一乗寺付近で天保期（1830～）またはこれ以前からキュウリ、ショウガ、サンショウの早出しが行われていた。その方法は河原の石を集め株の間に並べたり塵芥の醸熱利用による加温法であった。この技術はこれ以前から和歌山で行われていた海に浮かべた船の上での早出し栽培技術を導入したものといわれる。京都の早出し法はその後江戸砂村（今の江東区）へ伝わったとされる。一方、杉山によればすでに天明年間（1781～）には江戸ゴミの醸熱利用による早出しが行われていたという。近郊の人工的な早出しのほかに静岡の三保などのように暖地でも保温のみによる早出しは早くから行われていたであろう。

1842年まで再三の早出し禁止令が出されていたことは、すでに初物需要が相当あったことを物語る。

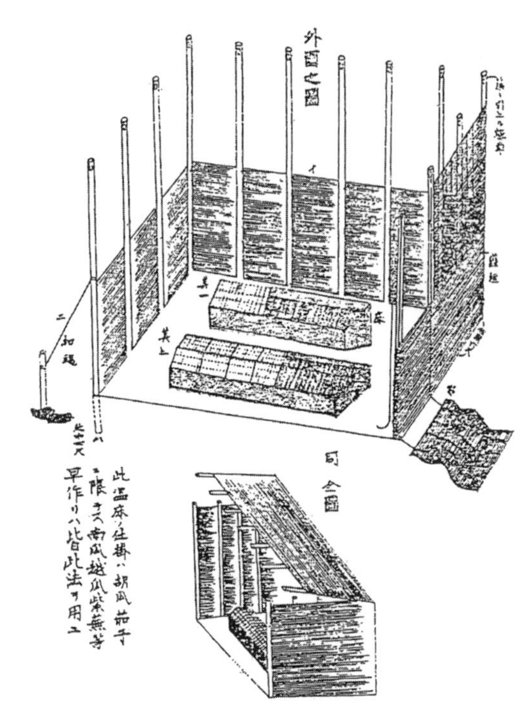

図2−3　砂村野菜促成栽培の図（福井功、江戸の野菜、技術と普及誌1989年4月号より）

［附2］江戸幕府と野菜

各藩による統治が行われていた時代であり野菜の行政的な重要度も低かったので、幕府による体系的な野菜行政はなかった。関連することを強いて挙げれば次のようになるであろう。

○青物市場：江戸開幕により各地から青果商が江戸に来るが、幕府青物役所が1650年にできて市場行政が行われるようになる。この役所の仕事として1686年に市中の市場を神田に集中させた。大阪では1653年に天満（てんま）市場が「官許」市場となり、初物規制などが江戸と同様に行われるようになる。

○初物の出荷期規制：1686年最初の初物出荷規制を行う。以降何度も繰り返される。

○甘藷（サツマイモ）の奨励：1727年、徳川吉宗が琉球よりサツマイモ苗をとりよせる。1735年小石川薬園で試作。

○マクワウリの導入：1630年代、府中にマクワウリの試作場を置く。周辺に広まる。

○練馬大根、小松菜：諸説あるが綱吉や吉宗が関係している伝説がある。名産の育成、奨励か。

○下肥の流通問題：1700年代より下肥の価格が高騰したので、問題化。幕府が行政指導に乗り出すことが再三あった。

付記にかかわる参考文献

なにわ大阪の伝統野菜（2002）　農山漁村文化協会
林義雄（1975）　京の野菜記　ナカニシヤ出版
高橋久四郎（1915）　明治園芸史第5編蔬菜P76　日本園芸研究会
杉山直義（1998）　江戸時代の野菜の栽培と利用　養賢堂
伊藤好一（1959）　江戸近郊の蔬菜栽培　日本産業史大系関東地方編　東大出版会
亀井千歩子（1985）　小松菜の里　彩流社

第3章 19世紀後半の野菜 —明治期を中心として—

1. 種苗の導入と試作

幕末から幕府や諸藩による海外からの種苗の導入は始められていたが、文明開化をかかげる明治政府の種苗の導入は以前にも増して積極的に行われた。野菜分野ではこれら西洋野菜は国営農場（新宿植物試験場、開拓使農場、三田育種場など）での試作と共に各府県からの要請により種苗が提供され、全国的に検討が行われた。しかし、これらの新野菜、新品種もわが国の環境条件を考慮せずに画一的に行われたので、多くは失敗に帰しその定着は後のことになる（1）。

明治政府による勧農政策は地方においては勧業委員により行われ、種苗交換市や農談会などが開催された。農談会は各郡、町村ごとに盛んに行われたが、国段階では船津伝次平など「老農」も講師（巡回教師）として各地方を巡回した。

栃木県でも1880年に各郡ごとに勧業委員が選ばれ、農談会など勧農事業が推進されたが、野菜を扱うことは少なかったようである。ちなみに1882年（明治15）の種苗交換市の栃木県出品物は籾、栗、綿、檜苗、干瓢であった（1）。

本県での農談会の活動で園芸がどの程度扱われていたかは不明であるが、1883年の友沼村（野木町）を中心とする連合民業談会の活動の一つに外国穀菜果樹の導入という項目がある（2）。

その後、1890年頃より各地で農会またはこの前身となる組織や府県農事試験場が設立され、技術指導、奨励関係はこれらが主として担当することになる。栃木県農会は1897年に、県立農事試験場は1895年に創立された。国分寺村農会では1898年の活動計画の一環として園芸作物の奨励をあげ、ハクサイ指導地を設けることを決めている（3）。明治期の農会で野菜奨励を企画したところは少ないようで、国分寺の例は珍しい。

引用文献［第3章第1項］
1. 農林省編纂（1939）明治前期勧農事跡輯録上巻760 p（1939） 大日本農会
2. 野木町史（1998）歴史編 野木町
3. 国分寺町史（2003）通史編 国分寺町

船津伝次平の講演記録（1888年）に見る野菜

巡回教師としての講演は耕種、養蚕など広範囲に及ぶものであり、野菜に関する事項は少ない。そのいくつかを紹介する。

サトイモ：前作はゴマ、サツマイモがよい。種芋の傷口（親芋についていたところ）に灰をつけ腐敗を防ぐ。芋は日光で温まるように浅く、寝かして植える。芋の貯蔵は芽を下にしていける。

ナ　　ス：苗床には小石を並べると昼は熱を導き、夜は石が冷えて湿気を苗に与える。

ス イ カ：つるは三本仕立て二本に各一果、残りのつるは力つるとする。

カボチャ：つるぼけの時は塩水を灌注する。

引用文献
1. 大西伍一（1975）日本老農伝 農文協改訂版
2. 船津伝次 平筆記録、明治農書全集（1975）農文協（1888年岩手県勧業報告）
（注：著作に韮栽培法及効用（1898）があるが所在不明）

2. 明治期の野菜栽培の理論と実際

江戸の農書時代から明治三老農の活躍期も終わり、外国人教授の招聘や、駒場農学校（1878）、札幌農学校（1876）の開校もあり野菜の栽培技術も学理的観点から見られるようになり、農書の時代とは全く違ったものになってきた。当時の著作から栽培の理論面や技術論をみると次のようである。

○福羽逸人の蔬菜栽培法（1893年、明治26年）(1)

総論部分ではわが国の野菜生産は欧米に比べ劣っていること、野菜は質的生産と量的生産とに分けられること、気候と種類選択の肝要なこと、施肥の基本、土質と野菜の選択、輪栽のこと、フレーム利用の促成栽培の有利性などを論じている。

各論では従来の種類については新しいことは少ないが、個々の栽培法についての記述は大変に詳しい。さらにマクワ、メロンの将来性のあること、キュウリでは促成、抑制栽培を紹介し、節成り種は摘心せず飛び節種は摘心すること、トマトは独特の臭気が生食を妨げているが、4本仕立てや追熟を紹介し、キャベツでは国産の品種がないが東京近郊で普及が始まったこと、そしてその将来性を認め東北地方と北海道が適地であるとしている。スイカ、ナスなどの鉢（小盆）育苗を勧めているなど新しいことが述べられている。なお、ネギの項に岩槻の曲り葱に類似するものとして栃木ネギが簡単に記載されている。

○池田伴親の蔬菜園芸教科書（1906年）(2)

総論部分では野菜栽培は自然力と人為的手段を組み合わせて有利栽培のできること、すなわち栽培施設、灌漑施設、土壌改良など人為的方法を強調し、立地、土壌条件、施肥、種苗、促成施設、苗床、環境対策（灌水、通風など）作付体系（連作、輪作）などの項目について記していて、現在から見てもすでに完成された総論となっている。

各論での注目点は次の通りである。

ナスでは発芽温度や三要素の果実に対する効果、トマトではミニ、ミディイ品種のこともあり、晩秋の未熟果（緑果）の追熟出荷のことも述べられている。カボチャでは和種、洋種、ペポを挙げているが、和種のみの記述である。キュウリでは節成りと飛び節を区別し、スイカでは熟期判定の項目として花梗付近の巻ひげの枯死、果底のくぼみや黄変、打音の鈍さ、肩はり、水に浮くことなどを挙げている。葉根菜は品種の紹介が主だが、タマネギへのカリ、燐酸の効果、ウドに早、中、晩生品種のあること、ダイコンでは種子の齢と抽苔の関係が述べられている。扱っている蔬菜の種類は多数で品種生態的な観点からの記述も含まれるようになる。

○福羽逸人の果樹蔬菜高等栽培論（1908年）(3)

福羽の前著から15年を経ての著作である。前著においては促成法として僅かな部分であったが、本書は促成栽培専門の著作である。高等栽培を欧州の例にならって促成、早熟、抑制と区分し、蔬菜では主として醸熱による温床栽培を中心に詳述している。ただし現下の周年栽培、周年供給という時代ではなく、促成と称してもむやみに早く出荷するのではなく、露地栽培や早熟栽培の少し前に出荷するのをよしとしており、細かい技術もさることながら経営的な視点からみた記述も特徴的である。明治末期は日露戦争勝利の後であり、「6、7年前ニ有リテハ清良ノ果樹蔬菜ハ主トシテ外人ノ購買スル所ナリシモ近年ニ至リテハ其趨勢一変シテ高価ナル優美ノ果実ハ専ラ内地人ノ嗜好スル所トナリテ続々購買セラレ却テ外人ハ其高価ニ吃驚スルモノ多シ——」という蔬菜にも品質と珍しさが要求されるようになってきた時代といえる。各論的には果菜類の育苗での調和土壌（コンポスト）を勧め、ナスの三本整枝、トマトの振動受粉、緑茎アスパラガスの将来性などに言及している。

このように蔬菜書の記述は前代とは大いに異なってきたが、実際の栽培では春播、秋播を基本にする露地栽培であり、野菜の種類もダイコン、ニンジン、ネギ、ツケナ、ナス、キュウリ、サトイモなどが主体で、キャベツ、タマネギ、トマトなどの新規の種類は1900年代に入るまではごく少なかった。また、温床による早出し栽培は近郊や暖地の一部に行われるのみで、野菜の温室栽培は富裕層の趣味的栽培や一部生産者に限られていた。

一方、施肥や病害虫防除法は進歩が早く、1887年には東京に人造肥料会社ができて過燐酸石灰の製造が始まり、硫安、チリ硝石の普及もあり大豆粕の中国からの輸入も急増してきた。いわゆる金肥の使用が自給肥料を上回るようになる。

農薬は石油乳剤が普及し石灰硫黄合剤、除虫菊粉、タバコ粉などが登場し、購入薬が主体となる。石灰ボルドー液は1882年にフランスで創成されたが、1892年にわが国へ紹介されブドウに対して試用され、野菜では1899年にキュウリに対して試験されたのが最初とされる。しかし、防除器具の使用はこれより遅れ、この頃は竹の葉、ほうき、じょうろ、水鉄砲などが用いられ、手動の噴霧器が登場するのはこの後である（4、5）。

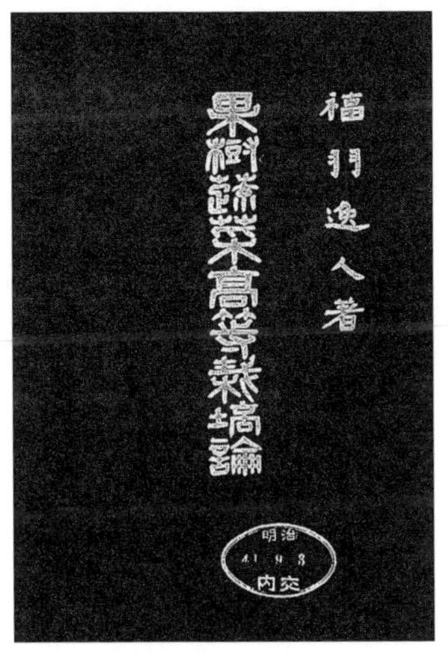

図3-1　当時の代表的な野菜書　左より蔬菜栽培法（1893）、果樹蔬菜高等栽培論（1908）、蔬菜園芸教科書（1906）

引用文献［第3章第2項］
1. 福羽逸人（1893）蔬菜栽培法　明治農書全集　農山漁村文化協会
2. 池田伴親（1906）蔬菜園芸教科書　成美堂
3. 福羽逸人（1908）果樹蔬菜高等栽培論　博文館
4. 日本園芸発達史（1975）日本園芸中央会　有明書房復刻版
5. 明治園芸史（1915）日本園芸研究会　池田謙蔵ほか

3. 明治期の栃木県における野菜生産

前述の種苗導入事業について栃木県においても試作が行われた記録が残っている。試作者は下都賀郡横堀村（現・栃木市）の国府義胤で野菜の試作結果と評価の要約は次の通りであった（1）。

インゲン類：在来品種より多収で品も勝る。一般に作ってもよい。
エンドウ類：インゲンに次いでよいものであるが、春播きなので秋播きで検討する。
カボチャ：よく結果したが在来品種より味は劣る。
ナス：果実の成り方は少なく、作っても利益はない。
トマト：結果したが食べるに値しない。
カブ：生育よく色もきれいだが味は悪い。
ネギ：苗床で生育中である。
オクラ（黄蜀葵）：良く生育し、結実もよいが経済性は分からない。
フダンソウ（ビート）（恭菜）：生育よく役に立つようだ。
ニンジン、キャベツ：秋播きしたのでまだ結果はでない。
トウモロコシ：実はすこぶる大きい。
ホウレンソウ：生育良く食味もよい。

栃木県でのトマト試作者、国府義胤（1832−1908）のこと

明治初期に現・栃木市大平町（旧・横堀村）でトマトの試作を行った国府義胤は関宿藩命により私塾郷学館を設けて勤皇を教え、幕末の関宿藩の農兵隊を組織する。明治新政府では役人として山形県に派遣される。のちに栃木県会議員や栃木県内などに病院を開設し、政治、教育、医療の分野で明治の世に貢献した。

文献

田代黒滝（1941）国府義胤の事業　栃木史談18巻3号p1-3.
桶田正信（2017）　国府義胤　有限会社・飛行船（宇都宮市）刊

○栃　木　縣
往第九十五號
縣下都賀郡横堀村平民國府義胤義植物試園志願ニツキ洋種果實穀菜等
御分與請願一昨八年十一月中内藤新宿出張所ヨリ數種御下渡相成候ヘ
トモソノ節苗不足ノ分願高御減少相成居候趣ヲ以テ猶マタ今般別冊
通リ願出候間各方御分賦ノ餘苗有之候ハ、御下與相成度願書幷ニ先般
御下渡シノ分試驗ノ景況報告書相添及御照會候也
明治十年一月二十六日　　栃木縣令　鍋　島　幹
勸農局長　松方正義殿
（別紙）
○菓木穀類景況書
（菓木類）
一苹果種類　土地ニ相適セルヿ第一等ナルカ如ク繁茂ノ勢ヒ盛大ナリ
尤モ長スルモノハ殆ト一丈ノ高サニ至ルアリ
一櫻桃種類　尋常ノ果木ト異ナルナク繁茂ノ勢アリ
一李種類　枯レサル分ハ尋常ニ繁茂セントス
一杏種類　何レモ芽ヲ發シタルモ後ニ枯ルコレ他ナシ果木ノ疲レタ
ニ因ル
一梨種類　土地ニ相適セルヿ苹菓ニ亞キ繁茂ノ勢頗ル盛ンナリ
一油桃種類　悉ク成長ス勢ヒ盛ナリ
右各種トモ苗木疲レタルモノハ枯レタリトイヘトモ枯レサルモノハ
茂スルヿ疑ヲイレス然レ𪜈移植シテ僅ニ十一月ナルヲ以テ開花結實
景況ハ未タ之ヲ知ルアタハス
穀菜類
一菜豆種類　穀菜中ニ於テ尤トモ能ク生長シ結實モ亦多シ内國種類ニ
マサルヿ數等コレコソ本地ノ適當ノモノニテ人民ニ作ラシムヘキ要
品ナリ
一豌豆類　コレ菜豆ニ次テ佳種ナリ然レ𪜈春蒔ナルヲ以テ未タ充分ナ
ラサルヲ覺フ昨年ノ秋種ヲ下セルアリ本年試驗シテ其効ヲ見ントス
一南瓜種類　ヨク生長シテ結實モマタ多シ其形ヤ風雅ニシテ眼ヲ悅ハ
シムルニ足ル其味ノ如キハ内國種類ニ下ルヲ覺フ
一茄子種類　生長シテ結實ス然レ𪜈實數ハ少ナシ人民ニ作ラシムルモ
益少ナカルヘシ
一蕃柿種類　生長結實ス然レ𪜈食料ニ堪サルカ如シ
一蕪菁種類　ヨク生長ス色形美ナリ味ヒニ至リテハ内國種類ニ下ル
一葱　未タ苗ナルヲ以テ其詳ヲシルアタハス
一黃蜀葵　ヨク生長シ結實モマタ多シ然レ𪜈之ヲ作リテ益ヲ得ルハ如
何ヲ知ラス
一恭菜　ヨク生長シ葉根トモニ所用アリ人民作リテ利益アルモノトス
一胡蘿蔔　生長セントス秋蒔ナルヲ以テ未タ熟セス
一甘藍　同　上
一玉蜀黍　ヨク生長シ結實ス實頗ル大ナリ
一菠薐　ヨク生長シ味ヒモ美ナリ
明治十年一月十二日　第一大區一小區横堀村　國　府　義　胤
栃木縣令　鍋島幹殿

導入野菜類の試作報告書（栃木県）
明治前期勧農事蹟輯録上巻第4篇（1939）

明治期の栃木県における野菜栽培に関する資料は乏しい。当時、本県農業は工芸作物の比重が高いのが特徴とされ、主な作物としては米麦作のほかは菜種、大豆、綿、藍、大麻、タバコ、茶、干瓢であった。1874年（明治７）の府県物産表により渡辺善次郎がまとめた野菜生産額の順位表によると栃木県の野菜産額21万8千円のうちサトイモが12万2千円で5割以上を占め、以下サツマイモ、ダイコン、ウリ、ナスと続いている。ちなみに埼玉県では1位がサ

表3-1 1888年（明治21）の栃木県農産物産額

品名	産額（千円）
米	3174
麦	1443
エンドウ	8
ソラマメ	6
インゲン	5
ダイコン	150
ネギ	35
ゴボウ	75
ニンジン	30
カボチャ	73
キュウリ	44
ナス	95
ツケナ	48
ニラ	0.2
ウド	0.4
サトイモ	558
ヤマノイモ	0.1
サツマイモ	150
ナタネ	45
タイマ	573
カンピョウ	127
タバコ	120
コンニャク	30
チャ	20
アイ	10
クリ	140
ナシ	30
カキ	20
その他	1944.3
計	8954

注：明治中期産業運動資料第5巻1農事調査（10）による。その他には畜産、わら工品など含む。

トイモであるが次いでダイコン、ナス、ナ、クワイとなっている（2）。

1888年（明治21）の栃木県農産物産額は表3-1の通りで1万円以上の産額の野菜はサトイモ、サツマイモ、ダイコン、ナス、カボチャ、ゴボウ、ネギ、キュウリなどで、中でもサトイモが群を抜いて多く、タイマと肩を並べている。しかしカンピョウや工芸作物を除いて全体的に野菜では自給性の高い品目となっている。畜産を含む農産物の中での野菜（マメ類、イモ類含む、カンピョウ含まず）の比率はこの資料によると産額で約12％である（3）。

町村別の作物統計は各地の町村史に記載があるが、一例をあげると表3-2の通りである。

この頃の野菜の出荷先は上記の資料（3）によればゴボウ、ネギは東京、群馬、千葉など、サトイモは群馬、サツマイモは福島であるが、県内の消費量はカンピョウの40％のほかはゴボウを除きほぼ100％であった。

1900年代、20世紀に入ると都市の発達、交通機関の整備、市民生活の向上などにより全国的に園芸生産も刺激されてくる。農作物でも明治中期以降、藍、綿、菜種、薬用人参などの衰退があり、生産構造に変化が出てくる。野菜分野でもキャベツ、タマネギ、トマト、ハクサイなどの新顔が増え、輸送園芸も発達してくる。栃木県においてもこのような影響を受けていたと考えられる。1895年（明治28）設立の県農事試験場に園芸部ができたのが1911年であり、各種野菜の品種比較試験を中心に試験が行われるようになった。愛知県から指導者を呼び結球ハクサイやホウレンソウの栽培が始まりトマトの試作も行われたという（4）。

しかし本県の明治期における野菜栽培についての具体的記述は少なく、おそらく江戸期とさほど変わらない方法で行われていたであろう。肥料は依然、下肥、米糠、大豆、干鰮（ほしか、イワシ）、油粕、石灰が主であったが（5）、化学肥料の使用も始まり野菜の品種は通信販売の普及もあって多くなっていった。

1886年の県農商工報告（6）には下都賀郡下のナスの病害対策として硫黄華とにがりを灌注する方法が下都賀郡から報告されている。また1889年の県農商工報告（6）にはネギとゴボウの栽培法が紹介されている。それによると新里村（現・宇都宮市）のネギは3月播きで7－8寸の苗を5寸間隔に斜めに植え根際を堅く踏む。腰曲がりのネギは土用過ぎによい畑に移植する。販路は日光、今市、鹿沼、宇都宮である。千塚村（現栃木市）のネギは二百十日ごろ大麻後に移植して10月下旬－11月に収穫、一反歩12円の収入が平均で栃木町に出荷するだけである。

表3-2　明治期における町村における農産物の作付状況（町歩）

大田原町（1901、明治34）	
水稲	140
陸稲	52
大麦	19
小麦	
大豆	46
小豆	2
粟	15
稗	27
蕎麦	30
モロコシ	2
サツマイモ	5
バレイショ	7
サトイモ	34
タバコ	17

真岡町（1888、明治21）	
水稲	510
陸稲	30
大麦	221
小麦	147
大豆	138
小豆	19
稗	22
サツマイモ	33
サトイモ	16
マクワ	1
ナタネ	34
エゴマ	32
ナタネ	34
ワタ	23

東高橋村（1879、明治12、反）	
水稲	2041反
陸稲	150
大小麦	1153
大小豆	676
粟・稗	50
サツマイモ	34
サトイモ	40
キュウリ	5
ナス	9
ゴボウ	2
ニンジン	1
ダイコン	10
ネギ	2
ニラ	1
菜	2
インゲン	3

注：大田原市史、真岡市史、芳賀町史による。

稲葉村（現・壬生町）のゴボウはオカボ、アワ、ゴマの跡地は土がしまっているのでゴボウに良く、春の彼岸頃に耕耘をしないで堅く踏み1尺7寸うねに播く。土用前に一本とする。収穫は根の周囲に穴をうがち尖り棒で抜く。1畝で1－2円となる。販路は宇都宮、栃木、茨城である。

明治40年5月18日の日記

明治40年6月26日の日記

図3-2　キュウリへのボウドー液散布とウドの軟化茎　渡辺清絵日記、明治40年5月、日本評論社（1983）（承認済）

渡辺清（さくら市氏家）の「百姓絵日記」は貴重な文献である（7、8）。

この日記は1906年（明治39）から1924年（大正13）までの生活日記であり、野菜の種類としてはエンドウ、インゲン、ダイコン、ナス、キュウリ、サトイモ、ジャガイモ、サツマイモ、トウモロコシ、ニンジン、ゴボウ、ショウガ、アブラナがあり、これらは殆ど自家用で商品作物としてはクワ、タバコ、カンピョウ、アサがある。1907（明治40）年の農作業での野菜関係の記事では温床でのミツバの軟化（1月）やウドの軟化（5月収穫）、フキの親株導入（5月）、ボルドー液の使用（初めてとある、6月）アブラナの苗の定植（12月）などが注目される。ボルドー液はジョウロで撒いている絵がある。このほか早稲田農園からの通販種子の到着のことがあり、通販による種苗の購入がすでに広く行われていたことが分かる。

渡辺家は稲作中心の農家であるが、1913年（大正2）の日記には野菜を喜連川へ売りにいっており、「青物百姓になりしを喜ぶ」と記している。当時すでに生長部門とされていた園芸業への期待であろうか。

明治期以降の個々の野菜生産事例は少ないが明治百年記念の顕彰禄（9）によると、国府村（現・栃木市）の中三川清之進は1905年頃に西洋野菜や促成野菜、温床による苗生産などを先駆的に行っていた。真岡市荒町の岡部久四郎は商家の出であるが、1912年から市内でトマト、アスパラガスなどの栽培を行っている。

噴霧器の始まり

渡辺清はボルドー液をキュウリにジョウロで掛けている。ボルドー液はフランスで1882年に創製された。わが国では1888年に玉利喜造がキュウリのべと病に使用したのが最初で（1）、1892年に小島銀吉の「作物病害編」でも紹介された。この中で竹葉や草箒に液を浸して散布するか、ジョウロで葉面に掛けるとしている。実際の散布は現・牛久市の神谷ブドウ園で1897年に使用され、野菜では1899年に西ヶ原（現・東京都北区）の農事試験場でキャベツに散布され、この時は米国製のサクセス噴霧器が用いられた。国産の噴霧器が販売されたのは1905年ごろであったが、高価なので従来通りジョウロや水鉄砲が用いられた（2）。栃木県での噴霧器（サクセス式）の使用は大正八、九年ごろに大麻に発生したヨトウムシの大被害から始まったとされる。その後カンピョウ、タバコに用いられる（3）。

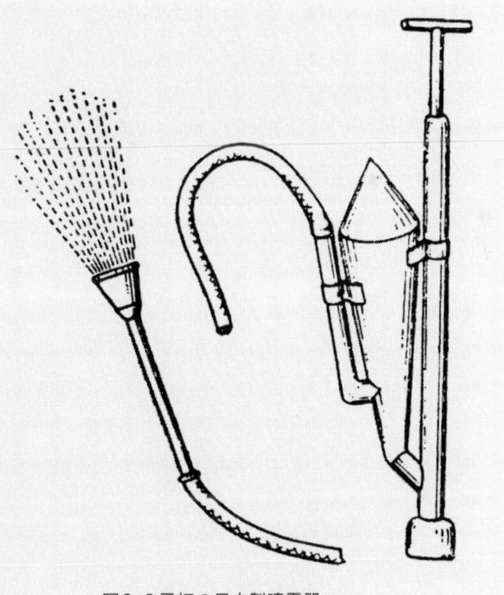

図3-3最初の日本製噴霧器
（1899年、日本農書全集第15巻より）

文献

1. 日本農学発達史（園芸学発達史）（1943）　農業図書刊行会
2. 日本園芸発達史（病害防除の発達）（1975）有明書房　復刻版
3. 栃木農報13（7）p 26－28（1936）噴霧器の合理的使用法　遠藤瓢

全国的には明治期の前半は新規野菜や新資材の導入、「消化」に費やしたが、後半は日露戦争の勝利に加え、今でいうインフラの整備、都市の発達によって、野菜産地が従来からの近郊産地のみならず遠隔地に輸送園芸産地が生まれるようになった。本県においてもこのような影響を受けていたと思われるが、依然野菜の生産は規模が小さく都市近郊の小規模営利栽培にとどまっていたようである。

引用文献［第3章第3項］

1. 農林省編纂（1939）明治前期勧農事跡輯録上巻　大日本農会
2. 渡辺善次郎（1991）近代日本都市近郊農業史　論創社
3. 明治中期産業運動資料第5巻1農事調査（1980）日本経済評論社
4. 栃木県政史第1巻（1956）県総務部
5. 黒川計（1975）日本における明治以降の土壌肥料考
6. 栃木県史史料編近現代4（1974）栃木県
7. 渡辺清（1983）百姓絵日記　日本経済評論社
8. 中野英雄（2012）渡辺清絵日記にみる農業の移り変わり　カルチャーと歴史研究会誌第11号（さくら市ミュージアム）
9. 栃木県農業先駆者顕彰禄（1969）　明治百年記念栃木県農業祭開催委員会

第4章 20世紀前半の発展と戦時の影響

1. 1900年代初期の野菜生産

1900年代に入り引き続き全国的に園芸業にも発展がみられる。

喜田茂一郎の「蔬菜園芸全書」は1911年（明治44）が初版で1942年まで23版を重ねたベストセラーであったが、初版において「近時、交通機関の発達により蔬菜の生産が増え、輸出も好調」との記述があり、1921年の第10版では都市人口の増加、商工業の発達、生活の向上などを野菜需要の増加の要因としている。そして種子と採種、蔬菜経営法の記述に加え、翌年の第11版には野菜の生態的分類、生態と栽培条件、貯蔵と利用などが加わり、蔬菜園芸学を提唱している。かようにこの時代には単なる作り方でなく、生理生態的な技術論が見られる。また近郊が野菜の産地であるとの従来の経営観を改め、遠隔地の野菜産地の経営法を論じている（1)。

同時期に世に出た喜田の「蔬菜の研究」（1925年刊）は肉食主体の食生活をいさめ、食品としての野菜の体に対する効用を詳述し、あわせて野菜の起源、来歴を詳しく紹介している（2)。

1926年の下川義治の「蔬菜園芸上・中・下」は大著で、当時の品種の図絵は貴重である。緒言では「近年、野菜は自給野菜の範疇から脱し電車、汽車、汽船の便のよい所はようやく都市需要を目指す野菜栽培が盛んになってきたし、各地の都市でも生活レベルの向上により品質のよい野菜の需要が増えている。たとえば京浜、京阪、中京、関門地方がこれである」と述べている。同書で同じく「野菜園芸の一面として心神を爽快にする効果」に触れ貴族趣味を越えて市民への野菜作りの効用に触れているのも、今までの著作にないことである（3)。

明治末期から1930年代の主要野菜の作付面積の変動を下表に示した（4)。これよると増加の著しい品目はタマネギ、キャベツで古くからのナスとキュウリも増加が著しい。トマトは1930年代に入り急激に増加している。これは保健衛生思想の向上、洋食、肉食の普及、ナスなどは供給期間の拡大や需要の増加によるものであろう。

一方、ダイコンは10万町歩ほどで推移し、サトイモも5万町歩台で作付の変化は少ない。

表4－1 明治、大正、昭和初期の主な野菜作付面積・全国、町歩（4)

種類	1907–'11年の平均（明治40－44）	1922–'26年の平均（大正11－15）	1935年
ダイコン	101,369	103,678	106,965
ネギ	10,078	15,656	19,717
サトイモ	58,627	52,362	53,274
キャベツ	2,299	6,271	10,847
タマネギ	1,195	4,489	10,460
ナス	21,162	26,198	29,784
キュウリ	9,493	14,912	19,940
トマト	61	479	9,121
野菜合計	－	900,471	1025,662

1927年の農務局報49号（国会図書館デジタル）によると1924年の栃木県の野菜面積は11,216町歩で全国10位であるが、ナスとサトイモしかデータはない。しかし温床木枠栽培（不時栽培）の本県枠数は403とあり、品目としてナス、キュウリ、インゲン、ショウガが挙げら

れ産地としては河内、芳賀、塩谷郡としている。(注. 1枠：4尺×12尺、約4.3㎡　従って前記403枠の実面積は1733㎡となる。)

さらに後年、日本園芸雑誌54巻6号に1941年8月現在の温室温床面積の調査があるので近県分とあわせ下表に示す。

表4－2 温室・温床面積

県	温室		温床	
栃木	25戸	378坪	170戸	1,522坪
群馬	45	841	1,685	5,167
埼玉	189	4,194	611	6,010

注.野菜以外のものも含むと思われる。

かように野菜園芸も多面的になってきたが、栃木県での動きはどうだったであろうか。

引用文献［第4章第1項］

1. 喜田茂一郎（1924）　蔬菜園芸全書　西ヶ原刊行会
2. 喜田茂一郎（1925）　蔬菜の研究　西ヶ原刊行会
3. 下川義治（1926）　蔬菜園芸・上中下　成美堂
4. 藤巻雪生（1975）　日本園芸発達史・第20編　日本園芸会　有明書房（復刻版）

2. 野菜生産の方向性と論議

1919年（大正8）に栃木県知事の出した県是（県の方針）の農業の部には耕地の拡張など18項目が挙げられ、第16項には園芸作物の改良増殖があり対象野菜としてダイコン、ハクサイ、イモ類、ネギ、ラッカセイ、ゴボウ、ニンジン、カボチャ、ショウガを上げている。また農事試験場での園芸作物の試験の充実、農試と生産者の関係緊密化、野菜の販路拡張も挙げられている（1)。1924年の栃木県農業概要として県産業要覧（1926）には「本県は地理上蔬菜の生産には適しているが、生産は少ない。明治41年の第14師団設置以来宇都宮市付近においてようやく蔬菜栽培が勃興の気配。県農会においても大正4年以来蔬菜の共同販売を斡旋している。出荷組合への助成も行っている。」との記述がある（5)。

しかし近県に比し水田率が高く畑作には工芸作物が多く、野菜生産の進展は緩やかであった。昭和に入り1937年に園芸界の泰斗、恩田鉄弥が実地調査のため来県し本県の園芸は四隣各県の後塵を拝しているとの見解を述べている（2)。このような見解はすでに本県指導者により指摘されているが、島田保男（県農試技師、1932年）は次のように整理している（3)。

本県園芸の方向

1. 栽培改善と品質向上　2. 不時栽培の普及　3. 販売価値の向上　4. 荷造りの改善
5. 市場取引技術の向上　6. 共同出荷の励行

島田は具体的に有望品目としてキュウリ、カボチャ、トウガン、イチゴ、トマト、フキ、サトイモ、エンドウ、インゲン、エダマメを挙げ、半促成栽培のやり方として　1麦間への定植　2わら囲い　3菰のトンネル　4紙テント　5陽熱石の利用　6わらわくに油障子の半地下栽培などを紹介している（4)。

1934年刊行の宇都宮市地誌によると「結球ハクサイの東京出荷など蔬菜園芸は目覚ましく発展しているが、まだ市の需要を満たしていないので、蔬菜園芸に主力を傾注する方針」との記述があり、野菜生産も行政施策の中に取り入れられてきていることが分かる（5)。

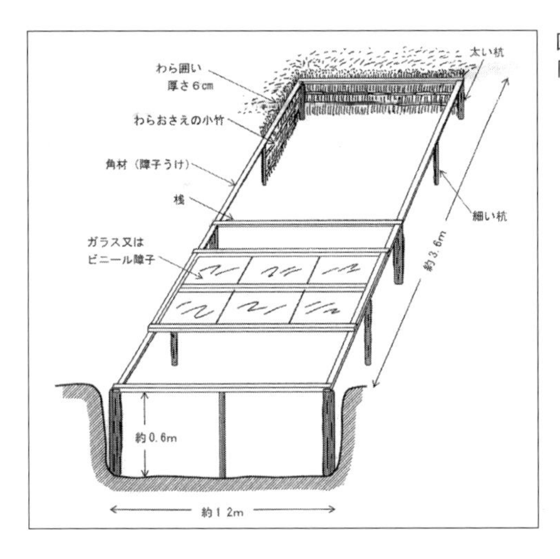

図4－1　地下式わら框温床の構造
「蔬菜の促成と軟化」萩原十（1954年より改写）

引用文献［第4章第2項］
1. 栃木県史、史料編近現代4（1974）栃木県
2. 栃木農報14(7)(1937)
農界ニュース
3. 同上9（12）（1932）　栃木県の園芸（島田保男）
4. 同上6（4）（1929）　蔬菜の半促成栽培
5. 宇都宮市地誌（1934）宇都宮市教育会

3. 野菜生産と出荷組合

1）栃木県農業経営方法共進会に見る野菜生産(1)

1909年（明治42）に開催されたこの催しに野菜農家の参加もあった。単品目の栽培収支報告は題名だけの記載であるが、次の通りである。

・茄子作収支計算：宇都宮市大渕佐一郎
・葱一毛作収支計算：宇都宮市竹澤岩五郎
・干瓢作収支計算：宇都宮市高瀬幸太郎
・蔬菜収支計算：宇都宮市越川又五郎
・葱栽培法（河内郡国本村農会提出の南瓜栽培法については別項に記す）

また自作農経営法の部には経営の詳しいデータがあるがここでは省略し、どのような野菜が自給用も含めて取り入れられていたかを下表に示しておく。

表4－3 自作農経営に取り入れられていた野菜

地区	サトイモ	サツマイモ	ジャガイモ	ダイコン	ニンジン	ゴボウ	ネギ	ナ	ホウレンソウ	カブ	ナス	キュウリ	カボチャ	サヤエンドウ	ソラマメ	インゲン	ヤマイモ	カンピョウ	ウド
山前	○			○	○	○	○	○			○	○	○	○		○	○		
御厨	○		○	○	○	○	○	○		○	○	○			○				
北犬飼	○		○	○	○	○	○				○		○					○	○
間々田	○	○		○	○	○	○	○			○	○	○					○	
国府	○		○	○	○	○		○			○	○		○	○				
北高根沢	○	○	○	○	○	○	○		○		○	○	○			○		○	

これによるとサトイモ、根菜、ナス、キュウリは殆どの経営に取り入れられているが、サツマイモ、ホウレンソウ、カブ、マメ類は比較的少ない。まだキャベツ、タマネギ、トマト、チシャなどは出てこないが、これ以前と同様かなりの種類が栽培されていたことが分かる。

2）野菜生産と産地

1910年（明治43）の栃木県農産額を下表に示す。

表4－4 1910年の農産物の部門別産額

部門	産額（千円）	比（%）
米	11,522	42.0
麦	6,267	22.8
雑穀	913	3.3
菽類（豆）	829	3.0
葉タバコ	1,743	6.4
大麻	872	3.2
干瓢	302	1.1
蔬菜	2,289	8.3
果実	559	2.0
蚕種	132	0.5
繭	1,270	4.6
家禽・卵	461	1.7
馬産	98	0.4
牛乳・産牛	99	0.4
豚	80	0.3
計	27,436	100

栃木県農業的統計（1912年、県農会）による

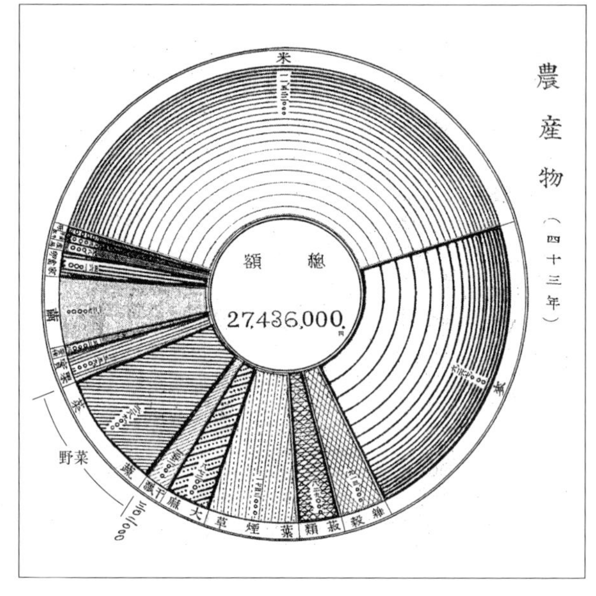

図4－2 1910年の栃木県農産物産額図（栃木県農業的統計、県農会1913年、意外に野菜の比率が高い、畜産は極めて低い）

これによると当時の農産は米麦が産額の半分を越え、次いで工芸作物の比が高く園芸（蔬菜と果実）は1割程度と低かった。

1888年（明治21）と1924年（大正13）の本県野菜の生産額を対比すると次表の通りである。

表4－5 栃木県の明治期（1888年）と大正期（1923年）の野菜産額比較

1888年			1923年	
順位	品名	金額（千円）	順位	金額（千円）
1	サトイモ	558	2	1,682
2	ダイコン	151	4	909
3	サツマイモ	150	3	1,440
4	カンピョウ	127	1	1,883
5	ナス	95	5	534
6	ゴボウ	75	9	359
7	カボチャ	73	11	210
8	ナ	48	6	564
9	キュウリ	44	8	371
10	ニンジン	39	10	224
―	ジャガイモ	2	7	417

注　明治中期産業運動資料第5巻1農事調査（2）と下野大観（3）による

これによるとカンピョウとジャガイモの産額はかなり増えてきているが、主要野菜の顔ぶれは変わりないようである。

1920年代の農作物より見た地域別の特徴は次の通りとされる（3)。

安蘇、足利地域：半工半農の農家が多い。養蚕、タバコ、タイマで食糧は自給できない。

下都賀郡：集約的な農業が行われ進歩的である。稲作、タイマ、カンピョウ、野菜（吹上、家中）養蚕が盛ん。

芳賀郡：米麦、タバコを主とし経営は単純である。

上都賀郡：タイマ、ホウキモロコシ、養蚕が主。

河内郡：タバコ、カンピョウ、野菜、米麦でオカボは横川村に多い。

全県的な野菜産地の紹介は1925年の資料がある。これによると産地は下記の通りである（4)。

ネギ：岡本村、吹上村

ダイコン：豊郷村、平石村、家中村、吹上村、足尾町

サトイモ：稲葉村、姿川村、平石村、界村

ニンジン：壬生町、絹島村

ショウガ：稲葉村、赤見村、本郷村

ゴボウ：稲葉村、国本村

キュウリ：今市町、菊沢村、平石村

カボチャ：姿川村

ナス：宿郷町、戸祭町、花房町、簗瀬町、今泉町、塙田町、西原町、新町

トウガラシ：豊岡村、大澤村、篠井村

サツマイモ：赤麻村、三鴨村、長沼村

ハクサイ：宇都宮市、稲葉村、家中村、栃木町、姿川村、横川村、国本村、豊郷村、平石村

（カンピョウと各種野菜は省略、その他青果市場として宇都宮4、栃木3、大田原2、佐野1カ所とある）

当時の野菜関係の出荷組合については栃木県農業団体史に記載があるので表にまとめた（5)。

表4－6 県内出荷組合の概要 （1927年現在）

組合名	取り扱い品目
助谷蔬菜出荷組合	サトイモ
稲葉村出荷組合	切りミツバ
横川村蔬菜出荷組合	サツマイモ、サトイモ、ハクサイ
明治村多功第2区蔬菜出荷組合と同第3区同	ゴボウ、ヤマイモ、ハクサイ、ニンジン、ネギ
薬師寺村町田蔬菜出荷組合	ハクサイ、サトイモ、サツマイモ
野崎村出荷組合	ハクサイ、ネギ
毛野村勧農蔬菜出荷組合	ジャガイモ、ダイコン、ナス、ネギ、ゴボウ、ニンジン、ハクサイ、コマツナ、サトイモ、ウド、ミツバ
宇都宮農産物生産組合	ハクサイ
姿川村蔬菜生産出荷組合	ハクサイ
横川村蔬菜生産出荷組合	サツマイモ、サトイモ、ハクサイ
野崎村塩那促成キュウリ出荷組合	促成キュウリ
喜連川町鷲宿出荷組合	促成キュウリ、ナス、ハクサイ、キャベツ、ダイコン、ミツバ
喜連川町西鷲宿出荷組合	半促成キュウリナス、サトイモ、サツマイモ、ダイコン、ショウガ
薬師寺村町田蔬菜出荷組合	ハクサイ、サトイモ、サツマイモ、ヤツガシラ
古里村西瓜出荷組合	スイカ
片岡村出荷組合	ジャガイモ、ヤツガシラ、ハクサイ

このほかの組合活動状況は下記の通りである。

野木村園芸出荷組合（1927年結成、東京出荷、野木白菜で、郡農会小野寛指導）(6)

佐野犬伏蔬菜組合（1923年設立、組合員80名、美濃早生ダイコンほか）(7)

栃木蔬菜生産組合（吹上、皆川地区、タイマ跡のホウレンソウ、北海道へも送る、180名 (8)

平石村の石井蔬菜組合（タマネギなど）(9)

名草村農会のショウガ（1931年30町歩、横穴で貯蔵）(10)

東大芦村下日向の蚕豆栽培組合（1935年、石塚藤吉）(11)

北郷村豌豆出荷組合（1935年、出原市太郎）(11)

このように多くの組織があったが京浜方面に出荷されていた品目はサトイモくらいで、他は県内各都市向けの小規模生産であった。なお、河内蔬菜共同販売購買組合が1911年に400余人により設立されているが、これは宇都宮師団への野菜の納入、馬糞や人糞尿の払い下げを目的としたもので他の出荷組合とは性格を異にする (12)。

しかし野菜栽培の普及につれて季節による安値が問題点として潜在しており、一例として栃木農報の投書欄には1926年の大根相場として一本５銭から１銭５厘に、ホウレンソウが一抱１銭から１厘となったという生産者の嘆きが掲載されている (13)。これも宇都宮周辺の野菜栽培が多くなってきたことによるものであろう。

[附]軟化栽培について

前述の渡辺清の絵日記にはウドの軟化茎の絵があるが、1920年代にもなると全県的にミツバとウドの軟化栽培が行われていた。栃木農報より軟化栽培の記事を紹介する。(同報3 (11)、1926、６ (10) (11)、1929、8 (4) 1931)

ミツバについては宇都宮を中心に増加しており、薄播きで太い茎を作り11月下旬に掘り取るとある。ウドでは山前村の仁平光春によると寒ウドは畑で盛り土すること、春ウドは晩秋に掘り小屋掛け軟化をすることを記し、反当たり100円以上になるとしている。農事試の解説では寒ウドは早生（白芽）と晩生（赤芽）があり、9月中旬の盛り土軟化から床軟化、溝軟化で生産する。春ウドは早生（青白色）中生（赤条あり）晩生（多収、手が長い）があり3月に盛り土軟化し、反収300貫（約１t）である。

農事試験場の調査データ（1929）を下表に示す。

表４－７ ミツバ、ウドの産額と栽培地（農事試、1929）

地域	ミツバ		ウド	
	産額（円）	栽培地	産額（円）	栽培地
宇都宮	345	西原	300	西原
河内	865	姿川横川国本明治	1,783	姿川横川平石国本
上都賀	200	今市鹿沼	2,200	今市鹿沼
下都賀	5,000	薬師寺稲葉水代大谷	1,500	岩舟静和

注、栃木農報6（10）

引用文献［第４章第３項］

1. 栃木県農会（1909）栃木県農業経営方法共進会報告
2. 明治中期産業運動資料第５巻１農事調査（1980）日本経済評論社
3. 浜舘貞吉（1926）下野大観　大観刊行会
4. 全国青果生産者全国著名問屋案内（1925）丸共商会編（国会デジタル）

5. 栃木県農業団体史（1954）県農務部
6. 野木町史歴史編（1989）野木町
7. 栃木農報3（1）（1926） 犬伏の美濃早生ダイコン
8. 同上11（11）（1934）下都賀のホウレンソウの出荷組合をみる
9. 同上（12）11（1935）水田裏作の蔬菜
10. 同上8（10）（1931） 県下に名高き名草姜
11. 農務時報第1号（1937）水田裏作優良事例 栃木県経済部
12. 宇都宮地誌（1934）宇都宮市教育会
13. 栃木農報3（5）（1926）（投書欄）

4. 行政施策と野菜

1）町村是と野菜

大正天皇の即位（1915年）記念として市町村での新しい基本的な行政施策方針を立てることが推進された。町村是といわれるものがこれであるが（県是については本章2項）、すでに明治中期にも町村是を定めていた町村もあった。大正期の各町村の是を県内各市町村史からみると次のようである。是全体は産業経済、社会生活、家庭生活などの基準、規範を定めたものであるが、農業分野の多くは耕地拡張、米麦増産などであり、具体的技術としては塩水選の普及、品種選択などが多くみられる。発展期を迎えつつあった野菜についての記述は少なく、間々田町（農会、1924年）での副業として園芸を奨励、山前村での野菜改良増収（1916年以降）、宇都宮市での野菜軟化栽培の奨励（市農会、1923年）という方針が示されているくらいである（小山市史、足利市史、宇都宮市60周年記念誌による）。

2）経済厚生運動と野菜

1930年代に入ると時代は不況期に入ってくる。農村不況といわれ1932年より、全国的に不況対策として国、県の指導の下、経済再建運動が進められた。この運動は産業や生活全般にわたるものであるが、野菜生産がどのように取り上げられていたかを本県市町村史から拾って見ると次の通りで、野菜は小規模ながら各地で取り上げられていたが、戦争の影響もあり今日にはつながらなかった。

［事例］

下都賀郡中村は水田裏作の奨励により5カ年で野菜を5町歩増反する。（小山市史）

塩谷郡熟田村：野菜、わら工品の販売統制（共同販売）や加工による増収。（高根沢町史近現代）

塩谷郡阿久津村：宅地利用の山芋栽培を増加させる。（同上）

安蘇郡旗川村：水田を減らし野菜を導入する。品目としてネギ、トマト、クワイ、ヤマイモ、ホウレンソウ、タマネギなどを示している。（佐野市史資料15）

安蘇郡界村：野菜（スイカ、カボチャ、ハクサイ、ダイコン、キャベツ、ヤマイモ、サトイモ）を奨励し東京市場に出荷する。なおハクサイは大正期より3町歩、キャベツは1932年頃より地元市場へ出るようになった。（佐野市史資料4）

安蘇郡犬伏町：美濃早生ダイコンを明治期から栽培、1923年より東京などへ共同出荷。スイカは1930年に組合（100余名）ができ、地元4割東京6割の出荷。（佐野市史4近現代9）

足利郡北郷村：野菜の共同出荷（ジャガイモ、サヤエンドウ、ナス、キュウリ、ハクサイ）を実施。

芳賀郡清原村：指導地をもうけダイコン、サツマイモを作る。（栃木県史史料近現代（4））
芳賀郡中川村：野菜を畑地に導入中である。（同上）
那須郡親園村：水田にキャベツ、ジャガイモなど5町歩作付した。（同上）

3）戦時下の作付統制

満州事変に続いて日中戦争を抱えながらも国力の増強は1940年頃まで続き、この頃が戦前における国力が最高に達した時期とされている（1940年は幻となった東京オリンピックの開催年であった）。ちなみに農林水産生産指数を見ると、1933－36年間の実績を100とすると1937年は109.8、以下年順に106.6、107.9、1940年は110.5でピーク、以下103.1、104.1となり1943年には98.7となった。一口にいえば戦争の影響であるが、徴用や徴兵による労力不足、軍需工場建設などによる農地の改廃、農業資材の不足などによるものである。政府は時局に対応した効率的な農業と食糧増産を図るために各種統制を始める。これらはすべて1938年公布の国家総動員法を基本にするものである（1）。

野菜についてはその需給が都市部において次第に問題になり、1941年以降野菜不足が常態化してくる。この端緒はイモ類が統制により青果物としての流通がなくなったことが大きいとされる。農水省では1940年にダイコン、ツケナなど必需野菜18種を定め、予算を付けて奨励することになり、これが農林省での野菜予算の始まりといわれる（2）。

政府の方針として野菜生産については、1. 市場嗜好性より多収性や貯蔵性を重視　2. 品質より実質を重視した品種選択　3. 種子確保がうたわれている。

1941年の青果物配給統制規則により34種類（一般野菜からキノコ類まで）の野菜の統制（生産の割り当て）が始まり、生産計画、出荷計画などは帝国農会系統が担当し、翌1942年から野菜類も隣組を通じた配給制となった（米穀の配給制は1941年4月から始まった）。当時の統制経済は質より量が優先しホウレンソウがホウレンボク（法蓮木）になったりコマツナがオオマツナ（大松菜）なったりする時代であった。

栃木県においても国策に沿った施策が行われ、農事については1943年に栃木県農業総合計画要綱が定められ県内を穀作地帯、園芸地帯、畜産地帯、山林地帯に分けて農政を推進することが定められた。園芸地帯とは近郊と工場周辺地を指す（1）。この計画の首尾は分からないが、戦争の激化や終戦により殆ど機能しなかったと思われる。

作付統制について

食糧・農地面積の確保などの目的のため臨時農地等管理令が1941年2月に公布された。この中の作付統制があり作付の禁止と作付命令が行われた。この法令は毎年改正され野菜ではスイカ、マクワウリ、ヘチマなどが主たる制限作物とされたが、府県により作物は違っていた。年を追って制限は強化の方向であったが、食糧作物に加え繊維作物、特殊作物（コンニャク、コウゾ、ブドウなど）が制限からはずれ、最終的には野菜ではスイカ、マクワウリ、イチゴ、これに花卉、植木となった。現場での指導は行政組織末端の農事実行組合より翼賛壮年団が前面に出ることが多かった。

1943年8月現在の制限作物は全国的には84種類であったが、40道府県で制限されたものはスイカ、クワ、マクワ、果樹、茶樹、花卉、イグサなどであり、制限前と後（1943年）ではスイカ:22,611町歩から13,408町歩、マクワ:4,698町歩から3,719町歩の減少を示している（3）。これが成果といえるかどうかは微妙なところである。

栃木県でのこの時期の作付面積推移を次表に示す。

表4－8 栃木県での作付制限前後の野菜栽培面積
町歩（農林統計）

年次	スイカ	トマト	ダイコン
1942	150	160	1,710
1943	242	183	1,738
1944	86	187	1,892
1945	33	264	1,400
1946	44	244	1,460
1947	112	332	1,800

表4－9 カンピョウ栽培面積

年次	栽培面積 ha
1937	3,214
1938	3,177
1947	754
1948	757
1949	1,190

注.1947－1949は推定、1939－1946年までは調査中断

これによるとスイカは作付制限の対象となっただけに、相当の減反になっているがトマトやダイコンでは戦中でも殆ど作付面積で見る限り問題はない。他の野菜でも影響は見られないようである。本県特産のカンピョウについては作付制限が厳しかったと思われるが栃木県についてのデータはない。しかし干瓢商業協同組合のデータによると上表の通り1937年をピークに作付制限の影響がかなりあったようで、戦後1947年でも754haにとどまっている（4)。

カンピョウについては本著の範囲外であるが、過去の栽培法などの主要文献を以下に年代順に表に示した。

表4－10 カンピョウに関する主要文献

表題	年次	著者	発行者
乾瓢播種栽培法全	1886	高木吉之助	上三川町史史料編近現代
干瓢に関する調査	1886	小川利平	同上
扁蒲栽培法	1909	河内郡農会	栃木県農業経営方法共進会報告（県立図書館蔵）
特産本県の干瓢	1928	小林芳一	栃木農会報31号（石橋町史近現代）
かんぴょうについての研究	1962	中山保	栃木県農業試験場南河内分場（特別研究報告2号）
県中南部のカンピョウ栽培	1977	野尻光一	栃木の野菜（栃木県野菜研究会）
瓢とくらし	1991	壬生町歴史民俗資料館	第5回企画展・図録

[附]カボチャの増産運動

野菜の需給がひっ迫してくると都市部での野菜作りが国策として推進されてくる。都市部での空き地（建物強制疎開跡地、空襲による焼け跡、公園、街路地面）に野菜を作るという政策である。1944年になると内閣情報局の週報（政府の情報・指導誌）には戦時農園の名のもとに野菜作りの記事が毎週のように掲載され、市民から歓迎された。なかでもカボチャが食糧的かつ保健的面を充足す

図4－3 カボチャ作りの推進宣伝隊（1944年、昭和史第11巻、毎日新聞社、1986年刊 承認済）

るものとして1944年からその栽培が強力に推し進められた。カボチャは上記の空き地以外にも屋根や垣根利用の立体栽培ができることも取り上げられた理由の一つである。同年5月には女学生を動員してのカボチャ栽培宣伝挺身隊の行進が都内で行われた。カボチャ栽培はこののち戦後の食糧難時代まで続けられた（2）。

栃木県でも当時のカボチャ作りの記録がある。1945年5月に那須地方事務所から金田村長に「青年学徒等南瓜増産実施要領」に基づく要請があり、校庭や河川敷などに割り当て本数を植えるというものである。例えば初等科児童は1人10本、中学校生徒は1人20本という割り当てで、種子は自給して1株あたり果実1貫目の目標であった（5）。

引用文献［第4章第4項］

1. 栃木県農業団体史（1954） 県農務部
2. 月川雅夫（1994）野菜つくりの昭和史－熊沢三郎のまいた種子－養賢堂
3. 坂根嘉弘（2012）日本戦時農地政策の研究　清文堂
4. 栃木県干瓢商業組合（1997） かんぴょう組合50年のあゆみ
5. 大田原市史（1985）史料編420P　大田原市

作付統制への園芸界の抵抗

1941年の作付統制が始まる以前から、園芸作物に対する風当たりが強くなってきた。園芸品は贅沢品であり食糧増産の妨げになるというものであり、園芸関係者は園芸を擁護することしきりであった。飯塚稔は「事変下の我園芸界」（日本園芸雑誌５１（２）、1939年）で健康報国としての園芸活動の重要性を説いている。また、恩田鉄弥は「新体制と蔬菜及果樹の栽培」（同上誌５２（１１）、1940年）で園芸農家は小規模農家であり、水田化できない不適地を活用している農業であるとして、園芸を冷遇するのは間違っていると論じている。

5. 栽培

1）品種

1930年前後の品種に関する調査資料があるので以下に紹介する。1929－30年の栃木県における品種別栽培面積は次の通りである（1）。

表4－11 栃木県における主要野菜の栽培面積と品種（1929－30）（26）

種類	面積 町歩	品種割合％
ダイコン	1,199	練馬64、宮重16、聖護院13その他7
キャベツ	51	豊田78、サクセッション3．中野11、その他8
ネギ	469	新里65、千住28．九条2、その他5
サトイモ	1,957	八重柄47、唐の芋30、八つ頭17、早生芋6
ゴボウ	232	滝野川58、札幌30、砂川10、大浦2
ナス	680	橘田26、会津山茄42、真黒14、その他18

注．橘田：きった　真黒：しんくろ　サトイモ品種の八重柄は他に八重蔵、八重倉と書く例あり

上記調査の4年後、1934年現在のデータが1936年にまとめられている。新たにキュウリ、トマトが加わっている（2）

表4－12 栃木県における主要品種の栽培面積と産地（1934）(2)

種類	品種別面積　町歩	産地
ナス	真黒262、山茄408、蔓細千成39、橘田116、その他146 計971	県北：山茄　県南：真黒 河内、宇都宮：橘田
キュウリ	落合314、馬込半白139、刈羽30、その他121　計604	馬込半白：河内、宇都宮
トマト	ポンデローザ130、ミカド12、アーリアナ9、ベストオブオール7、その他16　計174	宇都宮、足利、河内
ダイコン	練馬807、聖護院359、宮重269、美濃早生179、その他179　計1793	（記載なし）
ネギ	千住321、新里207、その他63　計591	河内
キャベツ	サクセッション70、野崎12、中野9、豊田7、その他8　計106	河内、塩谷、那須、上都賀
サトイモ	土垂1490、八重柄828、愛知早生331、唐の芋20、八つ頭165、その他497　計3331	下都賀、上都賀、河内、那須、塩谷

両年の比較ではナスにおいては山茄が主流であるが、真黒が増加し、ダイコンでは聖護院の比率が高くなっている。ネギでは新里より千住が多くなっているが、新里の栽培も依然多い。サトイモは土垂が半分を占めているが4年の間の変化にしては疑問が残る。この期間トマトとキャベツの増加が著しい。1934年の調査数字は既往の農林統計とも合致しており、実態を示していると思われる。

2）栽培事例

栽培の基準ではなく実際の栽培法を記したものを栃木農報などからその要旨を紹介する。ナス、キュウリ、ネギは1927、28年、ニンジン、スイカは1934年、カボチャは2009年報告のものである。データは反当たりである。

(1)ナス(3)

宇都宮市南新町　大野金次郎の栽培（1927年頃）

品種：橘田

温床育苗（木枠、エゴマ油塗布の油紙障子）：2月上旬播種

親床：踏み込み深さ1尺5寸　わら、落ち葉、米糠使用　播種時床温25－30℃

仮植床　第1回 踏込1尺4寸、本葉出始め　　第2回 1尺1寸、本葉2，3枚

第3回 本葉4、5枚

定植：5月中旬　3尺×２尺　植え付け肥は水一荷（約70ℓ×２）に硫安200匁

整枝：第1果の下２枝を伸ばし３枝仕立て

防除：褐紋病：３斗式石灰ボルドウ液　アブラムシ：タバコ粉末、デリス剤

施肥：

肥料	数量（貫）	成分量（貫）
堆肥	300	1.7—0.9—1.5
人糞尿	600	3.4—0.8—1.6
硫安	10	2.0—0—0
菜種粕	25	1.3—0.6
過燐酸石灰	5	0—1.0—0
木灰	20	0—0—2.0
計		8.45—3.3—5.1

収穫：6月18日－9月19日　反当たり47,400果
収支：収入161.91円　支出121.93円　純益　39円98銭
　　支出内訳　資材　苗床：17円87銭5厘（踏込材料、床土作成費、障子菰など）
　　　　　　　　　　本畑：42円56銭（硫安、下肥、支柱など）
　　　　　　労力　苗床：24円8銭（男女21.7人）
　　　　　　　　　本畑：37円42銭（男女33.7人）
　　　　　　支出計　121円93銭5厘

(2) キュウリ(4)

豊郷村　岩淵理一郎（1928年頃）

品種：半白節成（東京・荏原郡より）、青節成り（自家採種）
播種：3月5日　幅4.5尺の低設藁わく床、油障子、踏み込みの深さ：播種床1尺3－4寸、3月移植床1尺1、2寸　4月移植床8、9寸　床温が32度の時、床土を入れ床土温を20－25度とする。床土の厚さ3寸、最後の床は4寸とする。菰3枚使用。
仮植は5回、本葉1枚ごとに5回やる。徒長の時は斜め植えまたは子葉の下まで埋める。
定植：5月19、20日　早生大麦を6尺に播いておく。畝幅は3尺2寸と2尺8寸の交互として広い方を後の通路にする。
本畑：主枝を伸ばし側枝は2葉で摘心、梅雨明けまで（6月1日から7月13日まで）3斗式石灰ボルドーを9回散布。
施肥量は右表の通り：

肥料	施肥量（貫）	三要素
堆肥	400	窒素：8.914貫 燐酸：5.551 カリ：5.390 基肥と追肥5回
下肥	700	
大豆粕	30	
過石	15	
木灰	15	
硫安	3	

収穫：6月2日－8月10日まで、41,154本
収支（反）：収入、440円4銭　支出、245円69銭　差引194円31銭
　　支出内訳　苗床関係：資材53円62銭2厘（床土作成費、障子、厩肥代など）
　　　　　　　　　　　労力65円44銭
　　　　　　　　本圃：資材66円36銭8厘（支柱、大豆粕、下肥、硫酸銅など
　　　　　　　　　　　労力60円26銭

(3) ネギ(5)

菊沢村　黒川勇八の栽培（1927年頃）

苗　：国本村新里より購入
定植：6月下旬－7月上旬　畝幅3尺　反1万5千本
施肥：堆肥、人糞尿、大豆粕、過石、木灰など使用
　　窒素：5.87　燐酸：3.1　カリ：4.27貫（反当）
防除：赤渋病、黒渋病にはカゼイン加用3斗式石灰ボルドー液　アブラムシ：デリス粉
土寄せ：4回

収穫：11月－2月10日　667貫
粗収入：154.34円　支出　98.35円　差引　55円99銭

(4)ニンジン(6)

下都賀郡大谷村　山中晃蔵の栽培（1934年頃）

品種：オクスハート、東京三寸　播種：9月15日　作付：1反5畝
主な作業：藁除去、間引き（10月13日から11月3日まで4回）薬散、硫酸ニコチン1回、中耕・除草　追肥（3月17日）
施肥量：（反当）堆肥100、米糠27、油粕10、過石4、藁灰20、人糞尿100貫

(5)スイカ(6)

生産者は同上（1934年頃）

品種：銀大和、燕号　播種：4月23日7尺×4尺点播（直播）、パラフィン紙テント
主な作業：5月に砒酸鉛加用ボルボー液散布、敷き藁は3回に分けて、追肥は2回
施肥量：（反当）堆肥250、綿実粕15、米糠26、いわし〆粕10、灰30、硫安3貫

(6)カボチャ(7)

姿川村　宇賀神郡弥の栽培（1909年頃）

産地の概要：創始は不明であるが古老の伝承によれば大略300年以前から耕作していたという。栽培は河内郡が最も古く、良品も多い。現在の作付は姿川村で18町7反8畝、産額は11万2680円である。品種は縮緬と菊座である。

育苗：2月中旬に幅4－6尺、長さ適宜に区画し、藁枠を周囲に作り落ち葉、厩肥を7寸によく踏みつけさらに干し草を厚さ1寸に敷き人糞尿を散布しておく。播種は3月15日－20日に行うが、その前に床の全面にイワシ漁粕粉末を散布しその上に堆肥細粉を厚さ1寸に敷く。ここへ5寸角の線を引き交差する所に2粒播種する。藁で覆い発芽後は覆いを除く。2、3葉期に1本にし、4、5葉の時包丁で5寸角に床土を切り定植の準備とする。追肥に人糞尿を施すときは直ちに水で茎葉を洗う。

本圃管理：定植は5月15日前後で、麦を2畦抜きにしておいた空畦に縦横2尺5寸深さ3寸くらいの穴を掘り、肥料を入れる。畦幅7尺2寸、株間7尺5寸で1反歩200本を植える。定植後10日くらいは日除けをしておく。しきわらをして6，7葉の時1番摘心を行い、分枝5－6本を残し他は切る。成り花を見たら花の先1葉を残して摘心する。次の摘心は同様に行う。ウリバエには捕殺や藁灰、麩を散布する。

肥料は堆肥、イワシ〆粕、米糠、えごま粕、人糞尿を用いる。(筆者注：施肥量の容積と重量が記載してあるので成分量を算出すると窒素9.4、燐酸5.4、カリ1.3kg /反となる。有機肥料中心なのでカリが極端に少ない。しきわらからのカリ供給もあるし、高温期の露地栽培で株数も少ないのでこれでも十分なのか)

収穫と採種：７月10日より収穫できる。果面が橙紅色になれば適熟である。種子は元成りから採る。

1反歩収支：収入600個、30円

支出　種子代8銭、苗床肥料1円8銭、本圃肥料9円55銭　人夫賃5円10銭、農具損料20銭、運搬費4円20銭　その他（公費など）1円75銭　計　21円96銭　差引　8円4銭

3)佐藤政明の著書に見る栽培法について(8)

宇都宮農学校教諭である著者は県内の多数の篤農家を訪ね栽培法を調査し、自身の体験を加味してまとめたものである。種類ごとにその要点をあげている。1930年代当時の栽培技術である。

○キュウリ

品種として馬込半白、落合節成がよく、3月中旬播き温床育苗で4、5回移植後本葉8枚で定植する。麦は6尺幅に播いておく。施肥は窒素5－6、燐酸、カリ4貫が基準であるが、実際には窒素10－12、燐酸6、カリ6－7貫をやっている。節成りは摘心せず、腋芽は1、2節で摘心する。薬散はボルドー液7回くらい。1株10－15果、飛び節種はこれの6、7割である。採種果は2、3番果を当てる。

肥料名	総量
堆肥	300
〆粕	40
米糠	80
大豆粕	36
過石	6
木灰	15
下肥	300

○ナス

橘田は宇都宮に多く、山茄は減りつつある。2月中旬に播き、2、3回移植して5月7、8日頃より麦間に定植する。施肥は窒素7－8、燐酸3.5、カリ4.5貫、菜種粕が果色を良くする。

下部の2枝を残し3本主枝とする。青枯病対策は石灰硫黄合剤を土壌混和または硫黄華を反4－5貫を植穴に混和する。

○トマト

品種としてはポンデローザ、ウインゾールがよい。2月中旬播き、4回移植して本葉7、8枚の苗を5月中旬に定植する。窒素5、燐酸3、カリ4－5貫で多肥により繁茂しやすいのでキュウリの半量とする。大豆粕は品質を落とす。軽しょう土では堆肥を多投する。過繁茂対策としては摘葉（葉を1／3から1／2位に剪葉する）がある。

○ハクサイ

芝罘（チーフ）、野崎白菜二号、包頭連（ホウトウレン）を勧める。宇都宮での播種適期は8月15日から20日である。施肥は窒素6－7、燐酸5、カリ7貫で初期の肥効が重要で、追肥は3回に分け9月末までにする。間引きは重要な作業で3回に分けて行う。葉形としては丸み、毛茸の多いもの、中肋の幅広いものを残す。

結球部の結束は防寒のために行うもので、結球の助長とは関係がない。

○キャベツ

品種としてはサクセッション、中野早生、豊田早生がよい。秋播の播種は9月17、8日、苗は一回移植する。春播は3月から6月上旬まで随時播く。良苗としては節間の短いもの、葉端の丸いもの、葉数の少ないもの、葉の円形または偏円形のもの、鋸歯の浅いもの、緑色のものとしている。抽苔の原因としては播種の早すぎ、発育の阻害、肥料不足がある。施肥量は窒素4－5.5、燐酸2.5－3、カリ3－4貫とする。

○ネギ

新里葱の問題としては収量の少ないこと、荷造りの多労、荷痛みが多いこと、県外市場の好みに合わないことである。新里葱は千住黒柄系と思われるが、合柄という人もいる。植え付けは東西畝では溝の南側、南北畝では西側にする。

○サトイモ

品種は土垂、早生丸、愛知早生、親芋用として八つ頭、唐芋がある。愛知は多収、土垂は粘力に富み八つ頭は紛質だが味はよい。ニンジンの跡地は成績がよく、多肥作の跡は過繁茂すぎる。催芽は温床跡地に油障子を掛けて行う。芽が出れば2、3日日に当ててから定植する。施肥は窒素4、燐酸2.5、カリ3.5貫とする。

○ダイコン

品種は練馬系、聖護院、美濃早生、二年子が多い。美濃早生は5月1日から15日くらいまで。練馬、聖護院は8月15日－末、二年子は9月下旬から10月上旬までに播く。前作としてよいものはウリ類、サツマイモ、タバコ、アズキ、キビである。

○ホウレンソウ

夏播きは西洋種を用い井戸の中に5、6日つるし冷却する。その後2、3日浸水し種を砂にまぶして堆肥中に入れ催芽してから播く。

○ゴボウ

栃木では殆どが滝野川（東京大長）で、名産の稲葉牛蒡は黒川の沿岸沖積の粘質壌土の産で品質はよい。火山灰土は肥大に過ぎ根部は粗糙で空洞が多い。

[佐藤本に見る特徴]

大体において現在と大差ない栽培法であるが、まだ単種の時代であるから間引きについて詳しく述べられている。施肥例についても種類ごとに例示されている。採種についても項目をたて触れているのも自家採種が多い時代を示している。個別にはトマトの過繁茂対策、サトイモ、ホウレンソウの催芽方法、新里葱の問題点、キャベツの抽苔原因、苗の選別基準、ハクサイの球部結束の無意味なこと、稲葉牛蒡の栽培地の土質のことなどが興味深い。

4）野菜農家の経営事例

野菜作経営事例の記載文献は少ない。まず宇都宮郊外の平石村・小島重定の作付概要を紹介する (9)。これは近郊での水田裏作野菜栽培の優良事例として紹介されたものである。小島は1932年頃の米価の下落から危機感を生じ裏作に野菜を導入することを経営の柱にしてきた。これは1936年当時の作付状況である。耕地は水田2.4町歩畑9反歩で裏作のキャベツ、タマネギが野菜の中心で、夏作は多品目少量生産で安値の危険を回避している。水稲の粗収入1500円に対しキャベツは560円、タマネギは200円の粗収入でその他を合わせ耕種部門と野菜部門がほぼ1対1となっている。

表4－13 作付状況 平石村 小島重定

(単位反 1936年)

種類	作付面積	種類	作付面積
水稲	24	ショウガ	0.4
大麦	4	インゲン	0.7
小麦	7	キュウリ（余播）	0.7
カンピョウ	3	サトイモ	0.5
トマト	0.7	ハクサイ	0.5
ナス	0.8	キャベツ	7
キュウリ（半促）	30枠	タマネギ	1.7
ダイコン	2.5	その他	2
ジャガイモ	2		

次に烏山町のハタバコ地帯で野菜を取り入れた経営として紹介されている某農家の1938年の作付状況を示す（10）。

作付面積　水陸稲：5.7反、大小麦：12.2、タバコ：4.7、ジャガイモ：0.6、ソバ：1.1、ダイコン：2.8、ネギ：0.4、サトイモ：0.7、ハクサイ1.6、コカブ0.3、その他：4.8反（スイカ、トマト、カボチャ、ナスなど）。

粗収入として米：554円、麦：376円、タバコ：781円、野菜：707円、その他：7円、畜産：276円、農産加工：40円　計2,741円。

部門別の収入比は米麦：34％タバコ29％に対し野菜は26％であり野菜の比率は高いといえよう。ただし野菜の栽培面積は延べ12反であり米麦の18反に対し野菜の有利性はやや少ないようである。

参考までに宇都宮近郊の横川村の農産額を示す（11）。

これによると村の農産物の総産額は37万円余でサトイモ、カンピョウを含む野菜類の産額は7万円余であるが、一般野菜としてはスイカ、ダイコン、ナスの産額が多い。野菜は農産物全体の19.7％を占めていて小島重定の経営に比べれば野菜の比率はかなり低いが、県全体から見れば高く当時の都市近郊農業経営に占める野菜の程度をうかがわせる。

表4－14　横川村の農産物（産額）1932年

種類	産額・円	種類	産額・円
水陸稲	199,620	ニンジン	486
大小麦	70,059	ダイコン	8,100
大豆	3,150	ゴボウ	1,350
小豆	2,880	ナス	7,200
ソバ	864	ツケナ	8,400
カンショ	16,320	カンピョウ	8,400
ジャガイモ	1,000	キュウリ	1,600
サトイモ	15,960	カボチャ	1,140
スイカ	18,144	果実	3,500
ネギ	2,340	マユ	100

引用文献［第4章第5項］

1. 主要蔬菜類販売地図（1934）帝国農会
2. 蔬菜及果樹主要品種ノ分布調査（1936）農林省
3. 栃木農報4（6）（1927）
4. 同上　5（5）（1928）
5. 同上　4（11）（1927）
6. 小山市史（1984）史料編近現代1　小山市
7. 栃木県農会（1909）栃木県農業経営方法共進会
8. 佐藤政明（1934）栃木県における主要蔬菜の栽培法（国会デジタルコレクション）
9. 農務時報第1号（1937）水田裏作優良事例　栃木県経済部
10. 栃木農報18（1）（1941）葉タバコ地帯における蔬菜栽培へ力を注いだ経営
11. 横川村史（1932）（復刻版2004年による）

図4－4 現在も残る往年の産地　（写真左）宇都宮市・宿郷のナス、1979年7月、（写真右）壬生町のショウガ、1979年11月

第5章 戦後の復興 1945年－1960年

1. 農業政策と野菜生産

敗戦の年、1945年の農業生産はどん底であった。1940年以降、戦時体制下で徐々に低下してきた農業生産は1945年には戦前水準（1933－35年）の60％まで落ち込んだ（1）。海外からの食糧援助などによってもこの飢餓状態は1947、8年頃まで続き、コメの自給ができるようになったのは1955年産からである。この間、戦時下の食糧統制は順次撤廃され、野菜の統制がなくなったのは1949年である。

栃木県においては1948年に農業復興会議がもたれ農政の指針が示された。生産力の増強、開拓促進など時節柄緊急を要する事項が中心であり、部門的には養蚕の再建、畜産の振興がうたわれているが、まだ園芸分野については触れられていない（2）。

農業改良普及事業が発足したのが1949年4月、当初は食糧増産指導員制度からの切り替えだったことや時代的に見ても作物分野が指導の中心であったことは当然である。活動拠点の展示圃の課題には1953年まで野菜はなく、野菜行政的には1950年から開始されたサトイモの採種圃の助成くらいであった（3）。（サトイモの採種圃は篠井村里芋採種組合など7カ所あり計10haの規模であった）

1952年に行われた普及職員全員協議会において小平重吉知事は訓示の中で今後の重点事項として1.米麦単一作から多角経営へ　2.養蚕の振興　3.果樹の増殖　4.農協の充実をあげている（4）。

その後、食糧供給体制の安定化、世界的な農産物の生産過剰と価格の低下、貿易自由化による海外農産物の輸入などの案件に加え、農家経済を向上させるためへの県農政の転換が必要とされるようになってきた。このため県において1955年に農業各分野の識者（宇都宮大教授・大沼幸之助ほか3名）による農政顧問団を発足させ、翌年12月に小川知事名で栃木県農業振興計画書（5）をまとめた。この計画書において本県農業の現状を次のように述べている。

「本県の旧い特殊商品生産農業は先進的にかなり発達をしてきたが、新しい型の商品生産農業すなわち商品蔬菜、商品果物、有利養畜の生産を取り入れた近代的な農業は非常な立ち遅れをしている」

このため野菜に関しては東京や東北地方に近いことから、野菜産地として有望であり従来の品目に加えタマネギ、トマト、加工トマト、キュウリ、ホウレンソウ、イチゴの生産奨励を勧めている。顧問団4名のうちの2名は現場に精通した園芸の権威者(野菜担当は江口庸雄)であり、後の園芸の発展を見ればこの報告書は本県野菜奨励事業の一里塚の役割を果たしたといえよう。

同じころ、絵面伝一郎（県農業会議）は農業政策は食糧政策よりも県民食生活の向上並びに農家経済の向上が重要であるという観点から、東京青果市場への出荷実態を考察しながら本県蔬菜生産の遅れを述べ、改善策を示した（6）。

この後の1960年の横川信夫知事による農政顧問団の答申でも「本県の発展段階は農業就業人口54％、農業所得は全体の30％であるから、大正10年ごろの日本経済に相当する」とし、「過剰人口を他産業に移し畜産、果樹、一部の蔬菜を取り入れて体質改善」とうたわれた。しかしながら「麦作などの合理化といっても園芸作物の導入には困難な問題がある」とも述べられている（7）。

本県農業の体質改善はすでに戦前から園芸関係者によって主張されていたものであるが、その実現にはさらに国際情勢や国民生活の向上、技術の進歩など社会的な条件変化が必要であった。

1949年頃の識者の野菜生産に対する考え方

当時の野菜生産に関する識者である松原茂樹、江口庸雄、藤井健雄、渡辺誠三による座談会記事の要点を紹介する。野菜の統制が撤廃された直後、農業用ビニールも施設園芸もない時代の考え方である。

端境期問題：産地間の出荷協定が必要で、品質で競争する方向。
輸送園芸：輸送性のある品種の採用、満州への野菜の輸出も考える。
高冷開拓地の野菜：開拓農家の栄養面でマメ科野菜が必要。一段落した所は換金野菜（ハクサイ、キャベツ、トマトなどを入れ交通条件を改善すること。
採種問題：種子の品質向上対策と原種の採種法の改善が必要。
野菜経営：野菜残渣利用の有畜野菜農家が必要。
加工野菜対策：組織化が必要だが年間通じての原料供給が課題。
近郊野菜：軟弱野菜に対する衛生問題が肝要で灌水等施設充実が必要。
早熟栽培：わらと落ち葉があるところでは温床促成が良く、また踏み込み床にキュウリを定植して4月まで油障子で育て後に支柱に誘引する。暖地の紙トンネル栽培もいい。
水田裏作：稲作研究とあわせて野菜との組み合わせを考えることが今後重要になる。
集約化と機械化：機械化、畜力化が進まなければ、取り残される。荷造りの簡素化も必要。

（これからの野菜（1949）朝日農業選書　朝日新聞社による）

2. 県内地域と野菜生産

野菜生産は戦後一貫して各品目での周年生産を目指してきたが、おおむね20世紀後半にはその目的を達し、施設園芸はもちろん露地野菜でも県内の地域性は少なくなってきた。しかし1950年ごろの発展初期においては本県野菜生産と地域性の関連はどのように理解されていたであろうか、当時の考察を紹介する。

最初に中山保（栃木農試技師）が1950年に論じた「栃木県農業の特色」より地域ごとの野菜事項をまとめてみる（8）。当時として当然ながら普通作物や養蚕、タバコ作についての記述が多く、野菜に触れていることは少ないが、野菜がどのようにとらえられていたのか　参考になる。この記事は将来を予測するものではないが当時の商品的な野菜生産が県内の限られた場所にしかなかったこと、およびこれからもあまり拡大しないように見られていたことが分かる。この論考の中で高冷地での野菜の発展、中部水田地帯の裏作野菜（キャベツ、タマネギ、キュウリ）の発展を期待している。また連作障害対策としての水田化にも触れている。

そして中山は面積的に大きい裏作小麦や現在の主作物でも将来の転換が問題となるだろうとも述べている。

表5－1 地域と作物的特徴（野菜作に関して）　中山保、1950年より作成

地域名と地名（代表）			野菜の現況と見通し
北部	1 北部西山間	栗山、藤原	高冷地野菜の発展予想、秋野菜の早出し可
	2 北部畑	高林	秋野菜の早出し、果菜の晩化栽培有望
	3 北部東山間	芦野、黒羽	タバコ主体コンニャク有望（野菜の言及なし）
準北部	4 北部水田地	大田原	ナタネ、ゴマ有望（野菜言及なし）
	5 準北部水田地	熟田、羽黒	ナタネ有望　（野菜言及なし）
	6 準北部山間地	篠井、菊沢	近郊野菜に期待
	7 準北部山間地	今市、飛駒、粟野	タイマ主体（野菜言及なし）
中部	8 中部東山間地	馬頭、茂木	タバコ主体（野菜言及なし）
	9 中部東準山間地	小貝、荒川	（野菜言及なし）
	10 中部東水田地	水橋、上三川	近郊で裏作野菜有望（水田転換も可）
	11 中部中間畑地	芳賀、宇都宮、石橋	多彩な野菜に期待
	12 中部西準山間地	北押原、皆川	（野菜に言及なし）
南部	13 南部東水田地	久下田、吉田	（野菜言及なし）
	14 南部中間畑地	国分寺、小山	カンピョウ主体（野菜言及なし）
	15 南部中間水田地	寒川、大宮	自給野菜のみ
	16 南部西畑地い	静和、佐野	サツマイモ多い
	17 南部西水田地	富田、足利	集約的裏作野菜地帯として定着

1956年の振興計画書（5）では県内を10地帯に分けて今後の展望を記している。野菜についてまとめると下表のようになる。

表5－2 農業振興計画における地帯別野菜の生産目標

地帯	代表地区	現状での主要野菜	今後強化または導入すべき種類
北部畑作地	那須　大田原	サトイモ	ダイコン、ハクサイ、キャベツ、アスパラガス
北部山間地	藤原、塩原	－	ダイコン、ハクサイ、キャベツ
東部北山間地	黒羽	ゴボウ、ネギ、ダイコン、ナス、ニンジン	自給用野菜
東部南山間地	烏山、茂木	サトイモ、ナス、キュウリ、ダイコン、ネギ	－
西部山間地	粟野、城山	ネギ、ゴボウ、ダイコン、サトイモ、ラッキョウ	トマト、キュウリ、ハクサイ、キャベツ、ニンジン
中部北水田地	大田原、矢板	ダイコン、ナス、キュウリ、ゴボウ	サトイモ、ネギ
中部南水田地	氏家、喜連川	サトイモ、ダイコン、ネギ、ナス、ゴボウ、ニンジン	タマネギ、トマト、キュウリ、ハクサイ、キャベツ
南部東水田地	祖母井、物部	ダイコン、ナス、ニンジン、ゴボウ	タマネギ、トマト、キュウリ、キャベツ、サトイモ、ハクサイ　、ホウレンソウ
南部畑地	壬生、石橋	ゴボウ、ニンジン、ハクサイ	トマト、キュウリ、サトイモ、ホウレンソウ
南部西水田地	栃木、足利	ダイコン、ネギ、ナス、ニンジン、サトイモ	タマネギ、トマト、キュウリ、キャベツ、ハクサイ

導入すべき品目としてはいささか多品目ではあるが、従来の品目であるサトイモ、ダイコン、ゴボウなどに加えトマト、キャベツ、タマネギ、ホウレンソウなど新しい品目が登場している。

さらに具体的にタマネギ、ホウレンソウは鬼怒川沿岸の沖積地、トマトは各地の洪積台地、県南の砂質壌土地帯はキュウリ、トマト、タマネギ、ホウレンソウ、イチゴを勧めている。これらの品目はすでに各地で先駆的栽培が行われており、この計画書が一層の産地化を進める追い風となったことは明らかである。

3. 初期の先駆者たち

行政的に見ると1955年頃まで本県の野菜生産の将来像はまだ描き切れていなかったようであるが、戦後間もなくの野菜栽培の現場はどうだったであろうか。1948年の農業栃木（9）と1953年の県農業改良課資料(10)などに県内の野菜先進家の紹介がある。まだ農業用塩化ビニールが販売されて間もなくの時期で戦後復興のさきがけの人たちである。以下、その概要（氏名、地域、特色）である。

氏名	地域	特色
鈴木　巌	大田原・金田	：トマト、キャベツ栽培。
坪山　孝	矢板・針生	：フレーム促成でウド、ミツバ、ベニショウガを栽培。
根本誠四郎	藤原・大原	：養鶏にダイコン、キュウリなど露地野菜を栽培。
永岡浅一郎	宇都宮・大網	：各種野菜をオート三輪車で周年出荷。
手塚　雅男	宇都宮・篠井	：果樹に加え各種果菜を栽培、オート三輪車所有。
青木兵三郎	宇都宮・簗瀬	：水田利用のナス、カブの栽培。ナスは2月中旬、カブは3月中旬播きのトンネル栽培から。ナスは青枯れ病もなく良作。簗瀬茄の代表的生産者。
市村　忠一	宇都宮・西原	：野菜の高度輪栽、残菜利用の堆肥利用で　菜類、ダイコン、ミツバなど多品目輪栽栽培をやる。覆下栽培もやる。
小島　重定	宇都宮・石井	：大面積経営ながら集約なキュウリの促成栽培に優れる。ショウガの加工もやる。水田裏作野菜を戦前から導入。1958年に黄綬褒章受章。
山崎　義盛	宇都宮・石井	：キュウリの促成とショウガの軟化栽培で4月中旬から出荷。
安納　正二	宇都宮・城山	：畑作中心でトマト15a、豊玉で2月播き6月下旬より出荷。
林　信男	同	：畑作中心でニンジン、ダイコン、カブ、ホウレンソウなど周年出荷。自家採種のトマトを栽培。
細谷　邦夫	同	：有畜野菜栽培で多品目、ウド軟化やニラのトンネル栽培に特徴。
若山　善三	宇都宮・国本	：栗、竹林とあわせウド促成ほか畑野菜を多角経営。
粕渕　徳市	鹿沼・北犬飼	：畜力利用のサトイモ栽培で規格3段階、角俵で出荷。サトイモの出荷グループあり。
渡辺　順道	鹿沼・栃窪	：有畜野菜経営でキュウリのトンネル栽培の草分け。
堀口　清	真岡・山前	：サトイモの出荷組合を作り東京市場出荷。
橋本　照造	佐野・富岡	：トマトの早熟栽培で稲、麦、仔とり養豚と4本柱。
倉林　喜三	足利・毛野	：トマトの早熟栽培、極光で6月下旬から出荷。野菜の輪作で土地の高度利用。園芸研究会あり。
斉藤　誠	足利・北郷	：水田利用のキュウリの半促成、針ヶ谷節成りの自家採種で6月下旬まで収穫、7月上旬田植え。

このほかにも各地で多数の優れた野菜生産者がいると思うが、このような人たが中心となり周辺に影響を及ぼしていったのであろう。

図5－1 現地指導に当たる江口庸雄（農政顧問団）（那須町、1957年8月13日、農業と園芸1960年5月号より、養賢堂承認済）

引用文献［第5章第1、2、3項］

1. 井野隆一（1996）戦後日本農業史　新日本出版社
2. 栃木県農業協同組合史（1970）　同史編さん委員会
3. 栃木県政史（1956）県総務部編・発行
4. 農業改良時報（1952）　No40　小平知事訓示記事
5. 栃木県農業振興計画書（1956）栃木県
6. 絵面伝一郎（1955）栃木県蔬菜の経済的考察　栃木県農業会議
7. 栃木県農業の現状と問題点（1960）栃木県　農政顧問団答申資料
8. 中山保（1950）栃木県農業の特徴　農業栃木2（7）（8）（9）（10）（11）連載
9. 海老原武士（1948）園芸篤農家の紹介　農業栃木5（2）
10. 県農業改良課資料68号（1953）　伸びゆく農業経営第3集

キュウリの温床促成栽培について（第11章施設園芸初期の動き参照）

踏込温床による促成栽培は昔から行われていたが、なかでもキュウリが多く取り上げられていた。これは他の果菜類に比してキュウリが低温性作物であり、収穫までの期間が短いこと、蔓性なので温床内の取り扱いが易しいことなどによるものである。すでに福羽逸人は1908年にこの方式の栽培技術を詳しく記している（1）。本県でも1936年の統計で温床面積が1522坪（約50a）と示されている（2）。内訳は不明だがこの中に育苗以外の促成栽培も含まれていると考えられる。1929年の栃木農報に山前村、豊田春圃は温床に篠竹で棚を作り促成キュウリを作っているとの記事がある（3）。馬頭町の高野三代治は1950年頃、小規模ながら同様の方法でキュウリの早出しをやっていたという（4）。本圃に藁枠を作り油障子をかけ、5月になってから支柱誘引する早熟栽培は宇都宮市の小島重定が1928年頃から実行し（5）、また小島は油紙トンネル栽培を1940年からやり（6）鹿沼市の渡辺順道は1950年から実施している（7）。

1. 福羽逸人（1908）果樹蔬菜高等栽培論
2. 日本園芸雑誌56（2）　農林省官房統計課記事
3. 豊田春圃（1929）栃木農報　No40　昭和4年1月号
4. 高野正男談話（2019）
5. 全国園芸新聞（1965）1月5日付け記事「小島重定小伝」
6. 宇都宮農協だより127号（1980）
7. 農業栃木7（2）（1955）

4. 生産組合の状況

野菜の生産、出荷、指導を一貫して行う系統農協はまだ少なかった。青壮年を中心とする農研クラブや任意組合が野菜栽培の推進に当たっていた。発足間もない農業改良普及事業も米麦の増産指導が重点活動であった。例えば1954年秋冬作耕種改善試作圃54カ所のうち野菜を扱うところは3カ所（国本、戸祭でのトマト、鹿沼・玉田でのキュウリ早熟栽培）に過ぎず、1955年でも同24カ所中で野菜は3カ所であった。

県では1955年に農産物の販売を扱う課が農政課から農産課に移され、青果物の販売、出荷組織の育成、自主検査の奨励、販売宣伝による特産地へのテコ入れが一層進められることになった。

当時、活躍していた任意組合などは以下の通りである。

表5－3 1955年前後の主な青果物出荷組合
（県農業改良課「改良時報」、「農業と生活」「農業改良普及十五周年記念誌（11）などによる

名称	地域	設立	内容（1955年前後）
那須町蔬菜販売対策協議会	那須町	1957	町内の農協合併を機に結成、サトイモ、キュウリ等の共販を目指す、1960年に青果物生産販売連合会（那須町南部、那須町、芦野、伊王野組合など）となる、夏キュウリは1956年2、1959年18ha、那須農研の1955年埼玉の夏キュウリ視察が端緒
合会青果生産組合	矢板	1952年	戦後の開拓地、1949年にサトイモ導入、翌年12名で東京東印出荷、催芽植えを勧め愛知早生、早生丸主体、広域化して1952年当時組合員は約150名
矢板青果出荷組合	矢板・幸岡	1951	サトイモ、ネギ、ジャガイモ、干しダイコンなど、当時約100名、運送店利用 ネギは昭和初期に五味淵伊一郎が導入した 1950年でサトイモ9、ネギ3、ジャガイモ5、干しダイコン4ha
武茂蔬菜生産出荷組合	馬頭・武茂	1956	タバコ後作利用のホウレンソウを農研クラブで栽培、約60名、翌年ニューメロン2ha試作
戦場が原開拓農協	日光市	(1951)	1948年ダイコンを小出寅一が試作、1951年東京出荷開始、1956年頃ダイコン80%ほかハクサイ、キャベツ、ジャガイモなど
上塩原農研	塩原町	(1955)	1956年30名、ホウレンソウ2、ダイコン15h
鶏頂山開拓農協	藤原町	1951	1955年よりダイコンの出荷開始、鶏頂蔬菜出荷組合12名
日光地区農研クラブ協議会	今市市ほか	1957	1957年約100名で夏キュウリ、後に日光地区農協青果事業振興協議会となる(トマト:豊岡、大澤　キュウリ:落合、豊岡、日光、大澤、柄倉組合)
島青果物出荷組合	真岡・山前	(1955)	山前中心、市貝、大内など周辺も組織、早生丸に切り替え10貫の丸俵から5貫の竹かごに変更、約110名で青果商に対抗、9上－10の中間期に出荷
鬼怒川沿岸玉葱生産出荷組合	宇都宮市ほか	1955	1956年産1.8、57年産8.0、58年産30.0ha(約200名) 河内村玉葱生産組合（43名）
落合里芋出荷組合	今市		約210名
板荷蔬菜出荷組合	鹿沼	1930頃	タイマの代替としてサトイモ主体で1950年から農協出荷、半切俵の5貫入れ、東一へ
荒川里芋生産出荷組合	南那須		約350名、1957年に荒川農協青果物出荷組合となる 1962年夏キュウリ導入
薬師寺生産物出荷組合	国分寺		ホウレンソウ中心で約250名
小金井青果物生産出荷組合	国分寺	1952	1953年に農研クラブ員が茨城・境農協視察し後に桑苗減の対策として組織、果菜、葉菜、根菜など多品目、宇都宮へは農協が輸送、神田には民間の定期便利用、1959年に農協組織となる

中古屋農研	野木		1955年現在蔬菜部15名、ビニール温床による半促成キュウリ、その他はカボチャ、トマト、ナス、オート三輪車購入 この他に丸林園芸組合
栃木市蔬菜出荷組合	栃木	1950	吹上地区の農研クラブが赤羽根寿光の指導により発足、普及所などの推進策で市内に拡充、タイマ跡の地這いキュウリ、最盛期100名
三好農協	田沼	1930 －？	昭和初期からショウガの一次加工、1938年に加工工場作る、1955年ごろ10haで葉ショウガ、もやしショウガも生産
田沼町蔬菜生産出荷組合	田沼	1955年	栃本の農研クラブ員中心で結成、翌年町内の出荷組合の連合会でき、ネギ、ハクサイ、地はいキュウリ
足利北郷蔬菜出荷組合	足利	1956	1927年に仁木計二郎がキュウリ半促成を導入、戦後再興1955年ごろ約100名、キュウリ針ヶ谷を1931年より作る、相模半白試作中、ビニールトンネル計画中
筑波蔬菜生産出荷組合	足利・御厨	1955	個人出荷と共販（筑波農協）

このほかにも各地に生産グループがあり、1960年以降もさらに増加してくる。例えば栃木農改普及所管内では夏キュウリだけでも7組合（1)、宇都宮市ではタマネギなど5組合があった。足利市には22組合があり農協との結びつきも始まったという(2)。佐野市には植野、界、高橋(ナス)、旗川各出荷組合、真岡市にはサトイモの西田井、根本、小林、東大島各出荷組合があり、野木町、間々田町方面にも多数の出荷組合ができてきた。おそらく全県では100以上の数になろうが（3)、直接的に農協の組織となっているのは少数であったようだ。

これら大小の出荷組合をまとめるための「協議会」もできてくる。たとえば御厨町蔬菜生産出荷組合連絡協議会、日光地区農協青果事業振興協議会、那須町青果物生産販売連合会などである。指導、奨励行政や協同組合が積極的に野菜生産に関わってくる時代となった。一方、野菜後進県の本県に対する市場の期待も増してくるが、出荷物に対する評価はどうだったであろうか。断片的であるが各資料から拾ってみると次の通りである（4、5、6)。

キュウリ：本県は4月の半促成と5－7月の露地、6月－10月の余播きが中心。足利の針ヶ谷種は埼玉産に比べ劣る。夏キュウリはときわの導入を考える。

トマト：トマトの消費は伸びているので4月、5－7月の早熟、7月－10月の抑制の3作型で夏出しに期待。特に清原トマトは人気あり。

ナス：3月下旬から7月、8月下旬から10月の2作型がよい。

タマネギ：相場により面積が変動するのが問題。

ニラ：トンネルによる12月－3月出しが有利、勧めたい。

ニンジン、ゴボウ：増産を期待。他県に比べ出荷量が少ない。

ダイコン：高冷地産は好評。

サトイモ：他県産に押されているが近県が減っているので年内出荷期待。

ホウレンソウ：県南産（国分寺の栃南組合）は良好、ポリ包装を考えること。

1955年（昭和30）頃から野菜関係の出荷組合が急速に増加してくる背景にはさまざまな要因がある。遠くは1948年の野菜、1949年のイモ類の統制撤廃に始まり1952年の麦類の統制撤廃、1955年頃からの米不足時代の終了による時代の変化、これを受けての行政施策の「進化」、10年を経た改良普及事業の充実、さらに現場に在っては大麻の需要減、タバコ後作の活用などの対策に野菜が取り上げられたことによる。

さらに農業用プラスッチックの普及、電力事情の好転による野菜への電熱利用の普及、いわゆるアグリビジネスの営業活発化なども要因として挙げられる。

この頃の出荷組合は任意組合が多かったが次第に農協組織へ移行してくる。県の農協大会は毎年開催されているが、1957年大会では「青果部会の設立を計り出荷組合との連携により共同販売の実を上げること」と決議されている（7)。しかし野菜は品目が多く個々の組合と市場の結びつきも強く、栽培技術の特殊性もあり出荷面、指導面からも農協の部会に全面的に統一されるのは後年、出荷安定法施行の頃まで待たねばならなかった。

図５－２ 各地の出荷組合ラベル
（1955年前後のもの）
（左：足利市、農業と生活1959年７月号
右：真岡市、農業改良時報1955年11月号）

引用文献［第５章第４項］

1. 農業改良普及事業十五周年記念誌（1963）栃木県農業改良課
2. 野尻茂（1960）農業と生活1960年６月号
3. 八木沢喜平（1957）農業と生活1957年６月号
4. 農業改良時報1956年３月号
5. 同　　1960年４月号
6. 清水正雄（1966）市場人から見た栃木県の野菜作り農業と生活1966年９月
7. 栃木県農業協同組合史（1970）　同史編さん委員会

初期の農業研究クラブの雰囲気

戦後間もなく各地に青壮年による農研クラブが発足し、普及事業とタイアップして技術改良や新作物導入に貢献した。高根沢町東高谷農研クラブの発足当時の様子が残されているので紹介する。（一部省略箇所あり）

戦後１－２年は、敗戦ショックと社会不安、食糧不足、GHQによる矢継ぎ早の指令などなど、このような中での村内有志による農研の集いが唯一の光明であった。戦争から帰還した若者が村内に満ち、本格的な農研を創ろうという発案は仁井田駅前に普及所ができ、マンツーマン方式での活動が始まってから昭和23年の暮れごろからであった。緑の自転車による個別訪問は農家に明るさを取り戻し、発足の準備、産婆役は言うまでもなく阿久津明普及員、会員は遠くインパールからインド洋、比島、九州本土での歴戦の勇士、実践力も十分の20歳代。事業の始めは2,4－Dの試験、ハクサイの練り床、馬装具の制作等々。（後略）

（鈴木順　東高谷農研クラブの発足（1955）農業改良30年の歩み　氏家農改普及所編による）

5. 栽培

1) 作付の状況と実績

1950年代前半の野菜作農家の作付状況を3例示す。

(1) 西那須野町　大蔵増太郎 (1)

父、竹二郎（明治中期に長野県より移住）の後を継いで戦後主穀作物に野菜を加えた経営を目指し、この地方の野菜栽培のさきがけとなった。子息の大蔵健は後にこの地方の初期のハウストマトの栽培者の一人となった。実績には畜産部門を省略したが耕種部門ではイモ類を除く野菜類で販売額の約40%を占めている。

表5－4　大蔵家の経営実績（1953年）

品目	販売可能金額・円	品目	販売可能金額・円
水陸稲	114,000	キュウリ	28,800
大小麦	110,400	トマト	56,530
デントコーン	21,600	ハクサイ	78,050
大小豆	16,500	キャベツ	29,400
サツマイモ	81,000	ホウレンソウ	35,700
ジャガイモ	15,000	ダイコン	全量自家消費
ナス	4,800	計	591,780円

(2) 宇都宮市大網町　永岡浅一郎（旧富屋村）(2)

前項の初期先駆者に名のある宇都宮市大網町（当時富屋村）の永岡浅一郎の作付状況を示すと下表の通りである。永岡は1950年にはオート三輪車を購入して宇都宮、日光などの市場へ野菜を出荷するなど、水田作と野菜栽培を両立させ保温折衷苗代の早期導入のほか、キュウリの短日育苗、トマトの夜冷育苗などの新技術を研究・導入していた。子息の永岡照之は後にこの地方のハウストマト栽培のリーダーとなった。表にあるようにイモを除く野菜作の粗生産額は全体の約30%であった。

表5－5 永岡家の生産状況（1952年）(2)

品目	作付面積 (a)	生産価額（千円）	品目	作付面積 (a)	生産価額（千円）
水陸稲	233	545	キュウリ	7	49
麦	95	96	他夏野菜	7	16
イモ類	18	24	ハクサイ	15	56
ナタネ	4	6	ネギ	10	20
ダイズ	4	3	ゴボウ	2	2
ソバ	7	6	ニンジン	3	3
その他	3	3	他冬野菜	5	15
ナス	6	26	ニワトリ（卵）		86
トマト	10	130	計		1086千円

(3) 宇都宮市城山　細谷邦夫 (3)

宇都宮市城山の細谷邦夫の作付状況は次の通りである。細谷は冬の落ち葉さらいから始まり、ビニールフレーム（大谷石枠）によるシイタケの早出し、ウドの軟化栽培、ニラのトンネル早出し、秋作には根菜類も多く取り入れ農閑期の労力を野菜に活かしている。夏期に労力がかかる果菜類は取り入れていない。

表5－6 細谷家の生産状況（1954年）(3)

作物	面積（反）	反収（貫）	金額（千円）
水陸稲	22	6.0（俵）	518
麦	14.5	6.0（俵）	191
サツマイモ	3	500	60
ジャガイモ	1	600	30
サトイモ	2	400	48
カンピョウ	2.8	45	88
ラッキョウ	2	300	42
ラッカセイ	1	88#	26
ゴボウ（春・秋播き）	2	460	89
ニンジン	0.5	300	15
地這いキュウリ	0.5	1200	18
ニラ	1	－	23
ホウレンソウ	2	－	25
ハクサイ	1	1100	22
カボチャ	1	600	27
ダイコン	0.5	600	12
ウド	1	150	30
その他野菜			10
シイタケ	4,500本		75
ニワトリ（卵）			29
金額計 1378千円　カンピョウ除くイモ類、野菜で451千円。野菜イモ類で33%			

注：#殻付

練床育苗について

この方法は1930年頃、渡辺誠三（千葉農試）により発表されたもので、主としてハクサイの育苗に利用された。本県では戦後に普及され早播き（8月中下旬）ハクサイの育苗に利用された。本来、ハクサイは移植耐性が弱く育苗期間も短いので連結ポットなどが普及する前は直播が多かった。練床は移植栽培を容易にするものであったが大量育苗には向かないので、普及は限定的であったが1955年頃は県内ハクサイ本圃面積の約30%がこの方法であった（昭和29年度普及のあしあと、農業改良課、1955年）。具体的な方法：苗床用地を幅1m前後、深さ15㎝の広幅溝を作り、あらかじめ練っておいた用土をいれ、湿っているうちに鏝などで平らにならし、半乾の時に包丁で10－6㎝角にブロッキングし中央に播種する。用土は土性に応じ完熟堆肥や燻炭を混合して通気性を確保する。苗床に水を入れその場所で練って苗床にする簡便法もある。連結ポットに練土をいれ育苗するやり方もある。

2）品種

1955年頃までの品種は戦前からのものと戦後の新品種の双方が用いられていた時期であった。各種の著作・資料から県内で栽培されていた主要品種を挙げる。品種ごとの面積は不明である。

トマト：豊玉、福寿二号、世界一、栄冠、新星

ナス：新橘真、群交二号、

キュウリ：相模半白、埼玉落合、針ヶ谷、霜不知（しもしらず）

マクワ：ニューメロン、黄金九号

ハクサイ：野崎二号、新松島二号、京都三号。下山千歳

キャベツ：野崎夏播き二号、まさご三季、黒葉サクセッション、野崎早生

カリフラワー：野崎早生、増田早生

ダイコン：大蔵、早太り練馬、西町理想、美濃早生

ニンジン：MS三寸、国分

ホウレンソウ：禹城、豊城、豊葉、ミンスター

カボチャ：早生黒皮、白菊座、芳香青皮

サトイモ：早生丸、石川早生、愛知早生

タマネギ：泉州中甲高、山口中甲高

この時期､品種の動きは早く新しく登場してきたトマトなどの品種は次の通りである。（1958年栃木県資料、そ菜の作型と品種による）

トマト：新豊玉2号、ひかり、古谷K号、大型福寿

ナス：金井新交鈴成、栃交早生、早真

キュウリ：若葉、青葉

キャベツ：金杯、四季穫、葉深、豊田夏蒔

ハクサイ：新生、長岡交配60日

3）栽培事例

この時期、露地野菜の栽培はおおむね従来の栽培方法で栽培されていた。しかし品種は戦後生まれのものが、農薬もBHC、DDTを代表として化学合成農薬が普及し、肥料も下肥など自給肥料が減少して単肥ながら化成肥料が多く出回ってくる。

初期の農業用ビニールは単価も高かったのでまず苗床被覆次いでトンネル栽培に普及した。例えば足利農改普及所管内では1953年頃より露地からトンネル栽培へ、1961年頃よりトンネルからハウス栽培へと移行し、小山農改普及所管内では1960年頃よりトンネルが普及し1963年頃よりハウス栽培へと変わっていった。トンネル栽培の始めは地域により少しずつずれがあった。

「昭和29年度普及のあしあと」（県農業改良課）のデータを紹介する。

表5－7　ビニールの用途別普及状況（単位ヤール）

年	苗床用	テント用	トンネル用	ハウス用
1953	16,462	1,111	1,826	144
1954	50,713	4,392	17,513	1,168

これによると1954年からのトンネル利用が急増していることが分かる。同資料によるとトンネル栽培（半促成と記載、トンネル栽培と思われる）はキュウリ、トマトともに宇都宮市、佐野市が多く、キュウリは上都賀郡で少ないものの全県にありトマトは上都賀郡、足利市で少ない。

この当時の栽培記録を紹介する。

(1) 水田裏作キュウリのトンネル栽培　鹿沼市栃窪　渡辺順道（4）

経営は主穀、畜産、野菜を三本の柱にしている。キュウリのトンネル栽培は5カ年を経る。本県では最初であろう。今までは紙トンネルであったが本年1954年にビニールトンネルを試みた。　現在、鹿沼市を中心に数十人がトンネル栽培を行っている。

資材：紙はロール紙（2.5尺×3.5尺を3.5尺幅にのりつけ)。
　　油は荏油１対石油１の割合で布きれで油引きをする。
　　竹は篠竹の方が紙の当たりがよい。トンネル1.5尺に一本の割で用意する。

品種：相模半白　播種：2月20日頃（慣行は3月5日播き）

苗床：低設温床へ条播　移植：子葉展開時に１回移植、以後2回移植しずらしをして定植。短日処理は発芽2週間後から14日やる。定植：6尺畦の大麦間株間1尺3寸で2条千鳥植え。4月20日－5月2日頃まで。初期は根元に敷き藁をせず土面を日に当てる。

保温：密閉しておき大霜の時はトンネルの上にわらを散らす。高温時は日中わらを紙の上に散らし遮光する。紙に芯葉が接するようになればトンネル紙を少しずつ破いて行く。

トンネルの除去：徐々に行い初期の薬剤散布は薬害を防ぐためダイセンを用いる。(以降は石灰ボルドー液)

施肥（反当たり、貫)：石灰窒素10（定植20日前)、鶏糞堆肥200、硫安10、過燐酸石灰20、塩化カリ10、草木灰30菜種粕15貫、以上を半々にして元、追肥とする。このほか必要に応じて収穫最盛期には硫安や下肥を追肥する。

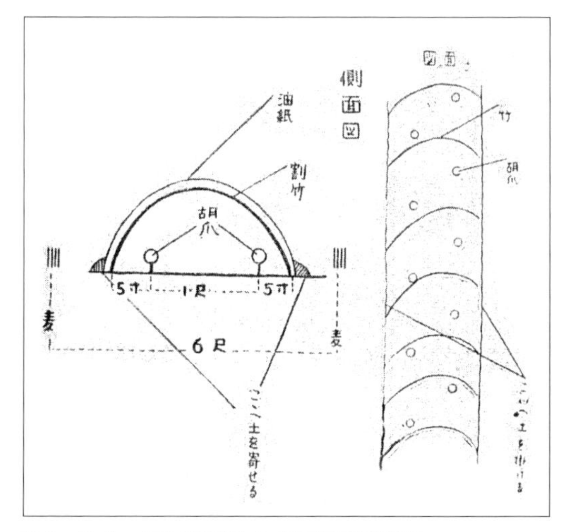

図5－3 キュウリの油紙トンネル栽培の概略図
(渡辺順道、農業栃木7（2）1955年より）

(2) トマトのトンネル栽培　足利市勧農町　倉林喜三（5）

経営面積は57aで延作付面積は143aで利用率は250％である。わずかな米麦作のほかはトンネル栽培のトマト8a、ダイコン、コカブ、ニンジン、キャベツなどである。

トマト　播種：1月15日、新星、福寿二号。　育苗：発芽まで32－33℃、第1回移植は2月6日３×３寸床土の厚さ3寸、第2回移植は3月1日床土4寸厚さ、6寸×6寸、灌水は苗がしおれるまでやらない。定植10日前に包丁で6寸角に根切り。

定植：3月23日6尺幅ビニールのトンネルで無加温、尿素水（水1斗に20匁）を灌水。施肥：反当たり窒素14.3、燐酸 9、カリ 12貫。

管理：トマトトーン使用、第1花房浸漬、第2花房以降60倍散布、摘果は4－5果、農薬は5－6斗式石灰半量ボルドー液にウスプルンを加用して9回。

カブ　春播：播種1月下－2月上、かまぼこ型の6尺ビニールトンネル。収穫は3月下－4月、間引き出荷。

晩夏播：播種8月中下旬、収穫9月中下旬、高温時は夜間灌水、間引きは早めにする。

(3) トマトの露地栽培　宇都宮市城山　林　信雄（6）

7月から9月まで反収3000貫を目標としている。その他キュウリなどを作り、米麦は作っていない。

トマト作型:夏秋　　品種:20年来桃色種を耐病性と味の良さで選抜して採種している。床土:前年の踏込物を堆積して、坪500匁の木灰を散布。焼土消毒して使用。

育苗：2月15日播きで75日苗とする。2回移植の後、定植19日前にずらし、油粕少量の根付肥えとする。彼岸頃まで昼間25、夜間18℃、その後低温管理として黄ばんだ堅い苗を作る。

本圃：予定地は寒さらしにしておき、3月に石灰窒素20貫を撒いておく。2割くらいが開花した時定植。施肥：堆肥800貫、全施肥量は窒素12、燐酸10、カリ12貫で約1割を基肥とする。残りの燐酸、カリは6月に窒素は6割を6月中にやり残りは順次追肥する。

その他：後期の収穫のため草勢により適宜摘果をして10段までを目標とする。

トマトの着果ホルモン剤

プラスッチックフィルムによる早出し栽培を確実にしたのが着果促進剤のトマトトーン（商品名）や2,4－Dである。除草剤である2,4－Dの利用はトマトトーンより早く1950年頃より、トマトトーンはこれより1－2年遅れて始まり、すでに米国で実用化されていたトマトトーンは急速に普及した。2,4－Dは適用濃度を相当に薄めなければならず、薬害の恐れもありトマトには普及せず、少し遅れてナスに使用されるようになった。ビニール資材と着果促進剤がほぼ同時期に「出現」したのは幸運であった。

4)生産上の課題、問題点

(1) 生産上の課題

戦後10年、1955年頃の栽培上の課題を当時の普及資料により紹介する。1950年代初期の資料は少ないが水橋地区農改普及所の1952年度の月別計画のうち、野菜に関する指導項目は次のようである。水田地帯なので野菜の比重は軽いが項目として育苗技術、ウリの整枝指導、ハクサイ練り床、ハクサイ病虫害防除、イモ類の早掘り、カンショ苗床指導など断片的であった。しかし、これ以後はかなり野菜指導が多彩になってくる。1957年度（昭和32年）と1960年度の農業改良普及計画書（県農業改良課）などから普及所別（当時は小地区制の普及体制であった）に要点をまとめた。

那須：余播きキュウリ、早生ハクサイ、美濃早生ダイコン、夏ホウレンソウの普及と出荷組合の設立。

黒磯：開田や電化が進んでいる。地這いキュウリ、ダイコン、キャベツ、サトイモの導入。一部にウドの根株養成者がいる。

矢板：塩原町に最近高冷地野菜が入る。ダイコン、ハクサイ、ホウレンソウの必要。

氏家：水田裏作としてのタマネギ、キャベツ、ホウレンソウ奨励。

黒羽：タバコ作あと、水田裏作に野菜を入れる。

烏山：サトイモの集団栽培と共同出荷。

馬頭：タバコ後作の野菜導入。

鹿沼、粟野：タイマ後作としてアズキ、ホウキグサ、ダイコン、ハクサイ、ゴマなどから換金作物（キュウリ、トマト、ホウレンソウ、ネギ）へ代える。

今市：高冷地野菜の育成のほか野菜団地（ナス、キュウリ、トマト、ホウレンソウ、ネギなど）

真岡：サトイモは業者との取引が多い。サトイモは早出しを石川早生、普通作は愛知早生と早生丸。

茂木：タバコ作後のハクサイを推奨。

石橋：水田高度利用のためキュウリ、トマトの半促成導入。

小山：早熟トマト、サトイモの増反、夏播きホウレンソウの栽培改善。床土消毒の徹底。

国分寺：田川沿岸にイチゴ、タマネギ、キャベツ導入中。

岩舟：ニンジン、ゴボウ、キャベツの生産販売改善。

佐野、田沼：ネギ、ハクサイ、サトイモ、ホウレンソウ、カブ、ナス、ショウガ、イチゴなどの導入。

足利：果菜や水田前作の野菜が増えている。

各地ともさまざまな野菜の導入や奨励が図られているが、まだ積極的に果菜類のハウス半促成を取り上げているところは少ない。またイチゴに関する事項も少ない。いわば百花斉放の様相である。

(2) 栽培上の問題点

栽培上の隘路について普及計画書では詳しく分析しているが、そのうちの二例を紹介する。当時としてもこれがすべてではなく、不適切な事例は一部であったと理解する。

●サトイモ作の不安定要因（烏山普及所、1957年計画書）

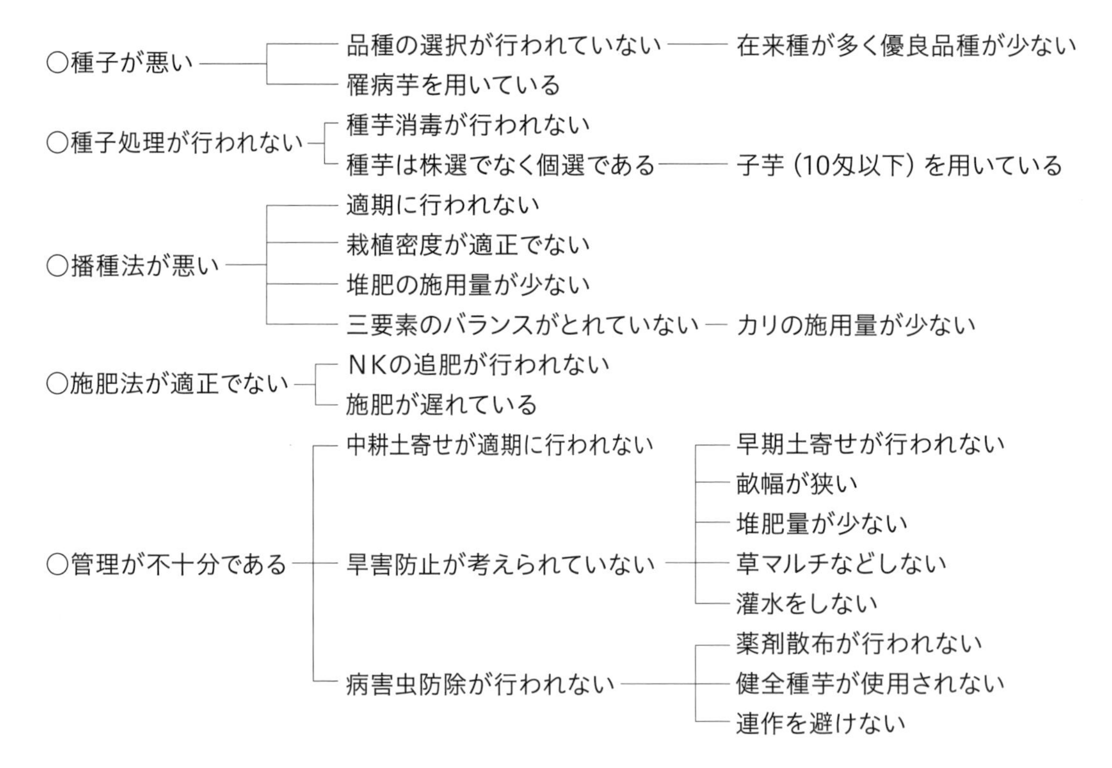

●キュウリ栽培の不安定要因（足利普及所、1960年計画書）

○品種・系統がまちまち ― 採種法が悪い

○苗が悪い
- 床土が悪い ― 準備が遅い、切り替えし回数が少ない、消毒不十分
- 踏込法が悪い ― 踏込が軟らかい、炭素率が適当でない
- 床管理が悪い ― 移植時期が遅い、換気灌水法悪い、密植に成り易い 床が深すぎる、夜冷操作悪い（節成り性低下）

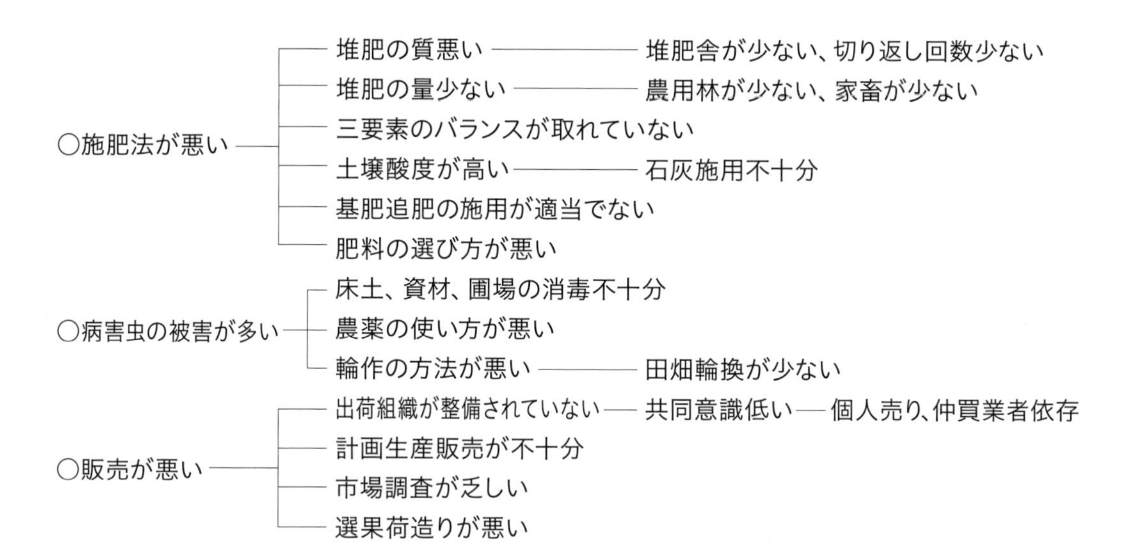

引用文献［第5章第5項］

1. 伸び行く農業経営第4集（1955）県農業改良課編（独法・草地研所蔵）
2. 伸び行く農業経営第3集（1953）県農業改良課編
3. 細谷邦夫（1954）野菜栽培で農閑期を活用　農業改良時報　No6
4. 渡辺順道（1955）水田裏作胡瓜のトンネル栽培　農業栃木7（2）22－24
5. 農業と生活編集部（1957）特集五反百姓の生きる道　農業と生活1957年4月号
6. 林信雄（1954）私のトマト作り　農業改良時報N054

（水橋地区の改良計画は芳賀町史による）

第6章 産地の定着と専作化の進行 1960年－1970年

1.農業政策と野菜生産

本県「農業改良普及事業二十年の歩み」ではこの時期を蔬菜の産地化と専門化する時期とし、同じく「四十年の歩み」では商品生産のための目的集団が生まれる一方、農家戸数の減少と後継者問題が浮上してきたと記述している。

農業基本法は1961年に制定され選択的拡大がうたわれ、その支援として1966年に野菜生産安定法ができ、県内にも指定産地が多数でき野菜生産の拡大が続く。農業改良普及事業も1965年に広域普及所となり1958年から特技化された改良普及員の活動の場も広がり、発展する野菜生産の推進力となっていった。

この間、本県の野菜粗生産額は1962年（昭37）を境に急増し農業粗生産額の10％を超え、1965年には金額で100億円以上となった。

表6－1 栃木県における年次別野菜粗生産額と構成比
（1960年－1970年、単位百万円）

年（昭和）	総生産額	野菜生産額	野菜構成比	米構成比
1960（35）	49,380	4,197	8.8	51.5
1961	52,386	4,764	9.6	45.9
1962	64,338	6,053	9.8	48.6
1963	64,039	7,156	11.2	47.7
1964	74,307	10,256	13.8	45.3
1965（40）	78,165	10,809	13.8	45.7
1966	91,423	11,595	12.7	47.8
1967	106,538	12,716	11.9	50.2
1968	117,288	12,805	10.9	51.7
1969	119,671	13,450	11.2	51.4
1970（45）	121,909	17,238	14.2	46.3

注：イチゴ含む、栃木農林水産統計年報　各年次

1968年の県農務部資料によると野菜関連の施策項目として次のことが挙げられており、生産の増加に伴い出荷・流通関連の対策も重視されてきた（1）。

○指定産地の推進　○施設園芸の振興　○省力栽培の推進　○優良種苗の普及
○収穫荷造りの改善　○販売組織の整備と自主検査の強化　○指導体制の整備　○情報の充実

この時期の特徴としては施設野菜（トマト、キュウリ、イチゴなど）の増加が挙げられる一方、一般野菜の生産は兼業（特に出稼ぎ）の増加や開田（陸田開発）の影響もあり横ばいか減少傾向が続いた。

2.生産出荷組織への農協の関与

前章で触れたように農研クラブなどを母体に早くから「○○野菜生産出荷組合」が各地に多数設立されていたが、小規模組織が多く農協組織につながる組合は少なかった。農協側においても青果物取り扱いは以前からの施策目標であったが（2）、1965年頃から農協の方針通り出

荷組合が農協の部会として活動できるようになってきた。

たとえば栃木普及所管内の農協部会発足状況は下表の通りである（3）。

表6－2 栃木農改普及所管内施設園芸関係の農協部会

市町	集団名	構成員	設立年月	事務局
栃木市、大平町	栃木地区青果協議会施設園芸部会	26名	1969.3	県南経済連（4農協傘下）
壬生町	壬生町農協ビニールハウス研究会	33名	1968,3	壬生町農協
都賀町	都賀町園芸組合ハウス研究会	22名	1967.11	都賀町農協
岩舟町、藤岡町	三鴨ハウス組合	15名	1967,7	藤岡町農協

また、今市普及所管内の夏秋キュウリは1957年に日光市の農研クラブから始まり、1959年時点で今市の小砂越、落合、豊岡、大澤などに地這いキュウリ生産出荷組合ができていたが、1959年に日光地区農協青果事業振興協議会ができ、出荷業務が農協に集約された（4）。

国分寺町では近隣町村の生産者も含めて1952年に小金井青果物生産出荷組合が結成されたが個人出荷が多かったので、改めて1959年に国分寺農協青果物部会が発足し共販が推進された（5）。

足利市では1955年に結成された筑波蔬菜組合以降、久野、御厨、梁田農協に蔬菜組合ができたが個人出荷が多く、農協合併（1964年、足利市南農協）を機会に園芸部会ができてからようやく共販体制が軌道に乗ってきた。しかしここでも農協共販加入率は50％くらいであったという（6）。

氏家町では1963年に農協青壮年部から蔬菜組合が生まれ、後に農協各部会に発展したように初期から農協組織であった（7）。

任意組合からの系統農協への組織変更は大変なエネルギーを要したものと思われ、特に新分野である施設園芸団体の農協組織への変更は最後まで残った問題であった。県全体としても1971年の各出荷団体の実績は下表の通りでまだ経済農協連の扱い金額は全体の約40％にとどまっていた（8）。

表6－3 1971年の団体別野菜販売金額

団体	販売金額（百万円）	比率％
経済農協連	7,280	39.7
開拓連	200	1.1
施設園芸農協	279	1.5
日光園芸連	1,411	7.7
その他	9,156	50.0
計	18,326	100

以上のように任意組合から農協組織への転換に関しては、県農協中央会の青果団地造成計画が背景にあった（9）。この計画は1963年に策定され、系統農協が集中的に技術指導、資金の調達、販売を行い所得の向上を目指すものであった。重点団地は抑制トマト、加工トマト、夏キュウリ、メロン、タマネギ、イチゴ、カンラン団地で合計30団地であった。これらは当時すでに産地化が行われていた地区であり、新しい品目の導入、あるいは新産地を育成するものではなかった。なお施設園芸生産者で組織する栃木県野菜園芸技術研究会などの動きについては第11章で紹介する。

引用文献［第6章第1、2項］

1. 主産地の現状と今後の予測（1968） 県農務部
2. 栃木県農業協同組合史（1970） 同史編さん委員会
3. 普及事業のまとめ、昭和43年度（1969）県普及教育課
4. 普及事業十五年のあゆみ（1963）同記念大会委員会編
5. 農業と生活1960年8月号（1960）記事

6. 普及事業三十年のあゆみ（1978）同記念大会委員会編
7. 蔬菜組合十五年のあゆみ（1980）氏家町農協蔬菜組合
8. 栃木の園芸特産1972年版（1972）県農務部
9. 栃木県農協中央会三十年史（1987）県中央会編

3. 県内地域の野菜生産

各地域の1970年頃までの生産概況を「農業栃木（農試編集）」「農業改良時報（農業改良課）」「普及事業のまとめ」「普及事業のあゆみ」（15年、20年、30年）「農業と生活」誌、「黒磯地区普及事業三十年」誌、「那須野が原の緑と共に」（大田原普及所）「栃木の野菜1977年版」などによりおおむね普及所単位にまとめた。

1）那須・黒磯地域

1960年の普及計画では余播きキュウリ、早生ハクサイ、美濃早生ダイコン、トマトの奨励が挙げられている。蔬菜組合としては那須町、那須町南部、芦野、伊王野蔬菜出荷組合があり黒磯には黒磯蔬菜出荷組合（7名）があった。これらは1958、59年の冷害による影響の結果から生まれた園芸作物導入の方針により農研クラブを母体に結成されたもので、初期から普及所、農協、行政が関与していた。

那須町のキュウリは1956年から農研クラブ員により栽培が始まり、1963年には同町で38ha、栽培者375名と拡大した。その他、スイートコーン（1958年から開拓地）、加工トマト（1961年試作）トマト（1958年より）インゲン、ミョウガ、レタス、春播きキャベツも取り入れられた。1956年には那須町蔬菜生産販売対策協議会が4農協、役場、普及所を構成員として発足したが多品目がネックとなっていた。

黒磯市においても高冷地蔬菜として同様なことが勧められ、ウドの根株養成中のことも計画書にある。地区としては電化が進み開田が盛んになってきているという。板室のダイコンは1955年に初出荷となり1959年には農研クラブより出荷組合（室井平一郎会長）となった。加工トマトは1961年の試作として7カ所設けられた。1966年から直播栽培の試作も行われたが、定着せずその後無支柱栽培に移行していった。

開拓農協連合会指導のスイートコーンは1955年より始まり1963年よりポリマルチを行うようになり生産は安定してきた。

2）大田原地域

1962、3年頃までは輸出用のトウガラシ栽培が盛んで大田原市で約280ha、湯津上村で約50haの栽培があった。その後開田ブームやドルショックの影響で減少し1973年には大田原市で23haとなった。

一般野菜では湯津上村に蔬菜生産出荷組合（63名）がありネギ、ハクサイを扱っていた。1953、54年の水稲冷害の影響で畜産や園芸に関心が高まり、1958年から親園地区では冬採りキャベツが始まり、1962年には大田原と湯津上で出荷組合ができた。キャベツの作付は1960年3.5ha、1971年には管内4市町村で53haと最高の作付となったがその後漸減していった。

果菜栽培では1953年1月に湯津上の一農家による小規模ながらのキュウリ踏込温床による早出し栽培が起こり、これを嚆矢としてトンネル栽培を経て1962年には先進者たちによるビニールハウス栽培が始まった。ハウス栽培は1965年頃より急増し、県北電熱友の会が東電の後押しで結成され生産者の組織化が始まった。大田原普及所資料によると4市町村、1968年時点でハウスは約8ha、100戸となっている。ハウスキュウリの1966年秋播きは久留米落合H型などであったが、翌年の1月播きは白いぼ品種となった。1967年に電熱友の会・会員50名で西那須野町の中村広己圃場を借りてトマトの共同が行われ、翌年は3カ所に分かれて続けられた。

加工トマトは1961年に西那須野町にカゴメ㈱の加工工場ができ、契約栽培（1961年は約36ha）が始まった。最初は有支柱栽培で赤福や朱玉など、1967年より無支柱栽培が始まり次第に有支柱栽培はなくなった。

湯津上村の入山には1960年代にネギの生産グループがあり入山ネギとして地元の運送屋委託で出荷していた。

3）矢板・南那須地域

塩原町のダイコンは1953年の試作に始まり1970年にかけて最盛期を迎えていた。面積は開拓、既存農家あわせて約100ha近くあった。ダイコンの連作障害対策としてのホウレンソウはこの時期から始まり、1965年には5ha（うち塩原蔬菜生産出荷組合は2ha、組合は1956年2月設立）であった。

矢板・合会開拓では1949年からサトイモを導入し1951年に愛知早生を入れ、県のサトイモ採種圃を引き受けた。矢板・幸岡地区を中心とした矢板青果生産組合は1951年に設立され、組合員は当時80余名でサトイモ（愛知早生、早生丸に統一）とネギを東京へ出荷していた。

南那須・荒川農協では1957年に青果物出荷組合ができ、サトイモの栽培を勧め、1962年には夏キュウリを導入した。南那須では1967年12月に南那須園芸協議会が発足し管内農協をまとめた出荷が始まった。

4）馬頭・小川地域

葉タバコの産地であるが1955年頃よりタバコの後作として野菜の導入が課題となってきた。品目としては地這いキュウリ、トマト、ハナヤサイ、ホウレンソウ、ハクサイ、タマネギなどが挙げられていた。1956年武茂村農研クラブが夏播きホウレンソウを導入試作し、一定の成果を上げたが東京出荷には問題があり3年ほどで中座した。その後1964年頃から地這いキュウリと並行しての栽培が始まった。地這いキュウリは1957年に馬頭町農研クラブが取り上げ、1963年から漁網による支柱栽培と「ときわ」品種による本格的な栽培が普及し、馬頭町内で50haくらいの面積になった。

施設園芸関係では馬頭の高野正男は1951年頃からキュウリ半促成を温床で試み始め、その後のハウス栽培につながっていった。1966年時点で4名が宮トマト出荷組合に加入しており、その後このメンバーを中心に1972年馬頭農協施設園芸部会が設立された。

5）氏家、高根沢、喜連川地域

水田地帯であり1950年代までは野菜の周年的自給栽培が推進されていた。野菜産地として発展するのは減反政策が実施されてからのことである。

高根沢町では1952年から桑久保（加藤芳男）でトマト栽培が始まり、同じころ伏久（村上政市）、花岡（小池政男）でもトンネル栽培が始まっていた。1962年には小池政男は20aのハウスを建てた。1965年には高根沢農協ハウス部会が8名で発足した。1955年以降、宇都宮と同様にタマネギも導入された。

喜連川町では鷲宿に野菜出荷組合が昭和初期からあり、戦後も早くからキュウリ、トマトなどの早出しが行われ、1965年9月の降雹被害から村上信ら5名で鉄骨ハウスを建てトマトの12

月播き栽培を開始した。1967年には農協施設園芸部会ができている。

氏家町では1963年にタマネギ、コカブ、トンネルトマト等の生産者で農協組織としての蔬菜組合ができ最盛期には300名以上の会員がいた。ハウストマトは1966年から5名で始まり、1969年には20名となった。ニラ栽培は1970年から池田昌雄を中心に栽培が始まり、すでにこの当時夏キュウリ、カブ、キャベツ、カリフラワー、シュンギク、温室メロンなど部会活動が活発であった。

6）鹿沼、粟野、西方地域

後年、イチゴとニラの産地として発展するが、1950年代はイチゴと同列に各種野菜の導入が検討された。タイマの後作となる秋冬作としてタマネギ、キャベツ、キュウリ、トマト、ソラマメなどが検討品目であった。地這いキュウリは1959年から、ニラは西方村の田谷慎、大塚武一により1967年から始まり2、3年で近隣市町に普及し後年一大産地に発展した。板荷ではタイマに代わる換金作物として1950年より農協によるサトイモの共同出荷が始まった。

果菜類も渡辺順道のキュウリのトンネル栽培が早い例であるが、ハウスでは白桑田の設楽ミイが1961年に静岡型ハウス8aを建てキュウリを栽培した。

7）今市・日光地域

藤原・三依と栗山の日光高原ダイコンは1958年栽培開始で、指定産地（1968年）としては、1967年時点で45ha、228戸の生産であり、耕地面積が狭いので生産は現状維持にとどまり、土壌病害の発生が問題視されてきた。鶏頂開拓地では1955年にダイコンの共同出荷が始まり、1967年にホウレンソウの露地栽培が始まり、タネバエや豪雨被害に会いながらも1973年頃からダイコンと並ぶ品目となった。戦場ケ原では1950年よりダイコンが作付され1958年頃が最盛期であった。

1955年から今市4Hクラブではトマトをプロジェクトに選び、1957年には町谷、大澤地区にトマト出荷組合（4ha）が発足し後の夏秋トマトにつながっていった。

この地域の夏秋キュウリは1952年に結成された農研クラブにより1957年に地這いキュウリとして始まりその後1962年よりネット支柱となり、1964年にはすべてネット支柱となった。1965年時点で3.2haの面積であり1968年はポリ鉢育苗での5月播きとなった。

この地域の野菜生産組織として1954年には8農協による青果推進組織ができ、後に系統出荷組織となっていった。

ハウス研究会は1966年9月（25名）にでき、この年度から農協による東京出荷が始まり、1968年には会員46名、3.9haに拡大した。ミョウガ、レタスの栽培も始まった。

8）宇都宮・上三川地域

古くから宇都宮の近郊として野菜作りの蓄積があり、野菜専門の農家も多く存在した。これらの野菜生産者は1950年代から塩化ビニール利用の育苗、トンネル栽培、ハウス栽培へと生産を発展させた。1961年頃から市内柳田などを主体にハウス栽培がおこり、1963年のハウス面積6haに対し1967年は33haと急増し、これら生産者が広域組織であったビニール栽培研究会や宮トマト組合（1966年発足）の中核を担った。個別的事例としては1953年の小島重定らの「簡易ハウス」に始まり、1959年には市内宝木の高橋勝巳は静岡型ハウスを作り、1960年には市内平出の釜井敏男らによる平出園芸農場のハウストマト生産へと発展した。

夏秋トマト、タマネギなどの生産もこの時期に発展をみた。宇都宮市の1955年の適地適産団地構想ではトマト、タマネギ、イチゴ、サトイモ、ネギが挙げられ、1960年時点で出荷組合はタマネギ（300名）イチゴ（200名）清原トマト（382名）国本トマト（21名）タケノコ（40名）、平石蔬菜出荷組合（小島重定組合長）などがあった。　著名な清原トマトは1956年、3名で始まり1959年から生産出荷組合が農協組織として発足した。

1961、62年の同市資料によるとニューメロン（横川など）、アスパラ（清原など）、レタス（東木代）、カリフラワー（雀宮）、加工トマトなどが導入されている（1）。

上三川町では1963年に夏秋キュウリの栽培が始まり、すぐにパイプ支柱が導入され1968年には町内で12haとなった。1960年には新農村建設事業の一つとして上文挾園芸組合（増渕繁雄組合長）ができ、鉄骨ビニールハウスによる協業が始まった。

9）石橋・南河内・国分寺地域

石橋の岩上喜代始は1955年に竹幌式のハウスを建てトマトとキュウリの栽培を行っていた。これ以前はトンネル栽培であった。同町、倉井賢一は1963年に鉄骨ハウスを建てキュウリを無加温で栽培していた。

国分寺では1953年に農研クラブ（北野国照会長）が積極的に野菜を取り上げ、1955年に小金井青果物出荷組合（田村賢作会長）が結成され、近隣町村の生産者も参加して100名くらいの会員を擁していた。1961年には新作物としてニューメロンが大々的に導入され注目された。南河内では1950年頃より野菜の奨励が始まり、中でもカンピョウ後作のホウレンソウが薬師寺産として著名となり1957年では250名の生産者がおり、わら結束、竹籠容器（3貫）で出荷していた。藁束からポリテープ包装・丸束になったのは1962年からである。

10）真岡・芳賀地域

真岡・山前には1955年にはすでにサトイモを主体に島青果物組合があり、青果商と対抗するため共同出荷をしていた。この時点で町村を超えてサトイモは37ha、組合員110名であった。

真岡市のプリンスメロンは1963年に5名で始まり翌年には19名となり、農協に部会ができた。1970年頃は2月下旬播き4月定植のトンネル栽培であった。

市貝の夏秋トマトは1956年から有志で栽培が始まり、1960年に夏秋トマト出荷組合が市羽農協の協力ででき、当時は約3haの栽培であった。同町では1967年8月に科学技術庁によるコールドチェーン実験が夏秋トマトを対象に行われた。

11）小山・間々田・野木地域

野木・中古屋農研では1954年にはすでにフレーム踏込によるキュウリの早出しを試み4月中旬から7月まで出荷していた。1955年にはすべてビニール障子となった。

小山市東黒田の日向野竹雄は1956年頃、ガラス障子温床でキュウリを作り、1960年には木骨ハウスを建てた。1960年代のこの地域の出荷組合の主なものは野木町中古屋出荷組合、野木・丸林園芸組合、小山市武井園芸組合、間々田町農協青果組合などであった。キュウリのハウス栽培では1966年12月以降の播種は白いぼ品種（近成りときわなど）となった。

12）栃木・佐野地域

田沼・三好のショウガは昭和初期からあったが1955年時点で10haあり、農協での一次加工が行われていた。葛生町常盤は千葉県から中太種を入れ1956年頃から栽培が始まった。

栃木にはタバコの代作として1957年には約20haのネギがあり出荷組合があった。

都賀・赤津、吹上地区ではタイマの後作として地這いキュウリが1955年頃から導入され1957年には35名の生産者となり、初めて東京市場へ出荷した。その後近隣町村へ波及し1963年時点で栃木普及所管内では98ha（うちネット10%）に達した。吹上地区のハウスキュウリ組合は1967年に8名で結成された。

栃木市片柳では1957年からキャベツ四季穫による冬採り栽培が起こり1959年時点で約7haの栽培があった。藤岡町でのトマトは1957年に15名で始まり、1962年には6haとなった。

13）足利地域

北部の北郷は野菜栽培が盛んな土地であり1931年導入の針ヶ谷キュウリも戦後すぐに復活し1953年では栽培者200名、作付15haとなっていた（2）。同時期にトマトの早出しも毛野村で行われており6月下旬から収穫されていた（3）。

足利南部では1961年に御厨町青果物振興協議会ができたが、まだ任意組合の個人出荷が多かった。1962年には施設園芸として初めての下野田トマト組合ができ、事務は梁田農協が協力した。1964年に南部各農協が合併し市南部農協となり青果部会が発足したが、市内に青果市場が2カ所あり青果仲買人も古くから活躍する土地柄もあって共販率は低かった。足利市の新井吉郎、丸山宗一らは1960年に静岡型ハウスを建てた。

果菜類の生産が多くなるにつれ経理や輸送の利点から農協扱いが増えて行き、ハウストマトの生産者は1963年に27名、1968年には70名に達した。1960年代後期は東光K号トマトが多く、やがていろいろの障害が問題となってくる。

引用文献［第6章第3項］
1. 宇都宮市の農業など市役所農務部資料による
2. 農業と生活1（8）（1957）足利市北郷のキュウリ（紹介記事）
3. 農業栃木5（2）（1953）

軟弱小物野菜について

世を挙げてトマト、キュウリ、イチゴの生産拡大期の折、軟弱野菜の調査結果が残されている。「軟弱こものそ菜の栽培概況調査のとりまとめ」と題する資料が1969年に県農業試験場佐野分場から出されている。調査執筆者は技師、長修である。

ホウレンソウやレタスを含め24種類が対象とされ、10ha以上の産地として宇都宮：ホウレンソウ、コカブ、ソラマメ、ニラ、ミツバ、ウド　足利：ホウレンソウ、コカブ、ニンジン、カキナ　栃木：ホウレンソウ、ショウガ　佐野：ショウガ　小山：ホウレンソウ、レタス　今市：ミョウガ、シュンギク、ニラ　鹿沼：ショウガ　真岡：レタス、ニラ、ミョウガ　市貝：インゲン　矢板：ホウレンソウをあげている。また最近の伸びが大きいものとしてニラ、インゲンがあり、地区の新品目として伸びているものは鹿沼、栃木のニラ、真岡のショウガ、氏家のコカブ、栃木のエンドウ、市貝のインゲンとしている。（地名は農改普及所管内）

4. 主な野菜の動き

この時期は上記のように各地で産地化が図られた。主な野菜の動きは次のようであった。

1）施設栽培

いわゆるビニールハウスの初期は木骨による屋根型と木骨竹幌型でスタートし、建設の容易さから竹幌タイプが主流となりさらに鉄骨ハウスへと進化してきた。竹幌ハウスは現場レベルでは1953年に静岡の中野仁一、杉山敏彦により始められ、これを参考に1953年以降、宇都宮の小島重定、坂本恵司、手塚壮夫らにより同じ型のハウスが建てられた。中野、杉山はその後、静岡型1号、同2号と称された鉄骨連棟ハウスを開発し、同2号（杉山式）は三菱モンサント㈱より1963年に上市された（1、2）。本県のハウスも静岡型の開発以降、急速に増加した。一例を栃木普及所のデータで紹介すると右の通りである（3）。

表6－4 栃木普及所管内のビニールハウス建設の推移 面積：坪

年度	栃木市		壬生町		藤岡町	
	戸数	面積	戸数	面積	戸数	面積
1964	3	500	5	1,100	2	370
1965	5	800	7	1,800	9	1,800
1966	7	1,400	9	5,530	15	3,030
1967	12	3,580	19	7,090	17	3,950
1968	22	7,130	33	10,850	20	5,250

注：トマトとキュウリのハウス

2）トマト

加工トマトは支柱栽培より無支柱栽培となり、無支柱用の品種となる。この簡易化により一定の作付が続くことになる。

夏秋トマトは県央の畑作地帯で発展し品種も萎凋病抵抗品種の登場もあり1961年が最盛期であった。1962年より品種は新豊玉2号から豊錦へと変わる。ハウストマトの品種は従来の露地用であった大型福寿、ひかりなどからハウス用の東光K号、はごろもなどに変わってきた。この時期、三段密植栽培や暖房機の導入（1966）、ハウスの大型化（300－600坪）により播種期の前進があり1968年頃より10月播きが始まった。同時に1965年頃より乱形果や塩類集積土壌の問題が生じてきた。

3）キュウリ

タイマやタバコの後作として地這いキュウリが盛んになり、すぐに支柱栽培となった。支柱栽培に伴い従来の霜不知（しもしらず）品種より形状のよいときわ系へと品種も劇的に変わり、白いぼキュウリの品種開発を促したこの時期、夏秋キュウリは最盛期を迎えるが次第に東北産地に押されるようになり、栽培は漸減期に入ってくる。早熟栽培は半白キュウリから青系に変わり、ビニールトンネルはまずキュウリから始まり1953年には促成、半促成合わせて県全体で28haとなっている。（ちなみに同時期、トマトは3haである。「1954年度普及のあしあと」による）その後ハウス栽培の普及によりトンネル栽培は漸減してくる。1968年頃より1月播きハウスキュウリも露地同様白いぼの品種に変わってくる。

4）露地メロン

1955年頃までの黄金マクワなどの時代はマクワの作付は極めて少なかったが、新しく育成されたマクワ系のニューメロンは1958年には各地で試作され、黄金9号やみずほメロンと合わせ、1963年には国分寺、上三川、真岡、高根沢などで150haの作付があり、農協系統では栃木メロンで出荷されていた。その後1963年、プリンスメロンが真岡・中村に導入され、この地区が後にプリンスメロンの産地となっていった。

引用文献［第6章第4項］
1. 全野研30年史（1985）全国野菜技術研究会
2. ビニールと農業No 20（1963）三菱モンサント化成㈱刊
3. 普及事業のまとめ、昭和43年度（1969）県普及教育課

立ち上がった地這いキュウリ

今市の夏秋キュウリは1964年にはすべてネット支柱になったという。栃木市においても1963年にはわずかであるが支柱栽培が始まったという。本場の埼玉県では1957年頃は地這い作りが主体で1960年頃に竹柱に海苔網を張った簡易支柱が見られるようになったという。同時に播種期が早くなってきた。

地這いを立ち上がらせたものは夏キュウリに対する高品質要求であった。これに品種面でも育種が応え、埼玉県の福田実は「ときわ」を1957年に育成、同じく大熊光雄は「むさし」を1960年に育成し新しい夏秋キュウリの時代になっていった。これらは芯止め、佐渡立秋、在来の地這い系、満州などを素材としているが、その後の優れた白イボキュウリの親としても活用された。

5. 栽培

1）作付の状況

1964年の県農務部の「経営改善の実績」(1) には指定農家の経営状況の調査結果が示されている。その中の稲作＋蔬菜、畑作＋蔬菜の4農家の実績は粗収入で野菜を除く耕種部門と野菜部門がほぼ1対1となっているが、作付種類を見ると右の表のようになっている。これによると野菜農家といっても多数の種類を栽培しており特定の品目についての規模拡大は未だしといった状況である。県のコメントとして種類の多いことを挙げ、果菜類中心とすること、ハウスの大型化、早出し化（例としてキュウリは3月下旬、トマトは4月中旬からの出荷が望ましいとしている）を計ること、夏秋野菜は出荷の長期化を計ることなどを挙げている。

足利農家は1962年にハウスを導入してキュウリの促成を始め、トマト作を止めた。佐野は陸稲、雑穀作を止め野菜を増反し、今市は根菜を整理してトマトに集中するようにしている。

表6－5 指定農家の1961年の作付状況
（地名は所在地、単位：a）

種類	上三川	足利	佐野	今市
稲、麦	332	265	406	181
ダイズ		5		
ナタネ		5		
ラッカセイ	3			
イモ類	9	5	19	30
サトイモ			8	10
トマト		8	12	16
キュウリ		5	6	17
ナス			5	
スイカ			6	
ニンジン			10	8
ゴボウ				14
ダイコン			20	10
ハクサイ	10		5	12
レタス				5
キャベツ				20
ネギ		5	5	
タマネギ	12	3		
ホウレンソウ			20	
カンピョウ	23			
その他の野菜	17	5		
その他		10		
計	406	316	522	313

2）品種

1958年の品種（県普及教育課の資料による）。

トマト：半促成、早熟：新星、新豊玉2号、ひかり、福寿2号、星交1号
普通：栄冠、古谷K号、福寿100号、
抑制：新豊玉2号、栄冠、古谷K号

キュウリ：促成：落合2号、埼落
半促成、早熟：相模半白、若葉、青葉、針ヶ谷、落合1号
抑制：霜知らず、地這い

ナス：金井新交鈴成、早眞、栃交早生、栃交中生、豊眞2号、新橘真

メロン：黄金9号、奈良2号、ニューメロン

キャベツ：秋播き：中野早生、マサゴ早春、富士早生、金杯、改良T号極早生
春播き：マサゴ三季、四季穫、古宮晩生
夏播き：野崎夏播、初冬、豊田夏播

ホウレンソウ：ミンスターランド、豊城、新日本、禹城、豊葉

ハクサイ：秋播き：新生、野崎2号、松島交配2号、長岡交配60日、京都3号、下山千歳
春播き：野崎春播1号、長岡交配春播極早生

ダイコン：時無、美濃早生、西町理想、練馬尻細、高倉、大蔵、あずま

タマネギ：今井早生、泉州、淡路甲高

この時期品種の変遷は早いのでさらに、1960年頃から70年にかけての主品目の品種を県資料や「農業と生活」などから示す。この時期、促成トマトにおいては三段密植栽培にはごろもが登場し、夏秋トマトにおいては萎凋病抵抗性品種・豊錦が1963年に導入され急速に普及した。キュウリではハウス栽培にも1967年冬播き以降、白いぼの品種が急増し、メロンでは1963年以降プリンスが普及するなど大きい動きがあった。

トマト：促成（9、10月播き）：はごろも、ひかり、東光K号、宝冠2号、ハウスほまれ
半促成（11－1月播き）：宝冠2号、強力五光、ひかり
夏秋：豊錦、ひかり、新豊玉2号、古谷K号
加工：桔交413、H1370、赤福、マスター2号、マゼステー、だるま

キュウリ：促成（10、11月播き）：久留米落合H型、若水、夏埼落3号、
半促成（1、2月播き）松のみどり、北むさし、新豊緑2号
夏秋：霜不知、東北ときわ、近成ときわ、新光A号、北むさし

ナス：金井早真、新橘真、群交2号、群早真

メロン：ニューメロン、みずほメロン、プリンスメロン

キャベツ：秋播き：金盃、春風2号　夏播き：やよい、耐寒大御所、四季穫、

ホウレンソウ：豊城、豊葉、日本、ミンスターランド

ハクサイ：長交60日、松交新5号、栃緑、無双、王将

ダイコン：美濃早生、理想、都、本橋みの、志村みの、夏選みの

タマネギ：今井、名草早生、慶徳黄中高

スイートコーン：クロスバンタム、ゴールデンバンタム

3）栽培事例

(1) 地這いキュウリ

1964年の茂木農業改良普及所の資料で概略を紹介する（2)。

栽培の狙い：従来のソバに代わって4－5年前からキュウリが取り入れられ、最近では38haの産地を形成しつつある。タバコの採収が終わってから種子を播くのでタバコから麦までの短い期間を活かす作物としては比較的安定している。

播種期：葉タバコの採収が終わるのが8月中旬であるから播種は7月25日以降できるだけ早く播く。遅れる場合は練り床（9×9cm 15日育苗）で育苗しておく。

練り床の方法：ハクサイの方法と同じであるが堆肥6：土4の割合で水を十分に加え、簡単に練り上げる。ヒビの入らないうちに包丁で9×9cmのブロックに切り、中央へ指で1センチ深の穴をあけ芽出しした種子を1粒播く。肥料は3.3㎡当たり硫安400、過石200、硫加90gを使用する。

直播栽培による方法:畦幅180、株間90cmとし、最終採取日の10－15日頃播く。1カ所3粒播き。

間引きと蔓の扱い：本葉4枚で1本とし、摘心は7、8葉の時1回だけ行い子蔓を適当に配置するだけにとどめる。種子播きが遅いので摘心は少なくして蔓を早く伸ばし、畑全面に覆うようにする。

施肥：タバコが終わり次第茎を抜き低くなっている畦間へ堆肥と燐酸を主とした配合肥料を施し、整地しながら覆土する。追肥は硫安を株の周りに輪状にやる。以後、追肥は3、4回乾タバコの乾燥時期だが遅れないようにやる。

全量成分量として窒素15、燐酸7、カリ10kg（10a）が適正量である。

病害虫防除：べと病が主であるから本葉2，3枚から7－10日おきに薬剤散布をする。タバコ跡はネマトーダが多いので練り床利用がよい。

収穫：若採りして株の負担を軽くする。果面のブルームを落とさぬよう果梗を持って収穫する。10a当たりの収量は500－1000kaで個人差が大きい。

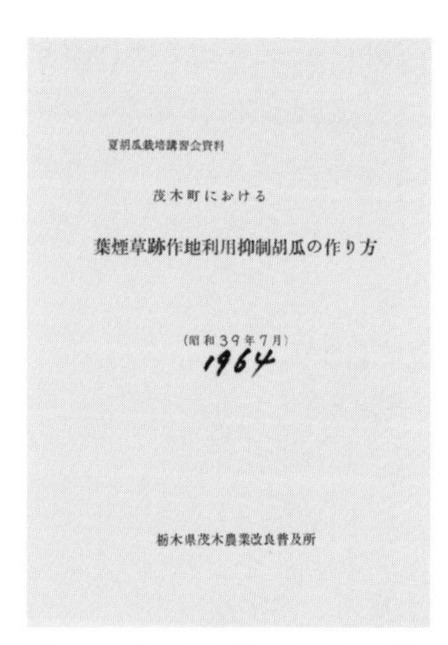

夏胡瓜栽培講習会資料

茂木町における

葉煙草跡作地利用抑制胡瓜の作り方

（昭和39年7月）

1964

栃木県茂木農業改良普及所

図6－1 茂木町の地這いキュウリ（講習会資料表紙、直播された地這いキュウリ 茂木町、1964年）

(2) ネットキュウリ

今市市根室の事例を紹介する（3)。

育苗：東北ときわを使用。12cmのポリ鉢で育苗。床土は畑の下層土に腐葉土を混合したもので床はコンクリートブロック枠、竹骨でトンネルを作り断熱はもみ殻を15cmの厚さに敷く。種子はウスプルン消毒しぬるま湯に一夜漬ける。5月1日に播種し1鉢に3粒播き。

発芽後の育苗温度は自然温度とし夜だけビニール被覆し寒いときは菰かけをする。育苗中、3回ビスダイセン600倍液をじょうろでかける。5月15日に一本立てにした。

本圃準備：4月10日に耕耘機で18cm深に耕起し4月25日に堆肥と石灰窒素を全面散布して耕起、その他はテーラーで20cm深の溝を作り施肥した。埋戻しはテーラーで行い畦は南北で20cm高とした。

定植：6月2日－3日、植穴にソイルシンを灌注、畦幅3m株間90cmの2条植えで条間は75cm、約930株・10a当たり。マルチは透明ポリで5月20日に行った。

仕立て方：6月上旬にパイプ支柱に鉄線を張りビニール製のネットを張る。主枝は親、子蔓で3本仕立てとし支柱頂部で摘心し側枝は2節摘心を繰り返した。つるは込み合わないように適宜誘引する。

病害虫：シミルトン（蔓枯れ病、灌注)、ダイセン、サンパー剤（炭そ病、ベト病）カデナックス（うどんこ病）スミチオン（アブラムシ）エカチン（ウリキンウワバ）散布回数は90日間で32回、最盛期で1回10a当たり100－160ℓ。

収穫：7月10日から8月31日まで、盛期には1日に2回収穫することもあった。収穫量の約90%が出荷（10当たり6.5t）できた。段ボール箱10kg.

表6－6 基肥施肥量（10a当たり）

肥料名	数量	窒素	燐酸	カリ
堆肥	2t	10kg	5	10
石灰窒素	50kg	10		
鶏糞	500	10	10	5
熔成燐肥	50		10	
油粕	85	4.1	1.8	1.2
千代田化成	116	17.4	17.4	11.6
合計		51.5	44.2	27.8

注：追肥は燐硝安カリ、硫安、液肥を使用、6回。成分量計：窒素8.5、燐酸1.6、カリ1.2kg

(3) 半促成キュウリ

1965年8月の聞き取り調査（筆者による）の結果を紹介する。実績は1965年産のものである。

宇都宮市鐺山町　伊藤多重郎（250坪の静岡型ハウスでの栽培）

品種：松のみどり　台木は白菊座

育苗：播種は12月（1964）28日　台木は12月23日　接木は1月3日、斜め挿し接ぎ

定植：2月23日　株間45cmの1条植え

整枝：子蔓3本仕立て

収穫：3月26日－7月12日

接木に関する所感：連作による蔓割れ病が多くなってきているが、夏に水田状態にしているのでさほどでもない。接木により過繁茂になりやすく果実も乱れやすい。台木に炭そ病が出ることがある。

宇都宮市石井町　小島重定（静岡型ハウス　300坪）

品種：若水　台木　白菊座

育苗：播種は台木1月1日、穂木は1月5日

接木は1月15日斜め挿し接ぎ　接木床を十分に灌水し床温を27－30℃に上げておく。4日間は27℃に保ち被覆は汚れたビニールを2枚かける。昇温時には1.5mの高さによしずを張る。4日目に障子をとり換気、換気は1回2分くらいとし2、3回する。以降、換気の回数を増やす。カボチャ台は乾燥に弱いので自根より灌水を多くする。

定植：2月20日　株間36cm1条植え

整枝：3－4葉時に摘心、子蔓2本仕立

施肥：従来の半量程度　　収穫：3月10日－8月3日

接木に関する所感：蔓割れ病対策として導入し、子蔓2本仕立てなので育苗本数が半分ですむ。樹齢が長くなる。過湿の影響を受けにくくなる。反面、乾燥の影響を受けやすくなり、台木か

ら伝染するのかウドンコ病が出やすい。果実が太くなる傾向がある。樹勢が強いので追肥重点とする。

（なおこの時期の半促成キュウリはこのほかにふたば、さつきみどり、夏埼落3号など、台木は黒だね、鉄兜などが用いられていた。）

(4) 無支柱加工トマト

加工トマトの契約栽培は支柱立て栽培から始まったが、コスト低減をめざし無支柱栽培が推奨されるようになり1965年から試行的に3ha栽培された。

以下、当時の基準的な栽培法を紹介する（4）。

品種：H1370、ローマ、だるま

育苗：60日育苗を基準に1回移植で15×15cmの株間とする。

定植：5月中旬でやや深植えとする。畦幅180cm、株間45cm（H1370）または60cm（ローマ、だるま）。

施肥量：窒素肥料を少な目にし、追肥は側枝に着果が認められる頃までに終わらせる。成分量として窒素12、燐酸20、カリ12kgが基準で緩効性肥料の使用がよい。

管理：側枝を平均的に分散させるために40cm程度の支柱を立て第一花房付近を誘引する。側枝の生育を抑えるために6月頃基部2、3節に土寄せをする。茎葉が伸びて倒伏する前に敷き藁をする。

疫病対策として株の内部まで薬液が入るように、鉄砲ノズルの使用がよい。収穫間隔は4日程度を原則とする。

(5) 夏秋トマト

宇都宮市上籠谷町の事例を紹介（1968、69年概要）する（5）。

この地域の夏秋トマト（当時は抑制トマトと呼称）は1956年から始まり、1961年には清原農協管内で400戸近い栽培者がいた。

品種：豊錦

育苗：落ち葉、厩肥などを露天積みしておき秋に2、3回切り返す。その際、過石、石灰を加用する。播種床は高設藁枠で35－40cm踏込みビニールとこもで保温、日中は寒冷紗1枚かけ過度の昇温を避ける。夜間20℃を目標。

播種は3月下旬、条間6cm、種子間1.0－1.5cmで4月中旬（本葉2枚）に9×9cmに移植、床土の厚さは12－10cm、活着まで昼間28－30、夜間20℃、以後自然温度に近づける。5月上旬、5葉の頃に麦間（180cm幅）の合掌支柱の中央に当たる場所に23cm株間に仮植する。

定植：5月26－30日頃に90×50cmにスコップで植穴を掘り植える。本圃はネマヒュームで消毒しておく。前作は陸稲や落花生で4年くらいの作付間隔である。

管理：6、7月に2回に分けて敷き藁をするほか省力目的でポリマルチをすることも始まっている。支柱は竹材で1本仕立てで10花房くらいまで収穫する。施肥は深層施肥、全面施肥、追肥2回としているので、成分量としては相当多量である。窒素75、燐酸100、カリ49kgという例がある。問題となる病害は疫病、潰瘍病で生理障害では異常主茎、筋腐れ、芯腐れである。

収穫・出荷：収穫期間は7月15日前後から9月下旬であり、10a当たり7－8tの出荷量である。早朝収穫で果頂部が着色したものを収穫し籠で運搬する。布で玉拭きし等級区分に分け箱詰(段ボール)、午前中に終わらせ16時に集荷所に運び検査を受ける。自動結束機は1968年に導入した。茎葉の残渣は乾固してから圃場で焼却する。

(6) トマトの密植摘心栽培 (6) (足利市の戸ヶ崎輝三郎の記事要旨)

従来の4月下旬収穫の6－7段採りに対して早期収穫と集中出荷を狙う密植栽培が1964年から普及してきた。1966年産ではハウストマトの40%がこの栽培法となっていた。

品種と育苗：福寿2号、ひかり　播種は11月上旬にトロ箱播きで電熱線は坪150W配線、トンネル被覆し、20日後に18×18cmに移植して70日育苗する。床土は堆肥と土を7対3として石灰、油粕、過石など混合、堆積しておく。移植20日後にずらしを行い夜温8℃で乾燥気味に育てる。

定植：第1花が開花の頃定植するが、定植ベッドは事前に灌水しマルチで温めておく。ベッド66㎡に電熱線1kwを配置し、1月10日頃に畦間45cm、株間23cmに定植する。直立仕立てで2重あんどん式に被覆し直火式プロパン暖房機で最低気温を5、6℃に確保する。

管理：密植なので過繁茂に注意し定期的な薬剤散布と早めの誘引が肝要である。2段開花の時に3段上3葉残し摘心するが、遅れないようにする。

収穫：3月下旬から5月上旬までである。10a8t程度である。

(注.この栽培は収穫期が短く集中するなど価格面で不安定であり、また施設の進歩により安定的に長期作ができるようになったので、数年で衰退した)

(7) 栃木市の夏播きキャベツ (7)

栃木市片柳地区の概要を紹介する。この地区の水稲後作のキャベツは1955年から始まり1967年には市街地に近接する地域とはいえ15haの栽培があった。

前作の水稲作：ホウネンワセをビニール畑苗代に3月下旬に播種、4月下旬に田植え、8月下旬に収穫。機械揚水なので計画的に畑転換できる。

品種：晩抽理想、耐寒大御所

育苗：7月20日から27日の間に播く。練り床育苗で完熟堆肥と土を等量に混ぜ1㎡当たり燐硝安カリS604号60g、同面積に水2ℓを入れ、上部はやや密に練り下部は半練り状態でやや乾いてから、5cm角に包丁を入れる。種子はウスプルン浸漬し陰干しし播種、覆土後ウスプルン1000倍液を散布する。キスジノミムシとべと病対策としてもみ殻にアルドリン粉剤と水銀ボルドー粉剤を混ぜたもので苗床を被覆する。本葉3, 4枚の時、15×15cm間隔に仮植えする。育苗日数は約40日である。

定植とその後の管理：施肥は燐硝安カリで行い、基肥と追肥2回の成分量は10a窒素22、燐酸14、カリ20kgである。農薬はダイセン、銅水銀剤、ＤＤＶＰなどを使用する。

(8) 大田原市の水稲跡の夏播きキャベツ

筆者の記録(1969年8月4日調査)から紹介する。

大田原市のキャベツ栽培面積は約37haで親園、金田地区が主体。品種はやよいと耐寒大御所である。

前作:前作水稲の栽培は越南65号とホウネンワセ、3月18日陸苗代に播種、8月27日ごろ収穫。その後、1－2日放置しロータリー耕し畦の位置に施肥してその部分を再度少し高い畦となるように尾輪付きで耕起する。7月中旬に土用干しを十分に行っておくと刈り取り後の乾きが早い。

育苗：キャベツの苗は練り床に7月25日頃2, 3粒播き、本葉2枚で15×12cmに移植する

定植と管理：定植は2.6尺×1.1尺で大玉なので狭く植える。施肥は燐硝安、硫安、塩化カリなどで10a当たり窒素、カリ共に27、燐酸17kgで追肥は尿素で7kgを活着後、9月中旬、結球始めに分けて行う。アオムシにはEPN乳剤と粉剤を使用。収量は15kg袋で250－300袋(約4t)である。

4）課題と問題点

この時期の栽培上の問題点を1967年に専門技術員が作成した研修資料から紹介する（8）。

(1) 栽培技術上の問題点

トマト（ハウス、トンネル）：奇形果、空洞果、筋腐れ果が多い、塩類集積、微量要素欠乏が見られる、ウイルス病、萎凋病、灰色カビ病、葉かび病が多い。

（加工、夏秋）揃った苗が確保されない、異常主茎が多い、多肥障害が見られる、乾燥障害が見られる、ウイルス病、潰瘍病、萎凋病、えき病が多い。

キュウリ（ハウス、トンネル）：ハウス利用の夏キュウリの栽培が確立していない、低温障害が多い、蔓割れ病、蔓枯れ病、菌核病、灰色かび病が多い。

（露地キュウリ）土壌管理が不十分である、整枝、摘心が合理的に行われていない、異常枯死（いわゆる急性萎凋症）の発生がみられる、ウイルス病、立ち枯れ性疫病、小斑細菌病、うどんこ病の発生が多い。

タマネギ：揃った苗が確保されない、定植期が遅れがちである、べと病の発生が見られる。

冬採りキャベツ：揃った苗が確保されない、定植期が遅れがちである、湿害が見られる。

サトイモ：優良な種芋の確保が不十分である、施肥、中耕、土寄せが遅れがちである、貯蔵法が適切でない、乾性腐敗病の発生が見られる。

高冷地ダイコン：連作障害が多い、施肥法が適正でない、萎黄病、腐敗病の発生が多い。

(2) 組織・運営上の問題点

新しい産地は農協を通じての出荷が多いが、古い産地は独自な組織で販売されている。サトイモ、ハクサイは青田売りも行われている。

農協が米に重点を置き蔬菜農家の組織化、集団化に遅れがある。

県南部では小規模の出荷組合が多く、組合間の栽培技術に差が見られる。組織が小さいので販売上不利である。

[附]夏キュウリの急性萎凋症状

1960年頃より北関東各県で発生が始まり1968年頃が多発期であった。栃木農試においては1961年の地這いキュウリの原種コンクール圃場で審査日直前にこの症状が発生して審査が中止されたという「事件」があった。県農試においては1963年から1969年まで原因究明と防止対策試験が実施され、各種耕種的対策試験と共に国の農業技術研究所の富永時任博士をわずらわし、フザリューム菌を中心の病原菌の分離、接種試験を行ったが成果が得られずに終わった経過がある。この間現地ではパンチフィルムのトンネル栽培などによる早出し化により8月上旬の本症状の発生期を回避するようになり、また夏秋キュウリそのものの栽培が減ってきたので問題視されなくなった。後年、本症状はＣＧＭＭＶ、ＷＭＶが原因との四国農試の報告が発表された。

引用文献［第6章第5項］

1. 県農務部（1964） 経営改善の実績No1
2. 茂木農業改良普及所資料（1964）茂木町における葉タバコ跡作地利用抑制胡瓜の作り方
3. キュウリの夏作型栽培－関東北部と福島県における－（1969）農林省園芸試験場
4. 栃木県加工用トマト振興協議会資料（1966年？）加工用無支柱トマト栽培法
5. 宇都宮市上籠谷町大野地区における技術確定調査報告書（1970）栃木県農業試験場資料
6. 戸ケ崎輝三郎（1966）足利地方の密植摘心栽培　農耕と園芸増刊号1966年8月号

7. 麦倉勲（1967）栃木県南部水田地帯の夏まき甘藍　タキイ種苗・園芸新知識1967年７月号
8. 昭和42年度専門技術員地域研修資料（謄写）（1967）

白と黒

関東のキュウリの「偉大な社会」でも白と黒の問題が起こっている。戦後、しばらくの間は冬から春は濃緑な落合系キュウリ、初夏は半白系、夏は地這い系と相場の決まっていたこの社会に起こったのはまず半白系の衰退である。昭和年代の始めの頃であろうか。当時青か白かと騒がれた半白が店頭で半白→黄白と変色することとサラダ料理での色の冴えぬことが原因だといわれた。これは以後栽培者は青系だけ栽培すればよくなったので、品種選択に迷わなくなったのはプラスかも知れぬが、相模半白を用いての多くの生態研究の成果は栽培面に応用される機会を失ってしまった。かくして落合系の青キュウリと夏の地這いキュウリが天下を分けることになったが、最近この二大系統の間にもその接点において争いが生ずるようになった。

前者は果刺が黒く後者は白いことから「白と黒の問題」と面白くいわれるが、変転極まりないヤサイ業界のうちでも最近における最大の変革事の一つと思われる。一昔ならずんぐりした地這いキュウリはなによりも庶民のキュウリであったが、最近の「白」はスマートで色つやよく「ときわ」などというしゃれた称号を持っているから年々人気沸騰、「黒」の領域（冬春）をじりじりと侵し始めた。

さらに夏節成の血をまじえた節成性の「白」が発表されるに及んで決戦はまさに最高潮なのが昨今の様相。「黒」と比べて相場がよいので「白」のトンネル栽培は当たり前、ハウス栽培でも「白」の比率がどんどん高くなってきた。夏キュウリを早くから食べられるのは食生活の向上かも知れぬが栽培する立場ではどうであろうか。消費者は王様かも知れぬが10年のうちにこんなに変わってしまう原因はなんであろうか。「白」の発展はキュウリ界の進歩なのか、等々いろいろ論議されている。

「白」の早出し栽培についてはまったくといっていいほどの新しい栽培型であり、ここまで伸びてきたのは殆ど品種の力によっている。かつての「黒」におけるがごとき活発な試験研究が行われ、「白」の生態支配ができれば経営的にも一層安定してくるであろう。

戦後のキュウリ品種の変遷を見るにつけても「白」と「黒」の行き先は興味深いものがある。

（本稿は筆者投稿の「農業および園芸」誌第42巻第9号ｐ25（1967）のコラム「噴霧口」より）

第7章　農政の歴史的転換期と野菜　1970年－1980年

1．農業政策と野菜生産

1）米減反政策と野菜

国においては米の消費減と米余り、食管の赤字、農業従事者の減少、農地政策の見直し、国際化対応など農政も新しい時代に入ってくる。これらをまとめて総合農政と称し1970年に総合農政推進方針（1971年に稲作転換対策実施要領）がたてられた。米対策としてのいわゆる減反政策は1970年より実施され（この年は試行、本格実施は1971年から）転作田へは土地利用型作物に次いで野菜の作付も奨励されるようになった。本県においても従来から東京市場に近いという条件を活かす野菜振興が県農政の重要な一分野であったので、野菜生産を伸ばす好機となった。

1966年の野菜生産出荷安定法制定以降、本県の野菜指定産地も当初の6品目、15産地から1977年には10品目、18産地となっており（1）、系統農協においても青果物取り扱いの強化策は1957年の農協中央会の農協刷新拡充計画以来の重要テーマで、1964年からタマネギ、キャベツ夏秋トマトなど既成産地を中心に営農団地造成運動がすでに展開されており（2）、転作作物としての野菜導入は順当に行われた。

かつて、農学者の安藤広太郎は本県稲作の巡回指導中に栃木は水はけのよい水田が多いので裏作に向く土地だと述べているが（3）、土壌条件からも水田への野菜導入は問題が少なく、減反政策は期せずして野菜振興の一端を担うことになった。

水田転作初年の転作田への作付は次表の通りであり、各種野菜が取り上げられた。

表7－1　稲作転換作付状況（1970年10月、県資料）

品目	面積（ha）	主な地域
サトイモ	253	鹿沼、宇都宮、真岡、壬生
夏秋キュウリ	173	宇、今市、鹿
夏秋トマト	141	宇、真、今、市貝、芳賀
夏秋ナス	143	真、二宮、佐野
スイートコーン	140	高根沢、矢板、黒磯、河内
ショウガ	42	田沼、壬生
ネギ	38	宇、田沼
カボチャ	27	上河内
ハクサイ	20	大田原、都賀
キャベツ	17	大田原
ニラ	12	西方、大平
メロン	12	真
ダイコン	16	大田原、都賀
ホウレンソウ	3	大田原
ニンジン	3	芳賀
ヤマイモ	4	宇

注：農業と生活誌1971年2月号　丸山貞三　「水田に野菜を作る時」より

後年、これらからニラ、ナス、ネギ、メロン（プリンス）レタスなどが作付を伸ばしてくる。

2) いわゆる石油危機と野菜栽培

第1次の石油危機は1973年秋、第2次としては1978年12月でいずれも中東での紛争（アラブ諸国対イスラエルの第4次中東戦争）による石油の値上がりに伴い発生したものである。燃料のみならず農業関連の資材も価格を上げ、折からのハウス暖房時期と重なり生産者に大きな影響を与えた。結果的には1974年の年明けより量的に燃料は確保されるようになってきたが、燃料の節約対策、省エネ資材の活用、栽培改善などが改めて必要となってきた。初期の対応は生産者も行政、普及、研究分野とも応急的な対策に終始したが、その後各方面での研究、開発、運営などにより急速に成果を生み、結果として第2次の石油危機の影響を最小限に抑え、それ以降の栽培面でも施設栽培の安定化に役立った。

しかしながら、これ以前からの経済発展による農業からの労働力転出や兼業化に加えオイルショックによる経営不安は野菜生産へも影響し、施設栽培を止めるものや作目変更する人も出てきた一面もあった。世上、キュウリ１本に重油をどれだけ使うか?など、施設栽培不要論もあったが、時代はすでに施設栽培の青果物が必要不可欠の時代になっており、奨励行政的にも施設園芸に対する一層の施策が実行されてきた。

石油不足は1974年にはなくなってきたがこの「事件」後、諸資材は値上がりしたまま元に戻らず、省資材・省エネ栽培がすべての分野で基本となってくる。

後年、施設栽培における省エネ技術としては次のようにまとめられている（4)。

以下、項目を列記する。

A 資材関係

1 被覆材、保温カーテンの利用技術
2 温風系、温水系暖房の利用技術
3 太陽熱利用（地中熱交換水封マルチ）
4 ヒートポンプ
5 代替エネルギー（廃油、タイヤボイラー、廃材、もみがら）
6 ウオーターカーテン
7 発酵熱

B 栽培関係

1 耐低温性品種・台木の選択
2 低温管理・変温管理
3 ハウス多重被覆
4 作期の変更

本県における省エネ対策もおおむね上記の対策に沿ったものであったが、その実績は次のようであった（5、6)。

表7－2 施設野菜の省エネルギー対策実施状況（1981年、ha）

品名	栽培面積	1層カーテン	2層カーテン	ウオーターカーテン	グリンソーラー	地中熱交換	ハウスサイド2層被覆	節油器（台）	廃油利用	変温管理
トマト	168	26.2	136.6	10.4	3.9	0.7	110.3	240	15.9	119
キュウリ	76.0	3.5	65.0	3.9	0.9	0.8	60.9	92	7.7	45.8
イチゴ	670.1	151.0	172.8	8.4	3.4	0.2	189.8	79	0.34	195.7

注：イチゴは加温栽培のみ

これらの手段について10年後の推移や評価について斉藤一雄の報告(5)などにより紹介する。

2層カーテン：最も普及している。特にキュウリでは1986年には100%となっているがイチゴでは34%と低い。

ウオーターカーテン：1979年頃から導入され1985年まで急増した。イチゴでは単棟無加温ハウスでの利用が多い。全国的にも広く普及し農水省「ハウス等の設置状況」によれば1985年で120 ha、2005年で506 haと石油以外の装置としては断トツの状況である。

節油器：1982年頃から導入減少、燃焼トラブル発生や効果が少ないことによる。

地中熱交換施設：1980年に奨励事業により氏家町の３戸に入ったが、普及しなかった。室内の多湿化や日中を高温にすることなど栽培上の問題による。

地下水熱交換器（グリーンソラー）：始めは水蓄熱式で制度資金により1981年から1982年まで急増した。その後、地下水熱利用式が普及してきた。太陽熱利用型では日中の除湿効果があり、地下水利用型では夏期の冷房にも利用できたが本県のような寒冷地では暖房機との併用が必要であり、あまり普及しなかった。

廃油：トラブルも多くあまり普及しなかった。

変温管理など：変温管理装置は1974年頃より普及し、4段変温サーモと称されたが、、節油効果は少なかった。1979年開始の「施設園芸省エネルギーモデル団地設置事業」によって本格的な複合制御装置が1980年に栃木市今泉トマト組合、1983年に足利市上渋垂の温室組合に導入され、複合環境制御による栽培のさきがけとなった。

作型変更や栽培法改善：一時的に播種期の前進や後退（早出し作型）が対策として取られたが、その後の石油事情により元の栽培型に戻った。

特別な例として足利市久野地区でのごみ燃焼熱利用によるトマトの施設栽培2団地はそれぞれ1983年と1984年に始まり、喜連川町の温泉熱利用園芸団地はナス栽培として1984年から始まった。

図7－1 ハウス省エネ施設（管の埋設状況）（地中熱交換装置、県農試栃木分場 1979年12月）

3）野菜生産の概要

国においては1970年に総合農政推進がうたわれ、本県の野菜施策においても施設野菜合理化推進モデル事業（ガラス温室団地など）や野菜作柄安定化対策事業（降雨防止ハウスなど）などが推進され産地の様相も変わってきた。しかし野菜生産は作付面積から見るとおおむね1965年頃が最大で以降1975年頃まで減少が続き、その後は横ばい状態となっている。野菜作付減は水田転作による野菜の増加もあるが、この時期工業団地の造成や他産業への労働力転出、後継者不足、オイルショックの影響などが考えられる。品目的にはダイコン、サトイモなど土地利用型野菜の減少によるものである。

反面、施設栽培は1960年代後半から急速に増加し内容的には連棟化、重装備化が進み、一般露地野菜の漸減傾向と対照的であった。ガラス室、プラスッチックハウスなどの設置面積の推移は右の通りであり、オイルショックの影響は少なかった。ガラス室の増加は主に省エネルギー対策である施設野菜合理化推進モデル事業によるものである。1979年1月現在では鹿沼市上日向など14団地にガラス室が設置されている。

1970年から1980年までの間、米減反政策が継続しオイルショックもあったが、本県野菜の粗生産額は下表のように1970年の172億円から1980年の520億円へと増加し、全農業粗生産額に占める割合も17%となり果樹、花卉を含む園芸部門で同20%となった。

表7－3 野菜栽培用施設の設置状況(ha)
(1965(昭40)年－1985年)

年	ガラス室	ハウス	計
1965	0.18	34.7	34.9
1967	0.23	137.2	137.45
1969	－	359	(359)
1971	0	807	807
1973	1.0	1,126	1,127
1975	1.5	1,111	1,112.5
1977	10.6	1,150	1,160.6
1979	20.0	1,293	1,313
1981	34	1,309	1,343
1983	29	1,340	1,369
1985	30	1,435	1,465

注：栃木の園芸特産（各年次）などによる。イチゴを含む

表7－4 栃木県における年次別野菜生産額と構成比(単位百万円 1970－1980年)

年（昭和）	総粗生産額	野菜粗生産額	野菜構成比	米構成比
1970 (45)	121,909	17,238	14.2%	46.3%
1971	122,035	21,187	17.4	41.2
1972	138,721	21,642	15.6	44.6
1973	170,558	26,138	15.3	42.5
1974	205,446	36,370	17.7	42.3
1975 (50)	245,776	38,324	15.6	47.4
1976	256,488	39,225	15.3	46.8
1977	272,864	42,905	15.7	45.3
1978	276,047	44,080	16.0	42.5
1979	296,561	49,488	16.7	41.4
1980 (55)	300,224	52,041	17.3	38.2

注：野菜はイチゴを含む、農林水産統計年報

この時期の野菜対策として1977年版栃木の園芸特産には次のような目標が掲げられている。
1．施設野菜の生産費低減　2．露地野菜の振興　3．水田野菜の体系化　4．地場産地の育成
5．集団組織の育成　6．価格安定策

なお、県では1973年から農業士制度を始め、初回は12名が同年2月に認定された。このうち半数がイチゴ、トマトなどの施設園芸農家であった。

引用文献［第7章第1項］

1．経済連の歩み－25周年記念誌－（1978）県経済農協連合会
2．栃木県農協中央会三十年史（1987）県農協中央会
3．栃木県農林会報第1号記事（1897）県農林会
4．施設園芸の省エネルギー新技術（1980）農林水産技術情報協会（編）
5．斉藤一雄（1989）栃木県における野菜の省エネ対策の経過と対策事例（普及教育課資料）

オイルショックの結末

今から見ればあっけない結末であったが、後遺症は長引くことになる。この「事件」の結末を当時の新聞記事などで紹介する。

1974年1月19日に県東京事務所から県へ「農林省と通産省の話し合いで施設園芸用の燃料が必要量確保できた」と電話連絡があった。園芸特産課では遅くとも1月末までに供給できるとの見解を示した。この頃から当面の不安は解消されていく。関東農政局の調査では1974年3月時点でイチゴでは小規模生産者を中心に作付中止が多く、県全体では面積で4％減となった。この「事件」については全国的に行政、農協組織など挙げての対策が打たれたが、全国野菜園芸技術研究会でも1973年12月に中野仁一会長らが農林省や国会筋に陳情活動を行った。

これより20数年後の1995年5月20日付の朝日新聞の解説記事によると、実際に原油価格は値上がりしたものの原油量は国内でも十分にあったという。当時いわゆる石油二法という石油需給適正化法案などの国会成立を目指して、政府（通産省）が世間の石油パニックを意図的に放任したという。1974年1月になって輸入原油は余裕があることが明らかになった。これにより省エネ技術の発達を促したことをせめて成果としなければならないか。

2. 県内地域の野菜生産

前章の同項目と一部ダブる箇所があるが、おおむね1980年頃までの概況を「農業と生活」、「くらしと農業」、栃木の野菜（1977年版）、普及事業記念誌などから記す。

1）那須、黒磯、大田原地域

大田原市、黒磯市など那須北5市町の野菜作付面積は1969年から1977年まで減少を続け、この傾向はこの後もつづく。しかし新しい動きも活発になってきた。大田原農改普及所の管内の施設トマトの作付は1970年の8haから1977年には13haとなり、1979年には湯津上に傘松施設園芸組合のガラス温室団地もできた。1972年よりトマトの8月播き長期栽培が始まるが定着するのは、まだまだの状況であった。

黒磯市鳴内では1977年頃タバコの代作としてアスパラガスも導入された。黒磯農改普及所の報告書には標高400m地帯に4haのアスパラがあり、パイプハウスによる早出しも行われ1980年に初出荷とある。大田原市でも1978年にアスパラ栽培が始まり1980年には44名の栽培者がいた。黒羽農協でも1978年にアスパラ部会（20名）が発足している。しかし露地栽培は茎枯れ病多発で減少してゆく。

ニラは1972年より湯津上村狭原の磯春夫ら5名が大武商店の勧めで栽培をはじめ、大田原市農協金田支所でもこの頃始まり1976年にはニラ部会ができた。黒磯市では1970年頃トンネル栽培があり、ハウスニラは1974年から佐野地区で始まった。

この地方の加工トマトは水田転作として定着していき、ホールプラント定植も普及し黒磯市の作付は1980年に20haであった。

2）矢板、南那須地域

馬頭町では栃園協の解散により1972年に新しく農協施設部会が発足し当時は約20戸、4haの規模であった。同町では1951年に群馬県からミョウガ株を導入したが、1975年頃よりコンニャクの一部代替として栽培が盛んになってきた。

矢板市周辺では抑制キュウリに代えて6月播きの抑制トマトが1970年頃から取り上げられた。

塩原町のダイコンは萎黄病耐病性の夏みの3号が主流であるが1975年頃より青首ダイコンが入ってきた。ホウレンソウと共に1978年頃に最盛期となったがダイコンは減りつつある。

3）氏家、高根沢、喜連川地域

喜連川町では1981年より温泉熱利用の促成ナス栽培が6名により開始された。氏家町では1970年に農協主導で16名の参加によりニラが始まった。今後の規模拡大と夏出しが課題とされる。

1965年9月の雹害を契機にこの年の秋から5名の有志（代表・村上信）で杉山式のハウスの建設を開始、翌年春からトマトを栽培、1967年には栽培者が24名となり農協施設園芸部会となった。

高根沢町では1972年頃よりシュンギクの栽培が始まり、1976年に農協部会となりこの地方での主産地となっていった。施設園芸では小池政男が1962年に静岡型ハウス20aを建てたのが始まりで、その後8名で農協ハウス部会をつくった。施設園芸農協の発足（1969年）に伴い、約20名の栽培者は高根沢農協の了解のもとこの農協に加入したが、園芸農協の解散（1972年）後は再び高根沢農協専門部会として活動することになった。この後、園芸農協解散のショックもあり、兼業化も進みハウス栽培者は減少した（1)。（この現象は他地区でも見られた）

氏家町のシュンギクは石垣イチゴ、トマトからの転換として導入され1981年に部会ができた。パイプハウスの冬採りが中心で後作としてナス、オクラなどが作付される。1980年では約20名の生産者であったがその後、急増している。

4）鹿沼、粟野、西方地域

オイルショックを機にニラ栽培が見直され一層産地化されてきた。ニラに予冷庫が入ったのは1976年で翌年から急速に普及し、夏ニラの生産が増加するようになった。ニラの周年出荷に伴い生産者の健康管理が問題となってきた。

鹿沼市北犬飼地区は野州サトイモの産地で1970年代は約300haの作付があり、この頃、早出しと多収のためのマルチ栽培も始まった。販売は商系売りと農協出荷がある。

5）日光、今市地域

鶏頂山開拓地のホウレンソウは1967年に始まったが、1972年に多雨浸食害を受けたことにより1976年に雨除けハウス栽培が試行され、数年で全体的に雨よけ施設が普及した。品種はミンスターランドが多い。1977年には予冷庫が設置された。ダイコンは栗山方面を含め連作障害により漸減してきた。栗山村、藤原町三依のダイコンは1975年頃40haあり美濃早生系の品種でマルチ栽培される。

今市市の夏秋キュウリ、トマトに雨よけハウスが1877年より導入、露地キュウリのパイプ支柱は1070年頃から始まった。日光市野口の水掛け菜は1970年代には激減したが、湧水の減少も一因であるとされる。

6）宇都宮、上三川地域

1972年より7、8月播きのトマト長期栽培が宇都宮市の各所で始まった。以降この8月播きのトマトが注目され各地で長期栽培が試みられた。上三川町では上神主施設園芸組合が1978年にできた。宇河地域のタマネギは1975年で約150haで早生のアポロも導入されたが、多くは7－9月出荷用の泉州黄中甲高である。

7）石橋、南河内、国分寺地域

国分寺農協は1972年から育苗センターを設置しカボチャの苗やもみがら燻炭培地でのキュウリの育苗を開始した。同農協では1965年頃からミツバの軟化栽培を始め、1977年時点で生産者が52戸となった。

8）真岡、芳賀地域

真岡市のプリンスメロンは1974年で93haあり、この頃トンネルからハウス（270cm間口）へと移行が始まった。1975年にはアイボリー、コサックが、1982年からはアムスが導入された。東大島施設園芸団地が7名約2haのガラス室をもって1976年にできた。

二宮町の無休眠促成イチゴの後作として1972年から連棟ハウスに小玉スイカ（紅こだま）を導入した。苗は茨城県の産地からの購入苗で1975年頃は約10haの栽培があるが、イチゴの促成用品種の普及に伴って減少した。

市貝町の夏秋トマトは1959年からであり栽培者は1970年が最多で以降減少しているが栽培面積は1970年代、20haを確保している。

この地方の夏秋ナスは従来からの栽培に加え、プリンスメロンの後作として増加してきた。1970年には指定産地となり急速に作付がふえ、1975年には指定産地で166haの作付となった。南高根沢農協ではこの頃切りミツバの栽培が起こった。

9）小山、野木地域

小山市東黒田に1972年、ガラス温室団地（組合長、日向野仁）ができ、この地域では7月下旬播きの愛知ファーストトマトの長期栽培が行われ、弱毒ウイルス接種も取り入れられた。ここではトマト後作として1973年から7、8月採りのコッサック、深緑メロンの栽培も行われた。小山市とその周辺の春採りトマト品種は東光Kが6割、他は大型瑞光である。夏秋キュウリは小山市を中心に1975年頃で20ha余あり、ときわ光3号のネット支柱栽培である。ハクサイの育苗は練り床が多いが最近はポリポット利用も増えてきた。秋採りは王将、オリンピアなどである。出荷は束出荷が多い。根こぶ病は1970年ごろより問題となり、レタスの導入が増えてきた。レタスは1962年頃から始まっているが、1975年頃には小山市で27haくらいあり近隣町村でも増え本県のレタス産地となった。秋採りが中心で連結ポットで育苗される。

野木町川田地区に1975年から畑地灌漑施設が設置され、オカボ、カンピョウなどに代わりレタス、ネギ、ナス、カボチャが普及してきた。

10）栃木、佐野地域

1975年頃のハウストマトは9月下旬－10月播きが主流で、1980年には栃木市今泉トマト生産組合では複合環境制御省エネハウスができた。キュウリは早播きでも白いぼ品種が用いられるようになった。都賀町や壬生町でイチゴ後作に一時期、サンライズメロンが試作されたが定着しなかった。栃木市吹上のキュウリ組合は1975年頃には18名の組合員となり、春作と秋作キュウリの連作で新土佐台の呼接ぎである。

葛生町では夏ミョウガが1971年に導入された。田沼町三好地区や新産地の葛生町のショウガは露地栽培では1978年頃より減少してきた一方、根茎腐敗病防止と早出しのためパイプハウスによる半促成栽培が増えてきた。田沼町のアスパラガスは1978年に導入された。

ニラ栽培は米減反政策対応として1969年春から大平町で始まり、同年大平農協に韮生産出荷組合ができ、1979年には予冷庫による夏出荷も始まった。栃木市では1971年より大塚地区で始まり、1972年には農協のニラ部会が発足し1977年には夏ニラ用の予冷庫もできた。

壬生町のゴボウは稲葉ゴボウとして歴史を持つが、1977年頃より黒ボクの台地に移動し大規模化してきた。同町の稲葉地区施設園芸組合は1972年に12名で結成された。

岩舟町のゴボウは秋播き夏採りで25haあり地元の業者により出荷されるが、1968年に農協傘下の野菜組合（40名）ができた。収穫は6月で後作に長ニンジンを播く。

藤岡町のサヤエンドウは1969年から農協出荷となり周辺町村合計で70haの産地となっている。

昭和初期からダイコンの産地として知られた佐野市犬伏地区では1966年に大根組合ができたが（再発足、会員23名）、その後都市化の影響で減少してきた。田沼町のネギは一時期産地化したが、1970年代は地元市場出荷程度に減少した。

11）足利市

1969年には足利市南農協施設園芸部会ができ、トマト生産者は市内全体で1978年には107名となった。トマトは1970年頃からキュウリより面積が多くなり、1978年に農協選果場に機械選果施設ができ、規模拡大が図られた。機械選果の影響で大型瑞光に代わり1980年産から果皮の堅い瑞光102となった。

トマト栽培は10月播きの東光K号であり1972年頃より9月播きが多くなり試作的に8月播きも行われた。1970年頃より果実の白すじ症状や株のねむり症状が目立つようになり、対策として大型瑞光の試作が行われ1973年にはこの品種が80％を占めるようになった。しかし後に前記のように瑞光102となる。一方炭酸ガス発生機の導入（1974年産）や接木の導入（1974年）など技術的にも大きい動きがあった。

足利市内のトンネル栽培のキュウリは1965年頃を境に、次第にハウス栽培に移行していった。キュウリのハウス栽培は1961年、静岡2号型ハウスから始まり1965年には北むさし（白いぼ）が導入され近成ときわ、さつきみどりと品種は変遷していった。9月播きの越冬栽培は少ないが炭酸ガス施用が行われている。一部に連棟ハウスのイチゴ後作にキュウリの2、3月播きをいれる栽培があり、1976年には2haある。

足利市南部の春キャベツはこの地方の水田前作に適しているが、1970年代に入ると10－15ha程度となり往時の面影はなくなる。同市東部の春採りダイコンは時無し系品種でトンネル栽培の4月収穫、ニンジンはUS4寸などで大根出荷後の6月収穫で組み合わされる。両種あわせて1975年頃には20haの面積があった。

引用文献［第7章第2項］

1. 農業改良30年の歩み（1980）氏家農改普及所編

3. 主な野菜の動き

1）施設栽培

園芸施設の建設は年々増加しており多くは制度金融を利用してのものである。1965年以降の園芸施設の面積は下表の通りである。

表7－5 野菜施設栽培面積の推移(ha)

年	全面積(野菜)	うちトマト	うちキュウリ
1965	48.9	16.9	12.9
1967	176.0	45.4	58.9
1969	359	93.4	98.5
1971	807	130.7	183.1
1973	1,127	166.0	196.2
1975	1,113	185	117
1977	1,171	209	153
1979	1,313	245.3	124.4

注：野菜面積はイチゴを含む

パイプハウスはk 15、k 18、ハウスはＮＡ１－３，静岡改良型が多い。

共通的な新技術として果菜類への炭酸ガス施用のことがある（1、2)。この手法は1960年ごろより試験されてきたものであるが、1970年頃よりハウスの高度化と共に冬期を通しての栽培が多くなり、炭酸ガス施用の効果が期待されるようになってきたことが背景にある。

栃木県では宇都宮市柳田町の坂本恵司がすでに1969年に苗床で発生剤をテストしているが、1973年秋にガス発生機をいれた。足利市でも一生産者が同時期に入れている。この結果がよかったので翌年からガス発生機の導入が始まりガス施用が普及した。この陰には暖房機メーカーのガス発生機へ一斉参入という一種のブームがあり、使用法が確定しないまま普及が先行したので、いろいろな問題が生じた。栃木県でのトマト、キュウリ、イチゴへの炭酸ガス施用の普及面積は1975年時点で全国1位の40haであった。

当時の効果としてはキュウリ（越冬栽培）では増収、トマト（9月播き）では空洞果の減少、イチゴでは成り疲れ減少が挙げられ、問題点としては茎葉の過繁茂、株の老化が挙げられている。イチゴでは発生機による早朝加温効果もあり評価が難しかった。足利市での基準としては9月播きトマトで第3花房から1,000－1,500ppmの施用（換気まで）が勧められている。

養液栽培のはしりとして宇都宮市石井町の小島重定は1971年11月より水気耕方式の養液施設を設置して試験栽培を始めた。ロックウール方式の開発に伴い1980年から養液栽培は急増する。

2) トマト

夏秋トマトは1970年をピークに減少し、1976年には259haとなり県央部が産地の中心である。宇都宮市ではパイプハウスによる1月播きが1972年頃から始まり拡大しつつある。品種は豊禄、強力秀光などである。

加工トマトの無支柱栽培は1966年頃から始まり1970年には殆どが無支柱となった。開田ブームで一時期減少したが、米の減反政策により作付面積は200ha前後で定着してきた。品種は早生だるま、カゴメ70である。

ハウストマトは一部に長期栽培が見られるようになり（1972年8月播き）、例えば1973年8月播きでは大田原普及所管内で6名、8月10日播き、大型瑞光、FTVNR3号、足利では4名、8月10日播き、大型瑞光を供試などの事例がある。しかしオイルショックの影響や、静岡13号型ハウスでは軒高が低く管理上草体の管理に問題があったので進展せず、9月－10月播き中心で経過するようになる。1974年頃より根腐れ萎凋病や褐色根腐れ病が多発してきたので、この頃より接木の普及が始まり、同時に乱形果、空洞果が問題となる。石橋町では1975年に接木の試作が行われた。1978年頃、宇都宮市の永見照行はKCFT台木の強草勢対策として4本仕立て栽培を始めた。白すじ果はTMV抵抗性品種の採用により減ってきた。小山市での愛知ファーストトマトは特徴的な品種として取り上げているが、果形から選果しにくく、多心室で乱形果が多く夜温を10℃以上にする必要があるなどの問題があった。しかしファースト系の品種は一部であるが長く栽培された。

ハウス抑制トマトは大田原、矢板、今市方面でキュウリの後作として普及し1970年には全体で約10haとなった。品種は段とびヨーズ系や豊錦であった。

3) キュウリ

夏秋キュウリの面積は減少を続けているが、これは東北地方に産地ができてきたことにもよる。ピークは1969年の1080ha。今後の方向として品種の選定、省力化、作付の集団化、規格の統一が挙げられている。早播きと初期の低温対策としてパンチフィルムトンネルが1973年から一部産地で始まった。1977年頃より夏秋作でも雨除け栽培が始まる。

ハウスキュウリは12月播きが多く、白イボ品種の夏埼落3号などが普及し、1975年頃から高値を狙った9月播きが越冬栽培として一部に行われている。しかし、1975年頃から燃料費や斑点細菌斑点病などのためトマトやイチゴに切り替えるようになり、ハウスキュウリは減少傾向となった。

4) ナス

芳賀郡下でプリンスメロンの後作として増加してきており、1970年の約70haから1975年の166haとなりハウス栽培も加え周年出荷されるようになる。プリンスメロンとの労力関係でナスは自根栽培であり、整枝も夏秋ナス特有の簡易的なものであるが、今後接木や整枝の徹底が必要とされる。

5) 露地メロン

芳賀地方のメロンは1974年に小型のハウス（間口270cm、高さ150cmの大型トンネル）が入り、プリンスの他にアイボリー、コッサックなどが導入された。また蜜蜂受粉も行われるようになった。1974年現在中村農協内ではトンネル80ha、ハウス9haの作付であった。

6) ニラ

殆どが1年株利用の冬採りであるが、1975年頃より夏ニラが増えてきた。東京市場の占有率もこの頃から約10%となってきた。

7) レタス

1972年の64haから小山地方に増加し1976年には108haとなる。

引用文献［第7章第3項］

1. 伊東正監修　炭酸ガス入門（1976）農耕と園芸別冊　誠文堂新光社
2. 日本農業新聞記事（1975）連載・炭酸ガス発生機　1975年8月20日付け

4. 栽培

1）品種

1975年前後の主要品種は次の通りであった。

トマト：促成：大型瑞光、強力秀光、TVR2、東光K
半促成：東光K、豊禄
露地：豊錦、雷電　加工：早生だるま、カゴメ70
キュウリ：促成、半促成：ときわ光3号P型、王金促成、ときわ早熟、ときわ北星
露地；東北ときわ、新光A号
抑制：夏節成2号、ときわ光3号P型
ナス：半促成：早春、群真5号、千両2号、　露地：弁慶、大名
メロン：プリンス、アイボリー、コサック
カボチャ：みやこ、えびす、近成芳香
タマネギ：名草早生、泉州黄甲高、七宝、アポロ
キャベツ：冬採り：やよい、耐寒大御所、晩抽理想、寒玉1号
春採り：春風2号、金盃
ハクサイ：耐病60日、松島新5号、王将、玉の光、無双、オリンピア
ホウレンソウ：豊葉、豊城、ミンスターランド
レタス：GL366、ペンレイク
ダイコン：春王、四月早生、夏みの3号、理想
カリフラワー：名月、さきがけ、野崎早生
ネギ：金長

TMV抵抗性のトマトの品種について足利農改普及所資料（1974年5月）によると、大型瑞光が節間のつまりや空洞果の発生が比較的少なく、従来の東光K号に代わりうるものとされている。TMV抵抗性品種の普及当初の各品種の特性解説は次の通りである。

表7－6 品種別栽培上の問題点と対策（1979年4月、県普及教育課資料、一部省略、改変）

品種	長所	問題点	対策
東光K号	低温伸張性 品質良、栽培容易	空洞果、白すじ果 根が弱い	接木、土つくり 10月播き
大型瑞光	着色よい、すじ腐れ果少、根が強い	草勢強、空洞果多	9月中旬播き
瑞光102	果実堅い、空洞果少、早生	果実が小さい	適正な果数、充実苗
大宮FTVR	果の肥大よい、栽培容易	着色やや悪い、空洞果	締めつくり

注：東光K号はTMV罹病性

キュウリについてはすでに白イボ品種にすべての作型において切り替わっている。

1973年の経済連主催の施設栽培検討会で紹介された普及所ごとのキュウリ品種の栽培状況は次のようであった。

足利：ときわ光3号65%、王金女神2号35%　**佐野：**ときわ光3号50%、王金50%
小山：ときわ光3号70%夏埼落3号30%　**宇都宮：**夏埼落3号40%、王金30%
真岡：夏埼落3号85%、新光節成10号15%　**大田原：**夏埼落3号90%王金5%

この頃は初期の白イボ品種の夏埼落と本格的な早出し白イボ品種との交替期にあたっていたことが分かる。夏埼落3号は大熊昭祐の育成、1965年発表の白イボ前進栽培用の品種、各作型

に適応。ときわ光3号は福田実の育成、1965年発表の色イボキュウリでA系とP系があり早出しにはP系が向く。

2）栽培事例

（1）ハウストマトの育苗

足利市における1970年ごろの事例を紹介する（1）。

播種：10a3000本植えの時は4500粒の種子を用意する。ハウス内に適宜低床の育苗床を作り、10月上旬播きでは電熱の必要はない。電熱線を引く時には床に8cm程度稲わらを敷きその上に配線する。線が見えない程度に覆土して播種箱を置く。箱播きでない時はビニールを敷いて7cmの厚さに床土を入れる。25日で移植の時は9×1.5cm幅で播き細かい土で5－6mm覆土する。その上にわらを敷きビニールで保温する。

移植：25日で第1回移植となる。10a、3300本を移植、移植床は3.3㎡当たり180W配線、床土は7，8cmの厚さで株間は12×10－12cm、活着まで昼温25℃夜温14℃、その後は昼22－23℃、夜12℃で管理する。

鉢上げ：約25日で12cm鉢に鉢上げ、ハウス内で暖房器使用、活着まで夜温14℃で活着後は22－23℃／12℃で管理する。堅い苗であれば定植3日前から昇温して苗をほぐす。第一花房が1－2花開花で定植する。育苗日数は70－75日である。鉢上げしない時は18×18cmに広げる。

（2）トマトの長期栽培

宇都宮市・釜井敏夫の事例を紹介する（2）。

播種：1975年8月10日　大型瑞光ほか、箱播き

鉢上げ：8月29日12cmの角鉢　ずらし：9月6日　20×20cm（徒長気味となる、30×30cmは欲しい）床土に豚肥を使用したので追肥はしない、朝灌水し夕方しおれる程度とする。

定植準備：前作のキュウリを整理後、7日間湛水処理、ビニール除去後2カ月間自然降雨とし、8月下旬にEDBを10aに30ℓ、ポリ被覆を2週間やる。

9月下旬にスクリュウ式トレンチャーで40cm深耕、この時に元肥を混和施用した。

定植：10月2日より、育苗日数53日、1－2花開花の苗。第一花房節位は10－11節、定植前は鉢にのみ灌水しベッドは無灌水。坪当たり8本。

管理：フルコンテープと支柱による折衷式、竹は1m。トライロン600倍を10月7日より、12月以降は500倍、生育ペースが遅いのでジベレリンは入れない。

温度は昼温23℃±2℃、夜温は10℃－8℃－7時以降6－10℃。

灌水は1月20日、同30日、2月6日（液肥）、一回に10分間。

収穫：1月10日より。

表7－7
施肥量（10a）

肥料名	基肥kg	追肥	成分量
おがくず堆肥	7.8t	2月6日に液肥（12－4－2）を24kg 500坪あたり、成分に含めず	
油粕	190		9.5－3.8－1.9
ネオヒロン	25		2－2－2
ミネプラス	130		11.7－15.6－24.7
スミホスカ	130		0－58.8－0
硫酸カリ	24		0－0－12
苦土石灰	130		
三要素計			23.2－79.9－40.6

○宇都宮市の他の事例（同じく1976年資料）

品種は大型瑞光と強力秀光、播種は8月14日定植は10月7，8日、坪8本。ハウスサイドに寒冷紗300＃で囲う。施肥量は成分で窒素：56.5、燐酸：102.6、カリ：51.6kgで追肥には尿素、硫加の溶液使用。トマトトーンは80－200倍（10月まで200倍）で収穫は12月28日から7月12日までで、18.6t。

(3) トマト育苗用土（床土）の材料（3）

踏込温床の時代は使用済の醸熱材料を主体に一年かけて集約に行われていたが、温暖期のハウス育苗になり鉢育苗で植え痛みの問題もなくなり、床土も簡易的に作られるようになってきた。1974年頃の宇都宮市での床土材料例を示す。ただし添加した肥料については記載がない。

生産者A：落ち葉、わら　2回切り返し　クロピク消毒

B：おがくず1：わら1：山土1

C：わら6：鹿沼土4

D：わら2：鹿沼土1

E：おがぐず4：鹿沼土4：田土2

F：わら、落ち葉、豚糞、油粕

G：わら1：落ち葉1

H：落ち葉3.5：わら3.5：田土3

(4) ハウスキュウリ

白イボキュウリの前進栽培（1968年12月播き）として発表された小山市東黒田・日向野右の事例を紹介する（4）。

ハウスはＣＴ3セット型である。

育苗：キュウリ（新交3号）は12月27日、台木カボチャ（鉄甲）は31日に播種、呼び接ぎは1月11－12日。接木時の温度は25℃－夜間13－15℃とした。

定植：2月4日、坪7株、稲わらを坪12kgを踏み込む。

収穫：3月13日より。

施肥量は次の通り。 **表7－8 施肥量**（10a当たり）

肥料名	基肥	追肥
堆肥	2t	燐硝安カリ80kg、液肥各20ℓを5回施用
鶏糞	32袋	
熔成燐肥	200	
苦土石灰	200	
CDU化成	40	
油粕	60	

○栃木農改普及所の他の事例（4、藤岡町・上岡一夫）

品種は夏埼落3号、カボチャ台で1月6日播き、定植2月10日、坪8本で主枝の摘心は27枚、側枝は1節で摘心した。本圃の夜温は10℃、使用した農薬はビスダイセン、トリアジン、サニパー、ポリオキシン、レジサン、アグレプト、デス。肥料はCDU化成、BM化成、熔成燐肥、尿素、硫酸カリ、液肥2号、鶏糞など。

3）課題と問題点

(1) トマトの長期栽培

ハウストマトの播種期は無加温の頃は12月ないし1月頃であったが、加温機の普及に伴い前進化して1965年頃には10月播きとなった。その後も次第に早くなり1970年以降、9月播きが多くなり1972年頃から長期栽培として8月播きが一部で行われるようになった。しかし当時注目された長期栽培はさまざまな問題があった。

長期栽培の利点として

1. 育苗が容易である（高温期の問題もある） 2. 収穫期間が長くハウスの利用性がよい
3. 抑制＋半促成型より労力がかからない 4. 多収穫である 5. 燃料費は半促成と大差ない

問題点として

1. 草勢管理が難しい 2. 病害の発生が多い 3. 管理労力（蔓下げ、摘葉など）がかかる
4. 空洞果が多い 5. 適品種がない 6. 冬季の草勢管理が難しい、この時期の低収。

具備すべき条件として

1. 採光性のよいハウス、側高の大きいハウス（静岡13型ではサイドが低い）
2. 収穫期間が長いので根を老化させないハウス土壌

(2) ハウスの作付問題（5）

石油危機以降、低コスト生産の一環として長期栽培に対し、ハウス輪作が勧められ、県園芸振興協議会（会長、渡辺順道）から詳細な調査結果と指導資料が作成されたが、ハウス抑制（後作）栽培については問題が多いことも指摘された。各農改普及所の見解を紹介する。

宇都宮農改普及所：促成イチゴの後作は困難。トマト、キュウリの後作も限定的な事例にとどまる。

鹿沼：水稲作との労力競合がある。

今市：抑制キュウリは定着しているが低収にとどまっている。トマトは比較的有利だが一般化されない。

栃木：後作導入による基幹作の収益低下対策が必要。

小山：促成イチゴあとのスイカは普及性あり、トマト、キュウリの後作のキュウリは安定している。

矢板：収穫期間短く低収。

大田原：イチゴの後作の果菜類は困難だが、育苗問題が解決すれば可。

烏山：イチゴ後作トマトは労力的に他部門と競合する。

佐野：キュウリ＋キュウリであるが越冬長期栽培を視野に入れている。

足利：夏期の畑地化が難しいし他作物との労力競合がある。

(3) ハウス土壌の問題

普及事業の初期において、水田対策としては土壌の断面調査が行われたのに対し、畑作では酸度検定を「武器」に普及活動が展開された。1951年より柳田式養分検定が始まっているので土壌分析は最近のことではない。しかし農改普及所に土壌診断室ができたのは1965年以降である。ハウス土壌の塩類集積が急激に問題となってきたのは1965年頃からで極端な例を次表に示す（6)。

表7－9 ハウス土壌の肥沃化の一例

場所	土壌	種類	PH	ECミリモー	硝酸態窒素（100g中mg）	生育状態
西那須野	火山灰土	キュウリ	5.0	4.9	230	停滞
〃	〃	トマト	6.2	2.8	183	〃
宇都宮	〃	キュウリ	6.8	2.2	77	不良
足利	沖積	〃	5.0	2.2	72	停滞
〃	〃	〃	4.1	2.0	92	〃

注：栃木農試成績による記事

1974年に行われた宇都宮市でのハウス土壌の調査結果（省略した項目あり）を下表に示す(7)。多くは15－20cm深の作土に肥料の集積があり、対策として減肥、深耕、除塩が必要とされている。

表7－10 土壌測定診断の結果

生産者	有効燐酸	PH	EC	硝酸態N
N．Y	110.0	6.4	1.9	108.0
T．T	76.0	6.3	0.63	19.8
M．M	139.0	5.4	2.27	85.6
M．T	12.5	5.8	0.74	49.0
Z．U	12.8	6.6	0.5	13.6
M．M	72.0	5.8	0.34	3.8
K．T	106.0	5.7	0.45	12.3

引用文献［第7章第4項］

1．斉藤一雄（1970）10月播きトマトの育苗　農業と生活1970年7月号
2．宇都宮農改普及所現地検討会配布資料（1976）
3．長期栽培トマトの検討会資料（1974）宇都宮農改普及所配布資料、1974年9月6日付け資料
4．果菜類ハウス栽培講習会資料（1969）栃木農改普及所資料1969年7月19日開催
5．ハウス輪作体系（1975）栃木県園芸振興協議会　産地育成資料
6．農業と生活（1966）12月号　農業試験場だより
7．土壌測定診断成績並びに対策（1974）　宇都宮農改普及所　昭和49年7月16日付け資料

図7－2 ジュース用トマト（黒磯市、1988年7月）

図7－3 トマト品種・ファーストパワー（藤岡町、1989年3月）

第8章 主産地の形成と首都圏農業の始まり
1980年－1990年

1. 農業政策と野菜生産

米減反政策から10年経過し1978年より水田利用再編対策、1986年から水田農業確立対策と名称は変わったが全国的に見れば転換作物の主流は麦、大豆、飼料作物であった。

この時期の野菜生産をみると

1) 作付面積、収量共に横ばいである。

2) 生産される種類や形態の多様性。(ファッション化、ミニ化、ふるさと化、果物化、医薬品化、グルメ化などと表現される)

3) 周年供給が進んでいる。

4) 施設生産物の比率が高くなってきた。

5) 企業の参入が一部で始まってきた。

6) 業務用の需要が増えてきた一方、少量ながら高級品も求められる。

などのことが特徴的な変化であろうか。

本県についても同様の傾向であるが、農業全体としては水田農業確立対策としの生産組織の育成、生産の規模拡大、後継者の確保などが内容である。

首都圏農業についての概念は古いものがあるが、「くらしと農業」1983年1月号における三選直後の船田譲知事と渡辺順道（農業者懇談会長）との対談で「野菜産地を首都圏農業の有利性で育成中」との知事発言がある。この後、後継の渡辺文雄知事により首都圏農業が県農政の中心におかれるようになる。

農務部の園芸特産課が首都圏農業課になったのが1988年の4月であった。従来の水田農業確立対策と併行してこの新事業は園芸を中心に新しい品目の導入、園芸産地の育成、県産品のブランド化を目標として、耕種部門と園芸部門、畜産部門を同時に発展させようとするものであった。

首都圏農業を枕詞として野菜政策も一層推進されていくが、これ以前の生産振興として1984年に地域別野菜振興計画がたてられ、この中で生産拡大品目としてダイコン、ゴボウ、サトイモ、ホウレンソウ、タマネギ、レタス、ニラ、ナスを指定し、生産流通改善品目としてすでに産地的に定着しているトマト、イチゴ、キュウリ、ネギなど11品目、さらに地域特産品目としてウド、ショウガ、エダマメ、アスパラガスなど14品目を指定した。

また地域別の振興作目が示され、例えば那須地域ではダイコンを筆頭にホウレンソウ、ナス、サトイモ、イチゴ、ニラ、トマト、スイートコーン、カブが挙げられていたが、おおむね各地とも現状の主作目を追認する形であった。

1985年当時の振興対策の項目を現場的にとらえると、下記のように整理される。

1. 指定産地の安定生産、共販率の向上

2. 施設野菜の省エネ対策（自然エネルギー利用、コンピューター制御）

3. 露地野菜の安定生産（雨除け、輪作体系）

4. 特用野菜の導入、定着（加工原料、新野菜導入）

しかし、野菜の作付面積は1965年頃からの漸減傾向は依然続いており、トマト、キュウリの夏秋物の減少が顕著であり、新興作物のレタス、ニラ、ブロッコリーなどは増加してきた。施設栽培においては省エネ対策は2層カーテンやウオーターカーテンが中心となり順調に進展しており、面積増を支えているのはニラ用のパイプハウスによるところが大きい。

この間の野菜栽培施設の推移は右表の通りである。

表8－1
野菜栽培用施設の設置状況（ha）

年	ガラス室	ハウス	計
1981	34	1309	1343
1983	29	1340	1369
1985	30	1435	1465
1987	29	1480	1509
1989	29	1540	1569
1991	30	1544	1574

もう一つ、1980年代には有機農業や低農薬栽培の普及がある。後年の法制化された有機栽培ではないが、自主的に無農薬、有機栽培とうたう野菜が出回るようになる。県内でも上三川町農協では有機素材入りの肥料を奨励し「有機的栽培」をセールスに取り入れ始め、氏家農協では1983年にニラ出荷箱に有機堆肥使用の文字を表示した例がある。このような有機ブームは消費者に不信を抱かせた面もあり、1990年以降、環境保全的農業への関心を高め有機農産物へのJAS表示制度の導入や特別栽培認証制度につながっていく。

県単独事業として1985年より始まった村づくり事業での一つとして直売場や加工場の開設がある。各地に野菜を扱う直売所ができ、小規模生産者が増えていったのもこの時期の特徴である。宇都宮市上横倉町の青空市直売所ができたのが1986年で早い事例である。鹿沼市の野尻直売所や馬頭町の久那瀬直売所などは1997年頃で年間1億円を超える規模であり、1997年現在でいわゆる直売所は207カ所となった。

この事業におけるモデル集落指定数は1985、86年度で97集落であり、そのうち51集落が野菜関連の集落であった。

流通面では1981年から出荷容器に虹のマークが入ることになり品名も栃木○○とするように統一された。1980年代の粗生産額に占める野菜の比率は下表の通りである。1990年近くになると野菜生産額は安定してトータルの20%台になり、果樹、花卉を加えると園芸部門で約30%の占有率となり、バランスのとれた構造となってきたが実感としてはどうだっただろうか。

1990年以降も引き続き首都圏農業対策は行われていき、イチゴ新品種「女峰」の登場もあり、渡辺知事の意向通り（1）野菜生産は深化して行くことになる。

表8－2 栃木県における年次別野菜生産額と構成比（単位百万円、1980－1990年）

年（元号）	総粗生産額	野菜粗生産額	野菜構成比	米構成比
1980（55）	300,224	52,041	17.3	38.2
1981	304,434	54,435	17.9	35.6
1982	293,150	50,593	17.3	34.8
1983	313,262	54,960	17.5	35.7
1984	343,324	56,544	16.5	39.5
1985	340,909	58,507	17.2	40.0
1986	328,548	57,159	17.4	39.0
1987	307,880	57,511	18.7	37.8
1988	298,318	63,480	21.2	33.9
1989（1）	311,035	62,631	20.1	35.8
1990	316,510	65,610	20.7	37.0

2. 県内地域の野菜生産

前章と同様に各地の主な動きを「くらしと農業」や普及事業記念誌、「栃木の野菜」並びに普及所資料などの情報で記す。この時期の野菜はミニ化、グルメ化、果物化、医薬品化などと多様化する上に直売や契約栽培、有機栽培の浸透もあり生産は複雑化してくる。野菜生産を作付面積からみると1965年の15,600haをピークに1981年には11,300haと減少している。増加しているものはホウレンソウ、エダマメ、夏秋トマトなどである。またこの時期は各地の農協で各種品目の部会が多く誕生している。

1）那須、黒磯、大田原地域

黒磯普及所管内のアスパラガスは1981年で6haあり、タラノキの栽培は14戸、4－5haある。1979年より青首ダイコンが導入された。

加工トマトは一時期開田ブームで減少したが、1984年頃那須町で36haあり、規模拡大している。同町のダイコンは1979年に導入され、1985年時点で生産者は90名で7月から10月まで出荷される。1981年に那須町農協青果部会で大根部門もできた。

黒磯市の抑制トマトは1978年より雨除けハウスとなり、1983年に農協部会ができた。地区ごとに共同で育苗している。

1984年、湯津上の渡辺豊はコンピューター制御装置を省エネと綿密なハウス管理からの解放を目的としてハウストマト栽培に導入した。那須北部施設園芸協議会の1981年のトマト品種は瑞光に代わり、ほまれ114となった。その後1987年秋播きで試作されたハウス桃太郎（当時007、あるいはスーパー桃太郎と呼称）の結果が県北で注目され、その後急速に普及する。

大田原市の水田後作のキャベツは最盛期に50haにもなったが、栽培の不安定性や社会情勢から衰退してきた。1985年時点でYR錦秋など6haくらいの作付である。これに対し大田原市農協では1981年に独自に重点5品目として夏秋ナス、山ウド、ニラ、ブロッコリー、ラッカセイを指定して奨励を開始した。重点品目でなかったネギも従来から一部で市場向けの栽培があったが1990年頃より農協主導で推進された。

ウドは金田支所で1979年秋に親株が入り金丸支所にも渡った。1981年3月に金丸支所にウド部会が、1982年6月には金田支所にウド部会ができ、1984年には市内で105名、32haの産地となり以後産地化が進み1989年には120haとなった。

西那須野町の秋採りブロッコリーは1982年頃から始まり1986年には60名、14haの産地となった。

湯津上村のホウレンソウは1983年、5名で始まり雨除けハウスでの周年栽培がされている。

塩原町のコカブはダイコンの連作障害対策として1970年頃より入り、1985年時点でホウレンソウ、ダイコンと並ぶ品目となっている。ダイコンは夏みの3号（タキイ）が減少して1978年からは、みかど夏まき3号や夏富が作られるが、1980年代に入ると青首ダイコンになってきた。1984年時点で塩原町蔬菜出荷組合は45名、同開拓組合は34名の規模である。

2）矢板、南那須地域

馬頭町のミョウガは1951年頃群馬県から導入されて定着したが、ふるさと野菜産地育成事業で1981年頃からハウス栽培が始まった。その他この地方にはフキ（1979年試作）、ウド、インゲン、夏ミョウガなど多品目が導入、検討されている。

1985年頃の小川町の夏秋キュウリはパンチフィルムトンネル栽培で3月播き4月定植で田植え後から収穫期に入る。後作にはインゲンを播く。

3）氏家、高根沢、喜連川地域

氏家町では1982年にハウス栽培にグリンソーラーが入る。

同町は水稲単作地帯であるが水田再編対策として各種野菜の試作が行われてきた。1978年頃よりニラが増え始め、1980年より夏ニラも作るようになり、水稲主体からニラ主体経営の者も増えてきた。1980年には売上1億円となった。ニラは周辺町村へも広がった。

喜連川町の温泉熱利用の野菜や花卉の試作は1982年から農協で行われ、栽培施設は1984年にでき、園芸組合（1984年設立）の1986年の実績は7月播きの千両で10月から翌年（1986年）7月上旬まで収穫し10a当たり14tの収量であった。グリンソーラーを利用している。

高根沢町のシュンギクは県内一の産地であり1972年頃から石垣イチゴの代わりとして阿久津地区で始められ1989年には生産者130名で約13ha、販売額1億円余となっている。

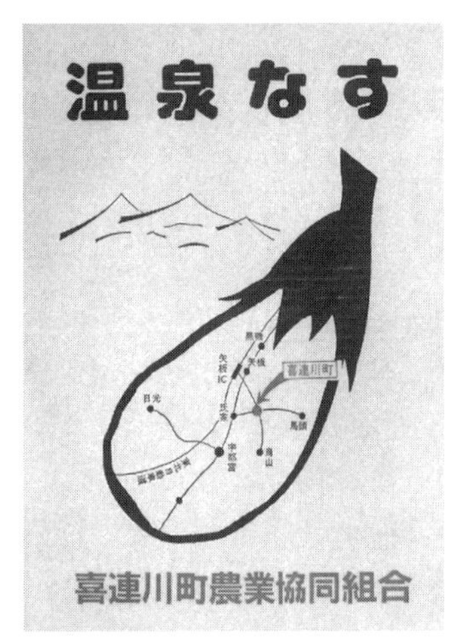

図8－1　温泉熱利用のナス栽培（容器デザインとホルモン処理、1985年10月、喜連川町）

4）鹿沼、粟野、西方地域

1987年時点では連棟ハウスでニラを作っている者は10名いる。暖房機を入れている者もいる。1982年には夏ニラの雨除けハウスが転作促進対策で導入され、周年供給を促した。1981年には予冷庫が導入された。

鹿沼市中妻施設園芸組合は1979年6名で設立された。

5）日光、今市地域

高原開拓のホウレンソウは1981年時点で52haあり雨除けハウスにより安定化し、ダイコンをしのぐようになる。1980年代後半には殆ど雨除けハウス栽培となる。6月中下旬からのダイコンは美濃早生3号から青首品種への転換が進み1987年には殆ど青首ダイコンになる。生産者の高齢化と共に作付は減少しており、1985年には栗山村も含め約90名で面積は90ha（うち54haが鶏頂山）である。

今市市の夏秋キュウリ（品種は南極2号）は1987年に輝虎台木の試作が行われた。夏秋トマトは1986年から桃太郎が入ってきた。雨除けハウスは1978年頃より入り1980年代前半にはかなり普及した。同市の夏ニラは1982年に試験的に出荷したが、翌年の予冷設備の設置により定着した。アスパラガスは町谷地区に入り1983年に初出荷となる。1985年現在1haある。森友ガラス団地（6名）は1978年にできたが1983年からミニトマトを主体とするようになった。

6）宇都宮、上三川地域

水田地帯の上河内村ではニラ、シュンギク、1978年に転作田に秋採りブロッコリーが入り、普及していった。河内村ではニラが奨励され、上三川町では大型の集荷施設が建設され一層の産地化が進んだ。上三川町のビニールトンネルによる春採りレタスは1977年頃から始まり、1985年では50haの産地になった。同町の園芸作物の粗生産額は1987年に米麦生産額を上回ることになった。

宇都宮市の夏秋トマトは1980年代半ばに25haを維持していたが、産地の清原地区の夏秋トマトは1985年頃には4haとなりすべて雨除けハウスとなった。1988年にはすべて桃太郎となり台木はLS89が使用されている。

ハウストマトは瑞光102、瑞秀から1988年9月播きのトマトはハウス桃太郎が殆んどで、台木はKCFT、瑞健、バルカンからジョイントに変わってきた。接木栽培は40％（1985年頃）に普及した。しかし1980年をピーク（349名）に栽培者は減少してくる。ウオーターカーテンは1980年頃より普及してきた。

タマネギ品種、多収性のアポロは1971年から普及され1985年産の宇都宮市のタマネギも依然アポロであるが、8月中旬以降の出荷分として貯蔵用の品種も導入され始めている。機械植えも一部で試行されている。

7）真岡、芳賀地域

真岡市のメロンは簡易ハウスとトンネル栽培が並行して行われていたが、1983年頃より小型パイプハウスによる5月出荷が多くなってきた。また1982年からアムスメロンを試作し1985年には4haとなった。

ナスの栽培は1970年に指定産地となってから、面積が増え1983年頃には、芳賀郡で県の90％を占めるナス産地となった。プリンスメロンの後作として重要となり防風ネットも設けられるようになる。

市貝町の夏秋トマトは1973年がピーク（35ha）で以降作付が減少しているが、1980年より潰瘍病対策や裂果対策としての雨除け栽培が始まり、1983年には露地栽培がなくなった。また青枯れ病対策としてBF興津台の接木栽培（穂木・桃太郎）が1985年より開始された。桃太郎の試作は1984年のことであり県内最初である。翌年から豊竜に代わり桃太郎となる。

芳賀町南高根沢農協では1981年にニラ部会が、1982年には15名によりホウレンソウ部会ができた。また1981年から始まったナスは1983年にナス部会となった。

8）小山、野木地域

小山市では、1966年の農協合併に伴いレタス部会ができ、市内各地へレタスが普及した。1983年頃のレタス（年内と春採り）は小山市で約100ha、野木町で30haで増加している。

小山市間々田地区は県一のハウスキュウリ産地で1985年当時は11、12月播きの王金女神2号が多かった。ブルームレス台木の輝虎が間々田農協ビニールハウス部会に入ったのは1983年で以後急速に普及し、1988年秋播きには雲竜台木にかわった。穂木品種は貴婦人である。

小山市のハウストマト（9月播き）は導入10年となる瑞光102に代わってスーパーファーストが1986年秋播試作され高価格だったので普及し始める。同市の半促成雨除け栽培は1985年時点で瑞光102であるが、後作に抑制キュウリ、春採りのレタスの年3作の高度利用が行われている。

小山市と野木町のハウスナスは11月播きの3－7月採りで行われパイプハウス使用で30haある。春播きハクサイは小山市で約20haあり、トンネル栽培から露地栽培まである。トンネル栽培は11月播きでいずれも連結ポットで育苗する。

石橋町農協のゴボウは1975年頃開始、1984年にゴボウ部会ができ、約100名、40haの規模である。

9）栃木、佐野地域

壬生町のゴボウは県全体の約60％の面積を占め、1985年頃には70haあった。壬生町ごぼう協議会の会員は1985年頃で150名を数えた。農協による販売が殆どである。ゴボウと併行してナガイモも1980年から導入され、ゴボウの代替作物として1985年頃は11haとなった。

1985年当時の栃木市吹上のハウスキュウリは14戸で促成と抑制の組み合わせで行われている。抑制型は暖房しながら12月まで収穫する。ハウストマトでは同市今泉に省エネモデル（複合制御型）ハウス団地ができ、6名（1.3ha）が農事法人今泉トマト組合で参加した。本組合は1985年の全農施設園芸コンクールで優勝し大臣賞を受けた。同市のニラ栽培も夏ニラが軌道に乗ってきた。

大平町の熊倉孝雄は1984年からトマトのロックウール栽培を始めた。（同時期に小山市でもロックウール栽培が始まっている）都賀町では1986年に導入されたスーパーファーストが次第に普及し、水代農協、部屋ハウス組合、三鴨施設園芸組合でも1990年でもすべてこの品種であった。

藤岡町のサヤエンドウは1965年頃導入され1980年頃は50haあったが1983年では24haに減り販売額は1億円となっている。同町の夏秋ナスは1971年頃から始まったが、1979年に5haとなりこの年の11月に農協のナス部会ができた。

佐野市のナスは堺、吾妻地区で10－11月播きの薄皮丸ナス、群真5号がある。同市の11月播きキュウリは1989年からブルームレス台木（一輝1号）となる。同市犬伏地区のダイコンは1985年頃には作付が6haと減少しているが、白首ダイコン・春王で白首種にこだわる東北市場への出荷が行われている。

田沼町のアスパラガスは1978年に三好地区に導入され、1985年時点で露地栽培6haの作付がある。

10）足利地域

1985年にNFT水耕トマトが福居町に導入された。

省エネルギー温室団地、久野第一団地は1983年11月、第二団地は1984年7月に竣工した。南部清掃工場からの余熱を温水に変え、温風化して利用するものである。面積は第一が70a、第二が90aで9月中旬播きのトマトである。上渋垂温室団地は1983年11月竣工した複合環境制御型の温室（アクリルハウス）で121a、トマトを栽培する。茂木温室組合は1981年に4名で設立され、アクリル温室82aの規模である。

1989年9月に市内御厨町に御厨第一温室組合のコンピューター管理の温室が竣工した。組合員は5名で計1.2haである。

1980年以降瑞光102が主体で1988年産のトマトは9月10日前後に播種され、台木はバルカンと瑞健が多い。接木は1980年産から始まり数年で普及した。1984年産でハウス桃太郎、ハウスおどりこが試作された。

キュウリは漸減してきたが1985年頃で9月播きの越冬型と11月播きの促成型がある。

1981年頃から川崎町の春ダイコンに線虫害が多くなり、対策としてマリゴールド栽培が翌年から導入され定着した。春ニンジンはダイコンと並ぶ品目で約25haの栽培がありこの頃には5寸ニンジンになってきた。トンネル被覆に加え不織布のべた掛けも行われるようになってきた。

3. 主な野菜の動き

1）施設栽培

1980年代の園芸施設の面積は下表のような推移を示している。

表8－3 野菜施設栽培面積の推移（ha）

年	全面積（野菜）	うちトマト	うちキュウリ	うちニラ
1979	1,313	245.3	124.4	131.3
1981	1,343	230.7	150.1	218.0
1983	1,369	244	142	215.5
1985	1,465	222.7	145.0	328.0
1991	1,574	247.8	149.8	362.1
1993	1,571	－	－	－
1995	1,564	238	137	422.8

省エネルギー対策としては前章で概要を記したが、施設的には2層カーテンとウオーターカーテンが中心となって進んでいる。ウオーターカーテンはハウス内の空気流動が少なく多湿になる、10℃維持が限界であるなどの問題点があったが、1987年の県の調査ではイチゴハウスに最も多く、面積の約20%、トマト、キュウリでは約10%となってイチゴでの普及が大であり、他の種類でも一定の評価が定着した。

1987年現在で使用されている本県の野菜用雨除け施設は239haで主なものはホウレンソウ40、トマト78、キュウリ50、ニラ49haである。（農水省野菜課）これは全国5位の面積（1位は岩手の451ha）である。

養液栽培は1973年より始まったが1984－85年にかけてロックウール方式やNFT方式（イチゴ）が増加してきた。1986年現在イチゴ、ミツバを含め40名余で行われている。

2）トマト

ハウストマトは約180haで経過し栽培面積は横ばいで経過しているが品種の変化や接木栽培の普及がみられた。1970年頃から白すじや原因不明の葉枯れやTMVなどの発生が各地で目立つようになり、東光K号から大型瑞光に代わってきたが、1978年産頃より瑞光102が登場してきた。この品種は空洞果の少ないこと、果実の堅いこと、草勢が強くても乱形果が少ないことが評価され、問題点としては葉枯れや尖り果、低地温で根が弱いことが挙げられた。一部にはハウスほまれ、ほまれ114や瑞秀があり小山市ではファースト系品種が多かった。

1988年には湯津上村で後にハウス桃太郎となるT429の試作が始まった。1986年に上三川町でミニトマトが導入され、1985年には大平町でロックウール栽培が始まった。トマトのロックウール養液栽培は宇都宮市、小山市などで1986年5月現在18名が取り入れている。

接木はかなり普及し、1988年産では面積で約40%となった。1985年頃から接木栽培で育苗株数を減らし草勢制御を狙った、摘心による複数主枝仕立て栽培が始まった。

宇都宮市の永見照行は1978年頃、KCFT台木（穂木は瑞光102）の強草勢を利用して摘心4本仕立てを考案し、後の2本仕立ての先鞭をつけた。

夏秋トマトは1980年代に入ると露地から雨除けハウス栽培に移行してきた。市貝町では1984年に桃太郎の試作が行われ、完熟トマトとして翌年からこれに切り替えた。これにならって1986年以降、桃太郎は各地へ普及する。桃太郎の前は瑞光102や秀光、豊竜であった。

加工トマトは1980年の作付271haがピークで1983年には138haと減少したが、これ以降需給状況の変化により増反が計画されてきた。1983年頃よりホールプラントが普及、1986年では架線で株を浮かす方式が増えてきた。育苗も連結ポットによるものが増え、県北では3月上旬播きに加え2月下旬播きも増加してきた。管理としては主枝の整理や着果ホルモン剤の初期使用、マルチの裾上げが行われる。収量は黒磯市の例で10a当たり1980年:7.5t、1982年:6.9tが多収とされる。セル苗は1987年にカゴメ社が試験的に配布し、翌年から本格的に同社から供給されるようになった。

3) キュウリ

ハウスキュウリは1980年代に入り、ひかり3号P型から王金女神2号に変わり、さらに1986年からシャープ1も加わるも、トマトやイチゴに変えるなど栽培面積は漸減してきた。1983年に小山市に台木輝虎が入り、その後同類の雲竜1号などの品種が続出しブルームレスキュウリの時代となる。

越冬栽培（9月播き）は多くはないが冬季のハウス密閉時間が長くなる頃から炭酸ガスの利用が行われている。

夏秋キュウリも栽培は減少しているが、パンチフィルムによるトンネル栽培が県北で行われ、一般的には雨除けハウスによる早熟化が進んできた。

4) ナス

水田再編作物として水田地帯にも栽培が増加してきた。11月播きのハウス早熟型から5月播き（プリンスメロン後作）まで行われ、早生の金井改良早真や千両2号が多い。ハウス半促成栽培では着果剤として2,4−Dアミン塩処理も行われる。夏秋栽培では防風ネットの設置が始まり長期整枝栽培となる。

5) 露地メロン

簡易ハウスが中心であるが1983年頃より一層の早出しを狙ってパイプハウスによる栽培も出てきた。プリンスメロン以外の品種の試作も試行されている。なお、1981年にプリンスメロンに発酵果が多発したが、これは強草勢によることが多いとされた。

6)ニラ

栽培面積が増加し産地が大型化し、1980年には京浜市場で本県のニラが数量で1位になった。園芸作物の施設栽培面積に対するニラの面積比は1979年の8.5%から1985年の17.4%と増加した。予冷による夏出しニラも開始され、冬ニラ、秋冬ニラ（9－12月収）夏秋ニラ（8－10月）、連続採り（1－10月）など作型も多くなり、一戸当りの栽培面積も大きくなってきた。その反面、1980年頃からフザリューム菌による株腐れが発生するようになる。1981年に導入された予冷庫の利用は朝刈り後17－18時に入庫して24時間予冷の後出荷となる。栃木市では冬ニラで6.6t、夏ニラで4.6t（いずれも10a当たり）という例がある。

7)タマネギ

多少の増減を繰り返しながら面積的には横ばい状態で推移した。1971年から早生のアポロが入り多収となってきたが、貯蔵性に問題がありニューモミジなども栽培されている。機械定植も検討されている。

8)レタス

秋採りは10－12月の収穫で春採りは10月播きで育苗には連結ポットやペーパーポットが利用される。栽培面積増が続いている。1984年には上三川町が指定産地となった。

4. 栽培

1) 品種

1986年頃の主要品種は次の通りである（2)。

ダイコン：春採り　天春、夏みの早生3号
夏秋採り　夏みの早生3号、YRくらま、西町理想、耐病総太り
サトイモ：愛知早生、石川早生、女早生
ハクサイ：松島新5号、力、王将など多数
キャベツ：錦秋、耐寒大御所、グリーンボール
ホウレンソウ：夏採り　サンライト、グローバル
秋冬採り　ソロモン、アトラス、オーライ
ブロッコリー：秋採り　緑嶺、緑洋
タマネギ：アポロ、泉州黄中甲高
レタス：グレイトレイクス54、グレイトレイクス3204など多数
キュウリ：夏秋採り　南極1号、夏秋の光
冬春採り　王金女神2号、シャープワン
トマト：夏秋採り　桃太郎、瑞栄
冬春採り　瑞光102、瑞秀
ナス：春採り　千両2号、群真5号
夏秋採り　千両2号、千黒2号

ハウス栽培トマトの品種は1988年を境に完熟系と称する品種の登場により大きく変化してくる。専門技術員・斉藤一雄の新品種に対する所見（1988年8月、普及教育課資料）は下記のようであった。

ハウス桃太郎：瑞光や瑞秀より早生、収穫の進み方も早い。果は小玉から大玉まで幅があり、窓あき果、チャック果も発生する。夜温8℃を保ち順調に育てる。

ハウスおどりこ：瑞光より早生、草勢はやや弱くやや高めの温度管理を要する。果はやや腰高で先端がとがることがある。

スーパーファースト：試作品種では最も栽培面積が多い。若苗や老化苗での影響は他品種より大きいようである。夜温は10℃が必要か。

後年の結果からみると果実の尖りの発生や機械選果に向く堅さ、品質からハウス桃太郎が優占品種になっていく。

2) 栽培事例

(1) トマトの4本仕立て栽培－宇都宮市、永見照行（3)

品種：瑞光102、8月18日播き　台木：KCFT2号、8月10日播き（1986年）

育苗：台木は8月26日に4号ポットに鉢上げ、ポットの隅に植える。

接木：9月7日に台木2葉の上で割接ぎ、クリップ使用。2、3日後から日にあてる。

摘心後の管理：5、6節で摘心するが遅れると下の芽が早く伸び、分枝が不揃いとなる。鉢

は45cm平方に広げ光線によく当て、追肥をする。鉢を広げてから株元をねじ曲げて茎を倒し分枝が揃って伸びるようにする。分枝が10cmくらいに伸びてきたら台木の葉を取る。分枝を仕立て本数（3または4本）だけ残す。枝が多いので追肥や水やりに注意して順調に生育させる。しめすぎないようにする。

定植：11月10日に1－2花の時、定植。ベッドの中心に植え、3本枝苗は68cm、4本枝苗は90cmとし10日後に黒マルチをする。

本圃の管理：日中は22－23℃、夜間9℃で4段のホルモン処理後は6－7℃の夜温とする。定植後は株元に1－2回灌水し、3月下旬には通路へ流し込みをする。誘引は仮誘引と本誘引に分けて行う。農薬はダコニール剤、Zボルドー、DDVP乳剤など。

収穫：2月から6月下旬まで、10a当たり6月上旬までで約11.4t（A、B、C果とも）

この栽培の問題点

（本人所感）

長所：育苗本数の節減、省力、上段まで果実の肥大がよい。

問題点：側枝の中で生育の遅れが出ることがある、低段に乱形果や軟らかい果が見られる、1、2段の果実の肥大が悪い、畝の中で葉が混みやすい。

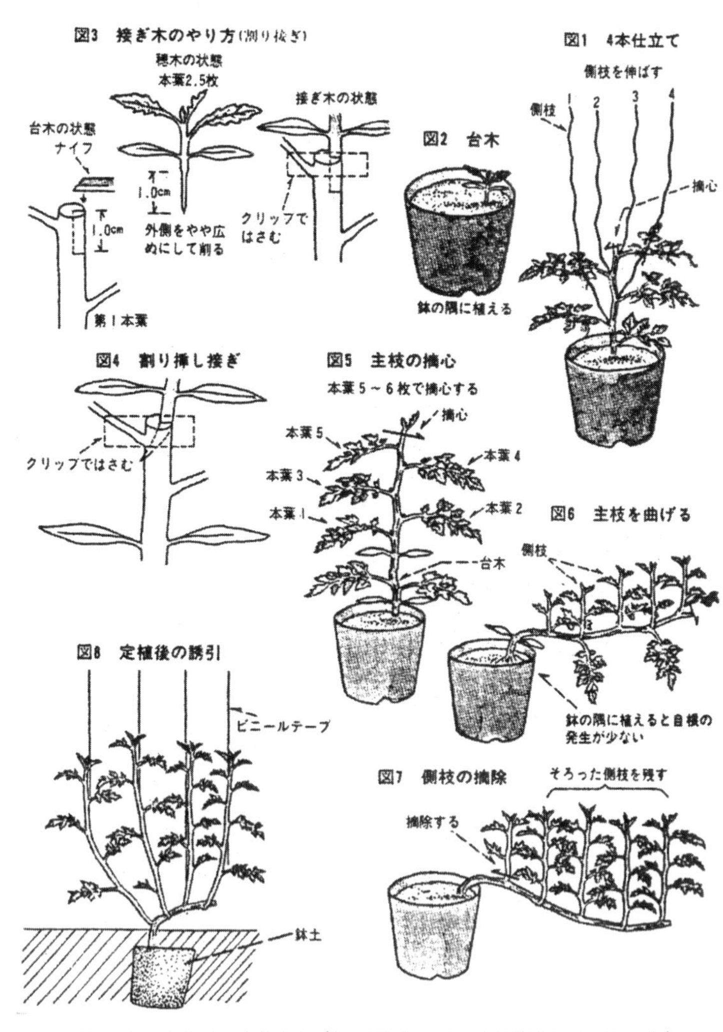

図8－2 トマトの4本仕立て（永見照行による、大竹勝次原図、2007年）

(2) キュウリの促成栽培－南河内町、蓬田忠男（4）

間口6mの連棟ハウス25.7a、ウオーターカーテンと暖房機で屋根は硬質プラスッチックである。

育苗：品種、女神2号、10月29日、台木くろだね10月30日播き。パイプハウス内電熱温床で燻炭床、ポットは4号で燻炭7対バーク堆肥3の割合で混合。接木は呼接ぎで11月7－8日、当日はこもとビニール、2日－4日はビニールすそあけ＋寒冷紗被覆。

本圃：8月上旬に湛水1週間、EDB土壌消毒を9月上旬に実施、堆肥はオガクズ堆肥20t、豚糞1.6t、油粕120ｋgが素材（10a当たり）、切り替えし3回の後10月に施用した。

基肥（10a当たり）：10月初めに畦中央へ溝施肥、CDU60kg、全面散布CDU60、熔成燐肥60、胡瓜専用2号40kg　成分は窒素26.8、燐酸36、カリ21.2kg。

定植：11月23日、畦幅2m株間65㎝、グリーンマルチ使用。

管理：温度は本葉9枚くらいまで夜温17℃で徐々に下げる。21時まで14℃、夜間12℃、7時頃13℃とした。整枝は本葉8枚目から収穫し側枝は5節から2葉摘心、主枝は18葉で摘心、葉かきは早めにやるが一度に1－2葉とする。誘引はフルコンテープ使用。

追肥：1月下旬より組合液肥2号で10日くらいの間隔で10a10kgを灌水を兼ねて行う。2月中旬からは7日間隔とする。

薬剤散布：主としてダコニール、オーソサイド、ビスダイセンで3月よりモレスタン2500倍を混用する。灰色かび病が出た時はスミレックスまたはロブラールをさらに加用する。(3種混合)

収穫：12月29日から6月28日まで、10a当たり27,180kg。

(3) プリンスメロンづくりのかんどころ－真岡市寺内　阿久津芳平（5）

床土：メチルブロマイドで消毒しておく。

播種と発芽：定植45日前にする。メロン28－30℃カボチャ25℃、また過湿にしない。
立枯病予防のためオーソサイド800倍液を散布。1㎡2ℓ。発芽後は徐々に温度を下げ、徒長しやすいので十分に換気する。メロンは5㎝、カボチャは7㎝くらいに止める。
カボチャは5－7日後に播種。

接木と管理：接木は天候のよい温暖な日に行う。鉢上げ用の鉢は前もって温度を上げておく(26℃)。挿し木後育苗ハウスの天井に色つきシートか寒冷紗で遮光する。最初は朝夕光が入る程度でよい。夜温18－20℃で3－4日で発根始めとなる。7，8日たち完全発根後、シートをはずす。定植前7－10日からできるだけ温度を下げて順化させる。

定植準備：消毒をした圃場はダイコンなどを播いてガス抜きを確認する。完熟堆肥1.5t入れ基肥は窒素5－7、燐酸25－30、カリ10－13kg、油粕、鶏糞等は堆肥と1－2カ月熟成させる。施肥後できるだけ深く深耕する。ハウスのトンネル、マルチは定植20－25日前にする。地温目標は10㎝深で18℃、土壌水分は握って固まる程度。

定植：株間60㎝3本仕立て10a、420本植え。温暖日を選び午後3時頃までに終わらせる。直ちにホットキャップ、トンネルで保温。深植えは避ける。

定植後の管理：定植後は活着を促進させるために30－33℃、活着後は30℃以下に保つ。夜間は10℃以下にしない。そのため従来のトンネルより広くし無煙キャンドルの活用。温度管理は日中25－30℃、夜温12℃以上、地温15℃以上とする。古ビニールで二重トンネルとする。

適正着果と着果促進：最上位蔓で9－10節、樹勢の弱い株は10－12節で1つる2、3花開花したものを処理する。子房の長円形のものを選ぶと良果になる。1果を正常に肥大させるには13葉が必要で1株8－9個が適当。1番果が多いと2番果が着果不良となる。ホルモン処理は正しく行う。乱用は悪果、裂果の原因となり糖度ののりが悪い。ホルモン処理は早朝より午前10時ごろまでに終わらせる。処理時の夜温は13℃以上を確保する。昼温は24－28℃を目標に管理する。

整枝と摘果：適期の整枝と摘果は良品質果を得るポイントである。子蔓は25節で摘心する。孫蔓は1－2葉とし、草勢の弱い株は必ず2葉つける。果実がピンポン玉大になったら摘果するが、この時期を逃すと摘果しても他の果の肥大に関係なくなる。

目標温度：着果期は日中20－30℃、夜間13℃以上、肥大期は20－30℃、夜温15℃以上で日中の高温に注意し低温に長期間遭うと果実がしまり大果にならない。

病虫害防除：十分な換気などによる環境の整備が重要である。芯腐れ果対策には石灰不足にならないよう注意し、塩化カルシウム300倍液を着果後1週間おきに5、6回散布する。窒素過用や過湿による強草勢を避ける。最低気温を15℃以上に保つ。

(4) サトイモの早出し栽培－南那須町田野倉、高田貞夫（これは筆者による1986年12月15日の聞き書きである）

1959年（昭和34年）にトウガラシ（乾果）に代えてサトイモを入れた。愛知早生を2年やったが市場から不味いと言われ早生丸を入れた。導入先は分からないが農協で扱った。現在は女早生と群馬県で奨励されているもの（名称不明）、多分早生丸を作っている。土垂も少しある。群馬の品種は小判型で子芋と孫芋の接合部が細いのが特徴である。今は女早生と群馬系を60a作付している。経営としてはほかに加工トマト、カンピョウ、ナス苗生産、アサガオの採種などを行っている。

栽培法

植え付けまで：畝は3尺1寸、株間は大芋で1尺6寸、石川早生は1尺5寸、堆肥を入れ種芋は女早生で100g、15cm深にして横にして植える。これより小さい芋は少し浅くしておく。3月5日から植え始め、寒いときは午後の地温が上がってから植える。県内でも早い方であろう。地温は7℃以上欲しいが、5℃以下で植えるとマルチをしても発芽が遅れる。マルチは150cm幅を用い平畝で歩きの所は少し低くなる。平畝だとマルチが風に飛ばされない。収量も問題ない。

管理：6月10日ごろマルチをとる。直ちに土寄せをするが、子芋の芽が大きい時は土寄せを早くする。土寄せは15cmくらいして子芋の芽をかくす。子芋の芽をカマで掻く人もいるが減収すると思う。子芋に根をあまりつけさせないために土寄せは深くやる。

肥料は10－20－20程度のものを基肥に5袋（20kg×5)、土寄せ時に5－3袋やる。以前からすれば多肥である。やせ地では前年秋に堆肥と鶏糞をやっておく。

収穫：収穫は9月10－20日間ですませるが8月中に出荷しなければ駄目である。しかし、未熟な芋を出荷しては駄目である。芽の部分が茶色になり白い部分がわずかに残る程度が時期である。200gの子芋が1株に5個あれば1.5t×300円/kgとして10a45万円とみられる。貯蔵して出すことは考えていない。サトイモは豊凶の差がないことがよい。

3) 課題と問題点

(1) 主要野菜の課題と問題点

当時の栽培に関して問題点の概要を1982年12月に普及教育課専技班がまとめた資料（一部省略）で紹介する（表8－4)。

(2) 接木栽培の状況

普及教育課専技班の資料によると1987年時点での接木の状況は表8－5の通りである。なお問題点としてはキュウリ用台木の輝虎（キトラ）はブルーム果が散見され、収量が他品種より10－20%少なく胚軸が細く果色がやや淡いという。

トマトでは強草勢を活かした4－2本仕立てが検討されているが、品質確保のため草勢の中庸なバルカン、瑞健が勧められている。青枯病用の台木も要望されている。

表8－4 1982年時点の栽培と問題点

品目	栽培面積			主要品種	問題点
	田	畑	計		
ダイコン 春	6	92	98	天春、春王	トンネル、ハウスの導入
夏	15	270	285	夏富、夏みの3号	連作害回避
秋冬	58	854	912	耐病総太り、西町理想	青首導入
キャベツ 春	26	99	125	金系201、グリーンボール	栽培の集団化
夏秋	21	93	114		
冬	11	89	100	やよい、早生秋宝	水稲の早生種導入
ホウレンソウ 秋	31	350	381	アトラス、タイタン	雨除け導入、予冷庫利用、作型別品種選定、立ち枯れ病防除
冬	26	183	209	豊葉、アトラス	
春	11	159	170	アトラス、タイタン	
ネギ 夏	1	42	43	黒昇	健苗育成、適期適量の培土、掘取、調整機導入、夏ネギ導入
秋冬	117	510	627	金長	
その他	0	18	18		
レタス 春	65	51	116	ウインザー、GL3204、	トンネル、ハウス導入、集団作付、初期雑草防除、品種選定
夏秋	21	64	85	オリンピア、GL3204	
冬	8	18	26	ペンレイク、GL3204	
ブロッコリー	2	24	26	まりも85、緑洋	作付の推進、適期収穫
ニラ	193	77	270	グリンベルト	夏ニラ推進、予冷庫活用
キュウリ 冬春	63	12	75	光3号P、女神2号	品質向上、省エネ対策
夏秋	297	335	632	北星、節成2号、夏秋の光	雨除け導入、水田利用
トマト 冬春	146	48	194	瑞光102	品質向上、省エネ対策
夏秋	204	272	476	豊竜、麗秋	雨除け、抑制栽培導入
ナス 冬春	2	18	20	千両2号	品質向上、作付推進
夏秋	369	378	747	弁慶、千黒2号	水田利用、防風網設置

表8－5 接木栽培の現状 1987年

種類	作型	栽培面積	接木面積	品種	台木品種
キュウリ	促成半促成	52.4ha	52.4	シャープワン、女神2号、北極2号	くろだね、王金ウルトラ、新土佐1号、キング土佐
	早熟、露地	79.8	59.8	南極1号、同2号、新北星1号、北の夏	王金ウルトラ、新土佐1号、強力親和、黒だね、輝虎
	抑制	73.8	58.8	貴婦人ニュータイプ、南極2号、新北星3号、南極節成り	同上
トマト	促成	175.6	67.1	瑞光102、瑞秀、ほまれ114、TVR2	バルカン、KCFT−N2、瑞健、メイト
	早熟	87.7	0.5	桃太郎、瑞栄、瑞光102	ヘルシー
ナス	半促成	12.7	3.6	金井改良早真、千両2号	アカナス、耐病VF
	露地	21.0	3.7	千両2号	同上
メロン	半促成	112.5	102.5	プリンス、アムス	新土佐1号

引用文献［第8章］

1. 渡辺知事の発言「せっかく東京に近いんだから頑張って欲しい。勝ち残りは野菜しかない。」1992年1月7日　朝日新聞栃木版　新春インタビュー記事
2. 主要野菜品種作型別作付状況（1986）県普及教育課資料、昭和61年11月
3. 永見照行（1987）トマトの4本仕立て栽培　第32回全野研栃木県大会資料　同会実行委員会編
4. 蓬田忠男（1985）私のきゅうり栽培　施設園芸生産流通研究会資料県経済農協連
5. 阿久津芳平（1984）メロンづくりのかんどころ　くらしと農業　1984年12月号

第9章　首都圏農業と新技術の登場　1990年－2000年

1. 農業政策と野菜生産

1）首都圏農業確立事業の概要

1990年8月10日に宇都宮市で行われた首都圏農業確立対策推進協議会主催の「首都圏園芸推進大会で「めざせ1,000億、とちぎの園芸」をスローガンに県園芸粗生産額を1000億円とし、粗生産額比を30％に引き上げることが目標とされた。その方策として、1．販売ロットの拡大　2．周年出荷　3．複数品目の産地化　4．品質規格の統一が示された。この大会で園芸アインブックが発表され野菜生産での重量、作付面積、総出荷量、年内出荷量（イチゴ）、反収、圃場利用率、栽培高齢者の分野で第一人者が披露され、大会に華を添えた。

一方、県経済農協連（会長豊田計）でも1991年7月にに青果物系統共販500億円達成記念大会が開催され、悲願の記念大会であった。ちなみに大会の経過報告では1956年に400万円足らずの共販額が1960年頃に1億円超となり1981年に300億円となっている。近年の速いテンポは1975年設立の園芸特産振興協会や水田利用再編対策によるところが大であるとされ、次期目標を700億円とした。

園芸粗生産額1,000億円は県農業振興計画第2期（とちぎ新時代創造2期計画）の目標にされたものであったが、残念ながら1995年までには達せず90％程度にとどまった。新聞などの論評はコメより手間のかかる野菜が生産者に受け入れられないとか兼業農家の増加などを挙げているが、米と違い価格政策のとれない商品作物の増産は簡単にはいかない。ただ、イチゴやニラなど一部の品目では順調に生産が伸びている。この期間の野菜粗生産額などの推移は下表の通りである。

表9－1　栃木県における年次別野菜生産額と構成比
（単位百万円、1990－2000年）

年（元号）	総粗生産額	野菜 粗生産額	野菜 構成比	米 構成比
1990（2）	316,510	65,610	20.7	37.0
1991	313,472	72,482	23.1	36.4
1992	309,315	63,085	20.4	39.4
1993	295,754	64,931	22.0	39.7
1994	303,137	62,713	20.7	43.9
1995	295,117	64,854	21.9	41.4
1996	295,703	62,931	21.3	39.9
1997	292,100	63,700	21.8	38.6
1998	266,795	65,363	24.5	34.1
1999	279,300	65,500	23.5	35.1
2000（12）	274,600	65,000	23.7	34.5

園芸アインブック登録一覧
（1996年7月、県首都圏農業推進協議会）

	品目名	内容	JA名	氏名
重量	いちご	116g	かぬま	虎岩卯之吉
	たまねぎ	1.4kg	二宮	長谷川江
	やまいも	9.5kg	ばとう	薄井幸男
	かぼちゃ	89.0kg	那須	板室光久
	はくさい	11.0kg	喜連川	矢野光
	だいこん	8.3kg	桑	黒崎照男
	にんじん	11kg	岩舟町	柴崎孫一
	ぶどう（巨峰）	800g	岩舟町	針谷徹
	グリーンアスパラ	120g	かみのかわ	川又一己
	ピーターコーン	800g	かみのかわ	吉田勝
	タカミメロン	3.83kg	真岡	野沢孝司
大きさ	種子ふくべ	94.4cm	石橋	堀金司
	にんじん	90.0cm	岩舟町	川原井栄一
	ぶどう（巨峰）	28.0cm	岩舟町	相良喬一
作付面積	いちご	63a	つが	長芳孝
	ハウストマト	90a	かみのかわ	増渕芳信
	にら	150a	かぬま	山崎松太郎
	ねぎ	150a	桑	塚原豊
	ねぎ	部会平均 80a	小山市 （現絹支所）	ねぎ部会
	カリン	180a	かぬま	大島喜一
	ハウスぶどう	151a	岩舟町	小林要
	露地ぶどう	181a	岩舟町	山野井晴男
	グリーンアスパラ	70a	かみのかわ	本沢平八郎
	ピーターコーン	95a	かみのかわ	吉田勝
	いんげん	45a	かみのかわ	松本修
	ブロッコリー	100a	かみのかわ	猪瀬茂
	かぼちゃ	90a	かみのかわ	高木正
いちご年内集荷量		5,673.85kg	みぶ	三上光一
単収	いちご	8.46t	みぶ	三上光一
	夏秋なす	15.0t	かみのかわ	星野守雄
	ミニトマト	7.5t	かぬま	佐藤栄
	きゅうり	26,154kg	南河内	蓮田宣之
	ハウストマト	19,076kg	岩舟町	木村明夫
	秋レタス	4.5t	かみのかわ	海老原悟
総出荷量	いちご	35,800kg	とちぎ	谷中克己
	だいこん	94,230kg	かみのかわ	吉沢正一郎
	にんしん	70.46トン	足利	中山勝弘
	冬春トマト	103,511kg	足利	井上伊勢雄
	モロヘイヤ	5,169kg	かみのかわ	上野光男
10a当たり販売額	ねぎ	1,633,068	おおたわら	村上絹恵

その後毎年、園芸振興推進大会が開催され、1996年7月の大会では園芸生産目標が1,100億円に引き上げられ、戦略として園芸生産所得額1,000万円を超える経営体の育成、園芸粗生産額比33％の実現、転作対応型から水田活用型園芸への転換、企業的園芸農家の育成、生産と消費のネットワークの構築など10項目が提案された。

2）首都圏農業確立事業に対する農業改良普及事業の取り組み(1、2)

この事業に対して普及事業は大掛かりで取り組んだ。スローガンは「首都圏農業・普及はやります、進めます」とし、具体的には1991年から1993年まで普及活動プラスワン事業として新規産地の創設、既成産地の拡大を目指した。

1992年度の普及職員全員研修会は1992年1月に藤原町で開催され、「首都圏農業の確立」をテーマにした各普及所のスローガンが壇上に掲示され、活動の意思統一が図られた。

事業展開前、一部の町では「わが町は野菜を作るほど困ってはいない」といった声もあり、この時代でも園芸振興の難しい地域があった。行政的には当時の普及教育課長・川又康之亮の「草鞋発言」から予算化された首都圏農業推進ワゴン車の配置をはじめ、農改普及所ごとのモデル地区、モデル農家の指定、各地での推進大会、スローガン旗の掲示など具体的な数値を目標とした厳しい事業であったと言われる。

各農改普及所のスローガンのうち、直接に野菜をうたったものを紹介する。

今市：つくろう野菜、のばそう花を

矢板：たかはらの恵みいっぱい新鮮野菜

小山：めざせフレッシュ　野菜王国

栃木：のびる栃木の花、野菜

プラスワン事業で各地域の対象品目を下記に示した。

（1991年10月現在、普及教育課資料による）

表9－2 プラスワン事業対象品目

地区（普及所）	既存産地（モデル地区）	新規品目（プラワン）
黒磯	リンドウ、アスター、スプレイ菊、ブロッコリー（40名）夏秋ナス（28名）	ウド、雨よけトマト、カーネーション
大田原	ナシ	ネギ（講習会に40名参加）その他ウド、夏秋ナス、ブロッコリー
矢板	矢板市のネギ	リンゴ
烏山	ウメ、ナシ	ブロッコリー（1.4ha）その他スモモ、花卉
氏家	シュンギク（氏家57戸、前年比139％）イチゴ	ニラ、ネギ（喜連川）イチゴ、エダマメ（高根沢）
今市	ブロッコリー、ウド、リンドウ	ホウレンソウ
鹿沼	イチゴ、ユリ	イチゴ、スプレーマム
宇都宮	ネギ、イチゴ	レタス（上三川）ナス（南河内）イチゴ（上河内の新規者グループ）ナシ（河内）
市貝	シュンギク、イチゴ	ネギ（市貝）、ナス（茂木）
真岡	イチゴ	ヤマノイモ（益子）
小山	パイプハウスのトマトなど	レタス、ネギ（絹地区で6名新規）
栃木	イチゴ、カボチャ	イチゴ（都賀、栃木）、ブドウ、ナス（藤岡）
佐野	イチゴ、エダマメ（両者、田沼へ推進）	ネギ（田沼）
足利	ニラ、イチゴについて推進	同左

これらによると産地化されたイチゴ、トマト、ニラなどでは濃密指導による拡大、新規産地形成にはネギ、シュンギクなど手間のかからない葉菜類の導入が中心であった。これらの取り組みを羽石誠志は総括して次のように記している（2）。

「この取り組みの結果として上河内村のいちご、粟野町のスプレー菊、今市市のりんどう、二宮町のいちご、芳賀町のしゅん菊、大平町の夏にら、小山市のとまと、矢板市のしゅん菊といちご、高根沢町のいちご、大田原市のねぎ、黒磯市のうど、烏山町のうめ、佐野市のいちご、足利市のにら等の（中略）産地拡大が図られ（中略）普及員の努力と汗は形になって報われることになりました」

さらに1996年から各普及センターに首都圏農業専任普及員が配置された。

3）系統農協の首都圏農業への取り組み

前述の通りこの事業は農協の青果物共販の発展と軌を一にするものであり、1989年から農協園芸振興３カ年計画を策定し推進してきた。普及事業の内容と現場において一致するものであるが、農協の報告書からその結果概要を記してみる（3）。

農協中央会傘下の単協のこの計画での新規導入品目とされているもののうち、採用農協の多かったものを下記に示す（農協名）。

ホウレンソウを選んだところ：上河内、河内、日光、桑、野木、三好、矢板、那須小川

ネギ：上河内、河内、上三川、石橋、小山、田沼、矢板、大田原

レタス：宇都宮、藤岡中央、石橋、黒磯、那須

エダマメ：佐野、三好、高根沢、南那須

ブロッコリー：日光、石橋、葛生、湯津上

ナス：栃木、都賀、絹

このように葉菜が主でこの他キャベツ、ニラ、フキなど多岐にわたっている。

この後、振興達成農協が1996年の首都圏園芸振興大会で表彰されたが、野菜関係ではイチゴ：高根沢、上河内、氏家　トマト：桑、塩谷　ニラ：二宮、上三川　ナス：馬頭、国分寺　キュウリ：佐野、石橋　ネギ：南河内、那須野　の各農協であった。

4）新規就農者について

団塊の世代の退職時期やその親たちの高齢化、農業に希望を託す青年の増加などいろいろの要因で永らく低迷していた新規就農者が2000年にかけて漸増してきたのもこの時期の特徴である。県の各方面にわたる政策の結果でもある。2000年の就農者のうちの野菜部門はイチゴ45、施設野菜27、一般野菜7名となっていて、毎年このような傾向である。

表９－３　県内新規就農者数（39歳以下）

年	1991	1992	1993	1994	1995	1996	1997	1998	1999	2000
就農者数	78	71	102	110	119	124	120	140	157	152

5）有機農業、持続性農業生産の勃興（4,5）

カーソン女史の農薬汚染に関する著作の邦訳が刊行されたのが1974年でこの頃からわが国でも農薬汚染についての問題が広く認識されるようになってきた。1971年に日本有機農業研究会が結成され、関心のある生産者もこれに参加する。有機栽培の初期は単なる農薬被害回避の面が主であったようであるが、地産地消や差別化を狙った風潮に加速されて1980年代以降、

有機生産なる文言が市場に氾濫するようになる。本県の事例は前章で少し紹介したが、このため有機生産物に対する品質保証制度が要望されるようになる。

有機的農業が行政的に取り上げられてきたのは1999年の食糧農業基本法、同年制定の持続型農業促進法以降のことである。2006年に有機農業推進法が施行され、府県による有機農業の推進が義務付られ、本県でも2009年3月に有機農業推進計画が5カ年計画として立てられた。

無農薬、完全有機栽培と称する生産物が公正取引委員会の摘発を受けたのが1988年であり、これを受けて1999年にJAS法が改正され2001年から有機農産物表示についての第三者による有機認証制度が始まる。同時に環境保全型農業法が施行され、府県による減農薬、減化学肥料生産者に関する認定制度ができ、本県でも2000年から「エコファーマー」認定が行われるようになった。これらの生産者からの農産物について県ではとちぎの特別栽培農産物として「リンク・テイ」の呼称を与え認証するようになった。特別栽培とは慣行の施肥量や農薬使用量を具体的に半減して生産するものであり、リンク・テイのマーク付きで販売できるものである。これらの経過については次章で扱う。

引用文献［第9章第1項］

1. 農業改良普及事業45周年記念誌（1994）　栃木県農務部・同記念誌編纂委員会
2. 羽石誠志（1995）あぜ道を行く－ある農業改良普及員の回想－　自家本
3. 農協の首都圏園芸（1992）JA栃木中央会ほか編集（冊子）
4. 有機農業研究年報1（2002）日本有機農業学会編　コモンズ社
5. 中島紀一（2009）有機農業推進法制定の意義と今後の政策課題　農業と経済2009年4月号　昭和堂㈱

2. 県内地域の野菜生産

前章と同様に資料として「くらしと農業」「栃木の野菜1999年版」普及事業関連の資料、経済農協連資料、新聞記事などにより紹介する。

1）那須、黒磯、大田原地域

この地方の加工トマトは1988年からカゴメ社のセル苗が利用されるようになり、セル苗利用の始まりとされる。農家段階で2次育苗される。黒磯市のキャベツは新規品目で1994年から始まり1990年代後半には10haとなり生協契約販売として定着した。

那須町のナスは1981年頃から始まり、那須農協部会は1991年時点で4ha、28名、1998年時点で9ha、48名となり、5個入りの袋詰め出荷も始まった。

大田原市農協では集荷施設が1990年3月から稼働開始、県北水田地帯での野菜産地育成を目指し、産地銘柄品目、重点品目、推進品目と作目を分けて活動している。大田原市の山ウドは1994年時点で約160名の生産者がいる。ウド栽培も大規模化して水稲＋ウドという経営もできている。ネギでは1992年に部会ができ、1993年には3名によるハウス軟白ネギの出荷が始まった。1996年の広域合併で那須野農協の統一部会（村上千秋部長）となり、1・2・5運動（1人20a、5億円）も始まった。

同市のニラの生産者は1988年が最多の90余名であったが1992年には60名となり、面積は30haである。水稲地帯なので夏ニラの生産は30％くらいであるが、1992年に市単独事業で保冷庫が各戸に入った。1998年には統一組織として那須野農協にら部会が発足した。

湯津上村には天狗園芸部会があり1990年代後半で約50名の生産者がいる。同村の坂主正は1992年からアスパラガスを始め、この地方の栽培のさきがけとなった。

那須野農協うど部会は1998年時点で97名、90haの規模である。ウドの栽培も大規模化し、水稲＋ウドという経営もできている。1989年から株冷蔵による抑制ウドも始まる。1998年8月の水害でウド畑は壊滅的な被害を受ける。

西那須野町では1996年からコマツナが推進されパイプハウスで栽培が始まった。塩原町上塩原のホウレンソウ栽培では宇都宮に開拓連の集配センターができたので1996年よりコンテナ出荷が始まった。ダイコンの栽培面積は変わらず塩原町で100ha余である。

2）矢板、南那須地域

矢板市土屋のネギは1990年頃より本格化して、1992年には7haの作付となった。烏山町の中山カボチャは1985年頃から本格的な栽培が始まり1988年に農協部会ができ、1993年時点で11ha、1997年で16ha、75名あり、宇都宮市場出荷や直売式で販売している。2001年には低節位着果のニュー中山が育成された。南那須町のイーテー・カボチャは1993年から試作し1995年から「みなみちゃん」カボチャとして出荷している。

小川町の半促成キュウリは2000年頃にはかなり減少し3haとなっている。矢板市のシュンギクは1産地育成を受けて1990年頃には36名、3haの産地となった。

塩谷町では1994年にトマトのロックウール栽培が12名、3.5haで開始された。

3）氏家、高根沢、喜連川地域

氏家町では1990年にナス部会ができ、シュンギクとの輪作で行われている。高根沢町のエダマメは1999年には10haの産地となった。同町の冬採りのシュンギクには1995年頃よりウオーターカーテンも利用され始めた。また1997年から仁井田地区でトマトのロックウール栽培が5名により始まった。

4）今市、日光地域

1995年に開拓連の集荷施設が宇都宮市清原地区に完成し、鶏頂山開拓のホウレンソウの半分がここで調整されるようになった。

日光市の山久保青果生産出荷組合のミョウガは22名の生産者で8月から9月まで出荷されている。

今市市内のT&Tナーサリー㈲は1990年よりT&Tプラグ苗の商標で野菜、花卉苗の販売を始めた。なお同社は1994年に朝日農業賞を受賞した。

5）鹿沼、粟野、西方地域

鹿沼市のニラは1993年時点で130ha、販売額16億円の産地となっており、1984年には連棟ハウス栽培も出現しているが単棟ハウス栽培が殆どである。ニラ定植機は1990年で64台ある。

鹿沼農協里芋部会は300名近くの会員がおり、1995年には選別機が入った。

同農協のハウストマトは1991年時点で45名、14haでハウスおどりこはその多収性により引き続き栽培されている。同農協のタマネギは1995年に7名で始まり部会は1998年にでき、栽培者は17名である。

6）宇都宮、上三川地域

宇都宮市の夏秋トマトは1997年頃には桃太郎より桃太郎ヨークなどに変わり、台木もアンカーT、影武者となってきた。

上三川農協育苗センターでは水稲の育苗施設に加え、1990年に野菜セル苗育苗施設が新たに整備された。ナスの接木苗は1992年から供給を開始した。この時はトルバム台のピン接ぎであった。同町のアスパラガスは1989年に農協部会発足、1998年には栽培者28名で1月から10月まで長期出荷がされている。同じくモロヘイヤ部会は1994年に発足した。同町の上野実はスズテック㈱の協力でゴボウの毛羽切り機を1996年頃開発し特許をとった。また上野勝は1998年にゴボウ切断機を開発した。

南河内町の育苗センターは1972年から稼働しており初期はカンピョウやカボチャの苗であったが1990年にセル苗育苗施設を設け翌年には苗ピットを入れ本格的な苗生産を始めた。同町の野菜面積は1996年時点で400ha余あり、ブロッコリーは1980年の試作から始まり1982年に12名で農協部会となり、1996年では秋冬、初夏採りで52haある。また、同町のハウスキュウリ栽培はガラスまたは硬質フィルムハウスで行われ、黒だねカボチャ台のブルームキュウリである。

宇河地方のタマネギはセル苗から収穫まで機械化が進んでいるが、品種はアポロ、甘－70が中心である。全自動定植機は1991年、収穫機は1992年に入った。

南河内町のブロッコリーは農協部会が1982年に会員12名で発足し（会長大島鏗一郎)、当初は2haであったが、1992年には52ha、185名の栽培者と発展した。初期は夏播、秋冬採りであったが春採りの導入も進んでいる。

7）真岡、芳賀地域

真岡市農協の青果物流通センターが1994年3月から稼働を始めた。ナスはメロンの後作の位置であったが、1994年頃よりトンネル栽培も普及し、長期出荷を目指すようになってきた。メロンはプリンスに加え、1995年以降クインシー、タカミが多くなってきた。クインシーは1991年、タカミは1993年の導入、1998年時点でこれらのネット系で面積の約90%を占めるようになった。トマトのロックウール栽培は1984年より始まり1997年時点で栽培者は15名である。促成ナスのロックウール栽培は1996年から始まり、1999、2002年にはロックウール団地もでき2009年時点で栽培者は22名である。同じく同農協で1994年にモロヘイヤ部会ができ、翌年43名で4200万円を売り上げた。

1997年現在のはが野農協におけるナスの各作期の状況は右表の通りである。

定植期	面積(ha)	栽培者(戸)
2、3月(ハウス内)	2.0	16
4月(トンネル内)	6.3	39
5月(前半)	2.5	134
5月(後半)	1.6	85
6月	1.6	10
9、10月(促成)	2.0	16

注：くらしと農業22（7）JA真岡記事による

8）小山、野木地域

国分寺町では開拓連扱いの自根の夏キュウリの栽培が1994年から5名で始まった。

壬生町のゴボウは県内での主産地で農協生産部会（協議会）の会員は1994年で130名を数える。殆どは台地上での栽培である。

小山市の1990年産の春キュウリはブルームレス台木になったが、一部に黒ダネ台がある。同市のレタスは1990年よりセル苗利用、全面マルチ、機械定植と変化し、1993年からレタス包装機が入り規模拡大が図られて、1997年頃にはトンネルも大型化して春、秋レタスで130haの産地となっている。またネギも首都圏新規作物としてカンピョウに代わり1990年より本格的に栽培が始まった。1990年頃から同市大谷南部ではメロンが導入され、2月播きと6、7月播きの年2作が始まった。小山市桑地区のニンジンは1989年に2名から始まり、1992年には35名、13haの産地になった。春、夏播きである。

野木町では1993年に県のハウスリース方式を利用してトマト栽培を増反し効果を上げている。矢畑のガラス団地は1994年時点で31名、12haの規模である。また、同町では1998年から多機能型選果機でのキュウリ選果がナスと並行して始まった。

9）栃木、佐野地域

都賀町、水代農協、三鴨園芸組合、岩舟施設園芸組合では1990年現在スーパーファーストを栽培している。

1990－91年の栃木普及所管内のニラ出荷量の内、夏ニラの割合は30％になった。夏ニラ栽培は1990年頃より雨除け栽培になってきている。藤岡町のサヤエンドウは栽培者50名足らずとなり高齢化により減少した。

佐野市農協の青果センターは1988年開所、カキナは1999年頃は部会員140名で「フレッシュかきな」の名で販売されるが多人数小面積栽培である。採種は部会員で行う。

10）足利地域

1993年産の春トマトの品種はハウス桃太郎に統一されている。スーパーウイズによる接木（幼苗接木）が普及した。マルハナバチの利用も一部で始まった。

1993年の春ダイコンは12月上旬（前年）から始まり3月まで、品種はおしんが多い。ニンジンも12月から2月まで播かれ向陽2号である。線虫対抗作物としてギニアグラスが1997年頃から入ってきた。

3.主な野菜の動き

前章と同じく「くらしと農業」や県農政部資料、「栃木の野菜、1999年版」などで記す。

1）施設栽培

1990年代のトマトなどの施設栽培面積は下表の通りである。（ha、農林統計）

表9－4 1990年代のトマトなどのハウス面積

年	トマト	キュウリ	ナス
1990（平2）	279	155	21
1992	289	157	22
1994	285	137	22
1996	290	133	23
1998	277	122	24
2000	295	119	39

県では園芸パイロット事業としてハウスのリース事業を1993年から開始した。1998年までに39ha（花卉含む）の実績となった。

トマトなどの着果ホルモン剤に代わるものとしてマルハナバチが1991年にわが国に導入され、本県でも1992年11月に真岡市などのトマト栽培に利用され始めた。1993年以降急激に普及する。一方、オンシツコナジラミの天敵（ツヤコバチ）については1995年3月には農薬登録も済み、県内でも1993、94年に足利市内で試験が行われ、1995年12月から冬春トマトで現地に普及した。同時にハダニについても天敵、チリカブリダニの利用も始まった。

セル成型苗の利用は1988年にカゴメ㈱より供給の加工トマトセル苗で始まり、1990年以降は上三川、南河内農協の育苗場でもセル苗の生産が始まり、次いで1995年にはセル苗専門の経済農協連の種苗センターができてセル苗の時代へとなってきた。セル苗は施設栽培用だけでなくレタス、ブロッコリー、加工トマトなどにも普及していった。深沢郁夫の推定では1991

年において加工トマトなど種苗業者から183万本、農協施設から153万本、計336万本が供給されているという。このうちブロッコリーが約170万本である。

2) トマト

冬春トマトでは完熟系のハウス桃太郎のシェアが1992年産では約80%となる。その他の品種はハウスおどりこ、スーパーファーストである。

1995年産の冬春トマトの栽培面積は前年より13ha増え169haとなった。これは夏秋栽培やキュウリ作からの転向、選果場利用による労力軽減効果といわれた。接木（幼苗用のスーパーウイズが普及）はこの頃90%以上で行われ、省力のため2本仕立てが1993年頃より増えてきた。1990年代に入り購入苗の利用が増えてきた。マルハナバチは1994年産で500群（前年260群）利用され厳寒期を除いて全員利用の組合もある。

1992年の夏秋トマトでは宇都宮や今市で萎凋病J2の発生が多くなっており、対策としてヘルパーMなどが検討されている。

3) キュウリ

冬春、夏秋採り共に横ばいまたは漸減傾向にある。1992年産の冬春キュウリはシャープ1、台木は一輝1号などである。夏秋キュウリの主産地は小山市JA（24ha）上三川JA（19ha）であり、品種は南極3号、シャープ1、北宝1号、フロンティアなど多数である。抑制はオナーが多い。台木はブルームレス台である。

4) ナス

各地に大小産地が形成されたが、殆どは夏秋ナスで半促成や促成栽培は20ha程度で推移している。技術的には大きな変化はないが、夏秋ナスで式部が入り、セル接木苗の購入が増え基肥一発施肥や袋詰め出荷が始まった。1996年から真岡市では促成栽培が一部でロックウール栽培も始まった。ミナミキイロアザミウマが1989年に大田原市の夏秋ナスで発見された。1998年11月になす生産流通改善研究会が開催され、馬頭、はが野、那須野各農協部会からの発表があった。

5) ニラ

ニラの生産額は1994年時点で約54億円となり、ニラ生産流通研究会が1995年より県経済連などの主催で行われるようになった。1990年にネギ定植機を改良したニラ用の定植機が完成し、鹿沼市農協ニラ部会に導入された。これは同市の生産者とメーカーの共同作品である。1990年初期には主な作業（圃場、荷造り）が機械化されている。1998年にはスズテック㈱はニラ収穫機と出荷調製機を上市した。

農試育成のきぬみどりは1995年に品種登録された。葉色が濃く幅が広いのが特徴である。現地では1994年以降、グリーンベルトに代わりスーパーグリーンベルトが増えている。これは休眠が極めて浅い周年栽培用の品種である。栃木地区の例では1997年時点でスーパーグリーンベルトが70%の面積比となっている。育苗は448穴トレイで行い、成苗用半自動定植機に代わり1993年にタマネギ定植機も利用されるようになる。

6) ネギ

1990年頃より首都圏農業の新品目に取り上げられ大田原、矢板、喜連川、小山、田沼などに導入された。

大田原農協では1992年に部会ができ、翌年に定植機が導入されている。

宇都宮農改普及所管内のネギ栽培でも全自動移植機が定着し1999年現在49名が利用している。防除機も自走式となり皮むき機も一般的となり規模拡大に寄与している。小山市では9月播きチェーンポット育苗でのトンネル栽培（トンネルは12月－3月）も行われ、那須野農協ではハウス軟白栽培があり多彩となっている。

4. 栽培

1）品種

1999年現在の主要品種を普及教育課の調査資料にて示す。葉根菜においては品種数が多くここに挙げた品種のシェアが高いとはいえない。

ダイコン：春採り　天翠、おしん
夏採り　YRてんぐ、秋いち
秋冬採り　YRてんぐ、YRくらま、秋まさり
サトイモ：マルチ　善光寺、女早生、土垂
普通　愛知早生、土垂
ハクサイ：春採り　耐病60日
秋冬採り　新理想、隆徳
キャベツ：春採り　金系201
夏採り　金系201
秋冬採りYR錦秋、いろどり
ホウレンソウ：春採り　エスパー、アクテブ
平地夏採り　力士、アクテブ
高地夏採り　トニック、エスパー
秋冬採り　ソロモン、エスパー、あかねグリーン
ブロッコリー：春初夏採り　ハイツ
秋採り　緑嶺、しげもり、グリーンフェイス
タマネギ：甘70、アポロ
ネギ：夏採り　吉蔵、越谷黒
秋冬採り　元蔵、吉蔵、宏太郎
ニラ：夏採り　スーパーグリーン、グリーンベルト
冬採り　ワンダーグリンベルト、サンダーグリーンベルト
レタス：春採り　ステデイ、ハイルック
秋冬採り　ステデイ、エクシード
キュウリ：冬春採り　シャープワン、
夏採り　フロンティア、
秋採り　オナー、シャープワン
トマト：冬春採り　ハウス桃太郎、ハウスおどりこ
（台木：ジョイント、ドクターK、がんばる根3号）
春夏採り　桃太郎、桃太郎8（台木：ヘルパーM、影武者）
加工：カゴメ932、KG207
ミニトマト：ミニキャロル

ナス：冬春採り　式部、（台木：赤ナス、耐病VF）
　　　夏秋採り　千両2号、式部、（台木：トルバムビガー、赤ナス）
メロン：初夏採り　クインシー、プリンス

2）新技術と新資材

（1）セル成型苗の普及

プラグトレイによる育苗は西欧で生まれアメリカで苗産業として発達したといわれる。わが国では1985年に企業により導入され、花卉苗の販売からセル苗が世に出た。プラグ苗は種苗商社の登録商標となっているので一般にはセル成型苗通称セル苗と呼ばれている。

本県では1988年にカゴメ㈱バイオ工場から加工用トマトで（1987年に試作、翌年供給開始）、翌年からは各所で葉菜類を中心に利用され、定植機の普及と共に急速に広まった。1991年には県内335万本と推定され、2カ所の農協施設（南河内、1972年と上三川、1990年）とダイヤトピ農芸、T&Tナーサリーなどからの供給である（1、2）。

セル苗普及の背景には生産者の高齢化、人手不足などがあるが、技術面からは果菜類で接木が必要になってきたこと、播種期の前進で育苗が高温期となり自家育苗が難しくなってきたこと、長期栽培で年間の稼働時期が長くなり休閑期が少なくなってきたこともある。一方、苗を供給する側からは接木困難な時期に管理の行き届いた施設で苗を作る、新規参入者によい苗を提供する、生産者に代わり育苗労力を肩代わりすることが「セールスポイント」となる。野菜作りには苗半作、苗八分作などという考えがあり、初期には購入苗に対する抵抗もあったが、

図9－1 セル苗受託生産のPR用のちらし（1997年3月）

図9－2 セル苗の生産・経済連種苗センター（接木作業：1998年3月、苗ピット養生：1995年7月）

宅配便の発達や苗の安定供給、幼苗の受け入れ後の技術確立（二次育苗、幼苗定植法、トマトの2本整枝法など）もあり、次第に購入苗が受け入れられるようになる。このような果菜類の接木苗を中心とする苗生産が企業的に行われるようになってきたのは、セル苗を対象とした幼苗接木法（幼苗斜め合せ接ぎ法）が全農技術センターの板木利隆らにより実用化されたことによる。

県経済農協連の育苗センター設立構想も1993年頃から始まり、イチゴの原苗供給も含めた業務として1995年7月から開始された。経済連としても苗の販売は初めてのことであったが、施設や育苗機器（接木養生施設など）の完備、コンピューターによる灌水、温度管理、日常作業の平準化、伝票管理などにより順調に業務がスタートした。

経済連種苗センターの初期の生産販売数は花卉とイチゴ苗を含めて、1995年：63万6千本、96年:138万7千本、97年:214万8千本であった。1997年の野菜苗ではナス接木苗の34万8千本、トマト接木苗の34万7千本が多く、次いでトマト自根苗が31万7千本で次いでいた。運営上の問題としては繁忙の差、荷口の多様、光熱費、接木労力対策、余剰苗の発生などがあり、苗の品質としては次のような点がある。

苗品質の問題点（1998年県経済連種苗センター資料による）

トマト：徒長、子葉の黄変、老化苗、花房節位の変動

ナス：2次育苗時の植痛みと立枯れ症

キュウリ：2次育苗時の生育不良と立枯れ症、子葉上のクロロシス

県内農協の運営する種苗センターの生産本数は1997年次で南河内、80万本（シュンギク17万4千本、ブロッコリー37万5千本など）上三川、75万8千本（トマト22万2千本、キャベツ11万6千本など）小山市、40万本（レタス11万5千本、ブロッコリー10万8千本など）であった。

1998年に各農改普及センターでまとめたセル苗利用の現状と問題点は下記の通りである（一部省略）。葉菜類では利用が進んでいるが果菜では一部を除きまだ普及途上である。

表9－5 セル成型苗の現状と問題点（1998年7月、普及教育課資料）

普及センター名	セル苗利用の現状	問題点、対応
黒磯	キャベツ、ニラ、ネギ、ブロッコリーのセル苗は自家生産。ナスは全戸購入苗。	自家苗はセル上の肥え切れや発芽の揃い。購入苗は価格の高さ。
大田原	葉菜類は自家苗。	トマトは2本仕立て、ナスは直接定植あり。
矢板	ネギは25%がセル自家苗、ニラは25%がセル自家苗の機械定植。	トマトは3カ所から購入。
氏家	ニラ、ネギ、タマネギはセル自家苗で定植機利用。	
今市	ナスは新規栽培者、トマトは自根苗で2haすべて購入苗。	苗の徒長や着果節位のばらつき、芯止まり。
鹿沼	トマト、ナスの一部で購入、まだ利用は少ない。	
宇都宮	上三川の葉菜は農協苗。	ニラ、ネギ機械定植でのり付け不良が多い。
烏山	馬頭町では8haの内半分が購入苗。加工トマトはすべて購入苗。	
市貝	茂木のナスはセル苗を農協で2次育苗。民間苗使用。	
真岡	真岡市のナスは殆ど接木購入セル苗。同市のトマトは面積の半分がセル購入苗。トマトも同様、4割がセル購入苗。	ナス、2次育苗時の倒伏、根鉢の褐変、接木部の腐敗など。トマトは1花房の節位のばらつきと接木部の褐変。
小山	国分寺農協生産苗はすべてセル苗で、小山市のトマトセル苗は民間苗が多い。	
栃木	壬生町での利用が多いほか他市町は少ない。	接木苗は2本仕立て。
佐野	トマト10名中3名で民間苗利用。	

無形文化財的な育苗技術

育苗業者によるセル苗生産は受注から出荷までコンピューターソフトで管理され、経験的な技術がものをいう余地は少なくなった。江戸期から続いてきた果菜類の苗作りの技術も過去のものとなった。集約的な高度の育苗技術が最高に達したのは1960年代であろうか。往時の育苗技術を伝える著作を下記に記す。

○蔬菜の育苗と早熟栽培（1954）「農耕と園芸」編 誠文堂新光社

戦後、急速に復興した野菜作りを支えた育苗技術について図解や写真で解説し、産地の事例も豊富である。

○果菜の育苗（1957）植松敬　農文協

東京都下の先進産地を指導した著者による詳細な育苗手法が述べられている。

○トマト、キュウリのハウス栽培（1966）小島重定 農文協

著者の40年余の体験を忠実にまとめたもので、トマトとキュウリの育苗にも詳しい。

小島重定の著書（技術の集大成を記述、農文協1966年）

(2) マルハナバチの利用

セイヨウオオマルハナバチ（以下マルハナバチ）がトマトの送粉者として有効なことが認められたのは1987年で、1988年にベルギーで次いで1989年にイギリス、オランダでこの蜂の販売会社が設立された。1990年、日本養液栽培研究会の欧州視察の際これを見聞した静岡農試の岩崎正男が国内に紹介し、関心を寄せた愛知農試の菅原真治、静岡農試池田二三高らが1991年6月に東海物産㈱に輸入を要請した。同社では1991年12月にベルギーのBiobest社から蜂を輸入、同時的に1992年にトーメンKがオランダから蜂輸入、販売開始となった。1992年のトマト栽培で愛知、静岡県農試で受粉試験が開始された（3）。この時の巣箱数は1992年8月までに東海物産が190箱、トーメンが60箱であり、1992年内には国内の主要産地に広まった（4）。

かようにこの資材の普及は早かったが県内でも1992年11月に真岡市で、同年秋に鹿沼市（塩山町の佐藤栄、上日向の福田高、ミニトマト）に最初に入った。同時に農試でも試験が行われ、現地の調査と合わせて県では右表のようにまとめた（5）。

表9－6 マルハナバチ導入後の評価

（普及教育課専技、1993）

利用してよかった点	利用上の問題点
ホルモン処理労力の節減	農薬散布への制限
空洞果の減少	12－2月は着果不安定
花弁の落ちがよい	1－2月は活動が鈍かった
果実が締まる	場所により着果が不揃
果実の揃いがよい	日中の高温や多湿で不活発
腰高となる	3月以降摘果必要
(3月以降) 着果がよい	蜂の生存期間が短い、価格が高い
果実ゼリー部が多い	果実の初期肥大が遅い
チャック果が減少（高温管理）	群の個体差が大きい
灰色かび病減少	室外への逃亡
食味がよい	花落ち部が大きい
	移動時に蜂が残る

前記は初期の結果であり、その後の経験から蜂導入時の温湿度管理、花粉の少ない時の蜂数の問題やホルモン処理との併用、天敵利用による減農薬栽培などの問題が解決、解消されて行き、1994年産の足利農協トマト部会の調査では90％以上の人が価格以上の効果を認めている（6)。県内の群数は1993年産で260群（約18haと推定)、94年産で500群、95年産で700群、96年産で約1000群が利用された。

(3) オンシツツヤコバチの利用

トマト栽培では1974年に国内に侵入したオンシツコナジラミに加え、1990年代に侵入したタバココナジラミ（バイオタイプQ、シルバーリーフコナジラミ）の発生が問題となった。本種はオンシツコナジラミと薬剤感受性が異なるため、防除は困難であり薬剤防除に加え栽培後のハウス蒸し込や侵入減となる周辺雑草の除去などの対策が推進された。

コナジラミ類の天敵であるオンシツツヤコバチは1995年に農薬登録になったが、これより前、足利市の橋本トマト部会長のハウスで農改普及所・庭田雅文や県専門技術員・合田健二らにより1993年3月12日から試験放飼されたのを始めとする（7)。同年、農試では夏秋トマトで、12月には栃木市のハウスで利用されている。1994年には足利市や小山市で用いられた。足利農改普及所の1994年産トマトについての資料によると、県内で8件の事例中効果が高かったのは3件、低かったのは3件、不明が2件であり、すす病対策や減農薬栽培上有望としながら普及には慎重であったが、1996年にツヤコバチの利用が県の指導方針に組み込まれ普及に移された（8)。

1995年にはイチゴのハダニの天敵としてチリカブリダニが登録になったことから、県内でも導入する生産者があったが多くの場合有効性が発揮されず、定着しなかった。この原因はハダニの密度が相対的に高いとチリカブリダニによる捕食が間に合わずハダニの被害が出ることや、他の病害虫のための農薬散布によりチリカブリダニが影響を受けることが原因であった。

引用文献［第9章第3項、第4項 1) 2)］

1. 深沢郁男（1991）栃木県におけるセル成型苗の利用事例と問題点　農試資料
2. くらしと農業1992年10月号特集記事「本県農業の新しい動き－苗生産の分業
3. 忠内雄次（1993）マルハナバチ利用方法と導入の効果　静岡県農試資料（冊子）
4. 小出哲哉（1992）マルハナバチの農家での取扱要点　施設園芸1992年10月号
5. 君島好美（1993年）県内各地のマルハナバチ利用状況と問題点　県普及教育課資料（冊子）
6. 平成6年度産トマト栽培反省会資料（1994年）足利農改普及所・足利農協（冊子）
7. 合田健二（1997）非農業資材を検証する・22、くらしと農業21（1）
8. 足利農改普及所・足利農協（1993）トマト反省会資料　冊子

3) 栽培事例

(1) 栃木市のトマト促成栽培　栃木市　大山寛（1）

品種：ハウスおどりこ　台木はバルカン

育苗の概要：1991年9月14日播種、台木は13日播種　鉢上げは9月26日に15cm角ポット、床土は要るが管理が楽である。接木は10月8日に呼び接ぎ、15日後につぶしをする。床土はもみがら堆肥に田土にロイヤル有機混合。ECは1.0－1.2に調整した。

基肥：使用資材はロイヤル有機、トマト専用、かきがら石灰、硫酸カリで10a当たり約窒素18、燐酸30、カリ30kgで堆肥として鶏糞添加の麦わら堆肥を約2t。追肥はしない。

定植：11月10日、6ｍ間口、2条3ベッド、株間41cm（坪8本）

収穫：2月下旬－6月10日、8－9段

栽培上の留意点

日射量の確保：果実に光が当たるように葉かきの励行。草勢を確保しながらの葉を小さく作る草勢の制御。

温度・水管理：カーテンを閉める時間を光線を考えて遅くする。夕方はかなり低温になる。時季によって管理温度を変える。沖積土なので乾くに合わせた水管理。

土つくり：湛水による除塩の徹底と土壌の団粒化に努める。

追肥は液肥で4月から4、5回。

(2) 小山市のナス　小山市　松本治（2）

1996年時点で小山農協ナス部会は会員59名、10haである。半促成は4ha、25名、トンネル・露地作は6ha、41名である。1996年に指定産地（夏秋ナス）となる。

品種：ハウス無加温栽培は式部、台木は赤ナス、ＶＦ

トンネル栽培は千両2号、台木は赤ナス、ＶＦ

育苗：無加温パイプハウスは10月下旬頃、台木は箱播きして20日後3号ポットに移植、穂木は49連結ポットまたは箱播き。45日後に接木し30日後に5号ポットに移植、床は電熱または踏み込み温床とする。トンネル栽培は12月下旬播き、4月定植。

定植：90日育苗で1番果開花前に定植。

本圃：基肥は有機配合とロング肥料にて窒素で20－25kg程度施用する。間口4.5ハウスに幅120cmのベッドを2つ作り、株間55cmの千鳥植え、トンネルは2ｍ幅の畝に株間60cmに定植、ハウスは内トンネルに保温マットで保温する。

整枝は3本仕立てでハウスは5月上旬、トンネル栽培は5月下旬に立ち上げる。

ハウス作型ではホルモン処理（トマトトーン）は3番果まで実施、以降全面散布に切り替える。

現在後作にキュウリが作付されるが、ナスの作期延長（早出しも含め）を考えている。袋詰め出荷も考えている。

(4) 湯津上村のホウレンソウ周年栽培（3）

1983年に5名で始まった雨除けハウスのホウレンソウ周年栽培は1991年には35名の産地となった。平地の周年出荷の産地は少ない。施肥量と収穫までの日数は下表の通りである。

表9－7 ホウレンソウの作期と施肥量

（10a成分量kg）

播種期	窒素	燐酸	カリ
春播き	15	25	15
夏播き	10	20	10
秋播き	20	30	20

表.作期ごとの収穫まで日数

表9－8 単棟ハウスでの栽培日数

作期	所要日数
早春（2月）	40－50
春	30－40
夏	25－30
初秋	30－50
秋	50－60
晩秋	70－90

(5) 鹿沼市におけるニラ栽培の省力化（4）

作業ごとの機械、器具が開発、普及されてきて規模拡大と省力が図られてきた。鹿沼農協での1994年当時の一般的事例を列記する。

播種：手押し播種機またはシーダーテープ

苗採り：掘り取り機（イチゴ断根機改良）
ハウス換気：手動巻取り機（屋根、内部カーテン共）
出荷：枯葉取り　袴取り機　イヤーマフラー、結束　結束機　袋の密閉　シール機
作業室：作業台、エアコンなど環境改善

4）課題と問題点・対策

(1) 真岡農協の主要品目の対策 (5)

真岡農協では当時、1994年竣工を目指し一元集荷センターの構想が進められていて、一品目1億円、計50億円の真岡園芸が1992年当時のスローガンであった。各品目の方策として下記の事項が挙げられている。

1. メロン
○総合防除の取り組み
○1番果の大果生産とあい玉を早期に確保できる栽培技術の確立
○作型をうまく配分して労力を節減できる品種作型の確立
○赤メロンの技術を確立し販路の拡大を図る
○4月上旬、5月上旬出荷を導入して反収100万円のため早出しを80%にする
2. ナス
○青枯病の総合対策をはかる
○アザミウマへの地域全体総合防除対策をはかり絶滅させる
○10a最低3tの堆肥を全員全圃場へ投入する
○摘芯摘葉作業をきちんと行いA品率を60%とする
3. レタス
○労力配分による周年作付を図り所得の向上を目指す
○水田輪作体系へのレタスの導入
○凍霜害対策
○作付面積の拡大
4. トマト
○接木の導入
○摘果作業の検討
○摘心を早めて側枝採りで多収する方法検討
○ロックウール栽培の導入
5. ニラ
○秋播中心で苗の老化があるので春播に代え株養成期間を十分にとる。作業の分散により規模拡大する
○施肥法を検討し品質の向上を図る
○補助事業を活用し夏冬各専用株の確保と規模拡大により周年出荷とする

(2) 小山地域の春トマト、栽培上の問題と対策 (6)

小山農改普及所の1992、93年産春トマトの作付前の指導資料により問題点と対策を紹介する。

1. 栽植方式の改善
○一条植えの実施、株間35cm、畦間120cmが基本、坪7.5本以下
○直立誘引の実施、受光体制と灰色かび病対策

2. 草勢のバランス
○適正施肥　　緩効性肥料の使用、深層施肥や溝施肥
○適正着果　　1－3段は4個、4段以降は5個
3. 光線透過量の向上
○被覆資材の張替、洗浄、防滴剤の塗布
4. 土壌病害対策
○接木と土壌消毒　草勢のおとなしい台木を使う　太陽熱消毒の活用
5. 障害果対策
○すじ腐れ果　日照不足、低温、多肥　対策は密植を避け果への日射
○チャック果、窓あき果　石灰吸収の促進、多窒素や多カリを避ける
○空洞果　ホルモン処理の適正、高温時の濃度や蕾処理に注意、日照
6. ハウス桃太郎の問題
○光線の要求度高い
○根の低温時の伸張は弱い
○チャック果、窓あき果、すじ腐れ果多い

引用文献［第9章第4項 3）4)］

1. 大山寛（1992）わたしの目指すトマト栽培　施設トマト生産流通改善研究会資料
栃木県・栃木県経済連・園特協会
2. 松本治（1996）Ja小山市のなす栽培　なす生産流通改善研究会資料（冊子）栃木県、経済連、園特協会
3. 諏合博（1995）ホウレンソウの周年栽培　くらしと農業19巻3月号
4. 赤羽根俊行（1995）にら栽培における省力化技術　くらしと農業19巻4月号
5. 真岡農協（1992）指導一元化で首都圏農業の推進　くらしと農業1992年2月号
6. 小山農改普及所（1992、93）平成4年産春トマトの栽培資料、同平成5年産（冊子）

第10章 栽培施設の高度化と経営の分極化
2000年－2010年

1. 農業政策と野菜生産

1）首都圏農業の推進

21世紀を間近に控えた2000年頃の野菜関連のキーワードは流通販売の多様化、農協の大型化、野菜の輸入、経営の多様化（2極から3極化あるいは多極化）、持続型農業、野菜生産の重装備化、葉根菜の畑作物化、多品目化、野菜と健康・安全指向などが挙げられていた。農協合併は1996年の那須野農協が県北6農協合併により誕生したのを皮切りに、1998年の宇都宮農協、2003年3月の下野農協と岩舟農協などとの合併により県内10農協の構想が実現した。

販売の多様化では例えば産地直売所は1986年の宇都宮市上横倉町の上横倉・上金井青空市を最初として2002年ではその数約250カ所といわれる。これらが小規模生産のよりどころとなっている面もある。

野菜の輸入についてはしばしば問題となるが、ネギに対しての限定的セーフティガードが2001年に行われ、2000年前後の韓国産トマトの進出によるトマト価格の低迷も記憶に新しい。

野菜生産の規模拡大による外国人雇用は1996年の中国よりの研修生が塩谷農協に来たのが始めであろうか。1998年1月に13名が同町12戸の園芸農家に受け入れられた。外国人技能研修生については県内でも2004年に2カ所で受け入れの事業協同組合ができた。

一般については1996年4月に小山農協に職業紹介所が認可され生産者への従業員紹介を始めた。1997年に足利農協で労働支援システムが始まり、ハウス生産者への就業希望者のあっせんを始めた。2001年頃よりハローワークと農協との連携による求人が、真岡市、鹿沼市でも具体化され始めた。JA安佐でも2003年以降園芸農家との合同面接会が行われている。一方、新規就農者は2000年以降も150名前後で推移しており、2002年の分野別では109名中、イチゴ27、施設野菜16、露地野菜6名となっている。

野菜政策の基本は首都圏農業推進計画21（年度は2001－2005年）によるもので野菜生産分野では園芸ジャンプアップ事業を中心とした野菜生産総合対策による産地育成と環境にやさしい農業の2本立てで行われた。ジャンプアップの柱は①大型産地の育成②多彩な新産地の育成③産地育成の条件整備であり、これに沿って育苗から出荷までの施設整備が進められた。

2006年から首都圏農業政策の新しい計画として「食と農　躍進プラン」が始められ、園芸部門としては従来の施策の上に需要の変化に対応した機動性のある園芸産地の育成や環境調和型の生産、食と農分野の交流などを目指すことも加わった。

この間、本県の野菜作付面積は1989年の1万3,349haから2000年は9,757ha、2010年は8,249haと減少している。

2000年から2010年までの野菜粗生産額の推移は次表の通りである。2007年からは野菜生産額比が米生産額比を上回るようになり話題となった。

表10－1　栃木県における年次別野菜生産額と構成比(単位百万円)

年（元号）	農業算出額	野菜生産額	野菜構成比	米構成比
2000（12）	274,600	65,000	23.7	34.5
2001	263,800	68,200	25.8	32.2
2002	274,600	68,800	25.0	32.2
2003	278,600	70,300	25.2	34.0
2004	276,900	73,300	26.5	30.9
2005	274,100	73,000	26.6	29.2
2006	260,900	73,000	28.0	29.2
2007	263,400	76,500	29.0	27.4
2008	269,300	77,800	29.9	27.8
2009	258,900	76,300	29.4	27.1
2010	255,200	78,900	30.9	25.2

注：2001年から粗生産額を農業産出額と名称変更

2)持続的農業の推進

(1) 有機農業

有機農業推進法は2006年に制定されたが、有機農産物表示ガイドラインは1992年10月に通達、1993年以降有効となり、有機農産物のほか無農薬または減化学肥料、減農薬または減化学肥料農産物が表示として認められるようになる。本来的な有機農産物は2001年4月からJAS法による表示、その他は特別栽培農産物としての表示ができるようになる。

本県の有機農業の経過は明らかでないが、すでに1955年現在で喜連川町の山岸会や藤岡町の町田武史が有機生産の野菜類を消費者団体に提供していた（1）。

小山市出身の小寺ときはドイツから帰国後に日本の牛乳に関心を寄せ、消費者の立場から牛乳生産の改善に努めるかたわら、1980年ごろ壬生町安塚に消費者を中心に青空農園を開き、いわゆる有機的農業を始めている（2）。

戸松正が1994年に烏山町中山で始めた帰農志塾も有機栽培としては初期のことである。ここで学び有機農業を県内で始めた就農者は多い。

鹿沼市千度の田島穣はかねてより一楽照雄らの有機農業運動に影響を受け、JAS認証開始と共に2001年に有機農業認証協会（吹田市）からの野菜生産のJAS認証を受けた。この時期に県内で野菜について認証を得た野菜関係者は益子町の藤田芳を始め、高根沢町、壬生町など約10名いた。藤田はいわゆる有機農業から自然栽培に近いやり方に転じ、動物由来の堆肥は使用せずに野菜栽培を実行している。壬生町の安納光一郎も1990年頃より生協運動筋から依頼を受けて有機的な野菜作りを始め、有機認証制度の発足と共に認証を受けた。後に県内の認証者を中心に「野良のくまさんたち」というグループ（現在はない）を作り活動した。現在は同町の石川均らと共に動物性堆肥不使用、無化学肥料不使用、無農薬の栽培を続けている。小山市粟宮の大橋秀充は地元、小寺ときの影響を受け2006年に有機認証を受けている。2011年に茂木町に移住した野原典彦は自然栽培のかたわら「ナチュラリスト・森の扉」の名で無農薬、無施肥の農産物のネット流通や在来作物品種の保全などに努めている。

市貝町の上田正は1975年に就農し無投薬の養豚をメインに有機栽培の野菜も扱っていた。「ウインドファミリー農場」と称し、帰農志塾とも交流があった。小野寺徹、幸絵夫妻は2001年に「旬の野菜・爽菜農園」を開き、有機野菜の生産を開始した。上田と同じく帰農志塾の指導を受けていた。さらに小野寺は2005年頃から海外協力隊を目指す青年の研修も行い、何人かは海外に派遣された。並行して新規就農者の研修も引き受けてきた。これまでに7名が県内外で就農しているという。小野寺以外にも市貝町での有機野菜生産者は5、6名いる。

有機生産者の任意グループは各地にあるようだが、2000年頃から民間稲作研究所、稲葉光圀を中心とした「有機農業ネットワークとちぎ」がある。県内各地の有志が会員で有機関連の啓蒙活動をやっている。

市貝町と周辺の生産者が立ち上げた「オーガニックマルシェ」は2013年頃から年2回の有機生産物のマーケットや関連商品の市を開催している。

ドンカメ社を1995年に個人で創業した芳賀町の小久保行雄は有機生産を支える堆肥生産面でこの地方の有機農産に貢献している。

これらの有機・自然農業志向の人たちは独自の「世界観」に基づき、生協活動やネット通販で生産物を普及させており、数量的には少ないが系統農協出荷や直売所販売とも違う第3の極を形成している。

栃木県有機農業推進計画書によると2008年時点で認定者は65名とされており殆どは米麦関係で野菜は10余名程度と思われる。

(2) とちぎの特別栽培農産物とエコファーマー

有機JAS制度とは別に県段階で特別栽培農産物を認証する制度も2001年から実施されている。化学的合成の農薬並びに肥料の施用量を慣行栽培の半量以下にした「生産物」について、リンク・Tマークをつけて販売できるもので確認団体が保証する。野菜では最初に2001年6月に塩原町4名、藤原町5名がホウレンソウで開拓農協連からリンク・Tの認証を受けた。

翌年にかけてダイコン、サトイモ、ネギなどの認定があった。2001年現在野菜ではホウレンソウ34、ダイコン5、サトイモ10、ネギ4件の認証数で、野菜は天候などの影響で事前に農薬や肥料の使用量を予定するのが難しく、収穫後の出荷も早いので認定上の問題を残している。例えば夏秋トマトの基準は薬剤散布回数を17回の慣行に対して8回とし、化学肥料成分を30kgから15kgとすることが求められている。多くの認証物は米、麦、ソバである。

エコファーマー制度は生産者に対するもので、2001年から制度化され申請により知事が認定するものである。各農協部会単位に集団で取得する例が多く、2000年の開始から2003年には4600人と全国2位の数となった。野菜の品目ではトマト、ナス、イチゴが多い。

足利農協トマト部は2002年に部会でエコファーマー認定を取得したが、内容は下記のようであった。例として挙げる。

○畜産農家から堆肥導入　○トマト残渣の鋤き込み　○緩効性肥料で通常の化学肥料減肥
○生物農薬ボトキラーの使用、フェロモン剤の使用　○ラノテープによるコナジラミ防除
○接木栽培と太陽熱消毒　○全面マルチによる湿度低下　○マルハナバチの利用

しかし環境に優しい生産方法が当然となってくる時世なので、生産物への差別化はあまり期待できないのが問題である。

GAP（農業生産工程管理）については、2011年3月から栃木県GAP規範ができ、2009年には生産組織で104件の導入となっている。JGAPについては2008年に宇都宮農協越冬トマト部会の16名、6haで初めての認証を受けた。JA足利トマト部会では2007年から全員が認証を受けている。GAPやエコ農業運動に連携して県農協グループでも2002年から生産履歴記帳運動を始め、出荷前残留農薬分析を2003年から開始した。当面はダイホルタンとプリクトランが対象となった。野菜はイチゴ、トマトなど8品目でサンプルが採られる。また同年、農協中央

会では不要農薬の回収を実施している。

このような時勢にかかわらず、2002年にはナシ（8月）や各地のイチゴ苗（9、10月）で無登録農薬の使用が分かり、必要な対策がとられた。2007年2月には出荷されたイチゴから基準値を超える農薬が出荷先で検出され問題を起こした。

引用文献［第10章第1、2項］

1. 国民生活センター（1981）日本の有機農業運動　日本経済評論社
2. 小寺とき（1990）おいしくて安全な牛乳のえらび方　岩波ブックレット173号

談話参考　田島譲、大橋秀充、藤田芳、野原典彦、安納光一郎、石川均、小野寺幸絵

JAS法の有機農産物及びとちぎの特別栽培農産物の認証区分

栃木県2000年

農薬等 ＼ 肥料及び土壌改良資材等		未使用（JAS法の有機）2～3年以上	未使用（JAS法の有機）1年以上	未使用 生産課程等（1年未満）	使用 慣行使用量の5割以下	使用 慣行使用量の5割超
未使用（JAS法の有機）	2～3年以上	有機農産物	（国で認識する部分）		②無農薬・減化学肥料栽培農産物	
未使用（JAS法の有機）	1年以上	転換期間中有機農産物				
未使用	生産課程等（1年未満）	①無農薬・無化学肥料栽培農産物				
使用	慣行使用回数の5割以下	③減農薬・無化学肥料栽培農産物			④減農薬・減化学肥料栽培農産物	
使用	慣行使用回数の5割超					

図10－1　JAS法農産物と特別栽培農産物の区分図とマーク（栃木県資料、2000年）

2. 県内地域の野菜生産

資料として「くらしと農業」、「栃木の野菜2019年版」県関係資料、新聞記事などから構成した。記事的なものは出所を割愛した。

1）那須、黒磯、大田原地域

那須野農協の山ウドは2001年産で137名、111haの規模。同農協のウド部会の合併は2004年でこれにより会員217名、販売額5億円余で有数の産地となり愛称は「那須の春香うど」と決まった。うど部会ではウド優良系統の増殖を培養苗利用で進め2005年は100株を順化した。

同市のハウス軟白ネギは2年の試作を経て1993年から出荷が始まった。那須の「白美人ねぎ」として2004年に商標登録し、2003年からとちぎの特別栽培農産物の出荷を始めた。畑作ネギはこの頃からトンネル栽培による初夏採りが始まり、2010年には業務加工用ネギのコンテナ出荷が始まった。なお、ねぎ部会は2004年に日本農業大賞を受け、2008年からGAP加入が始まった。同市のネギ産額は県全体のネギのうち、26％（2001年時点）を占める産地である。

同農協のアスパラガス栽培は湯津上村を中心に1994年、2名から始まり、2000年に12名で部会となった。20007年には64名、26haの部会（佐藤憲一部会長）となり販売額4億円を超えた。土地柄、耕畜連携で堆肥を確保している。同農協のナスは「那須の美なす」として170名で生産している。なす部会は1997年に合同し1998年には171名、30haの組織となり2007年には約6億円を上げた。総合防除としてソルゴーの障壁栽培がかなり普及している。

21那須北園芸は2002年に農業法人から有限会社に移行し、6名で2.4haのトマトを桃太郎ソピアの名で売る。

塩原町のホウレンソウは2000年以降、ダイコンからの移行で増加しており長期出荷が計られている。同町のホウレンソウは1995年の82haから2003年には108haに増加した反面、ダイコンは同じ年次で142haから77haへと減少した。ホウレンソウについては硝酸態窒素含量の低下を目指した施肥改善の検討が2005年から行われている。

2）矢板、南那須地域

烏山町の中山カボチャ（ニュー中山）は2003年時点で40名の栽培者があり、7月下旬から9月中旬までの出荷である。南那須町のカボチャはイーティ品種で2007年現在8ha、みなみちゃんかぼちゃの愛称で地元市場へ出荷されている。

馬頭町久那瀬で2000年からトマトのロックウール・バッグ栽培が始まった。南那須農協ではアスパラガスの試作が2004年から始まった。

3）氏家、高根沢、喜連川地域

1997年から高根沢町でもトマトのロックウール栽培が始まる。同町のエダマメは1989年に農協部会発足、2008年には13ha、25名で3月播きから7月播きまである。施設軟化ネギは2000年から高根沢町、氏家町で出荷が始まった。この時点で施設ネギは喜連川：1.7、高根沢：1.2、氏家：0.2haある。

高根沢町のシュンギクは2008年時点で13haあり、町の農業産出額の2.8％、1.8億円を上げている。

4）鹿沼、粟野、西方地域

2001年に上都賀農協（トマト部会、44名）の15名が試みた越冬長期栽培のトマトは同年12月17日に初出荷され注目を集めた。

5）日光、今市地域

上都賀農協にら部会は1983年にでき、1995年頃より急増し2005年に12ha、58名と増加して売上も1億円を超えた。鶏頂山のホウレンソウは規模拡大が進み、15戸で延べ100haの産地となった。災害対策として防風ネット、ハウス作土のかさ上げが行われている。自家で包装機を入れるほか開拓連のパケージセンターの利用もある。

6）宇都宮、上三川地域

宇都宮農協での合併を受けて1999年にトマト部会の統合が行われ、2000年現在春トマト112、半促成44、夏秋18名で約50haの産地となる。2003年に高軒高ハウスができ、越冬栽培が翌年から始まったので2005年には越冬トマト部会（9名）が加わり、トマトで5作型の部会ができた。2007年時点で越冬トマトは15名で栽培されNターンやQターン誘引も一部で始まった。ハウストマトの品種は2005年頃からハウス桃太郎から麗容と桃太郎はるかへと変わる。

宇都宮農協玉葱専門部会は2008年時点で約270名で、収穫機が普及し出荷場への搬入も大型コンテナの利用も始まっている。河宇地方のタマネギにつきデリタマブラザーズの愛称が付けられた。2003年頃より品種はアポロから甲高系へ移行している。

アスパラガスは立茎適正化が進められ、2008年にアスパラリン名入りの結束テープが2008年から使用された。2005年時点で栽培者は50名で12haである。

7）真岡、芳賀地域

真岡市の促成ナス栽培は1997年に試験的に導入し、その後1999年以降本格的に普及した。ナス生産者は約30名で内20名が養液栽培（ロックウール）である。

2002年にはが野農協管内（真岡、二宮、芳賀）の10名が低コスト耐候性ハウスを導入した。同農協メロン部会の品種は2003年頃はクインシーやオトメなどになってきた。2005年時点で38名、10.3haの規模となった。

芳賀地方の半促成長期採りナス栽培のピークは2008年頃で、30名、3.3haであった。パイプハウスは式部が中心で一部に契約栽培の筑陽がある。露地の夏秋採りは農協統一部会が1999年にでき、新規参入者も多い。はがの農協のパケージセンターは2004年に稼働開始した。2007年にはオープンハウスが一部に入った。

土耕によるトマトの長期作は2006年時点で7名が取り入れている。厳寒期の品質低下や暖候期の着色不良果の発生が問題である。一方L規格を狙った低段（6段）密植栽培の試作が2007年から始まった。6段採りで年2、3作とするもので、ロックウール栽培が対象であったがあまり普及していない。

8）小山、野木地域

2001年8月、小山農協の北部青果物出荷施設が国分寺町にできる。同市絹地区では養蚕に代わるものとしてネギが導入され2000年頃には10haの産地となった。チェーンポット苗が利用されている。同市のレタスは依然県内の主産地である。

2003年に小山農協では各地の各部会（ナス、ダイコンなど）が統合し広域部会となった。

石橋町のジュース用トマトは1994年頃から始まり周辺へ波及している。小山市の縮みホウレンソウは2002年頃から始まり、2007年で62名が参加している。出荷基準として葉柄糖度の測定を義務づけ、8－10度のものを出荷する。

9）栃木、佐野地域

しもつけ農協栃木トマト部会（牛久秀一部会長）は29名で組織されるが2001年に全国施設

園芸共進会で農水大臣賞、2002年には農林水産祭で天皇杯を受けた。同部会では2002年から低コスト耐候性ハウスを導入し本格的に長期栽培を始めた。2002年産は8月播き、12月中旬出荷、2003年産は7月播き（種苗センター）で11月採りの越冬栽培が始まった。この頃よりトマトにブランド名「赤い恋人」を付けた。

大平町に飯田智司によるグリーンステージ㈲が2000年にでき、高軒高ハウス1haのトマトロックウール栽培が始まる。栃木市のキュウリ栽培は1995年から全量をミニキュウリ（約12cm果長）にかえた。

2000年以降下都賀農協のナス栽培は岩舟町、藤岡町各29ha、栃木市：28haなどで半促成作型が推進されている。

10）足利地域

足利農協の冬春トマト品種は2002年産より麗容になる。2002年に低コスト高軒高ハウスが5戸に2004年産からこの5戸を含む10戸で越冬栽培（12月出し）も行われている。2008年にトマトの糖度7以上をあまあまると名付け、商標登録した。マルハナバチは在来種を利用し、2月下旬からの利用が多い。2007年時点で施設トマトは23ha、51名で漸減傾向にある。トマト部会では2009年産から全員GAPに加入した。

同市川崎町などのニンジンは減少が続いているが、2007年で13haありトラクターによる播種が行われている。ダイコンも減少しつつあるが2007年で3haある。

新規作物としてアスパラガスの導入が行われ、2007年頃から栽培が始まった。同時にニンニク、ショウガの栽培も一部の地区で始まった。

3. 主な野菜の動き

1）施設栽培

本県の1999年6月までの野菜用ビニールハウスは1392.9haでこのうち硬質フィルムハウスは103ha、トマトの養液栽培は20.3haである。軒高3.7m、間口9mの低コスト耐候性ハウスが2002年に下都賀、芳賀地方に計6.9ha新設された。栽培の長期化に伴いトマトでは炭酸ガスの施用も定着し、燃焼式で低濃度施用も行われる。真岡市の養液栽培では日中の施用も行われる。

2007年4月に全農栃木県本部の育苗センターに閉鎖型の育苗施設「苗テラス」が設置され、同年5万本のトマト苗からスタートした。

県専門技術員の資料（2000年7月）によると施設栽培での問題として次のように述べられている。

○トマト　規模拡大と新規栽培者確保　1戸1ha規模、高品質トマトの生産　養液栽培の推進

○ナス　1戸50a規模の確保　周年栽培の推進　養液栽培の推進

○キュウリ　省力、快適化栽培

○ニラ　1戸1haの規模　周年栽培の推進　出荷調整機の利用

2）トマト

2008年の冬春トマトの生産量は全国3位となった。2000年以降、施設整備の施策によって作付は増加傾向で冬春トマトは200haを超えた。

2000年8月のトマト流通改善研究会で2･6運動が決められ、10a12トン、所得200万円、糖度6度、出荷期間6カ月を目標とするものである。これを受けて2002年には6農協で非破壊糖度計が出

荷施設に設置された。

2000年産の冬春トマトの面積は189ha、うち購入苗面積は84ha、接木苗によるものは140ha,2本仕立て栽培は110ha、マルハナバチ導入は148haとなっている（普及センター調査）。品種はハウス桃太郎が72%だが、マイロックなどの新品種への関心が高い。褐色根ぐされ病対策としてドクターK、がんばる根が増加してきた。2001年産春トマトはハウス桃太郎が減少しマイロック、ろくさんまるで50ha、25% /面積となる。また麗容の大型試作も行われた。2005年産では麗容が41%、ハウス桃太郎が28%の作付面積となる。

この時期はトマト生産の改善を目指して技術発展がみられた時でもある。なかでもトマト作での高収益のため作型の前進が本格化した。上都賀農協ハウストマト部会は15名で越冬栽培の試作を行い成功させ、2001年12月17日に初出荷した。

しもつけ農協栃木トマト部会では1999年に高軒高ハウスを導入し、2002年産で8月播き年内採り作型、2003年産からは11月採りの作型を始めた。この越冬栽培は2001年産から鹿沼市と栃木市で試行された。これ以降各地の高軒高ハウスを中心にこの作型が普及する。この栽培にはラノテープ（1999年）のほか県農試などで開発したひもつり誘引器具（2003年）やNターン整枝法(2006年)が取り入れられている。越冬長期栽培は県全体で2005年には37haとなった。

トマト黄化葉巻病は2006年1月に下都賀地方のトマトハウスで発見され、以後トマトの重要病害となる。同年4月に宇都宮市産のトマト「プレミアム7」が香港へ試験的に輸出された。

「食と農の郷・とちぎ」の成果発表会（2002年3月）で越冬長期栽培の始めとなる先進的なトマト栽培が県指導員の三井俊宏、吉田剛により紹介された。

3) キュウリ

2000年時点で春キュウリはシャープ1で一部に黒ダネがあるがゆうゆう一輝台が多い。その後、冬採りではハイグリーン、夏採りではフロンティアが多くなった。しかし栽培面積は1986年の677haから2007年には311haと半減している。

4) ナス

依然、真岡、小山、那須地方が主産地である。　那須野農協の美なす栽培は苗の共同購入で作期をそろえ、緩効性180日タイプで省力、全面マルチで防虫、V字仕立てとロボット防除を打ち出している。夏秋ナスでは2000年からフルオープンハウスが導入された。ロックウール栽培も1997年より真岡市で5ha導入される。下野農協なす部会では性フェロモンの利用を2001年から始めた。

5) メロン

この時期はネットメロンが中心で真岡市でのメロン作付面積は2003年の10haから2007年の7haと減ってきた。2007年頃の品種はクインシー、タカミで80%を占めていた。

6) ニラ

2000年の作付は444haで前年より少し増加した。東京市場への出荷量は1位が続いているが、周年出荷が要望されている。軽労働で済むことから高齢の生産者も多いが、大規模栽培者も出現してきており、上都賀では2010年頃までに約10名いる。定植は殆ど機械定植(半自動と全自動)になっている。

農試育成の品種とちみどり（テンダーポール×大葉南洋）は2002年に登録出願したが、葉は広幅で草姿は立性で葉鞘が長いのが特徴である。

ネギニラは1988年より農試で育種開始、胚培養のよる種子獲得で1996年に品種登録し、現地では約2ha（2003年）あり、鹿沼市上石川の佐藤廣は2002年に初出荷している。

7）タマネギ

アポロは平玉なので市場からは甲高品種が望まれてきた。宇河地区のタマネギの主産地は南河内町で107haの内の60haを占める。主産地は南河内農協と二宮農協が2強で両者で全体の出荷量の60%を占める（2000年実績）。2001年から機械化一貫作業を進めており、機械植えが宇河地区で16haとなった。基肥一発肥料の利用も多くなっている。2002年の宇都宮農協部会の坪掘り共進会では甘70が10.7t、ターボが10.0tであった。

8）ネギ

栽培面積は横ばいで2003年頃より大田原市などで晩抽性品種でのトンネル栽培の初夏採りも出てきた。機械定植が普及し448穴トレイ育苗となってきた。ネギに対するセーフティガードが2001年に発動され11月まで続いた。

4. 栽培

1）品種

2006年現在の主要品種をとちぎの園芸特産（2006年）より紹介する。

ダイコン：春採り　早春、YR鉄人、初舞台
夏採り　夏つかさ、貴宮、秋いち
秋採り　YRくらま、秋まさり、関白
サトイモ：女早生、善光寺、土垂れ系、愛知早生
ハクサイ：春採り　新理想
秋冬採り　つくば錦、CR隆徳、新理想、黄ごごろ75
キャベツ：春夏採り　金系201
秋冬採り　金系201、YR冬採り錦秋
ホウレンソウ：夏採り高冷地　サンパワー、プリウス、エスパー
平地　アクティブ
秋採り　あかねグリーン、アスパイヤー、スマートグリーン
ブロッコリー：初夏採り　ハイツ、ピクセル
秋冬採り　しげもり、グリーンパラソル
タマネギ：甘70、もみじ3号、ターボ、ソニック
ネギ：夏採り　秀逸、吉蔵、長悦
秋冬採り　秀逸、元蔵、吉蔵、錦蔵
ハウス　元蔵、金長3号、春扇
ニラ：夏採り　パワフルグリーンベルト、
周年採り　スーパーグリンベルト、ワンダーグリンベルト、サンダーグリンベルト
レタス：冬春採り　ゲット、ステディ
秋採り　ステディ、エクシード、オリンピア、レッドウエーブ
キュウリ：冬春採り　シャープ1、ハイグリーン22

夏採り　フロンティア
ハウス秋採り　オナー
トマト：冬春採り　ハウス桃太郎、麗容、マイロック
夏秋採り　桃太郎、桃太郎ヨーク
抑制　麗容、ハウス桃太郎
ジュース用　カゴメ993、カゴメ932
ミニ　サンチェリー250
ナス：春夏採り　式部、千両2号
夏秋採り　千両2号、式部
ハウス促成　式部
メロン：初夏採り　クインシー、プリンスメロン、タカミ
秋採り　アールスナイト

2006年以降の品種の動きについて主なものは次の通りである。

ニラ：グリーンロード、ワンダーグリンベルトのシェアが高くなる。

トマト：麗容、マイロックがシェアを伸ばし、桃太郎はるかも一部にある。夏秋は麗夏、ミニトマトは千果が増えた。台木としてはマグネット、ボランチに代わってきている。

キュウリ：トップランが新しく普及し台木はゆうゆう一輝が多い。

メロン：プリンスメロンが減退しクインシー、タカミ、オトメとなる。

2000年代を代表するトマト品種について大竹勝次の記述（1）や「栃木の野菜」などからまとめてみると次のようになる。

ハウス桃太郎：品質食味は抜群によいが、葉先枯れ、軟質果の発生が見られる。栽培は容易である。

桃太郎はるか：品質は抜群によいが食味はハウス桃太郎より劣る。チャック果、窓あき果は少ない。

麗容：大玉、硬いトマトであり市場評価がよい。草勢が弱いと玉の肥大が悪く灰色カビ病が多い。低温下でも果実の肥大よい。

マイロック：食味がよく果実が硬い。夏秋用として育成されたので初期が高温期となる長期栽培に向くとして本作型にも用いられる。

2）栽培事例

（1）ハウストマトの果実糖度6度を確保する栽培（2）

トマト生産者大会や普及教育課資料により2001年産トマトの栽培指針をまとめると下記の通りである。

1. 良苗の育成
2. しめづくりを可能にする土つくり：土壌診断に基づく適正施肥、良質有機物施用による物理性改善
3. 圃場の太陽熱消毒、地下水位　根域70cm以上
4. 施設：光環境の向上、均一な温度分布、湿度の低下
5. 定植：坪当たり7本前後で一条植えの推進、マルチ時期の調節による根張り確保
6. 草勢管理：活着後の生育調節、第3花房開花期の土壌水分管理、生育中期以降に追肥、灌水できる草勢
7. 4月以降の草勢管理：草勢維持と品質低下対策の徹底

8. 土壌水分管理：定植時はPF2.3－2.5として過繁茂を防止する、灌水と追肥は第3花房開花以降にする
9. 草体管理：摘果によりM玉生産に努める、少日照期は玉だし、葉面積確保に上段の側枝葉利用
10. 温度管理：光の強さに合った温度管理
11. その他：肥効調節型肥料の活用、マルハナバチ利用、ラノテープや天敵利用による減資材の推進

(2) 長期栽培トマトの栽培指針 (3)

鹿沼市においてトマトの長期栽培導入に際してまとめられた資料を要約して紹介する。

台木：青枯れ病、褐色根腐れ病対策に該当する台木（前者へはヘスパ、サポート）

育苗：育苗期間中の要諦はいかに適温に近づけるがが重要である。遮光資材の活用、夜間のハウス開放、そして防虫ネット（1㎜以下）の展張が必要。

苗が到着したら速やかに鉢上げ。鉢のサイズは生育が早く乾きやすいので12㎝鉢を勧める。2本仕立てのピンチは午前中にやり切り口を乾かす。側枝が広がってきたら鉢づらしが遅れないように。温度管理はカーテンへのミラーシートなど遮熱材を日中にかける。古ビニールの活用もよい。育苗後半は特に徒長に注意する。

本圃の準備：太陽熱消毒は1カ月以上必要。高温期なので緩効性肥料を中心とする。基肥は少な目とする。9月中下旬の定植なので乾燥に注意する。乾きすぎは草勢を弱める。定植前の灌水より定植後の灌水で調節する。

定植：がく割れ時の定植がよい。圃場の水分が多い場合は1花咲きとする。一条植えを原則として1本仕立ては130×40㎝以上、2本の時は130×80㎝以上とする。

管理：斜め誘引は効率的だが茎葉の重なりに注意する。蔓おろし誘引は多労だが一般的なやり方で、6段開花時、8段、10段と行う。トマトトーンは11月までは120倍－150倍とする。灌水はしおれない限り行わないが、場合によっては遮光して灌水を控えることも必要。第三花房開花後は草勢を落とさないように灌水を適宜行う。

温度管理：前半は昼夜共に温度を下げる努力をする。10月以降は従来の基準に準じて管理する。

(3) 小山市でのイ－ティガボチャ栽培概要

小山市東野田の信末明の2003年の栽培を小山農改普及所の資料により紹介する。

育苗：播種は2月17日、鉢上げは12㎝ポットに3月6日。ハウス育苗。

定植と管理:定植は4月3日、透明マルチで平ベッド、幅は135㎝、小トンネルは210㎝、0.075㎜ビニール使用。330×120㎝に植え2本仕立てとした。

トンネル除去は5月9日、敷き藁は4月28日で交配は5月8日から。着果節位は11－15節とした。収穫は6月下旬から。

施肥量：基肥成分量は窒素24、燐酸64、カリ24kgでアグロアミノ、ケイサン熔燐、苦土タンカル、有機化成（野菜美人）使用、追肥はアグロアミノ120kg.

防除:5月10日にスミチオン、ダコニール、5月22日にEPN乳剤、ジマンダイセン水和剤散布。なお、2003年当時の小山農協管内のカボチャは26haあり、ほっこりくんが69%、九重栗が13%、イーティが8%、みやこが10%であった。

3）課題と問題点・対策

(1) トマトの越冬栽培

この作型が再び始まったのは2001年からで当初の問題点などを紹介する（3)。

○初期の高温・乾燥対策

○着果節位が高い

○生育が早い

○低段の裂皮、落果

○中段の空洞果と10段花房の弱勢

○疫病、オンシツコナジラミの多発

これらの対策としては長期栽培に耐える土壌作り、細霧散布、温度管理、適正着果数、ラノテープなどの病害防除などがあるが、その後の高軒高ハウスの導入、ハイワイヤー誘引の採用により栽培改善が図られた。

引用文献［第10章第4項］

1. 大竹勝次（2007）トマトと歩んだ小さな記録（自家本）p116
2. 栃木県トマト生産者大会（2001年1月26日）資料による
3. 上都賀農業振興事務所資料（2001）前進作型　トマト栽培指針　冊子

栃木県トマト生産者大会　—県産トマト危機突破に向けて—

2001年1月26日開催、栃木経済農協連など

トマトの輸入増や西南暖地、特に熊本県からの出荷増による価格の下落に対して緊急的に生産者大会が開催された。栃木トマトのブランド維持のために一層の品質向上や安定供給策の意思統一をはからんとするものであった。大会スローガンとして次のことが掲げられた。

1. 消費者から信頼できるおいしいトマトづくりの実践
2. 栽培技術向上につとめ安定した品質の周年確保
3. 県内連携により流通の合理化を計る
4. ゆとりある経営を実現して後継者の確保と生産の拡大を計る
5. 消費宣伝活動を展開して有利販売を実現する

第11章 施設園芸初期の動き

1. 本県における初期の早出し栽培

野菜生産においても昔から促成物は初物として価値があり、富裕層が生まれてきた江戸期以降都市近郊や暖地で早出し栽培が行われるようになった。幕府による度々の「お触書」(初物売り出し節の制限)からもこのことが伺われる。早出し法としては踏込床に藁枠で油紙や菰(こも)による被覆が基本であり、この方法は1900年代まで行われていた。福羽逸人はフランス留学より帰国後、木製の温床枠にガラス障子を乗せる方式を提唱し、ガラス室での栽培と合わせてこれら早出し栽培を「高等栽培」と称した(1)。ガラス室に対して屋根を紙で被覆するペーパーハウスは1920年代以降高知など暖地で行われ、油紙によるトンネル栽培もあった。これらの栽培はビニールの出現により1950年代にはなくなった。「施設園芸」という呼称は1963年頃から使われ始めた。

藁枠温床による野菜の早出し栽培は本県でも古くから行われていたが、詳細は明らかでない。明治期の早出し栽培はガラス室によるものと木枠ガラス(または油紙)障子温床(フレーム)によるものがあり、中間タイプとしてペーパーハウスが高知県などにあった。主体はフレームによるものでこれは育苗に用いられていたが、促成栽培の本圃として使用するものである。本県でのフレーム利用の促成栽培の始まりはよく分からないが、1924年に促成栽培の面積として1320坪という記事がある(2)。後年の農林省の調査について本県と埼玉・茨城県のデータを表に示す(3)。

表11-1 ガラス室と温床の県別面積(坪)

県	ガラス室		温床
	1932年	1936年	1936年
栃木	88	337	3,445
茨城	293	549	37,342
埼玉	3,573	7,374	9,262

注：ガラス室には花卉も入っている、農林省全国調査であるが他は省略

これによると1932年から1936年まで施設の面積が増加しており、この頃までが戦前での早出し栽培の盛期であった。調査ではガラス室の加温の有無があるが、栃木県では加温、無加温は半々であり温床では3分の2が油障子となっている。温床の面積は半促成を除くとしてあり育苗用は入っていないと思われる。栃木県の温床栽培の品目はナス、トマト、キュウリ、ミツバ、ショウガ、イチゴ、シイタケが挙げられている。

地下式の温床は1908年頃、茨城県新治郡園部村真家で考案され(4)、これにより茨城県はこの表で見るように温床栽培が盛んであった。特に県西部(結城市など)はキュウリの促成栽培(フレーム)の産地であった(5)。当然この影響は本県にも及んでいて戦前にも各地でキュウリの促成が行われていたが、フレーム温床によるものである。

事例は少ないが下記に記す。

○1929年に芳賀郡山前村、豊田春圃によるキュウリの促成についての記事がある(6)。

○1927年には野崎村塩那促成胡瓜出荷組合、喜連川鶯宿出荷組合でキュウリの促成が行われていた(7)。

○1935年ごろ宇都宮市では「都市化農業」としての高等栽培（促成や軟化栽培のこと）を奨励していた(8)。

○1940年から宇都宮市石井町の小島市重定は油紙のトンネルでキュウリの早出し（4月播き、翌年は3月播き）をやっていた(9)。

ほかに記録はないが茨城県西に接する下都賀地方にも温床促成の栽培があったと推察される。キュウリの温床促成が多かったのは当時の食生活上のキュウリの地位が高かったこと、果菜類の中でも低温性野菜であり収穫まで早く、棚を作りつるを枠内に収めることができたことなどによる。初期の半促成栽培については第1篇第4章で触れたが、県農試・島田保男によれば下記の方法を紹介している(10)。これがどの程度普及していたかはわからない。

1．麦間による防寒　2．藁囲い　3．竹トンネルで夜はこも掛け　4．株への紙テント

5．わら枠で油紙障子（さらに踏込）

戦後1945年以降、農業用ビニールが出る前に県南などでキュウリの温床促成が行われていたのは、戦前の技術が復興したものと解される。

事例として筆者が知り得たものは次の通りである。

○間々田町の野村春夫は1955年にはキュウリの温床促成をやっており、次いでこれにならい同所の日向野竹雄らも1956年からガラス温床で同じ栽培を始めた。

○野木村の中古屋農研クラブでは1955年時点で15名による温床（油紙並びにビニール）半促成を実施中(11)。

○馬頭町久那瀬の高野三代治は低設温床によるキュウリの促成を1950年頃からやっていた。

○湯津上村の渡辺正男は1953年に油障子半地下温床による促成キュウリ栽培を行った。この地の施設園芸の始まりとなる。

これらの温床栽培では掘り下げた枠内に竹などで棚を作り収穫するタイプと初期を障子で保護し後に支柱を立てものとがあった。前者は促成的であり後者は半促成的であるが、上記の中で野木村や小島重定のものは半促成的な栽培であったようだ。

なお、鹿沼市栃窪の渡辺順道は戦後間もなくの1950年頃より油紙によるキュウリのトンネル栽培を始め、1956年からはビニールトンネルとしておりトンネル栽培の早い例である(12)。宇都宮市駒生の細谷邦夫はニラのビニールトンネルを1954年には行っている(13)。

引用文献［第11章第1項］

1. 福羽逸人（1908）果樹蔬菜高等栽培
2. 栃木県史資料編近現代4（1974）
3. 日本園芸発達史第7編（1943）日本園芸会、復刻版　有明書房
4. 小松崎実（1952）茨城県園部きゅうりの促成技術　農耕と園芸7（13）23－25p
5. 日本園芸雑誌51－12　(1939)
6. 豊田春圃（1929）農閑期利用の胡瓜促成栽培　栃木農報40（1）
7. 栃木県農業団体史（1954）　栃木県総務部
8. 宇都宮市史　近現代編Ⅱ　(1982)
9. 農協だよりNo127（1980）宇都宮農協　小島重定談話
10. 島田保男（1929）蔬菜の半促成栽培　栃木農報6（4）
11. 農業改良時報65号（1955）　村を富ます特産－野木村中古屋農研
12. 渡辺順道（1955）水田裏作胡瓜のトンネル栽培　農業栃木7(2)
13. 細谷邦夫（1955）農業改良時報63号　野菜栽培で農閑期を活用

談話参考　日向野竹雄、高野正男、渡辺正男

2. 塩化ビニールの農業への利用

プラスチックはフランスで発明されアメリカで工業化、わが国には1939年に入ってきたとされる。このプラスッチックはまず商工関係のシートや雑貨用として使われていた。戦後、塩化ビニールを扱い始めたのは米国のモンサント社と三菱化成㈱により設立された合弁会社の三菱モンサント化成㈱で、ビニールの農業利用が企画されていた。しかし初期の農業利用は雑貨用のシートを屋外で利用したものであったから、耐久性において問題にならず将来性は危ぶまれていた。当時の被覆材は油紙かガラスであったから、新資材・ビニールの経済性も指摘されていた。

同社では1951年春から実用化試験を農林省や各府県の試験研究機関、篤農家に依頼している。これらの結果は早くも1953年に「最新ビニール農業」として出版された。初期の試作段階では元・農林省技官の渡辺誠三が1951年秋に初めて野菜の育苗に使用し、翌年の1月各種果菜類の育苗に用いガラス障子や油紙障子よりよい成績を得た。

農林省はじめ15の都道府県では1952年より育苗、テント、ハウスによる栽培試験を一斉に行い、このフィルムの栽培上の実用性が明らかにされた。ハウスとしての利用は1952年の渡辺誠三のものと農業技術研究所園芸部のものが早い例として知られている（1－4）。

現地の野菜篤農家の動きも早かった。静岡県焼津の中野仁一は竹幌式のハウスを1952年に作成した。同県の杉山敏彦も同年に木骨ハウスを建てている。同時に杉山は1953年春にキュウリのビニールトンネル栽培を始め、周辺の注目を集める。1961年に杉山敏彦は鉄骨と木材、割竹を組み合わせた丸屋根連棟ハウスを作り、これは静岡型として普及した（5）。

野菜に対するビニールの利用は苗床の被覆とトンネル栽培並びにハウス用として始まったが、規模的にはトンネル早熟栽培が大きく、トンネルの大型化が竹幌ハウスになっていき、初期の木骨屋根型ハウスは建設と展張の容易さから丸屋根かまぼこハウスにとって代わられる。

初期のハウスの発達には竹材が大きい役割を果たしたが、その後耐久性のある鉄パイプを利用するようになる。千葉県農試ではすでに1960年頃試作したといわれるが（4）、実際にパイプ丸屋根ハウスが普及してきたのは1965年頃からである。内部被覆やマルチに多用されるポリエチレンは1960年頃から出回るようになる。農ポリと農ビの保温性については今では決着が付き、すみわけができているが当時両者の比較が問題となった。初期の普及段階では太洋興業㈱や馬越種苗㈱が代理店として貢献した。太洋興業は園芸関係、馬越種苗は水稲の苗代被覆材として各地で営業活動を行った。本県にては鹿沼市の大関種苗店が先んじてビニール販売を行っている。1955年頃からのビニール園芸は全国的に発展し、着果ホルモン剤の普及や周辺資材の開発により野菜生産を一変させる。

引用文献［第11章第2項］

1. 渡辺誠三（1956）ビニル園芸　養賢堂
2. 内海修一（1962）ビニール園芸の技術と経営　富民協会
3. 渡辺誠三・藤井健雄（1953）最新ビニール農業　誠文堂新光社
4. 近藤恒雄（1998）農ビとともに半世紀　自家本
5. 全国野菜園芸研究会（1985）全野研30年史

3. 全国野菜園芸技術研究会の発足(1、2)

全国野菜園芸技術研究会（全野研）のルーツは静岡県のキュウリ栽培者までさかのぼる。静岡県焼津市の中野仁一は先の大戦におけるマレー半島戦線で負傷され復員、戦後の活路を野菜栽培に求めた。高知県のペーパーハウスのキュウリ促成を視察しこの栽培を取り入れ、ビニールが出るやいち早く1953年（1952年？）に割竹によるかまぼこ型ハウスを作り、近隣の注目を集めた。

一方、同県沼津市の杉山敏彦は父の代から相模半白キュウリを栽培し、相模半白の採種者であり、これの改良品種の露木半白の育成者でもある露木時蔵（神奈川県松田町）と交流が深かった。栃木県宇都宮市石井町の小島重定は戦前から水田裏作の野菜作りで名をなしており、露木とも交流があった。露木は静岡県のキュウリ作りに比べ小島の栽培技術の優れていることを見抜き、1954年に小島に講演会を依頼した。1954年9月5日、露木の近くの金田村小学校で行われた講演会は大盛況であったという。この日の宿泊地で中野仁一、露木時蔵、杉山敏彦、小島に同行してきた宇都宮の坂本恵司ら3名も加わり、静岡県と栃木県の生産者同士の結び付が始まった。

中野仁一の竹幌ハウスは1952年にはできていたが、中野は1954年夏に小島宅を訪問していることから二人の交流はこれ以前から始まっていると思われ、中野や杉山のハウス栽培の情報はすでに小島重定や坂本恵司らの宇都宮市の栽培者には伝わっていたであろう。
1956年8月30日に行われた富民協会の全国農業技術コンクール（会場、大津市）での小島重定の「水田裏作によるそ菜栽培の研究」が全国優勝を果たした。この発表において小島は100本の収穫跡がある何mにもなるキュウリの蔓を壇上に竹竿で掲げ、参加者をアッと言わせたと語り草に伝えられている。

この大会の後、静岡県のキュウリ栽培者有志は伊豆長岡温泉に小島を招き、キュウリ栽培についての懇話会が行われた。全野研30年史によれば参加者は100名超であったという。これを契機に静岡県胡瓜研究会ができ、1962年に日光市で行われた同研究会と地元栃木県のビニール利用研究会合同の研究大会において全国野菜園芸技術研究会設立が決まり、ここに全野研が誕生した。

坂本恵司の開会宣言は「静岡県胡瓜研究会第7回総会ならびに栃木県ビニール利用研究会第2回総会をかねて全国野菜園芸技術研究会日光大会を開会します」とあり、参加者は1都16県の約400名であった。すでに静岡県胡瓜研究会には全国に会員がいて、栃木県からの参加者もいた。初代の会長は小島重定であった。

引用文献［第11章第3項］
1. 全野研30年記念誌（1985）
2. 全野研第32回研究会栃木県大会記念誌・栃木の野菜p18（1987）同大会実行委員会（県園芸特産振興協会）

4. 本県における初期の施設園芸

本県の施設園芸は温床時代の野菜熱心家により始められ、その筆頭は宇都宮市石井町の小島重定とそのグループの人たちである。小島は静岡県の中野仁一のハウスを見る前からビニールをトンネルなどに利用していたが、中野の「創作」したビニールハウスを見てハウスを建てたのは1953年である。1953年春、小島は東京・大手町の太洋興業㈱より直接ビニールを購入、24坪の県第1号のハウス（竹幌トンネル型）と述べている（1、2）。

ビニールが市販された当時、価格的に大量購入は難しく、面積の少ない苗床被覆から始まり、小規模の竹幌ハウスへと利用されながら、一方トンネル栽培の高収入からさらに早出しを目指してハウス化も始まる。トンネル栽培に集中する者とハウス栽培に移る者があり、両者は並行的に拡大していった。しかし多くの者はトンネル栽培を数年経たのちにハウスを建てていることが、当時の記事からわかる。ちょうど、その時期が杉山敏彦考案の静岡2号連棟ハウスの販売時期に当たっていた。農業用ビニールを最初に手掛けた太洋興業㈱から静岡型ハウスが売り出されたのが1960年で、1962年、CTハウス、1968年全野研型メーターハウスと続き急速にハウス栽培が普及する。

小島重定のほか手塚壮夫（宇都宮市大網町）らも1953年頃に竹幌ハウスを建てているが、1960年以降は連棟の静岡型ハウスが各地に急増してくる。「農業と生活」誌などの記事によると初期に活躍した多くの者は1962年から1965年の間にハウスを建てている。

主な事例として農業と生活誌などの記述から記すと次の通りである（年はハウス建設年または栽培年）。これは一例でありこれ以外にもこの時期は多数の導入者がいた。

表11－2　初期のビニールハウス建設状況

氏名・場所	年次	ハウス型	備考
小島重定（宇都宮）	1953	竹幌	石井、1957年連棟
手塚壮夫（宇）	1953	同	大網
岩上喜代始（石橋）	1955	同	
高橋源一（宇）	1959	同	宝木
渡辺正男（湯津上）	1959	同	
日向野竹雄（間々田）	1960	同	キュウリ
日向野雅増（間々田）	1960		キュウリ
釜井敏男（宇）	1960		協業、平石
増渕繁雄（上三川）	1960		協業
戸ケ崎輝三郎（足利）	1960		
小峰登（上三川）	1960		協業
保坂虎吉（間々田）	1961	静岡型	
笠原昌夫（足利）	1961		キュウリ
設楽ミイ（鹿沼）	1961	静岡型	キュウリ
小池政男（高根沢）	1962	静岡10型	
大蔵健（西那須）	1962		
荒川順二（間々田）	1962	静岡2号	
黒川甚吾（南河内）	1962		キュウリ
池沢清（佐野）	1963		キュウリ
倉井賢一（石橋）	1963		
高松勝雄（西那須）	1964	アングル、竹	
関口尚（栃木）	1964		連棟、キュウリ

初期のハウスにおいても各人、各社においていろいろな型が提案され、試行された。1963年時点で丸屋根として静岡型、ひかり式、農協型をはじめ屋根型として渡辺普及型、広幅単棟としてCTハウス、アキレス省力型などがあった。後に4－6m間口の多連棟丸屋根型ハウスへ集約され、鉄パイプ材のものになってゆく。

当時の作付面積のデータは少ないが「キュウリの不時栽培」として1950年を100として1951

年127、1952年254という増加率であった。トマトでも同様の基準で1954年が462となっており、数字が坪で示されているが、トンネル栽培が中心でハウス面積もわずかに含まれると思われる。地域別の面積も示されているので一部を下表に示す(3)。これによると当時はキュウリが多くまた地域により半促成栽培の普及に差があり、増加の著しい所とそうでない所があった。

表11－3 果菜類の不時栽培（トンネル栽培）状況（坪、1955年普及教育課）

地域	キュウリ			トマト		
	1950	1952	1954	1950	1952	1954
宇都宮	5,000	25,000	33,000	－	－	4,500
上三川	2,000	3,500	5,000	200	200	320
佐久山	870	1,280	1,470	－	－	160
氏家	1,500	1,500	3,000	900	900	1,500
佐野	3,000	9,000	30,000	900	1500	6,000
足利	3,200	5,090	3,800	－	－	120

注：半促成のみ示し省いた地域あり。促成は極小面積なので省いた。

1964年のハウス面積（1964年3月現在）は下表の通りである（4）。

表11－4 ハウス栽培状況（坪、1964年）

地域	面積（坪）	地域	面積（坪）
宇都宮市	12,000	足利市	32,200
鹿沼市	7,100	河内郡	5,100
今市市	4,550	芳賀郡	5,000
真岡市	820	下都賀郡	20,000
小山市	4,000	安蘇郡	300
栃木市	2,500	計 99,570	
佐野市	6,000		

これによると足利市と宇都宮市にハウスが多く、県全体では約3haである。県北部にもハウスはあったと思われるがこの表にはない。作物はキュウリ、トマトでハウスの形式は農協型、静岡型、CT型としている。

1961年には農業基本法が制定され選択的拡大がうたわれていたが、施設園芸についてはまだ政策的に未分野であり、1963年刊行の農業改良普及事業15周年記念誌でも早出し栽培への重要性は示しつつも普及活動実績記事はまだなく、野菜分野では夏秋物の活動実績が中心であった。同20周年誌（1968年）になると露地野菜の停滞傾向に対し各地でハウス栽培が急増している実態が多く紹介されるようになる。

一例として小山農改普及所管内のハウス面積の推移を下表に示す。

表11－5 小山普及所管内のハウス面積の推移（a）

市町	1964年	1965	1966	1967	1968
小山	49	115	495	990	1,122
野木		7	165	330	413
国分寺		10	33	66	82
石橋	33	49	99	264	363
計	82	181	792	1,650	1,980

引用文献［第11章第4項］

1. NHK明るい農村　TV台本（1983）昭和58年4月放送　「ビニールハウス誕生秘話」小島重定談（小島家蔵）
2. 栃木県施設園芸農業協同組合設立総会資料（1969）
3. 昭和29年度農業改良普及のあしあと（1955）県農業改良課
4. 農業協同組合新聞（1964）昭和39年5月28日記事

図11－1　足利市での初めてのハウス（足利農業改良普及所原図、1957年）

図11－2　竹幌式ハウスの骨組み（内海修一原図、ビニール園芸の技術と経営、富民協会、1962年）

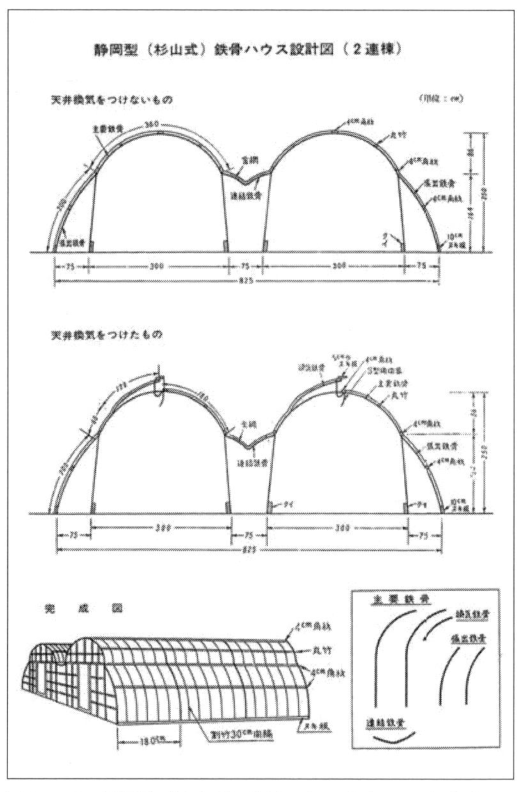

図11－3　静岡型（杉山式）鉄骨ハウス（ビニールと農業No 20、三菱モンサント㈱1963年）

5. 初期の生産出荷組織

初期のハウス生産者は全体から見れば少数派であり、稲作ではまだまだ新規開田が盛んな時期であった。その反面、生産者の施設園芸に対する熱意は高く、米麦中心の農協とは別に任意組織を作り生産出荷に当たる例が多かった。宇都宮市の生産者、小島重定、市村忠一、山崎義盛らは1950年にキュウリを中心とする宇都宮野菜研究会を作った。別に1960年に平石蔬菜生産出荷組合ができ、次いで市施設園芸振興会（67名）、宇都宮周辺の生産者による宮トマト生産出荷組合は1963年8月に発足、後に湯津上村や馬頭町の生産者が加わる。全県的な組織としては1961年栃木県ビニール利用研究会（28名）ができ、後に全野研の下部組織・栃木県野菜園芸研究会（栃野研）となる。出荷組織としての宮トマト組合と技術指導を重点とする全県組織・栃野研は併行的に存在していたがこの二者の機能は栃木県施設園芸農業協同組合に昇華した（1）。

県南地方の生産者は栃野研に加入しながら出荷は地元市場に行う例が多かった。しかし生産者の増加に従い農協の内部組織となっていった。宇都宮市の姿川農協は初期からハウス部会を持っていたがこのような例は少ない。

6. 栃木県施設園芸農業協同組合と系統農協の対応

1）施設園芸農協の設立(1)

施設園芸という新分野の技術対応や青果物の出荷についての実績の少ない旧町村単位の農協では、施設生産者の要望や出荷業務を行うのは難しかった。個人出荷で済むうちはよかったが生産量が増すにつれ、量を背景に有利販売を求めることになる。このようにして生まれたのが宮トマト組合であったが、さらに法人化して将来を見越すために小島重定らは専門農協を設立した。

1969年11月22日、栃木会館で行われた設立総会で小島会長は米の過剰という現実を前にやがて施設園芸もこの問題に直面することを予想して備えなければならぬこと、任意組合や少人数で各地の農協に属していても集団の力が発揮できないこと、そのために高度な技術と販売戦略を持つ専門農協を作ると宣言した。組合員は県中央部と県北部の者で、発起人はそれぞれの町村での先駆者であった。個々の生産者は地域の農協の組合員でありその地での指導者であったから、いろいろと調整や了解があったことだろう。組合長の小島も地域農協との共存共栄を強調していた。初年度の組合員は207名で集荷所は9カ所設けられ、1970年3月から12月までの販売額は2億6,500万円であった。

マスコミは当時既成農協への農家の造反と記事化したが、この専門農協も3年の後、系統農協・経済連と統合することになる。統合問題は1972年夏ごろから始まり、県農務部の仲介もあってこの年の12月には決着した。

わずか3年で施設園芸農協は解散となるが、これは組織の一本化という県の以前からの方針があったこと、同時に県からの働きかけがあり園芸農協としても200名を超す大きい組織になり、生産者のボランティア的な業務では運営が難しくなってきたこと、施設園芸協議会という受け皿があったことなどが要因であろう。

施設園芸農業協同組合の概要　事務所　宇都宮市塙田町319

組合長小島重定　副組合長南木清三郎、坂本恵司、渡辺正男、専務理事高橋勝巳
指導部坂本恵司ほか、販売部高松勝雄ほか、購買部南木清三郎ほか、経理部手塚壮夫ほか、総務部渡辺正男ほか、金融部吉沢新市ほか、企画部釜井良弘ほか

地区別会員数　宇都宮46、上河内9、鹿沼36、矢板10、喜連川12、高根沢16、西那須野12、大田原10、湯津上23、馬頭20、真岡8、石橋、壬生、塩谷各1、黒羽4、黒磯4、烏山5名

2）系統農協の施設園芸への対応

一方、系統農協の施設園芸対策をみると次のようであった。

系統農協の青果物対策は先駆的生産者からみれば不満足であったが、青果対策は早くからあった。初期の例では1957年の県農協大会において青果物の取り扱いが討議され、地域における出荷組合との連携を図り共同販売の実を上げることが決議されている（2）。1963年から農協中央会による青果団地造成対策が実行されるようになったが、対象品目はトマト、キュウリ、ニューメロン、イチゴ、タマネギ、カンランで具体的にはトマトは夏秋、加工トマト、キュウリは夏キュウリに、メロンは芳賀地区、タマネギは河内、芳賀、カンランは県北と足利を指

栃木県園芸農協だより　創刊号　昭和45年1月1日

創立総会は昭和44年11月22日栃木会館で盛大に挙行された

栃木県施設園芸農協の歩み

専務理事　高　橋　勝　己

▼園芸農協までの発展の過程

(1) 昭和三十五年宇都宮市平石地区に於て、二十五名の施設園芸農家が技術の交流と、共同出荷体制の確立を目的として発足する。

(2) その組織を母体にして、宇都宮市周辺の施設園芸農家が加入し、昭和三十八年八月一日、宮トマト生産出荷組合を結成する。

(3) 昭和四十二年八月五日、栃野研の技術条令にある県中北部の施設園芸農家が結集、宮トマト生産出荷組合を母体に、栃木県施設園芸連合会が生れる。

(4) 本県に於ては任意組合または農協傘下のそ菜生産組織が零細散在しており個々の組合のみではその力に限界があるので、県内のそ菜栽培を目的とする農家を結集して、高度な技術の収得と、有利な流通機構を確立し、更に対外的な信用度を高め、責任ある組合員を結集し、専門農協の設立をはかる。

▼栃木県施設園芸農協設立経過　設立発起人　二十四名

記

小島重定、南木清三郎、坂本恵司、渡辺正男、高橋勝己、斎藤仲　、高野正男
高松勝雄、手塚壮夫、墨谷　一、遠藤光義、熊田　善、塚原貞夫、小池政雄、
津久井孝、中村広己、岡本俊雄、星　誠、村上政市、釜井良弘、郡司　重、
小島多賀司、村上圭市、吉沢新市

▼設立準備会の開催公告　昭和四十四年九月二十七日より十月十三日に至る十五日間、本組合地区各集荷所に公告した

▼設立準備会開催

(イ) 日時　昭和四十四年十月十四日午后二時より四時三十分まで

(ロ) 場所　宇都宮市峰町足利銀行峰町支店会議室

(ハ) 出席者七十三名（区域内居住者）

▼定款作成経過

昭和四十四年十月十五日から十月二十日に至る間協議会を開いた

▼創立総会

(イ) 日時　昭和四十四年十一月二十二日午前十時より午后三時五十分まで

(ロ) 場所　栃木会館七階七十二号会議室

(ハ) 出席者、一六六名

総会には衆参両院議員、県会議員、知事、市長、関係部課長、業界代表者約六十名の臨席を得、極めて盛会裡に行なわれる。その後ただちに認可申請書を提出

▼昭和四十五年一月二十八日栃木県知事の認可を得る

図11－5　栃木県施設園芸農業協同組合だより創刊号の一部（1970年）

定するものであった。いずれも既成産地（当時としては新興産地）を追認するものであり、ハウス栽培果菜類の扱いは部分的であった (3)。しかし1965年以降、野菜ハウスが急増し重要品目になるにつれて宮トマト組合はじめ各地のハウス組合と農協との協調が望まれるようになる。このため1969年4月より中央会、経済連、単協や栃野研、宮トマト組合が本県の施設園芸組織の大同団結を図るべく栃木県施設園芸協議会の結成に向けての協議が始まった。しかし上記したように同年秋に栃野研による施設園芸農協が設立されたため、1969年11月に系統農協傘下の組織だけで発足した。この協議会は後に園芸特産振興協会（1975年、会長大倉一郎）となる (3)。

3）農協組織としての施設園芸

技術指導に期待して施設園芸農協に参加した若手生産者にとって解散は意外と受け止められ

たようだ。やむなく各人地元の農協（部会）に戻ることになるが、県北の湯津上、川西、黒羽農協の生産者はそれぞれが少数なので各農協の了解のもと1973年に3農協を横断する那須北施設園芸協議会（会長渡辺正男、事務所は湯津上農協）を組織して技術の共有、共同出荷を進めた。なおこの協議会は広域農協の発足により解散し1998年に渡辺正男ら有志は新しく農事組合法人「那須北園芸」を組織した（4)。

農協による施設園芸部会の設立について各種記事によりその初期の一部を紹介すると下記のようになる。

○小山市間々田ハウス研究会　1961年

○足利市梁田農協下野田トマト組合　1962年

○足利市ハウス研究会　1963年120名

○足利市南部農協青果部会　1964年

○今市市森友ハウス組合　1967年10名　斉藤喜一

○国分寺町農協施設園芸部会　1970年頃

○壬生町稲葉地区施設園芸研究会　1972年12名

○高根沢町施設園芸部会　1973年　小池政男

1968年、栃木県施設園芸協議会ができてから各地方に地区の協議会ができたので、下部の農協に施設園芸部会が揃うようになる（3)。このように系統農協の施設園芸事業の一本化が進んだ。

引用文献［第11章第5、6項］

1. 栃木県施設園芸農業協同組合設立総会資料（1969）
2. 栃木県農業協同組合史（1970）同史編さん委員会
3. 栃木県農協中央会30年史（1987）県農協中央会
4. 那須北園芸20周年誌（1992）（有）那須北園芸

談話参考　野尻佳宏、小島俊一、高野正男

第12章 栽培施設の発展

1. ハウスの型式

ハウスの普及につれ規模拡大が起こってくるのは当然のことである。野木町の折原一好の例では1965年700㎡、66年1200㎡、68年3000㎡と猛烈に拡大している。すべてがこのようなものではないが、新規参入者も多く新しいハウス形式が次々と世に出てくる。1960年代の主要ハウスを挙げて見る。

○静岡型ハウス　鉄骨に割竹　2－多連棟　間口3m
○渡辺普及型　鉄骨割竹　間口3mの多連棟
○ひかり式鉄骨　鉄骨割竹　間口3.5m　2－多連棟
○サガミ式　鉄骨割竹　間口3.6m　2－多連棟
○農協型　Lアングル割竹　3.6m 多連棟
○CTハウス　Lアングル丸竹　単棟間口20.4m

内海修一のまとめでは1966年時点で屋根型8点、アーチ型（丸屋根）16点、マンモス型（広幅単棟）7点を挙げている。これらは間口3－4mが多く、次いで4.5－5m、軒高は2.5－3mが殆どである。しかしこれらは作業性、便利性から設計されたもので、建築基準的な観点から設計されたものはこれまでないとしている（1)。

ハウス導入初期から10年後の1970年の状況は下表の通りである。イチゴのパイプハウスを除けばほとんどは間口3－4mの連棟ハウスであり、静岡型が大半を占める。

1967年当時、大田原農改普及所・星光栄のハウス換気から見た見解は、静岡型について換気は谷間とサイドのみであり不十分、農協型は天窓式で換気は良好だが窓枠が木材なので耐久性が問題としている

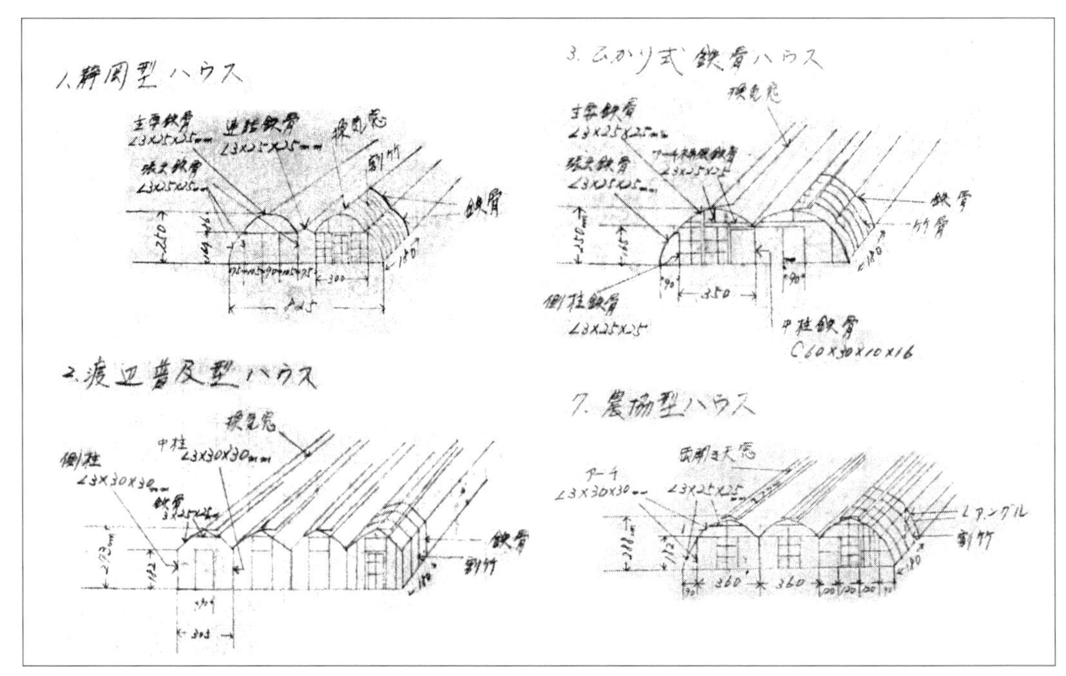

図12－1　1960年代の主なビニールハウス構造図（1963年、県農業改良課資料）

表12－1　ハウスの型式別面積比％（県普及教育課1970）

ハウス面積・県	丸屋根型	ヤハタ型	CT型	メーター型	パイプハウス	その他
69606a	20.7%	0.9	2.3	1.3	74.1	0.8

注：イチゴ、ニラのハウス栽培を含む、丸屋根型は静岡型含む

施設はその後1970年代の構造改善事業などにより各地にガラス室団地ができた。

1979年現在で日向トマト団地組合（鹿沼市）など14カ所であり、これらは大型ガラス室とフェンロータイプの多連棟ガラス室に分けられ、殆どがトマト用である。またパイプハウスは雨除け栽培用に1973年以降導入された。高軒高ハウスは2000年以降低コスト生産推進事業に絡んで各地に導入された。

2. 内部施設・装備

1）加温施設

1965年以前のハウスは単棟トンネル型の小規模ハウスが主体だったので内部トンネル除去後の短期間の晩霜対策的なものとして直火型のストーブに類する器具（練炭、灯油、LPG）を利用する程度であり、規模拡大のための大型暖房機はまだ要求されていなかった。県内ではニューポット式（100－300㎡用、灯油、温風吹き出し）やニイミ式（200㎡用、ピッチ練炭、温風吹き出し）が多かった。その後、ハウス内にカーテンが引かれるようになり、カーテン装置の自動化が進み連棟型のハウスも普及してきて、1965年に現在に通じる連棟大型ハウス用の温風加温機が登場してくる。これは比較的安価でダクトにより温風をハウス内に送るもので、これにより作期の前進と規模拡大が進むことになる。県の調査によると暖房機は1968年にはわずか40台程度と推定されていたが、1970年時点でネポン温風機、長府加温機など県内に1780台となっている。同じ時期で地中加温機はイチゴを中心にフジカ社、長府社など794台あった。温風暖房機の普及初期には、地温が上がらない、室内の温度が不均一でOFFのときは温度の下がり方が早いなどの欠点から、促成栽培に利用するのは難しいとされた。しかし価格、使い易さ、可動性、燃料の点などから暖房法の主流となる。

当時の様子を記した栃木農改普及所昭和49年度の普及活動の歩みのなかの「技術革新の先兵となった暖房機」の箇所を紹介する。

「昭和41年頃から暖房機が導入されてきたが当初は現在のように自動化されてなく、点火、火力の調整など神経を使った。こんな暖房機で菰かけ以上の収益が期待できるかが議論された。しかし菰かけや蔓上げ労力を解消できる実用的な暖房機の開発により規模拡大ができ、一気に規模拡大と作型の前進が進み今日に及んだ。改良資金の存在も大きかった。」

2）ハウス内部のカーテン装置

暖房機の普及前から内部カーテンはトンネル菰かけ労力の節約目的で設置する者もいたが、その開閉の手間が問題であった。各地で開閉装置の工夫がなされていたが、1966年、西那須野町の高松勝雄の考案した滑車手引きのカーテン開閉装置は世間の注目を集めた。高松によればこの装置（高松式と呼称）の見学者が各地からバスなどで殺到して大変だったという。高松は1969年8月の全野研群馬大会で「私のアイデアとして」発表している。この「発明」は発明協会の表彰を受け、後に全野研型メーターハウス用カーテンとして太洋興業㈱が扱うようになる。なお高松は同時期に連棟ハウスの谷間換気装置も考案している。

このほか塩谷民一のまとめでは角田式（加須市　角田善吉）、原川式（静岡県　原川由雄）、誠和式（小山市上初田　大出武久）があり、1970年上市の㈱誠和化学、現誠和）の誠和式がハウスの形式に関係なく、大面積ハウスでも開閉が容易であり最も普及しているという。

3）炭酸ガス発生機と利用

炭酸ガスの増与で温室トマトの収量が増えるという外国論文がわが国で紹介されたのは1931年のことであるが（2)、野菜作において炭酸ガス増与が関心を持たれるようになったのは、ハウスが大型化し冬期を通じての栽培が行われるようになった1970年前後のことである。学会サイドからの研究は1960年代から千葉大学と大阪府立大学でほぼ同時期に開始された。前者は最初から圃場での実証研究からスタートし、炭酸ガス発生剤としてドライアイスや化学薬品（炭酸塩に有機酸添加）を使用しその効果を認めた。生産者サイドからの関心は1969年8月の全野研欧州園芸事情の視察で、炭酸ガス補給の普及状況を実際に見てからのことである。初期の研究から丸井加工㈱や日東化学㈱などの企業も参加し、さらにハウス関連の企業もこの分野に参入してきた。新技術の導入に強い関心をもつ施設栽培者を対象に関連企業が炭酸ガス発生機を次々に販売し始め、1070年代半ばにはメロン、キュウリ、トマト、イチゴの産地で炭酸ガス施用が盛んになった。当時、すでにガス発生機は30種以上あり、購入者は1974年秋からの者がほとんどであり一種のブーム現象を呈した（3)。

宇都宮市柳田町の坂本恵司は1969年頃には苗床でガス発生剤を利用していたが、メーカーの勧めで1973年秋にガス発生機を20aのキュウリで試用し多収効果を認めた。翌年にはトマトでも試用し空洞果が減り多収であった。坂本はガス補給の効果はそれに応じた草勢管理が必要であり、単に補給するだけでは駄目だと感じていた（4)。足利市では1974年産トマトに導入（1名)、翌年には約50台（シーオーツージェター機主体）に増えた。これは空洞果の出やすい大型瑞光に空洞果が少なかったこによるものであった。当時の施用法として日の出後30分から換気する30分前までの施用とし、濃度は1500ppmを目標とした。この年の実態を農改普及所の斉藤一雄は草勢管理を主体に総括しているが、効果のなかった例もあり今後の問題点としている。経費的には無施用で反収200万円の場合、3－4％の増収でペイすると試算した（5)。

栃木県では1974年にトマト15、キュウリ12、イチゴ13haに使用されていた。

このように炭酸ガス施用は新技術として期待されたが、その期待は長続きしなかった。これは初期から指摘されていたことであったが、炭酸ガス増与の効果に及ぼす要因が複雑であることに加え、ハウスの気密性や作型による施用期間の短さなどが理由であろう。イチゴではその後促成栽培が主流となり炭酸ガス施用が復活し、トマトにおいても施設の高度化と共に越冬作型が多くなったこと、発生機の効率化もあって1990年前後より再び炭酸ガス施用が行われるようになった。

後年、1988年時点での鹿沼農改普及所の炭酸ガス施用についてのまとめは次のようである（6)。

トマト：越冬作型対象。1000－1500ppm、曇天時500－1000ppm、他のガス害が出るので3000ppm以上にはしない。葉色が濃く葉肉が厚くなる。草勢が強くなるので第一花房がピンポン玉の時からやるのがよい。後半の樹の老化に注意する（収穫最盛期での灌水や追肥)。効果として着色改善、果揃い良、多収となる。

キュウリ：越冬作では収穫始めから少し間をおいてから、促成キュウリは早めに開始する。キュウリは過繁茂になることはない。濃度はトマトと同じで7時、8時、9時の3回施用で十分。初期、収穫までは灌水を控え側枝を伸ばす。トマト同様に土作りが大事である。

1990年以降、炭酸ガス施用はある程度定着してきた。しかし細かい普及程度は明らかでない。

県野菜研究会の「栃木の野菜」1999年版によれば鹿沼市ではトマト促成作の生産者の2割がプロパン燃焼方式の炭酸ガス施用を行っているという。同誌2009年版のトマトのロックウール栽培の例では日中でも400ppmを下回る時は施用するとしている。2019年版での足利市の促成作では3割の生産者が第三花房開花以降に燃焼式で炭酸ガス施用を行っている。一般に施用の時は転流促進のため日中の気温を25℃程度で管理しているほか日中の施用も行う例もある。

図12－2 炭酸ガス施用実験の状況（1963年、千葉大学にて）

引用文献［第12章第1、2、3項］

1. 内海修一（1966）ハウス栽培の傾向と問題（冊子） 県中央会青果団地対策室
2. 日本園芸雑誌42（10）短報記事 （1931）
3. 炭酸ガス施用入門（1976）伊東正監修 誠文堂新光社
4. 日本農業新聞（1975）昭和50年8月20日 炭酸ガス発生機連載記事（6）
5. 斉藤一雄（1976）栃木県足利におけるトマトへの利用 炭酸ガス施用入門
6. 鹿沼農業改良普及所（1988）野菜の炭酸ガス施用について 配付資料

4）養液栽培

戦後、進駐米軍用の野菜生産農場での大規模礫耕栽培の例もあり、勃興してきたハウス栽培の合理化を目的として農林省園芸試験場開発の礫耕栽培が現場に取り入れられたのが1960年である。これが実用的な養液栽培の始まりといえる。しかし種々の理由から普及は一部にとどまり後に企業による開発が先行することになる。1970年頃までの各社による機器の上市年（表12－2）とその構造図を（図12－4）に示す（1、3）。

表12－2 養液栽培機器と発表年次（板木利隆、1987年による、大学、県によるものは省略）

考案・開発者	方式・名称	市販年次
農林省園芸試験場興津支場	礫耕	1960年
九州電力佐賀農電試	礫あみ鉢水耕	1968
久保田鉄工㈱	クボタプラント	1968
協和化学㈱	水気耕ハイポニカ	1969
M式水耕研究所	M式水耕	1969
㈱四国研究所	燻炭耕	1970
東罐工業㈱、中外貿易㈱	ダンプラV型くん炭耕	1971
竹原化成㈱	せせらぎ型水耕	1973
積水化学㈱	セキスイ段流型水耕	1974
住友化学㈱	サンドポニック（砂耕）	1978
㈱サンスイ	サンスイ水耕プラント	1978
新和プラスッチック	等量交換式	1979
㈱みかど育種農場	みかどNFT	1982
M式水耕研究所	MFT「さか」	1982
誠和化学㈱	ロックウール栽培システム	1985

前記の方式がすべて普及したわけでなく、全国的に広まったのは1985年頃でハイポニカ、M式、等量交換など数点に限られる。NFT方式は簡便さからイチゴを主体に普及したが養液の温度管理の難しさから普及は限られた。

ロックウール（RW）方式は渋谷正夫により日東紡㈱の協力で1982年より筑波大学農場で試験が開始され、1983年より茨城県桜村の楢戸勝次、1984年に服部勇一らにより栽培に移された（2)。さらに太洋興業㈱、カネコ種苗㈱、みかど育種㈱、誠和化学㈱などが参入し、1986年9月時点で15方式が販売されている（1)。

誠和化学（現・誠和）の岩本恒男はかねてより水耕装置の開発に携わってきたが、1983年5月にRWの養液栽培の有望性に気づき日東紡の協力で同年に試験を開始し、1985年に上市した(3)。

誠和㈱の岩本は当時1985年頃RW耕と水耕について次のように論じている。

水耕栽培の問題点

1．イニシャルコストが高い　コストと生産性は関係ない

2．根圏病害の発生　均一な濃度の培養液の循環で菌が増殖しやすい

3．生育調節ができない　水分による草勢調節ができない

4．水耕技術を習得する必要がある

これに対しRW栽培は施設費が安く、養液を循環しない方式でやれば上記の問題は解決できるとしてこの方式を普及に移した。

RW栽培は土耕と水耕の長所を併せ持ち、廃材の処理が問題として残るが施設費も安く養液のかけ流し式、循環式いずれでも可能であることから普及している。方式別の設置面積は下表の通りである。

表12－3　全国の養液栽培施設設置面積・ha
（日本施設園芸協会資料）

方式	1989年	2007年
湛液	204	312
NFT	67	113
礫耕	17	37
砂耕	4	12
RW	52	363
その他の固形培地	4	360
噴霧耕ほか	3	177

注：その他の固形培地は1990年代後半以降のイチゴの高設栽培面積が多くを占める

栃木県での養液栽培は1971年に小島重定が導入した協和式ハイポニカが最初で、次いで1973年の南河内町の馬場繁雄、1976年の岩舟町の富山燁、M式水耕の佐野市・金井正具が早い例である。1970年代から1980年代半ばまでの型式はハイポニカ、等量交換式、M式が中心で1985年頃は一時的にNFTが入り、1985年以降はRWが主流となってきた。

1987年12月現在の養液栽培者は県農改普及所調べでは48名でその内容は下記の通りである。

○地区別

宇都宮市：7名、93a　上三川町：2名、26a　南河内：1名、10a

鹿沼市：3名、46a　粟野町：1名、11 a　西方町：1名、12 a

真岡市：7名、76 a　二宮町：2名、20 a　芳賀町：1名、20 a

小山市：5名、85 a　栃木市：2名、30 a　大平町：2名、40 a

岩舟町：1名、12 a　壬生町：1名、20a　喜連川町：1名、40a

矢板市：1名、10a　黒羽町：1名、20a　西那須野町：1名、20a

佐野市：3名、51a　田沼町：1名、16a　足利市：4名、66a

○装置別

協和式：8名　新和式：8名（主にミツバ）　M式：3名

NFT：9名（イチゴ）ロックウール：20名

多くの施設では長期間施設を利用させるため、トマトでも長期栽培をする事例が多かった。

普及当初は施設導入が先行し、栽培を経験しながらの対処が行われ種々の問題点があったが最大の障害は培地起因の病害や生理的根部障害であった。

ロックウール栽培については中段以降の果実肥大が悪い、培地温の低下、尻ぐされ果の発生、協和ハイポニカ栽培については夏期の高液温、異常葉の発生、乱形果の発生などがあり、共通して培養液管理や根部病害の発生が挙げられている。これらの問題点は年数の経過に伴って次第に解決していく。

1900年代からの本県養液栽培普及状況をデータから見ると下記の通りである。

表12−4　野菜の養液栽培面積
（a、経営技術課資料による）

種類	1996年	2005	2008
トマト	1,715	2,379	4,448
ミニトマト	155	129	142
ナス	−	500	489
ミツバ	41	104	−
その他	10	22	−
計	1,921	3,134	5,079

注：トマトには養液土耕含む

2008年のミニトマトを含めたトマトの養液栽培4,590a（県全体で141名）のうち、ロックウール使用のものは2,871a（62％）であり、そのうち約80％が誠和㈱のものである。真岡市では1997年に1名によりナスでロックウール栽培が始まり、2002年までに益子町を含め27名がこれを導入した。ナスのロックウール栽培の産地はは全国的に見ても珍しい。またこの頃イチゴでは高設の養液栽培が急増している。

図12−3　わが国最初の水耕（礫）栽培施設（調布市の米軍水耕農場、1957年7月　上：セルリー、下：段差式の水耕床）

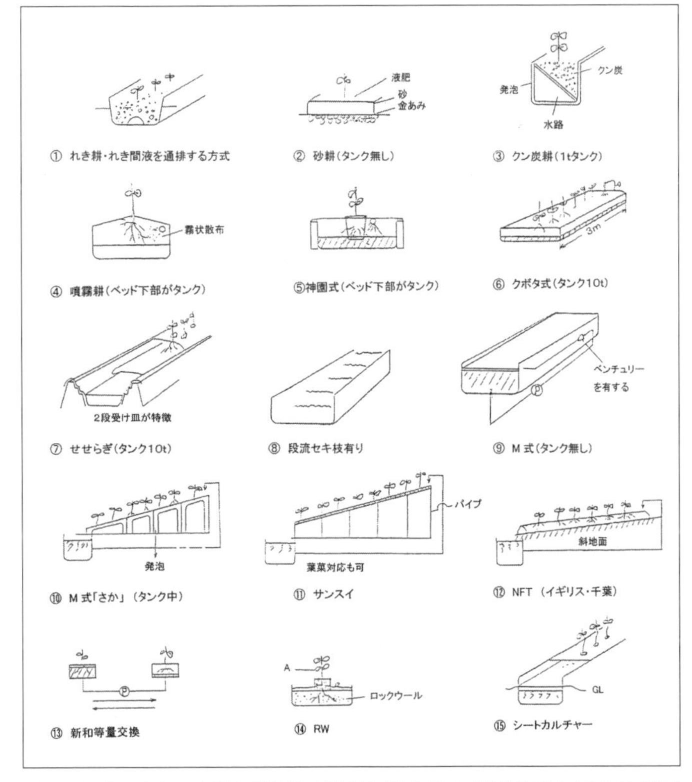

図12−4 1985年頃の各種水耕装置の模式図（岩本恒男、誠和㈱1985年原図を改写）

引用文献［第12章第2項4)］

1. 板木利隆（1987）施設園芸技術小論　自家本　（所収の論文：施設と園芸No52、No56）
2. 渋谷正夫（1987）ロックファイバーによる養液栽培の確立　農耕と園芸39（7）
3. 誠和化学㈱資料（1985）　養液研究室・岩本恒男

5）省エネルギー施設と機材

1973年秋に突如発生した石油危機以降、施設栽培での省エネルギー対策として多くの施設、資材が開発されてきた。第7章の記事とダブる点があるが主として初期の動きについて紹介する。省エネルギー技術として栽培技術面（低温管理や耐低温性品種の利用、作型変更）、施設の改善（外部被覆の保温性、内部の多層被覆、暖房施設の改善）、自然エネルギーの活用（太陽熱、地下水利用）、未利用資源や低燃費資材の活用（廃油、廃材の利用）など種々検討されてきたが、実際に普及したのは限られたものであった。

当時として多くの手法が提案され検討されたが、県段階では作型変更といった栽培法の転換でなく現状を維持する省エネ対策として、ハウス内張りカーテン資材、太陽熱利用資材、地下水利用装置（ウオーターカーテン）が主なものとなっていった。1980年代に複合環境制御装置は栃木市、足利市や湯津上村に導入されたが、これらは省エネのみの機能でなくまた一般的なものでもなかった。

1989年に県専門技術員の斉藤一雄は省エネ対策の総括として次のようにまとめた（1）。

二軸二層カーテン：省エネ対策として最も普及した。特にキュウリでは施設のすべてがこのカーテンとなっている。その保温材としてはポリ、ビニールが主体であるがシルバーポリも次いで用いられている。

地下水利用のウオーターカーテン：トマト、キュウリでは1984年まで増加してきたがその後は減少している。これはハウスの大規模化、室内の湿度問題、夜温の変温志向や高めの温度管理となってきたことも要因であろう。イチゴでは単棟ハウスが多いことから増加している。

節油器：1980年まで使用されていたが節油効果が少なく減少している。

地中熱交換施設：1979年からトマト、キュウリに導入され氏家町に3戸の導入者ができたが、室内の多湿化や日中に高温管理を要することなどから利用は減っていった。

水蓄熱交換装置：商品名グリーンソーラーとして1982年まで増加してきたが、日中の蓄熱式なので昼温を上げることや雨天時の蓄熱不足があって減少していった。しかし地下水の熱を利用する方式が改良型として登場してきた。

その他：廃棄物を燃料として利用する方式もあったが、1989年時点では殆どなくなった。
栽培法の改善：作付を遅らせることも行われたが、省エネ対策の確立以降次第に元の作型に戻り、トマトでは多収による収益増を求めて播種期の前進が見られるようになってきた。

省エネ施設の経済性

○ウオ－タ－カ－テン（1）

本県独自のウオーターカーテン（以下Wカーテン）は宇都宮市の釜井敏男と南木有一が1979年に開発したもので省エネ装置として優れたものである。

表12－5　ウオーターカーテンの経済性（宇都宮市、1981年）

項目	Wカーテン+温風機	温風暖房機のみ	備考
A重油	750ℓ　21,000円	4,000ℓ　112,000円	ℓ/28円
電気料	58,764	37,269	基本料含
償却費	300,174	198,402	散水装置、温風機とも8年
資材費	62,133	76,242	Wハウスはフィルム費、温風機のみハウスは2軸2層カーテン費
計	442,071円	423,913円	

注：トマト、8月30日播き、夜温7℃以下は温風機併用。温風機ハウスはmin 7℃　光熱費は1981年冬－翌年6月の実績、資材費は1987年の価格とした。

これは宇都宮市のトマト栽培（8月播き）での試算であるが、Wカーテンと温風暖房機を併用したハウスと温風暖房機のみのハウスの比較では、8年償却とすれば施設費においてWカーテンハウスの経費がやや高くなるが、重油単価の今後のこと、施設償却年数の延長による経費節減、暖房機故障時のリスク対策なども考えなければならないとしている。

○グリーンソーラー（地下水利用型）(1)

氏家町の事例を斉藤の報告より紹介する。

2,100㎡ハウスに6台入れて補助暖房として温風暖房機を併用した。グリーンソーラーの能力は外温差13℃まであるようで、外気温が－8℃以下になると温風機を作動させた。試算によると現在の重油価格ではこの地方のトマト栽培には向かないようであった。

表12－6 グリーンソーラーの経済性（氏家町、10a、1981年）

項目	Wカーテン+温風機	温風暖房機のみ
燃料A重油 L当り28円	656L 18,368円	5,400L 151,200円
電気料契約料金 使用量 使用料金	38,556円 3879kw 46,548円	28,917円 752kw 9,024円
償却費Gソーラー3台 温風機、工事費含む	152,122円 96,435円	96,435円
合計	352,029円	285,576円

注：トマト、9月20日播き、目標夜温7℃、ハウスは二層カーテン、地下水は15℃　温風機ハウスは近隣生産者の同規模ハウスのデータを利用、償却は8年

○一重カーテンと二重カーテンとの比較（2）

足利市の稲村泰明のまとめを紹介する。

一層カーテンを付けた6連棟ハウス5aと二層カーテン6連棟8aの比較において、定植が1982年11月16日前後で収穫期間が2月15日から6月25日までのトマト（瑞秀）の栽培で同様の温度管理での重油消費量は次のようであった。(10a換算)

カーテン一層のハウス：3,600ℓ

カーテン二層のハウス：2,275ℓ　差：1,325ℓ　重油ℓあたり90円として11万9,250円

稲村は二層カーテン設備費やカーテンフィルム代などを考慮してその差の金額は10a年2万9,000円と試算した。

斉藤一雄はまとめとしてWカーテンは暖房機併置では償却費がかかり、現在の重油価格では経済効果は得難い。またWカーテン単独では加温確保に大量の水が必要で立地的に問題であるとした。グリーンソーラーについても外温が－7－8℃になると限界となり暖房機の併置が必要となることから、経済効果は得難いとした。二層カーテンは二層目をシルバーポリとすると早朝の日射不足や温暖日では高夜温となり、生育や病害面での問題を起こすが、これは管理上解決しうることであり、省エネ対策としては無難であるとした。

参考までに当時のA重油の価格を示す。

表12－7　A重油の価格の年次変動（県経済連12月下旬の末端平均価格（円ℓ当たり）

年	1978	79	80	81	82	83	84	85	86	87	88
価格	36	60	75	83	89	87	64	60	35	30	28

なお、2010年以降は複合環境制御装置も高度化して、これを備える施設（トマト、イチゴが多い）も増加した。環境監視装置も各社から販売され普及している。

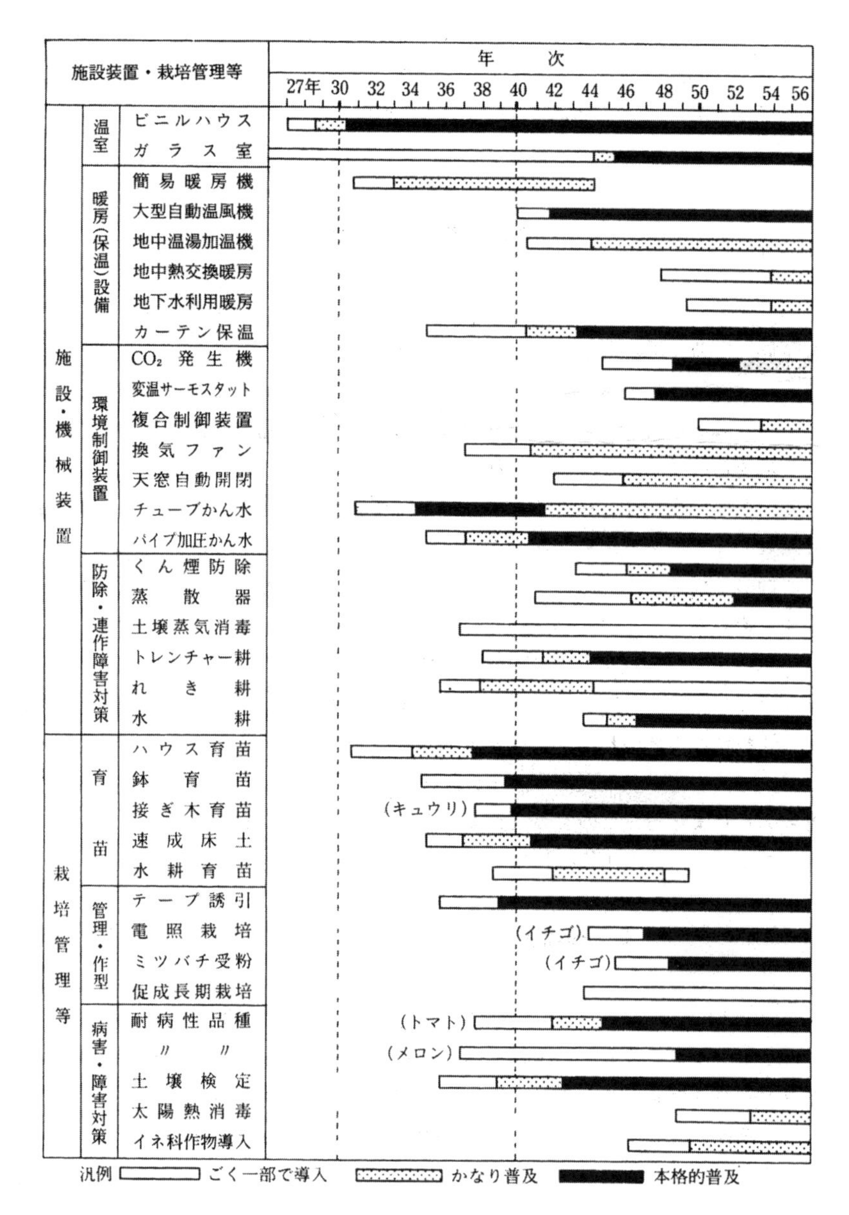

図12－5 施設園芸関係設備の普及経過（板木利隆、農業・臨時増刊号1993年、大日本農会）

引用文献［第12章第2項5)］

1. 斉藤一雄（1989）栃木県における野菜の省エネ対策の経過と対策事例・今後の方向について（普及教育課資料）冊子
2. 稲村泰明（1983）二軸二層カーテンによる省エネトマト栽培　くらしと農業1983年12月号

第2編

種類編

第1章　トマト（番茄、赤茄子、六月柿、珊瑚珠茄子、洋茄、蕃柿、唐柿）

1. 明治期から1930年代まで

わが国への渡来は1670年頃とされ当時は唐柿と称され、観賞用程度の扱いであった。狩野探幽の唐なすび（1668）の絵や貝原益軒の大和本草での唐柿の記載が古いものである。欧米から野菜としての渡来、導入は明治政府（開拓使）によるもので、蕃茄、トマートとして1873年の西洋種苗目録にある。この目録に解説があるがトマトのものを紹介すると次の通りである。

「昔より赤蕃と称して往々花戸の玩弄品とするのみ食用とすること知らず洋人食するものにして滋養の功は諸蔬菜に冠たりと云う煮食し亦は生にて薄片にして酢をかけ砂糖をかけ食する味よしこの外尚各種の蕃茄あれども大同小異なるのみ培養法は異なることなし」

このようにトマトに対する理解は問題ない。政府は希望の府県に種苗を渡し試作をさせたが、栃木県では下都賀郡横堀村の国府義胤（第1編第3章参照）が1875年11月にトマトを含む各種野菜の種子を内藤新宿出張所（新宿試験場、新宿御苑）より受け試作した。これが本県でのトマト栽培の始まりであろうか。この試作結果は1877年に栃木県令鍋島幹により勧農局へ提出されたが、トマト（蕃柿）については「結実す然れども食料に堪えざる如し」とある（1）。

何分明治初期のことでありトマトを含め多くの導入野菜は定着せず、タマネギ、キャベツなどの定着はさらに後年になってからのことであった。

1893年の福羽逸人の「蔬菜栽培法」ではトマトについて次のように述べている。

「本邦にても近年多くこれを栽培するものありといえども、いまだ一般人民の口腹に適するにいたらず。けだし、その臭気を忌みかつ調理そのよろしきを得ざるがためならん。しかれども、将来洋種蔬菜中にて最も重要の品となるべきは疑いを入れざるところなり。」

1926年の下川義治「蔬菜園芸上巻」には蔓性と矮性、早晩性、果色別など多数の品種を紹介しているが同年の尾崎五平治「果菜類栽培法」には後年広く栽培されるポンデローザ、ベストオブオール、ジュンピンク、愛知とまとなど普及されている品種を紹介している。

このようにトマトは指導者たちによく認識されていたが、実際の普及は1910年代（大正初期）に入ってからのことである。

トマトの全国栽培面積は下表に示す（2）。

表1−1 トマト作付面積の推移（町歩、年当たりの平均）

年	1907−11年	1922−26	1927−31
面積	61	479	1934

これによると1920年代の後半から著しく栽培が普及してくる。蟹江一太郎が愛知県でトマトケチャップの製造を始めたのが1908年であるから、着目の速さに驚かされる。

本県での栽培の初期は明らかでないが、1909年（明治42）開催の県農会経営方法共進会の野菜精農家の栽培品目を見てもトマトは挙げられていない。

早稲田農園から通信販売で種苗を取り寄せていた氏家の渡辺清の明治40年の日記にもトマトのことはない。本県の農事試験場に園芸部ができたのは1911年（明治44）であり農試ではトマト品種試験がこの年から行われている。この年はポンデローザ、テーブルクイーンなど外国種17品種が供試されポンデローザやテーブルクイーンの多収性と品質のよさが認められている。トマトの品種比較試験はこれ以降毎年行われている（3）。現地での早い事例としては1923年に足利市和泉の大竹義治がポンデローザを栽培し、同市勧農地区にトマトが広まったという記事がある（4）。

1920年の栃木県農産表（5）によればトマトは1.1町歩とある。統計的にはこれが初出であろうか。ちなみに当時の新作物であるキャベツは105町歩、タマネギは1.6町歩とある。

1926年以降は農林統計としてデータがあり、昭和初期のものを右表に示す。これによると戦前すでに1935年頃には200町歩に達しピークとなっていた。県内のトマトの普及拡大は1930年頃から始まったことが分かる。

1930年頃の本県におけるトマトに関する記事を県農会発行の栃木農報から求めて見ると以下のようになるが記事としては少ない。

表1－2
1926年以降の栃木県でのトマト作付面積（町）

年	面積
1926（昭1）	4
27	6
28	10
29	33
30	62
31	99
32	132
33	161
34	195
35	220

注：栃木県農林水産累年統計

1924年（1巻3号）：日常必要な蔬菜の品種の中にトマトがあり、テーブルクイーン、ポンデローザを挙げ緑熟期の果は漬物としてもよいこと

1929年6月号：家庭欄にトマトの料理法の紹介記事

1929年7月号：トマトは盛夏の滋養物としてよいこと

1935年8月号：新興産地としての足利郡北郷、名草の紹介記事にキャベツなどと共にトマトがあること

1937年5月号:トマトの病害として萎縮病（アブラムシと採種時の注意)、褐斑病、黒斑病（果実）のあること

1941年1月号：那須郡の葉タバコ地帯で蔬菜を導入している農家の紹介記事でスイカなどと共にトマトもあること

これとは別に1937年の県資料（6）には宇都宮市石井の小島重定がトマトなどを水田裏作として1932年頃より栽培していることがある。

トマトはまだなじみの少ない野菜であったが、栽培面積は1930年以降は100町歩に達しトマトを取り入れている者も多数いたことがうかがえる。

1934年現在の栃木県におけるトマトの品種別作付面積と主な産地は次の通りである（7）。

ポンデローザ：130、ミカド：12、アーリアナ：9、ベストオブオール：7、その他：16町歩
計174町歩　主な産地：宇都宮、足利、河内

1930年代の本県における栽培記録は少ないので佐藤政明（宇都宮農学校教諭）の著書より概要を紹介する（8)。

主な品種はスパークスアーリアナ、ポンデローザ、ミカド、クリムソンカッション、チョークスアーリージュエル、ウインゾールである。育苗は2月播きで4回くらい移植を繰り返す。2条植えで合掌仕立て、小規模の場合は側枝１本と主枝の２本整枝とする。反当施肥成分量は窒素5、燐酸3.5－4、カリ4貫くらい。油粕と魚粕は色沢良好とするも、大豆粕は草勢を強め品質を落とす。過繁茂の時は小葉を適宜摘除して草勢を抑制し通風、日射を図る。殆ど自家受精をするので採種は2、3番果から行う。

施肥例を示す。(反当)

堆肥 200貫　　米糠 15貫（内追肥5）　　魚粕 15貫（内追肥5）
大豆粕 10貫（内追肥5）　木灰 20貫（内追肥5）　下肥 300貫（内追肥150）

図1－1 明治初期のトマト試作者、国府義胤
現・栃木市大平町で勧農局より試作種子を受け、この地で各種導入野菜の試作を行った。
桶田正信「国府義胤」飛行船社（2017年）より

図1－2 1900年頃のトマトの品種
池田伴親「蔬菜園芸教科書」1906年より

① アーリーパーフェクシュン
② ポンデローザ
③ オノアブライト
④ クリムソンカッション
⑤ フリードム
⑥ レットペアシェープド

引用文献［第1章第1項］

1. 農林省農務局編（1939）明治前期勧農事蹟輯録上巻　大日本農会
2. 日本園芸発達史（1943）有明書房　復刻版　（第20編・藤巻雪生記事）
3. 栃木県農事試験場業務功程　明治44年度（1912）
4. 栃木のやさい（1987）第32回全野研大会栃木県大会記念誌
5. 栃木県農業団体史（1954）県農務部編（小西千代蔵執筆）
6. 農務時報NO1（1937）水田裏作優良事例　県経済部
7. 蔬菜及び果樹主要品種の分布調査（1936）農林省
8. 佐藤政明（1934）栃木県に於ける主要蔬菜の栽培法　自家本　国会図書館デジタル

2. 戦後の復興とビニール利用の早出し栽培の普及（第1編第5章参照）

トマトについては戦中の法的作付制限はなく1945年前後の作付は下表のようである。これによるとかなりの変動があり、疑問はなきにしもあらずであるが戦中に減少した様子はない。対照的に作付制限されたスイカの面積を併記する。

表1－3 1945年（昭和20）前後の栃木県でのトマト栽培面積（ha）

年	1943年	44	45	46	47
トマト	183	187	264	244	332
スイカ	242	86	33	44	112

注：栃木県農林水産累年統計　1944年まで町歩これ以後ha

1949年に野菜の統制がなくなったがすでにこれ以前から野菜の栽培は盛んになっていた。暖地ではガラス障子を屋根にした温室やペーパーハウスでの促成栽培があり、露地では油紙（ロール紙）利用のトンネル栽培があり戦前同様、作型としては促成から抑制まで揃っていた。本県においての戦後のトマト栽培は戦前の技術をそのままに露地栽培が行われ、トンネル栽培は1955年頃からのビニール普及以降のことである。トンネル栽培が盛んになったのは1955年前後であるが、1960年頃からはハウス栽培に移行し労力を要するトンネル栽培は減っていった。

初期のトマトのトンネル栽培の普及状況を下表に示す(1)。資料には半促成とあるがこれはトンネル栽培のことと考える。また1950年からトンネル栽培があるがこれは油紙利用のものであろう。同じ資料にハウス面積があるが1952年に55坪、宇都宮市とある。これがハウス面積の初出であろうか。またキュウリの面積も併記されており、1954年時は3220aで当時はキュウリのトンネル栽培が圧倒的に多かった。

表1－4 トンネル栽培の普及状況
(トマト、単位a)

年	1950	1951	1952	1953	1954
面積(a)	133	165	201	302	614

注：坪を換算し切り上げ

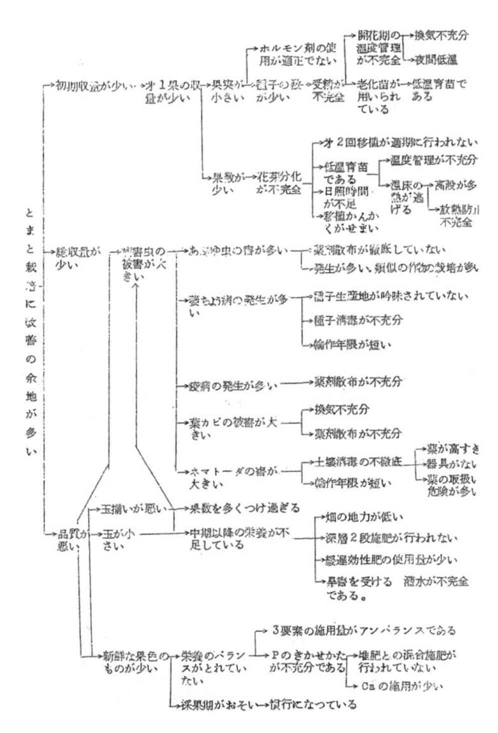

図1－3 1960年頃のトマト栽培改善事項
佐野農業改良普及所昭和35年度改良普及計画書より

引用文献［第1章第2項］

1. 昭和29年度農業改良普及のあしあと(1955) 県農業改良課

3. トマトの播種期と作型について

露地または無加温ハウス栽培においては年代にかかわらず播種期は同じである。

無加温ハウスの場合は内部の保温条件で違うがおおむね11－12月播きである。

トンネル栽培では1月上中旬、露地早熟栽培では2月、雨除け夏秋では3月上旬、露地夏秋では3月中下旬が本県でのおおよその播種期である。これに対し加温ハウス栽培では加温機の普及に伴い播種期の前進化が行われてきた。特に1965年以降毎年10日ずつ早くなるともいわれた。これは施設の高度化が基本にあるが、早採りほど高価格、作期が前進しても燃料費は同じ、育苗期が温暖期なので乱形果が少ない、定植が早く管理上楽である、早播きほど収穫段位が多く多収である、コンバインの普及で稲作との競合は少なくなった、などの理由によるものである。年代順に県全体的な主な播種期を示せば下表のようになる。1960年代の作型は下表のようであり、暖房機の普及によって播種期の幅が広くなり、またトンネル栽培により露地栽培も幅が出てきた。2000年代は購入苗による長期栽培が増加し、一時期増加した雨除け栽培が減少してきた。ハウス抑制は少数である。

表1－5 加温ハウスにおけるトマトの播種期の消長

年代	播種期	備考
1960年代	10－11月	無加温は11－12月、はごろもの9月播きあり
1970年	9中－10上旬	8月播き長期あり
1980年	8下－10上旬	
1990年	8下－9月	
2000年	8下－9月上旬	7－8月播きの長期あり

1970年調査のトマトの播種期の地域差は表の通りで大きな時間差はないが県南部の播種期が少し早くなっている。

表1－6　県内地域別に見たトマトの播種期と収穫期　1970年

普及所	播種期	収穫期
黒磯	11上－中	4上－5下
大田原	10上－中	3上－6上
氏家	同上	3中－6下
宇都宮	同上	3上－6下
真岡	10上－下	3下－6下
栃木	9下－10中	3上－6下
佐野	9下－10下	3下－6下
足利	9下－10上	3中－6下

表1－7　トマトの作型

1960年代				
作型	播種期	定植期	収穫期間	備考
冬春（促成）	9下－11月	11－12月	3－6月	無加温含む
半促成	11－12月	2－3月	4－7月	無加温
トンネル	1月	3中下	6－10月	
露地早熟	3月	5月	7－10月	
露地抑制	4月	5下	7－10月	
ハウス抑制	7月	8月	10－12月	ハウス

2000年代				
作型	播種期	定植期	収穫期間	備考
促成・長期	6－7月	8月	10－6月	
促成	8月	11月	2－7月	ハウス栽培の主体
雨除け（夏秋）	3月	4月	6－10月	
ハウス抑制	6月	7月	9－12月	

4. 春採りトマトの栽培概要と問題点

1970年当時の春採りトマトの栽培事例を主産地別にまとめたものを示す（1)。

項目	宇都宮	大田原	足利
品種	東光K号	同左	同左、ほごろも
播種	10月上－中	10.7	10.18
播種床	電熱、箱播き	温床、条播	電熱150W／坪、条播
1回移植　月日	10下－11上、18×18cm	10.29	11.10
2回移植	ずらし	ずらし	12.5、12cm鉢
定植　月日	12月中旬2、3花開花	12.11　1花咲、11葉	12.28
畦・株間cm・3.3m²株数	90×36、10株	90cm幅、2条、50cm幅、14株	90cmベッド2条40cm、12株
10a基肥、kg 追肥、kg	NPK：36.5－71.5－29.5 追肥なし	NPK：35－45－30 2－1－1.6	NPK 24－73－53 4－2.4－3.4
ホルモン処理	トマトトーンⅠ、2花房80－5、6花房120倍、スプレイ	TT80－120倍、5、6花房ジベ10ppm加用、スプレイ	TT80－120倍、どぶ漬け
暖房機セット温度	定植時12℃ Ⅰ、2花房開花8－9℃ 3、4開花8－9℃	10℃ 8℃ 7℃	8－10℃ 6－8℃ 7－9℃
収穫期間	3下－6上	3下－6.20	3下－6下
収穫段	6段	5－6	6
主な薬剤	ユーパレン、サニパー、メルクデラン、スクレクス	スクレクス、マンネブ、トリアジン	ユーパレン、サニパー、ビスダイセン、トリアジン

1969年と1974年に作成された講習会用の資料（栃木県農業試験場野菜部作成）の概略（項目）を示し、当時の栽培上の問題点を紹介する。

[1969年の資料]

「トマトの奇形果（乱形果、空洞果）の発生と対策」

1. 変形果の発生条件
   1）育苗中の低夜温の影響
   2）床土の肥沃度との関係
   3）床土の水分、育苗温度、草勢との関係
   4）品種間差異
2. 空洞果の発生条件
   1）高温の影響
   2）着果ホルモン処理の影響
   3）GAとの併用効果
   4）ホルモンの種類と処理時期が種子数、空洞果に及ぼす影響
   5）その他の条件

[1974年の資料]

「最近におけるトマト栽培の諸問題」

1. 育苗中の生育段階と管理：花房の形成経過と管理
2. 耐病性品種の問題：耐病性の内容
3. 空洞果の原因と対策：花齢とホルモン処理時期、花粉発芽率とホルモン処理時期
4. すじ腐れ病と環境：窒素過剰、弱光線、高夜温、ウイルス感染
   褐変型と白変型の差、ウイルス抵抗性品種との関係
5. トマトウイルス病の問題：伝染法、臭化メチルの薬量との関係
6. 長期栽培について：その得失、必要な条件（施設、土作り）、播種期

引用文献［第1章第4項］

1. ハウス春採りトマト・キュウリの栽培（1970）　栃木県農協施設園芸協議会

5. 密植摘心栽培（三段密植栽培）

通称三段密植といわれた特殊な栽培法で単棟ハウスの簡易暖房下や無加温菰掛けないし2重被覆下での栽培である。10aに6,000株程度植え、3ないし4段で摘心して早期に集中的に出荷して収益を早くに得るのが狙いである。当時は静岡式の連棟ハウスでもこの栽培が行われたが、密植であるから採光のよい単棟ハウスが適している。この栽培は1960年代の初期に兵庫県明石市の池田周市らが開発してきた方法で同地の明石農改普及所の松田福一により広く技術公開されてきた。1964年8月の全野研埼玉大会で池田周市が発表して注目を浴び各地の全野研会員により普及に移され一時期全国的に栽培された。しかしハウスの大型化により段数を制限する必要もなくなり栽培はなくなった。

本県でも1964年（65年産）から栽培が始まり、1966年産ではハウス面積の40％に普及し2、3年間続いた。しかし集中出荷ゆえにその時点の市況により収入が左右され、安定性に欠けること、また大型の暖房機の普及もあり1960年代の後半には従来の栽培に戻っていった。

当時の栽培法の概略を記す（1、2）。

品種は当時普及していた福寿2号、ひかり、東光を使用する。播種期は11月上旬、電熱温床で軽い踏込を併用する。播種は2㎝間隔で6㎝畦間として子葉の大きい苗を目指す。初期は最

低でも夜温10℃を保ち乱形果の発生を抑える。太い苗は低温に感応するので灌水に注意してしまった苗とする。移植は18×18cmで70日育苗とする。

定植は1月中旬となり、定植床の温度確保は重要でベッドにマルチして夜間は菰かけをしておく。株間は23cm、畦間はハウスによるが45cm、あんどん式のトンネルを2重にして通路には直火型の暖房機を置く。マルチは通路まで全面にやる。仕立ては直立仕立て。3段どりでは摘心は2段開花の頃となる。上部から出る腋芽は2葉残して摘心し樹勢を維持する。収穫は1段くらいが3月下旬、2段が4月上旬、3段が5月始めであり、後は水田とする。今後は播種期の分散による長期出荷や4、5段以上の収穫を目指してもよいが、厳寒期の密植による日照不足にどう対処するかが問題とされた。

引用文献［第1章第5項］
1. 戸ケ崎輝三郎（1966）足利地方の密植摘心栽培 「トマトの密植摘心栽培」
誠文堂新光社（農耕と園芸増刊号）
2. 坂本恵司（1966）栃木県の密植摘心栽培　同上増刊号

6. 長期栽培（越冬長期多段どり栽培）（第1編第7章参照）

1）1970年代

1970年代のハウストマトの播種期は9月中旬で年内に定植し、着果負担の増してくる年明けから光量増加期になり比較的安定した栽培ができる作型であった。この作型で多収を狙うために作期を延長しても後半が高温期になるので着果が不安定になる。また夏秋トマトとの競合問題もある。したがって多収穫を狙うには播種期の前進しかないという考えで長期栽培が登場してきた。背景にはトマト市場価格が低迷する中でのハウス施設の高度化と品種の進歩がある。従来から8月播きはファースト系品種の暖地抑制栽培として存在したが、これを一般温暖地で応用する試みであった。

神奈川県園芸試験場の板木利隆らは1967年秋から9月播きをテストしていたが、1969年から8月11日まで播種を繰り上げ、品種・豊禄などを用いて実施した。この年は12段まで収穫して約17トン/10aの収量を得た（1）。その後TMV抵抗性のFTVRなどの登場があり栽培的に安定感が出てきた。

本県においても1973年には板木利隆による長期多段採り栽培の講演会が開かれるなど導入は積極的であった。栃木農試においても1973年度から7、8月播きで試験を行い、8月上旬播きが無難なこと、収量は株あたり7－8kgを確保できるが低温期の成熟遅延の影響で着果負担が大きくなり、この影響が後半の草勢低下につながるなど問題点を指摘した（2）。長期作型の問題点としては現地の事例も含め次の点が挙げられていた。

○草勢管理の難しさ　○疫病などの病害発生　○つる下げや葉掻きの労力　○空洞果の発生　○適品種がない　○冬場の少収

当時の状況を農改普及所などの資料により記す。

1972年夏から宇都宮、大田原、小山市などの一部で栽培が始まった。小山市東黒田（日向野仁）のファースト品種による栽培は1971年に小規模の試作を行い72年8月3日播きでは20aと拡大した。同年大田原市（藤田利夫）での事例ではFTVR－12を用い8月10日播きで行っている。これらは構造改善事業によるガラス室での栽培である。

宇都宮農改普及所の展示圃の成績は斉藤栄により詳しく報告されている。栽培者は野尻佳広で成果は下表の通りである（3）。

表1－8　総合技術展示圃における成績（担当 野尻佳広）

年産	播種・定植	収穫期間	花房数	収量（10 a）
1975	8/14　10/7	12/28－7/12	17	18.6
1976	8/5　9/21	11/27－7/25	21	22.6

注　1975：大型瑞光　76：強力秀光

この栽培では深層施肥（60cm）を行っているので、施肥成分量は10a窒素66、燐酸134、カリ106kgとなっている。考察として斉藤は栽培の難しさを挙げ、一般的な作型としての普及は検討の余地ありとしている。

県内の長期栽培トマトの1973年夏播の状況は表1－9のようであった。

この作型はオイルショックの影響や当時の連棟ハウスの多くが静岡13型などで、条件が悪く一部の地区を除いて栽培は少なくなっていった。

しかし1980年代以降、長期栽培が「絶滅」したわけではない。本格的な長期多段どりではなくても、くらしと農業誌などの記事では宇都宮市の小島俊一（石井町、1978年頃から7月下旬播き）斉藤徹男（板戸町、養液栽培で1990年から8月上旬播き）、足利市の半田為三郎、上三川町では1982年からガラス室設置を機会に増渕繁雄・稲葉吉昭らが（8月10日播き、瑞光102、1987年時点）、西那須野町の高松勝雄、壬生町の田中斉之介らの例がある。多くは養液栽培者で施設の周年的利用のために8月播きで実施している。

また真岡市の櫛毛功、櫛毛政好、小島利雄はロックウール栽培を1985年導入し、当初から8月中旬播きを試作しベッドヒーターの導入後の3年目から軌道に乗せた。1991年には7月播きで8月14日定植で9月より収穫し、10月播きの1.5－2.0倍の収量を得たという。同市では2000年代になると7月播きの購入苗による8月定植が多くなり20t以上の収量を挙げるようになってきた。この地区のロックウールによる促成トマトは後年普及する長期採り栽培の原型となった（4）。高根沢町伏久のロックウール栽培（誠和式、ハウスはエフクリーン展張、6.5m間口連棟）は村上悦郎（代表）ら5名で1998年の開始であるが、真岡市の櫛毛らの全面的な指導により7月播きでスタートして7月まで20段くらいまで収穫した。現在まで長期栽培は継続している。

大平町のグリーンステージ（有）・飯田智司は4.25mの高軒高ガラス室で養液栽培による長期栽培を2000年7月から栽培を開始している。この栽培法はこの後、各地に起きる高軒高ハウスによる長期栽培の普及に影響を及ぼした（5）。飯田智司は2005年の農林水産祭で内閣総理大臣賞を受賞した。

表1－9　農改普及所別の長期栽培の状況

所名	栽培者数	品種	播種期（8月）
大田原	6	大型瑞光、FTVR系	10日
矢板	1	大型瑞光	5日
氏家	2	大型瑞光	10日
宇都宮	約20	大型瑞光、秀光ほか	7、8月
鹿沼	3	大型型瑞光	上旬
栃木	－	若潮	10日
足利	4	大型瑞光、NR2	10日
佐野	1	大型瑞光	6月中旬
小山	5	愛知ファースト	上旬

引用文献［第1章第6項1)］

1. 板木利隆・金目武男（1974）施設栽培におけるトマトの長期多収作型の確立に関する研究　神奈川園試研究報告22号
2. 矢板孝晴・川里宏（1976）トマトの越冬長期栽培における生態的特性について　栃木農試研究報告21号
3. 斉藤栄（1977）トマト・長期多段どり栽培　栃木の野菜　栃木県野菜研究会
4. 羽石重忠（2009）ロックウールによる促成トマトの長期どり栽培　栃木の野菜2009年版
5. 小林正明（2001）軒高ハウス利用のトマト栽培　青木宏史編　新世紀を拓くトマトの栽培・経営　全国農業改良普及協会

グリーンステージ大平　飯田智司さんのこと　　小林正明

2000年6月に完成した約1haのフェンロー型温室で7月からトマト栽培を開始した飯田さんの温室を訪問したのは9月のことであった。軒高4mの閉鎖型温室で養液栽培、温湯パイプの上を高所作業車が動き、細霧冷房装置で温度や湿度をコントロールするなど、積極的な環境制御を行う本県初の世界最先端のトマト栽培が目の前で展開されていた。

高所作業車による管理作業

飯田さんの参入をきっかけに管内のトマト生産者の意識改革が図れればと栃木市と小山市のトマト生産者170名を対象に研修会を実施したところ、150名の参加者があり、施設や飯田さんの話を聞いた参加者は生産環境や雇用を活用した企業的経営のあり方等将来のトマト生産、特に担い手が夢や希望の持てる経営について大いに刺激を受けた。

時を同じくして栃木市の大山寛さんが農業士の海外研修で得た新たなトマト栽培を模索しており、フェンロー型温室・養液栽培でなく低価格で地域の特性を生かした土にこだわりを持ったトマトの高収益可能なハウスの導入設置を考えていた。

㈲グリーンステージ大平の外観

そして飯田さんの事例を参考に地域の仲間と研究・検討し、国庫事業である「低コスト耐候性ハウス」設置事業を活用して高軒高ハイワイヤ－栽培へとつながっていった。

（元・下都賀農業振興事務所）

2) 2000年代以降

前述のように長期栽培は中断したもののロックウール養液栽培では慣行栽培として続けられてきた。2000年代に入り高軒高ハウスが各地で導入されると、多収穫を目的として長期栽培が再び普及してきた。

またこの背景として1999年9月の台風8号による九州地方のハウス被害を契機とした国による耐候性低コストハウスの開発事業の開始がある(1)。この事業に前後して1998年頃より快適・低コストをうたったオランダ製などの高軒高連棟ハウスがトマトの養液栽培者により各地で建設が始まっている(2)。

本県としては2000年頃からの冬春トマトの価格低迷に対する生産対策がある。2000年産の本県冬春トマトの販売実績は県経済連資料（経済連通信2000年9月号）によれば「前年比販売量109%、販売額87%、単価80%、10a当たり50万円の減収」であり、生産目標を10a12t以上、収穫期間を6カ月以上等々とする冬春トマト2・6運動（2003－2005年）が開始された。長期栽培については200haのうち40haを当てるという目標があった。
このうち技術的対策として多収穫前進栽培があり、これを支えるものとして高軒高ハウスの導入と適品種の採用、誘引法の改善などがあった。

(1) 鹿沼市の事例

これまでの栽培では4、5月の安値期に出荷が集中し、単一作型大規模栽培の弊害が生じていた。2001年8月に上都賀農協ハウストマト部会（佐藤栄部会長、2002年時点、43名13.8ha、マイロック70%）では1カ月早い作型を新規に導入することにし、前進作型栽培指針をまとめた(3)。これによるとこの作型の問題として高温期の育苗、各種病害虫の発生、蔓下げの手間と方法、草勢管理さらに異なる栽培の同時進行のわずらわしさなどを挙げている。

前進作型は栃木市や高根沢町の事例を参考に2000年播きでの試作を経て初年2001年は希望者を募り15名が参加、いろいろな形式のハウスで試作することになった。収穫は予定通り12月中旬から始まり、同月17日には「熟れっこトマト」の初出荷となった。2002年には12月4日からの出荷となり15、6段採りで反収約15tを達成した。

これらの結果は「食と農・とちぎ」の会合（2002年3月）で三井俊宏により発表された。

(2) 栃木市の事例

しもつけ農協栃木トマト部会（1969年設立、2003年時点で30名、部会長・大山寛）の長期栽培は2000年より試作が始まり高軒高ハウスの導入に伴って定着してきた。これに先立ち従来のハウスおどりこ品種からマイロックに変えたのが2000年のことである。2000年1月27日に竣工した3.5mの高軒高ハウスを利用して、従来より1カ月早く定植する栽培を行ったが出荷は年明け（2001年）となり不満足な結果であった。2001年は7月播き（種苗センター）9月定植の12月中旬採りで20名参加、2002年は軒高3.7mハウスも加わりさらに早めた11月採りでの長期栽培を開始した。

この年（2002）は下都賀振興事務所の現地技術実証展示圃も加わり、高軒高ハイワイヤー栽培を行った。この試験では種苗センター苗（7月下旬播種？、マイロック）を9月6日に定植、11月19日から収穫開始となり所期の目的を達成した。

その後、土耕栽培でのさらなる増収、25t採りを目指して「ドリーム25」プロジェクトが実行されている。このプロジェクトにより10月から6月までの収穫期間で10a25t採りが実現した(4－7)。

JAしもつけの長期栽培経過を下表にまとめた。

年次・(産年)	播種年月	出荷年月	備考
平成10－11年頃まで	9月10日頃、ハウスおどりこ、自家苗	2－6月	定植は10月下旬－、10a13トン程度
平12、(平13産) 2000年(2001)	12年8月(育苗センター苗、播種日不明)?	13年1月	品質悪かった、新設の3.5m軒高ハウス使用、斜め誘引、年明けからの出荷
13、(14産) 2001年	13年7月?	13年12月	試作20名、3ha、12月中旬出荷。秋にオランダ視察(大山)鹿沼では15名、2.3haで12月17日初出荷した
14(15産)	14年7月?	14年11月19日収穫	展示圃は9月6日植え、11月19日収穫、3.7m軒高ハウス使用
15(16産)	同上	同上?10月?	本格化

資料：くらしと農業・平成14年9月号　14年産トマトの問題点　柳義雄(専技)
ほか引用文献3、4による
(なお鹿沼市では平成13年7月播きで15名試作、12月17日初出荷している。試作は前年に2、3名で行った)

JAしもつけでは2003年時点の施設トマトの作型を次の3方式に整理している。

作型Ⅰ：8月上旬購入苗鉢上げ－9月上旬定植－11月～6月収穫

作型Ⅱ：8月下旬購入苗鉢上げ－9月中旬定植－12月～6月収穫

作型Ⅲ：9月上旬播種自家育苗－10月中旬定植－1月下旬～7月上旬収穫

(注.　この後、200穴トレイの直接定植が行われるようになった。)

野尻重利は長期栽培の技術的問題点を以下のように指摘している。

○高温期の温度光量管理　○生理障害対策　○高温期の病虫害対策　○肥料設計の確立

○セル苗、若苗定植の草勢制御

JAしもつけ栃木トマト部会は土耕によるトマト長期栽培の実績のみならず、これ以前から畜産部会との連携による土づくり、環境にやさしい栽培、新規栽培者への指導などに成果を上げてきた。これらにより2001年に農林大臣賞(全国施設園芸共進会)、次いで2002年に天皇杯(第41回農林水産祭)を受賞した。

またリーダーの大山寛は全農とちぎの野尻重利と共に「高軒高低コスト耐候性ハウス及びハイワイヤー誘引栽培技術の開発」の功により2016年に民間部門農林水産研究開発功績賞あわせて園芸研究功労賞を受けた。2008年には第1回目の「農業技術の匠」に選ばれており、これにふさわしく本県では小島重定に次いで2人目になる全国野菜園芸技術研究会の会長職にある。

低コスト耐候性ハウスは主として国庫事業として行われ、2002年の6地区を最初として2011年までに20件、約25haあり施設トマトの18%を占めており、この中での越冬長期栽培は約30%(面積)であり先駆者たちの仕事は高く評価されている(8)。

栃木市や鹿沼市の先駆的栽培に影響されて各地で越冬栽培が開始された。足利市では2002年の高軒高ハウスが5名により導入され、2004年産から越冬栽培が、宇都宮市では稲川悟ほか2名で2004年7月播き(種苗センター)のマイロックで越冬栽培を開始した。年内採り冬春トマトは各農協選果場の周年的利用にも途を開いた。真岡市では土耕栽培でも2006年時点で7名が長期栽培を行っている。同市では長期栽培の問題点を回避するために6、7段採りの年2作の栽培を2007年頃より検討したが、広がりはなかった。

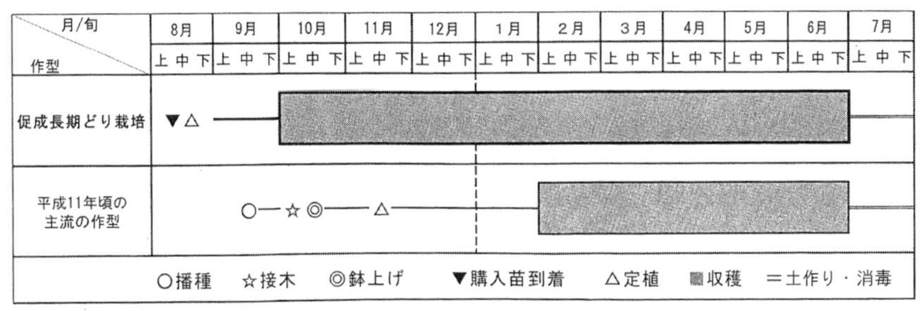

図1－4　トマトの長期栽培と従来の作型比較　下都賀農業振興事務所資料2013年より

引用文献［第1章第6項2］

1. 塩屋公一（2002）低コスト耐候性ハウスの開発　農耕と園芸　2002年3月号
2. 日本農業新聞連載記事　ビッグハウスの時代　1998年8月4－14日
3. 上都賀農業振興事務所（2001）前進作型トマト栽培指針　冊子
4. JAしもつけ・下都賀農業振興事務所（2003）栃木トマト部会のトマト産地育成の取り組みについて　冊子
5. 下都賀農振事務所（2013）下都賀地域における最新トマト栽培　冊子
6. 野尻重利（2005）プロジェクト　ドリーム25　最終報告書　冊子
7. 大山寛（2006）規模拡大と長期どり栽培でトマト経営の安定化を実現　施設園芸技術セミナーin栃木 発表資料
8. とちぎトマト未来フォーラム資料（2013）同実行委員会

談話参考　柏崎弘行、野尻重利、三井俊宏、吉田剛、佐藤栄

このほかくらしと農業誌、県関係の資料、筆者の取材記などによる。

板木利隆のトマト長期栽培に対する所感（2005年）

施設園芸と呼ばれるようになってから40数年、いろいろな栽培法が編み出されてきた。まず、昭和30年後期の3段密植（兵庫）がある。硬苗を作り超密植し5月の最需要期に、集中的に良果を多収するのである。大変な関心が持たれ各地で栽培が試みられたが技術習得は至難、同じ3段で養液栽培のメーカー方式が10年くらい前に提案されもしたが、改作の煩わしさや果房の不揃いなど性能の再現が難しく普及するに至らなかった。昭和50年頃から西欧の30ｔ／10ａどりの刺激を受けて長期多段どり（神奈川、千葉）が耐病性品種と適作期により技術化されたが、土壌管理の難しさから継続しての再現が難しく、一方、養液栽培で地下部環境を整えかなりの多収穫を達成したがいずれも施設の軒高の低さから誘引に多労を要し困難で品質が低くながくは続かなかった。近年に至り大規模経営で高軒高のフェンロー型温室と養液栽培をシステム化した施設が輸入され長期多段どり作型が積極的な環境制御で多収穫を実現し注目されてきた。

周年的生産で安定生産のためにはどのような作型を求めるべきかは、大きな課題である。1段どり低段密植の多回作は最近の閉鎖型育苗や養液管理などの技術を結集しシステム化することにより長期どりと相対して有力な作型になると思う。

板木利隆「施設と園芸」No128　2005年冬号「トマト作型の過去・現在・未来」の要旨を紹介した。

7. ジュース用トマトの栽培

1）生産経過

カゴメの関東進出の背景は愛知県での生産衰退により新しく関東北部や東北地方に原料産地を育成するという会社の方針があった（1）。

この策により愛知トマト㈱（現在のカゴメ㈱）の工場が西那須野町にできたのが、1961年7月であったが、先んじて単協と会社の契約栽培が春からスタートした。栽培地は県央（北押原や古里農協など）から県北（鍋掛や狩野農協など）まで28農協におよび、35.8haの契約栽培で単価kg10－7円であった。試作を兼ねての栽培であり各人5a程度の作付であったが、収量は10a換算10－13tであった。品種は5品種供試されたが赤福3号とマゼスティーが栽培性と加工品質に優れていた（2)。契約については1963年から会社と経済農協連、関係の単農協の3者が締結する形を取り、加工トマト振興協議会ができた。

契約面積は次表のような経過をたどっていった。

これらの動きとは別に県農産食品工業指導所では1959年から宇都宮市雀宮（西原開拓）で加工用トマトの農家試作を行い適品種の選定を行いサンマルツアーで10a5－8tの収量を上げていた（3)。

表1－10　ジュース用トマトの生産経過

年次	1961	‘62	‘63	‘64	‘65	‘66	‘67	‘68	‘69	‘70	‘71	‘72
面積（ha）	36	81	83	—	125	114	—	225	132	91	206	230

年次	‘73	‘74	‘75	‘76	‘77	‘78	‘79	80	81	82	83	84
面積（ha）	205	162	215	179	205	—	—	271	—	—	138	—

年次	‘85	‘86	‘87	‘88	‘89	‘90	‘91	‘92	‘93	‘94	‘95
面積（ha）	93	105	104	81	44	33	33	34	34	30	37

面積的には1980年の271haが最大であるが、内外情勢で会社の生産計画が変わるのでかなりの波があり栽培そのものを不安定にしている。1980年代後半は外圧の影響で価格の切り下げ（キロ40円から36円へ）と減反があり、作付が減少するようになる。

1984年の価格は38円／kgであった。栽培面積が最大であった1972年は反収約6t、キロ単価14円、生産者862戸であった。

当初は県北での定着が有望視されたが、開田や新規野菜の勃興もあり現在は県央部での生産が主である。最近は国産品志向もありシーズンパックのトマトジュースも貴重品化しているが、2000年代に入っては約20haで推移している。

主な動きは次の通りである。

1961年当時の品種は赤福3号、マゼスティー、古谷K号、珠玉などの支柱立て栽培で通常の夏秋栽培に準じて栽培された。新規導入品目であったので栽培者は初めてのトマト作りであり、指導は農協を中心に濃密に行われた。主な産地は南犬飼、北押原、明治、鍋掛、西那須野、横川、清原の各農協で、収量は10a5－6t（1961年）であった（4)。

この年はトマト製品の自由化が決まり問題を含むスタートであった。海外産トマトの低価格という外圧と1978年の豊作による生産過剰、その後の減産や価格の引き下げで栽培は増減を繰り返したが、1970年代の水田転作政策以降、一定の定着を見るようになる。

無支柱栽培については1965年に黒磯農改普及所管内で試作圃を設け、翌年から普及され1967年の那須町でチコーで5.5t、くりこまで4.3tの収量をあげた（5)。

表1－11　ジュース用トマトの無支柱栽培面積

栽培別	1964年	‘65	‘66	‘68	‘70
有支柱	162	124	90	66	12
無支柱		1	24	78	79
計	162	125	114	144	91

1972年頃から晩霜対策と多収のためホールプラント定植が始まり、ポット育苗も同時に入った。1980年代半ばには腐敗果対策として架線によって茎葉を浮かせる方法が取り入れられた。1981年頃からウイルスによるすじ腐れ果が発生するようになり問題化した。

初期の着果確保のためのホルモン散布や過繁茂対策の整枝や枝分けなどの操作も順次行われるようになり、セル苗の利用は1987年に試験的に行われ、翌年から普及が始まった。1992年時点で殆どがセル苗供給となり、現在は種苗センターからセル苗（288穴）を購入し2次育苗している。

品種の動き：有支柱栽培ではマスター2号、赤福3号、マゼスティー

無支柱の始めは早生だるま、H1370、1978年では早生だるま、カゴメ70、同75、同77、1985年はカゴメ77、2000年はカゴメ932、KG196、2019年頃からはカゴメ993となっている。

2）栽培

(1) 無支柱栽培の初期の栽培指針（1965年）は次のようであった（6）。

品種：品種の選定は今後の課題であるが現在有望と思われるのはつぎの2品種である。

H1370　側枝の分枝はだるまより短く多収品種。一果重100－120g､果皮は堅く日持ちはよい。

ローマ　やや晩生で収穫期間が短い。側枝が長く徒長しやすい。萎凋病、尻腐れ病に抵抗性で輪紋病にも強い。楕円形、60gの小果、蔕離れよく裂果に強い。

育苗：3月中旬播きの60日育苗とする。一般の夏秋トマトに準じて行う。

定植：5月中旬に行う。やや深植えとして茎折れを防ぐ。畦幅120－150cm株間は45cm以上とする。ただし本年は畦幅180cmで行われた。

施肥量：成分量で窒素7、燐酸20、カリ12kgで燐酸以外は半量を追肥とする。追肥は2回とし2回目は状況でやらなくてもよい。

管理：仮支柱は側枝を平均に伸ばすためにも必要である。株の両脇に針金を張り通風を図るのもよい。土寄せは6月中旬までに2回に分けて行い、2、3節が隠れる程度とし側枝の伸長を抑える。敷わらはべたつかない材料（枝葉、落ち葉など）でする。

薬剤散布は疫病を対象とし、茎葉の内部まで入るようにするが、鉄砲ノズルが効果的である。

収穫：4日間隔が原則である。

(2) 1977年時点での那須北地方の栽培概要は次の通りである（7）。

品種が変わり高畝、マルチ栽培となっている。

品種：早生だるま　70gの小果で結実がよい。やや軟果で裂果が多い。

　　カゴメ70　100gの中果で果肉の色がよい。裂果にやや強い。

　　カゴメ75　最近作付が伸びている。

作型：3月中旬播きで5月中旬定植、7月下旬から10月上旬まで収穫する。

定植：本葉7枚の5月中旬に150cm×45－60cmに定植、定植床は高畝で黒マルチをする。

施肥量：窒素12、燐酸25、カリ25kgとし、燐酸以外はおおむね半量を追肥とする。

管理：疫病対策はボルドー液を中心に多量、高圧で行う。輪紋病は増加傾向にあり樹勢の維持に努める。除草にはトレファノサイド乳剤を散布する。

収支：10a当たり8t、単価30円/kg　生産費約5万円である。

(3) 1986年時点での栽培は次の通りである (8)

品種：カゴメ77　果は100gで裂果に強い。後半の草勢が弱い。

カゴメ82　熟期はカゴメ77よりおそい。果は90gの長円で収穫しやすい。

育苗：45－50日育苗。

定植：高畝で2色マルチを使用。ホールプラント植えでは4月上中旬の定植となる。

管理：第一花房の下3本の腋芽を残しそれ以下は摘む。主枝は畦の方向に倒すように寝かせる。側枝は適宜混まないように枝分けしてやる。ホルモン剤・トマトランは第一花房に散布する。6月、敷き藁前にマルチの裾を上げる。

組合員の皆さんへ

栃木県
JA
JA栃木経済連
カゴメ

契約栽培でジュース用の「トマト」を作ってみませんか

契約栽培は価格が安定しており、安心して販売できます。
JAで生産者を募っております。

●契約栽培とは…JA(生産者)と会社が価格と栽培面積を契約してスタート。
圃場から生産された全量(出荷規格適合品)が出荷販売できます。

■価　格　出荷時期と規格により表のとおりです。（別途消費税）

7月上旬～9月5日	1等品47円	2等品29円
9月6日～9月10日	1等品25円	2等品15円

（※価格は平成10年実績）
（単位：円／kg）

■収　量　露地栽培で、目標8,000kg／10a以上。
努力次第で更に増収がはかられます。反収38万円が目標です。
（参考）過去3年　県内平均反収　8,014kg/10a
〃　県内最高反収　14,138kg/10a

■出荷方法　会社指定のコンテナに入れて出荷です。
選別、箱詰めの手間がほとんど掛からず　出荷は簡単。

■販売経費　コンテナ出荷ですので資材費はかかりません。
会社でJA集荷所まで取りに来ますので、運賃もかかりません。

■栽培方法

時期	3	4	5	6	7	8	9
	上中下	上中下	上中下	上中下	上中下	上中下	上中下
	▲─▲ 仮植	●─── 定植	●		★─── 収	─── 穫	★

プラグ苗をJAから購入し、定植節まで育ててから定植します。指導は、JA並びに会社の指導員が致します。
栽培講習会、現地指導会などを定期的に行ないます。

■収益性（概算）　粗収入　8,000kg×47円＝376,000円

資材費（シルバーマルチ、パオパオ等）　19,000円
種苗代　13,000円
肥料代　22,000円
農薬代　20,000円
経費合計　74,000円
（10a概算）　粗利　302,000円

※下記の申込期限内であっても面積がまとまり次第、募集を締め切る場合がありますので、その節はご容赦ください。

ジュース用「トマト」契約栽培申込書

ジュース用「トマト」の契約栽培を希望しますので、申し込みいたします。

氏名　印　希望面積
住所　電話番号

※申込期限／平成11年1月30日
※申込・問い合わせ先／
JAなすの（黒磯事業部）
担当者：室井（TEL　62-6339）

図1－5 ジュース用トマトのチラシ 1999年、那須野農協配付

引用文献［第1章第7項］

1. カゴメ八十年史 (1978)
2. 農業改良時報No144 (1961) 県普及教育課
3. 加工トマト生産費調査成績書 (1961) 栃木県農産食品工業指導所
4. 吉倉定一 (1962) 加工トマト栽培の実績と今後の問題点　農業と生活1962年4月号
5. 山本実 (1968) 加工トマトの無支柱栽培　農業と生活1968年3月号
6. 加工用無支柱トマト栽培法 (1965) 県加工用トマト振興協議会 (大和田常晴執筆) 冊子
7. 柳義雄 (1977) 加工トマト－那須北における無支柱栽培－　栃木の野菜　栃木県野菜研究会
8. 村上功 (1986) 県北地方の加工トマト栽培－栃木の野菜1986年版　県野菜研究会

8. 宇都宮市清原地区の夏秋トマト

当時は抑制トマトと呼称されていたがここでは夏秋トマトとする。清原農協管内のこの作型の始まりは記録としてよく残されている。それほど当時は注目された新興産地であった。しかし1955年の宇都宮市経済部「昭和31年度宇都宮市の農勢（ママ）」での適地適産団地形成計画では野菜の品目別振興地区は以下のようであった。

宇都宮：トマト	横川：トマト、サトイモ
瑞穂野：タマネギ、イチゴ	姿川：トマト、イチゴ
平石：タマネギ、イチゴ	城山：トマト、サトイモ
雀宮：タマネギ、イチゴ、サトイモ	清原：タマネギ、サトイモ
国本：サトイモ、ネギ	

ここでのトマトはトンネルまたはハウス栽培のものであり、まだ夏秋トマトの奨励は見込まれていない。

一方、栃木県農業振興計画書(1956)によれば本県中央部の洪積台地は夏の降雨も多く、トマトの7、8月から10月までの出荷の適地であるとされていた。当時の清原台地はラッカセイ、サトイモや普通作物が主体であったが、ナシの新植や各種野菜の導入の機運は醸成されつつあった。

清原地区の山口次平は1955年3月に自家のナシが霜害を受けたことにより、ナシの収入減を

補うために露地トマトの導入を決めた。これにはナシ作りでの知人、城山地区の安納がすでに早熟トマトを栽培していたことによる。また当時の清原農協組合長の大塚森一の後押しもあった。大塚も日頃園芸振興による営農改善を考えていた。大塚森一組合長からトマトでもやってみたらという話が大野地区の月例懇談会であり、これに呼応した形で7名が集まり1956年2月に栽培打ち合わせが行われ、早速3月上旬播きの早熟栽培で行うことが決まった。7名の内3名が3月2日に播種したが踏込の失敗で発芽せず、第2回の播種もうまくいかずようやく5月12日播きで苗ができ、栽培がスタートした。3名は山口次平、金川好衛、金川種衛でいずれも上籠谷地区である。しかし病害発生などのトラブルがあり、収穫出荷まで行ったのはナシ栽培用の動力噴霧機を利用できた山口だけであった。山口の実績は5aで4.4tの収量で売り上げは9万3千余円であり同年のラッカセイやムギを凌ぐものであった。1959年には清原トマト生産出荷組合ができ、組合長は農協組合長の大塚森一で農協と一体の組織となった。

初期の生産規模は下表の通りである。

表1－12　清原農協内の夏秋トマトの生産者数と面積

年	1957	58	59	60	61	62	63	64
生産者	7	47	227	353	379	342	275	220
面積ha	0.45	2.2	13.0	25.5	32.3	26.8	23.7	21.3

このように急激な普及が見られたが萎凋病などの病害発生などの影響で生産者は次第に絞り込まれていき、栽培の安定化を求めて1970年代には雨除けハウス栽培や半促成へと分化していった。1980年代のこの地区は9月播きのハウス栽培のほか夏秋作は1月播きのトンネル早熟栽培と3月上旬播きの夏秋作、そして6月上旬播きの抑制作に分かれていた。1984年産のこの地区の夏秋トマトは大半が雨除けハウスとなった（1－7）。

東京市場の夏のトマトとして評価を高めたこの栽培は初期の普及事業の成果の一つであり、他地区への波及効果もあって本県トマト栽培上の事跡となった。初期の生産者の意欲はもちろん、初期からの農協の関与、宇都宮農改普及所の菅谷技師、田崎貞衛ら、農試技師の瓦井豊らの技術、市役所農務課員の行政面からの援助など多大であった。

当時の栽培は露地栽培であり多雨の季節での栽培なので慣行施肥量はかなり多量でしかも有機肥料も多く、病害と多肥が問題とされていた。1960年の農試調査の慣行施肥量のまとめを下表に示す（8）。

表1－13　清原地区における施肥慣行調査（栃木農試）

栽培者	10a収量トン	窒素（kg）	燐酸	カリ	肥料代 千円
A	9.0	43.2	40.7	54.9	18.5
B	10.0	79.0	73.0	65.7	23.0
C	8.6	31.1	23.7	30.2	14.0
D	10.1	104.1	70.5	38.7	26.0
E	7.2	34.0	46.6	83.5	20.0
農試現地試験地	10.3	35.0	23.0	32.0	7.5

注：A－C：新豊玉2号、D、E：ひかり

清原地区の夏秋トマトの生産奨励のリーダーであった清原農協長・大塚森一は同農協の振興に功績があり、1963年には黄綬褒章、そして明治百年記念行事では栃木県農業先覚者として横川信夫知事から顕彰を受けた。

9. 市貝町の完熟トマトの夏秋栽培

市貝町の畑地は葉タバコの作付が多かった。だが、宇都宮市清原地区の夏秋トマトの成功に影響を受け、1960年に8名で栽培が始まったが1970年の220名、35haの産地規模をピークに漸減してきた。品種は新豊玉2号から始まり1966年の指定産地に指定後は大型福寿となりその後の萎凋病（J1）の発生により豊錦となる。1976年までこの品種であったが潰瘍病対策としての雨除けハウス（1977年試行）の普及（1980年より）に伴い完熟出荷を目指し、大宮FFTVRや瑞秀による予冷出荷を実施した。この完熟トマト志向を完成させたのが桃太郎の登場である。トマトの品質に関して追熟と樹上完熟果の比較は1970年代あたりから盛んに試験が行われるようになりおおむね「樹熟」果の品質が優れることが明らかにされていた（9）。

完熟出荷を可能にした高品質品種・桃太郎はタキイ種苗㈱の住田敦らにより米国のF－MH－1などを素材に育成され1985年から試作に移された（10）。1984年には本県（市貝町）始め夏秋トマトの産地、愛媛、岡山、奈良、岐阜、山梨、岩手各県に試作番号で配布された。しかしながら市貝町以外の場所では大半が失敗に終わるという結果であった。これは新品種にありがちな試作結果であったともいえる。桃太郎は吸肥力が強いので草勢管理が難しく、多くの場所で異常主茎（芯どまり）、落花などの発生があり評価はいまいちであった。

市貝町にはタキイ種苗の国政恒治が持ち込み同農協の坂入勝男が受け、試作は吉住宏ほか1名が担当した。規模は各人500株程度で3月播き雨除けハウスを圃場とした。対象は豊竜で桃太郎は60％くらいの熟度で東京青果㈱に出荷したところ好評で、豊竜とは別扱いの荷となった。翌年は5、6名で試作し、間もなく桃太郎に統一された。県内夏秋トマト産地にも翌年1985年から順次普及していった。市貝町の1994年時点の夏秋トマトの栽培者は35名、13haである（11）。坂入が述べているように桃太郎は決して作りやすい品種ではなく、中段花房の着果が悪く収量的には豊竜より劣る。桃太郎効果は品種本来の高品質に加え果皮の強さによって樹上成熟ができたという二重効果であった。

1980年代初期の雨除けハウス導入と1985年からの接木栽培、80年代後期の桃太郎普及などは本県夏秋トマトの発展上で重要なことが起きた年代であった。

10. 湯津上村から始まったハウス用完熟トマトの栽培

1984年の品種・桃太郎の登場以降、夏秋用として育種された本品種が無理な作型で栽培されるようになってきた。この問題を解決するためにタキイ種苗㈱は1988年から後のハウス桃太郎となるものの試作を主産県で開始した。本県での試作は湯津上村の渡辺正男らにより1987年9月下旬播きで行われた。渡辺は県北部の施設園芸の草分けで当時は那須北部施設園芸協議会（3農協の横断的組織）の会長職であった。

当時は既に夏秋タイプの桃太郎が普及し、春トマトの盛りの5、6月には早出しの桃太郎に押され価格的に不利になってきていた。この状況は右表の通りである。

このような中でタキイ社の茨城農場へ1987年7月、見学に行った折、試作番号T429系統に目が向き説明を聞

表1－14　6月の単価比較（円、箱）

年	春トマト 品種と単価	雨除けトマト 品種と単価
1985	瑞光102　811円	
‘86	〃　677	桃太郎　922円
‘87	〃　350	〃　1,161
‘88	スーパー桃太郎 1,011	〃　841

注：渡辺正男（12）による

いて有望と判断し皆で協議をして同年9月播きで会員分の種子を確保してもらった。まだタキイでは品種名を決めていなかったのでスーパー桃太郎名で出荷した（12）。結果としてシーズン中、高値で推移し各地ですぐに導入の動きとなり、周年的に完熟トマトの時代となった。本県では宇都宮農協が1992年に全面導入、足利農協では1989年産で大規模試作、翌年産は100%の作付となる。

この品種も市場評価は高かったが栽培上の問題点も多かった。遺伝子型はTm 2aで安定しているが、草勢が弱いので初期の管理が難しく、窓あき果の発生もあり問題を残した普及であった。東京市場ではハウス桃太郎の対抗品種はファーストトマトであったが、1990年産あたりから量的面で完熟系丸玉がファースト系トマトを上回るようになる。

ハウス桃太郎の普及が最高になったのは1995年産で、その後はさらに多収性や果実の硬さ、空洞果の少ない品種の登場もあり漸減していく。この動向は春トマトにおけるT社とS社の争いといわれた品種消長である。なお、スーパーファーストなどは1987年から根腐れ萎凋病耐病性品種として導入され、栃木市、小山市方面で栽培された。

この間の本県における各品種の作付面積比を下表に示す。

表1－15　冬春トマトの品種別作付面積比（%）

年産	瑞光102	瑞秀	ほまれ114	ハウスおどりこ	ファースト系	ハウス桃太郎	S社完熟系
1985	80	7	6	－	－	－	－
89	22.4	－	－	14.9	9.7	44.7	－
95	－	－	－	14.6	6.4	78.9	－
00	－	－	－	18	－	72	14
02	－	－	－	－	－	51	39

注：県資料による、S社品種はマイロック、麗容などの計、ファースト系はスーパーF、レディーFの計。
S社の中では麗容の普及が多い

引用文献［第1章第8－10項］

1. 亀和田秀雄（1966）主産地の研究　栃木県農業試験場経営部成績書（謄写）
2. 普及事業十五年の歩み（1963）県普及教育課
3. 田崎貞衛（1963）露地抑制トマトの栽培　農耕と園芸18（4）
4. 渡辺正（1984）ハウスを利用した早熟と抑制作型トマトの栽培技術、農耕と園芸40（11）
5. 瓦井豊・加藤昭（1961）栃木県平坦地におけるトマトの抑制栽培　農業および園芸36（5）
6. 江口庸雄（1960）蔬菜特産地の育成（1）栃木県における成果　農業および園芸35（5）
7. 昭和59年度宇都宮農改普及所普及活動のあゆみ（1985）
8. 大和田常晴（1965）トマトの栽培　冊子　県農協中央会青果団地対策室
9. 岩田隆（1979）果菜類の追熟に関する諸問題　農業と園芸54（7、8）
10. 加屋隆士（2013）品種改良の日本史　悠書館
11. 坂入勝男（1994）市貝町の雨除けトマト栽培　農耕と園芸49（7）
12. 渡辺正男（1989）ハウス桃太郎の栽培　園芸新知識　89年9月号

11. 整枝と誘引について

1）整枝法

Indeterminateタイプのトマトにおいては一本仕立てを基本にして、従来からさまざまな整枝法が行われてきた。

福羽逸人は欧州のやり方であるが摘断法（整枝法）として3ないし4本仕立て法を紹介している（1)。その後の著書においても2本仕立てや温床内での斜め誘引法を述べている（2)。これらはどの程度普及したかは不明であるが、基本的には1本仕立てで栽培されていたと思われる。尾崎五平治の1926年の著書では直立単幹仕立て、2本仕立て（主枝と第一花房下の側枝)、3本仕立て（主枝と第一花房下の側枝2本）をあげ、2本仕立てが多く行われており、4、5本仕立ては収量が落ちるとしている（3)。また現在の連続摘心法に類似の方法も1本仕立ての応用例としている。

本県農事試験場昭和2年度の業務功程（1928年刊）にはトマトの整枝法試験として1、2、3、本仕立てを行ったという記述があるが、結果の記載はない。佐藤政明もその著書で1本と2本仕立てを記している（4)。

トマトは側枝の発生が旺盛なのでこのように従来から側枝利用への関心は高かった。現在は摘心2本整枝が広く行われ、１本仕立てでは頂部の摘心後に上位の側枝から2、3花房収穫することが行われている。ミニトマトではその過繁茂性を活かして放任栽培が一部で行われている。これはソバージュ栽培と称され夏キュウリのネット栽培と同じようにネットに誘引する。

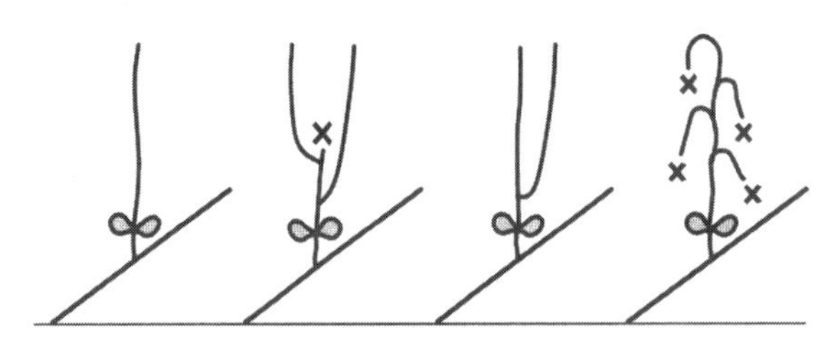

図1－6　トマトの整枝法

図1－7　蔬菜栽培法（1893）記載の4本整枝法

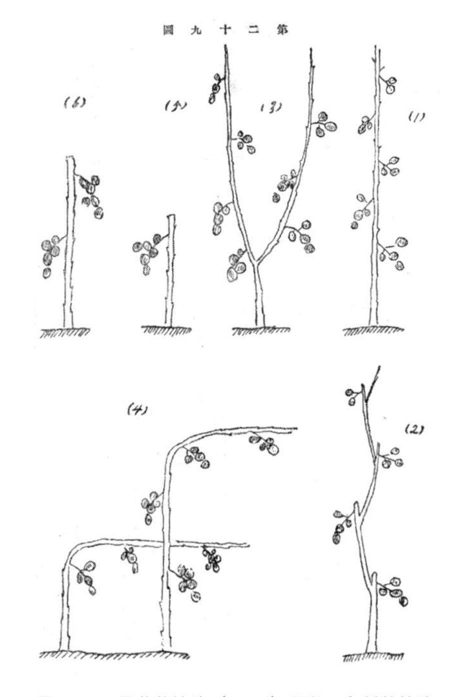

図1－8　果菜栽培法（1926）記載の各種整枝法
（2）は連続摘心仕立て（3）は2本仕立て

2）誘引法

露地栽培ではあまり問題にならないが、ハウス栽培ではさまざまな誘引法が行われている。従来の２m程度の軒高ハウスでは直立か斜め誘引が多く、延伸する場合は蔓おろしするか、先端を垂下させるか横に伸ばすかして収穫花房を確保してきた。欧米でも同じようなことが行われており、Up and down式とHigh wire式（高さ2.5－3.5m）があり後者が光線の利用効率が最もよいとされている（5)。

わが国でも2000年代になり多段採りが普及してくるとハウス内の合理的、省力的な誘引法が求められてきた。

栃木農試において2005年からUターン、Qターン、Nターン、蔓下げの4方式の比較試験が行われ、低軒高ハウスではNターン、高軒高ではハーワイヤー法がよいとの結果であった（6）。

ハイワイヤー式は高所作業が要るが受光体制がよく生育収量共に優れる。また作業姿勢も改善される（7）。この方式には特殊な誘引器具や高所作業車がいるが、栃木農試とJAグリーン㈱、ナスニック㈱、矢崎化工㈱が共同開発したものが使用されている（8）。

Nターンは栃木農試の考案であり形状からこのように名付け、常に先端部を上向きにするので生育によい。Uターン式は下垂した茎の先端部が葉の影の部分にかかるので、生育には不利であるが省力的である。

Qターンは群馬農業技術センターの考案によるものである。Uターン誘引を長期栽培に応用したもので、Uターンの後は元の茎に誘引するもので省力的であるが中段で葉が混みあう問題がある（9）。

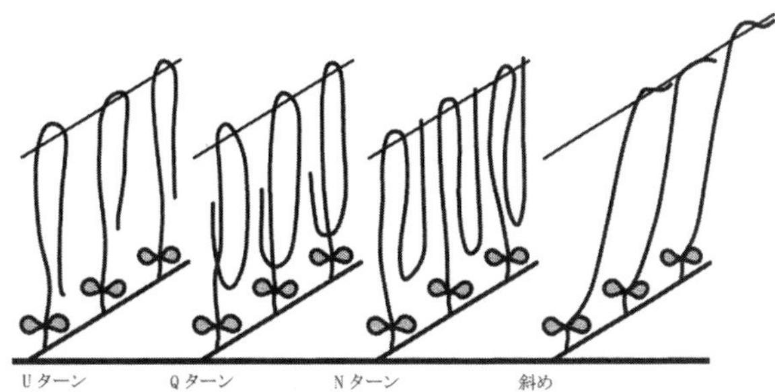

図1－9　トマトの誘引法

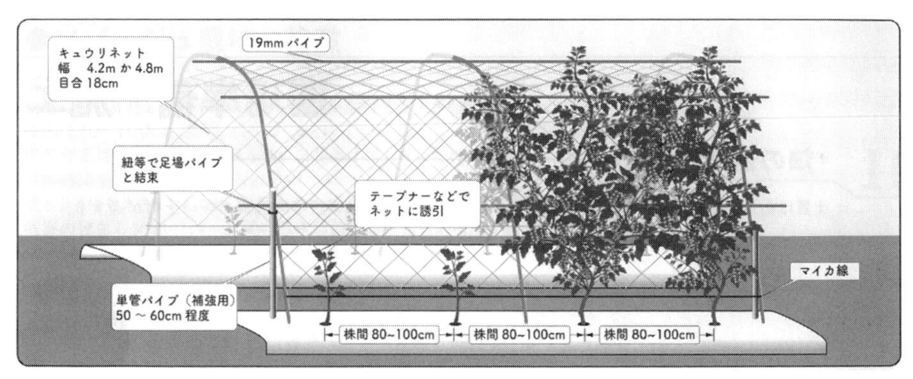

図1－10　ミニトマトのネット支柱による放任栽培
2010年代から一部地方で行われているが本県では見られない
パイオニアハイブレッド㈱カタログ2020年より

引用文献［第1章第11項］

1. 福羽逸人（1893）蔬菜栽培法　（明治農書全集、農文協）
2. 〃　　（1908）果樹蔬菜高等栽培論　博文館
3. 尾崎五平治（1926）果菜栽培法　博文館
4. 佐藤政明（1934）栃木県における主要蔬菜の栽培法　（自家本）
5. Atherton J.G. and Rudich J.（編）（1985）The Tomato Crop ,London New York
6. 栃木農試研究室試験成績書（2005－7）
7. 羽石重忠・石原良行（2005）トマト促成栽培におけるハイワイヤー整枝法の特性
   栃木県農業試験場研究報告No55
8. 羽石重忠（2004）栃木県に於ける低コスト耐候性ハウスと栽培技術　農耕と園芸2004年6月号
9. 金井幸男・阿部晴夫（2006）施設トマトの省力的な新整枝法
   群馬県農業技術センター研究報告3：30－34

第2章　キュウリ（胡瓜、黄瓜）

1. 古代から江戸期まで

原産地はヒマラヤ山脈南部地方とされわが国には中国から6世紀ごろ渡来とされる。延喜式などの書物には各種の瓜（青瓜、菜瓜、熟瓜、黄瓜など）が見られるが、現在のキュウリとされるものは特定されていない。多くはマクワかシロウリとされる。倭名抄（918年）になり胡瓜の字が見える。古代においてキュウリの利用は少なかったことは食文化研究者の見立てである。

前編第2章で述べたように1600年代以降になると多くの農書においてキュウリが登場する。栽培法や品種の記載も多い。しかしキュウリは多くの瓜の中ではその苦味のためか、あるいは味の悪さからか身近な野菜であったが、重要な野菜ではなかったようである。農業全書（1695）はキュウリは下品な瓜としているが、草木六部育種法（1832）には瓜のなかで最初に出る珍種として評価している。1700年代後半からキュウリの需要は高まってきたようで、1735年には大阪・天王寺でキュウリの漬物販売が始まったり1842年の大阪・天満青物市場へのお触書はキュウリも対象にしている（1)。1700年代のお触書にはキュウリの名はないので（2)、時代の変化であろうか。1800年代には催芽や室育苗のことも農書に出てくるので商品性も高まってきたと思われる。

この時代、約250年間の栽培法を江戸期の農書からまとめると次のようになる。

品種は白、黄色や長短のもの、早生、晩生といろいろあり、早く播くときの催芽はいろり、火鉢、炬燵などの温熱を利用するのがよい。早播きは多収となるが遅播きが無難で直播もよい。主枝を摘心して子蔓を伸ばし摘心を繰り返す。竹垣に這わせてもよい。灰をかけて害虫をよける。鳥害を防ぐには網を掛けたり、鳥の羽様のものを下げておく。

これらの農書で本県についての記載はないが、品種として諸国物産帳には河内郡岡本村の項（1736）に瓜の類としてしろふり、青きふり、とふろくふりの3種があるが青きふりがキュウリであろうか。また芳賀郡竹原村の項（1735）にはただ「きうり」と名前だけがある。

この諸国物産帳の調査は1700年初期のものであるが、ナスやマクワウリの品種記載の多さに対しキュウリの記載は乏しく、この時代のキュウリの位置が分かる（3)。

キュウリの民俗

横川村村誌（1932年）によると東横田では昔から「キュウリを作ると疫病がでる」といって今なおキュウリを作らないとの記事がある。由来は不明であるが似た話は各地にあるようだ。例えば京都市左京区の吉田神社の末社に木瓜大明神社があり、この社の紋章がキュウリ果の切り口に似ているからこの辺の農家はキュウリを食べると神罰に触れるとして食べなかったという言い伝えがある。反対に「キュウリ封じ」なる行事もある。京都市北区の神光院では土用の丑の日にキュウリ加持の祈祷が行われ、寺院からキュウリを頂き家に持ち帰り不調の部位をキュウリでなでて、そのキュウリを庭に埋めるという。

横川村誌（1932）復刻版および高島四郎（1982）京野菜　淡交社（京都）による。

引用文献［第2章第1項］
1. なにわ大阪の伝統野菜（2002）なにわ特産物食文化研究会編　農文協
2. 杉山直義（1998）江戸時代の野菜の栽培と利用　養賢堂
3. 盛永俊太郎・安田健（1986）江戸時代中期における諸藩の農作物　日本農業研究所

2. 1800年代後半から1900年代中期まで

1）1900年代初期（明治・大正期）まで

（1）生産概要

1874年の府県別の野菜生産額調査によれば本県の野菜産額順位は1位が芋（サトイモであろう）で12万円余、2位がサツマイモ（蕃薯）で4万7千円余、3位がダイコン、4位はウリ、5位がナスでウリの産額はナスの倍であった（1）。このウリはシロウリ、スイカなどを含むものであり、キュウリの産額は分からない。

本県のキュウリに関する統計資料は1888年の栃木県農産物産額が最初のようである。

これによると米産額317万4千円に対し野菜の筆頭はサトイモの55万8千円でキュウリは4万4千円で同じ夏の果菜であるナスは9万5千円、カボチャは7万3千円でキュウリの生産はまだ少なかった（2）。作付面積についてナスと比較して下表に示す（2）。これによると1920年頃からの増加が著しいが、この傾向は全国でも同じでこれは品種改良や出荷団体の宣伝が需要を喚起したという見解もある（3）。

表2−1　栃木県の1900年初期からのキュウリ作付面積（町歩）

年次	キュウリ	ナス	トマト
1903	256（100）	648（100）	
1907	259（101）	818（126）	0.3
1912	403（157）	900（139）	−
1921	533（208）	927（143）	1
1930	577（225）	947（146）	62

注：栃木県史史料編近現代四より

（2）品種

明治開国により欧米の野菜品種が多数導入され、キュウリでは主として欧州のものが入ってきた。1873年の開拓使種苗目録によればホワイトイエレ（白早生）など3種（ほかに青小、青長と注記）を挙げている。三田育種場の1889年の穀菜弁覧初編（カタログ、育種場は前年から会社組織になる）にはキュウリ品種として節成、八人枕、やまキュウリ、白やまキュウリが出ている（4）。1893年の福羽逸人の著書・蔬菜栽培法にはフランスの品種を4種を挙げたほか在来のものを緑果と白果に大別し、これらに節成りと飛節があるとしているが具体的な品種名は挙げていない。1906年の池田伴親の著書・蔬菜園芸教科書には節成（変種あり）、白胡瓜（淡緑、変種あり）青胡瓜（緑、変異あり）長胡瓜を挙げている。この頃はすでに地方品種として馬込半白（東京）、刈羽節成（新潟）加賀太（石川）毛馬（大阪）がこれらの名称で土着していたが上記の成書には出てこない。これら地方品種の来歴は明らかでない（5）。

1926年の下川義治の下川蔬菜園芸には、早生節成、半白節成、落合節成、刈羽節成、飛騨節成、聖護院節成、茨城青大など品種が細分されており、ほかに中国や欧州の品種も紹介されている。

1800年代は品種に対する関心はその重要度の割には高くないようであった。1900年代に入ると生産の伸びに対応してか、品種に対する関心が高くなり、現在の品種に通じる品種名がでてくる。本県の栽培品種については明らかでないが、当時はおおむね周辺県と同様で市場出荷用としては落合キュウリを主とし、ほかに自家用では自家採種してきたものを栽培していたと思われる。

(3) 成書に見る栽培法（6、7、8、9）

1．福羽逸人の蔬菜栽培法（1893）

早熟栽培：3月に踏込温床を設け馬糞や落ち葉で5寸－1尺の厚さに踏み込む。床は藁枠より木枠がよく障子にはガラス障子がよい。通常、3－4葉の時に定植するが、移植しておけばこれより大苗でも可。支柱を立てこれにからめる。節成り種は摘心しないが、普通種は3ないし5葉残して摘む。収穫期間を伸ばすには3月から5月まで３週おきに播いておく。７月播きで初秋に採るのも利益が出る。採種には下位節の果で整形なものを成熟させる。

促成栽培（温床利用）：東京近在の方法は育苗から収穫まで床の温度が不十分なので何回も移植していて労力や資材がかかる。これに対し木枠、ガラス障子の床で栽培することを勧める。この方法では発芽床と移植床の２つで４葉まで育て摘心して、２枝が出たら本床に定植し２方向に伸ばし、この枝が６葉の時摘心してまた枝を出す。この枝に結果させ、またこの枝を摘心してこれを繰り返し結果させる。１株に8－10果を採る。アブラムシにはタバコ葉の抽出液を使用するが他の病害防除は不完全である。

このように露地栽培の記述は簡単であり短期的な栽培法を述べている。促成法はこのような棚作りで摘心を繰り返すやり方がその後も行われてきた。

2．下川義治の蔬菜園芸上巻（1926）

1926年の下川義治の蔬菜園芸（上巻）になると記述は相当詳しくなる。以下その要点を紹介する。

播種期と育苗：関東地方は3月中旬で温床育苗とするが、冷床は10日遅らせ直播は霜の恐れのない時期、余播きは7月とする。2寸にへだて点播するのがよい。50－60日で4、5葉となり定植する。

本圃：早生は反当4,320本、晩生は1,350本とする。肥料は3成分適宜配合し、厩肥、堆肥、油粕、大豆粕、人糞、過燐酸石灰、灰がよい。追肥は人糞尿など15日間隔で2回以上やる。標準成分は窒素2貫560匁、燐酸1貫962匁、カリ2貫783匁（約10－7－10kg）である。

整枝：支柱は各種あり、合掌型が風に強い。茨城、福岡などでは地面に這わせることが普通である。分枝し難い品種は6、7枚で摘心し蔓を伸ばす。分枝しやすい品種は放任する。3、4枚の時に摘心して3枝出して雌花を収穫したのち、また摘心をする方法は株を衰弱させるのでよくない。

病害：露菌病、炭疽病、白絹病、萎黄病（モザイック病）があり石灰ボルドー液、硫化カリ液、銅石鹸液を使う。萎黄病の原因は生理障害説と顕微鏡限外微生物説がある。

採種：他の品種から隔離された場所で行う。早生は早生に成り易い1番果から採種するが、中生、晩生はむしろ形状で選ぶ。完熟して網目を生じた頃に採り、水選する。早生は古種子がよいという説があるが、発芽が悪くよくないので新種子がよい。

以上、飛節の品種でも整枝の方法として摘心の繰り返しについては否定的であり、放任に近いやり方を述べている。病害については詳しい記述があり前代からの進歩が明らかである。採種については熟性によって選抜点を違えている。施肥量はかなり少ないようであるが栽培期間の関係であろうか。

促成栽培も詳しく述べられているが、福羽逸人の前書とほぼ同じであるので割愛した。

3.尾崎五平治の果菜類栽培法(1926)

愛知県を基準に述べられている。特徴的な事項は次のようである。

品種:早熟用として馬込半白、尾張節成、普通栽培用として尾張節成、落合節成

促成栽培育苗法:2月に播種、踏込温床で踏込は8寸程度。鉢播き法は徒長しやすいので床播き法で育苗する。適温は22-23℃、5日で発芽する。発芽初期は昼夜の区別なく高温に注意して徒長を防ぐ。20℃以上には上げない。移植は3回必要で3回からは油障子だけの温床に行う。床土の配合は次の通りで第3回床は移植の際、鉢土が付くように堆肥を少なくする。

床土の配合

床別	構成	その他
播種床	田土4、堆肥4、彩砂2、	草木灰少々、田土、堆肥は細粉したもの
第1回移植床	田土7、堆肥3、	同上
第2、3回	田土8.5-9、堆肥1-1.5	同上

催芽法:体温で催芽、堆積物の発酵熱利用、温暖地(軒下などで被覆)催芽などある。

施肥量:成分で1反歩当たり窒素1貫500匁-5貫、燐酸3貫、カリ3貫-3貫500匁で下肥、大豆粕、鰊粕、鶏糞、過燐酸石灰など。

整枝法:節成種(落合、馬込、刈羽、針ヶ谷、尾張)は支柱の上端に達すれば摘心して下位の側枝を伸ばす。側枝は1葉で摘心する。大胡瓜種(飛節種、毛馬、博多など)は主枝を3尺で摘心して側枝を2、3本伸ばしてこれを主枝とする。2次側枝は結果部の先1葉を残して摘心する。

採種:母本は早生のものは早く結果した株を母本とするが、第1果は低温期で草勢もないので種子量が少ない。2、3番果で果形のよいものから採種する。系統の維持には袋掛け採種とする。

4.喜田茂一郎の蔬菜園芸全書(1924)

品種・針ヶ谷について埼玉県与野町付近の産で果肉が厚いので市場で好まれるとしている。作型の解説として、促成:温床内に10月-1月に播き1月から5月まで採る、早熟:2月頃温床に播き4月定植、5、6月の収穫、普通:露地直播で7、8月収穫、抑制:7、8月に直播して9月から降霜まで収穫としている。整枝法として這い作り、棚作り、屋根作り(合掌支柱)、垣根作りをあげそれぞれの長短所を記している。摘心については節成りと側枝なりでの違いを述べている。

いずれの著書でも詳しい解説があり、キュウリが重要野菜であったことがうかがえる。

(4)本県における栽培

1900年代初期には300haのキュウリ栽培があったが栽培記録は少ない。1909年の栃木県農業経営共進会に出品した6名の自作農家のうち5名はキュウリを作っている。一方、各町村史の1890年前後(明治20年前後)の野菜産額などの記述にキュウリがあるのは高根沢町(花岡村外六カ村、1879年)と真岡市(山前村、1902年)のみで、この当時の野菜についての記述のある他の5町村にはキュウリの名はない。

渡辺清「百姓絵日記」1907年にはキュウリに如雨露(ジョウロ)でボルドー液を散布している絵があるが貴重なものである(10)。

1920年以降は作付面積も500町歩を越え、各地に野菜の出荷組合が誕生してキュウリの販売目的の栽培も増加し、促成キュウリも品名に出てくる(前編第4章)。

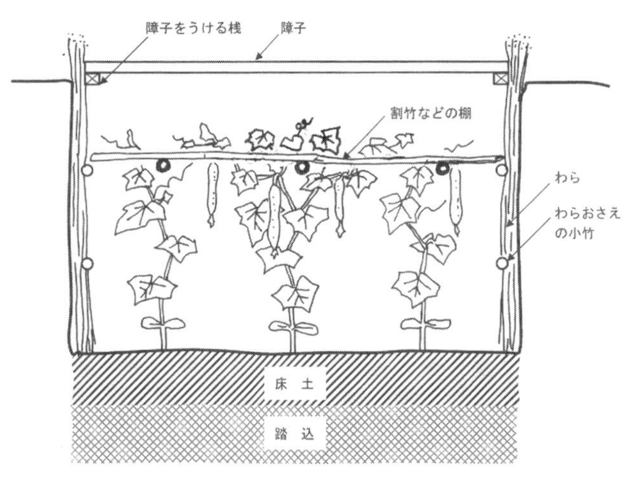

図2－1　キュウリの温床栽培（地下式）
蔬菜の育苗と早熟栽培（1954年）　蜂巣統三原図を様式化

引用文献［第2章第1項］
1. 渡辺善次郎（1991）近代日本都市近郊農業史　論創社
2. 栃木県史資料編近現代4（1974）栃木県総務部
3. 藤巻雪生（1943）日本園芸発達史、日本園芸中央会編　復刻版　有明書房
4. 野村圭祐（2005）江戸の野菜　八坂書房
5. 地方野菜大全（2002）タキイ種苗㈱編　農文協
6. 福羽逸人（1893）蔬菜栽培法　明治農書全集　農文協
7. 下川義治（1926）下川蔬菜園芸上巻　成美堂書店
8. 尾崎五平治（1926）果菜類栽培法　博文館
9. 喜田茂一郎（1924）蔬菜栽培全書　西ヶ原叢書刊行会
10. 渡辺清（1983）百姓絵日記　日本経済評論社

2）1900年代中期まで

(1) 生産概要

1926年（大正15年・昭和元年）から1965年までの本県キュウリの作付面積をナスと対比して右表に示す。これによると戦中の影響もなく1965年まで漸増を続け、特に1960年代には夏秋キュウリの普及により1000haを越え、新興作物として伸びてきた。

1955年前後を境にそれ以前は一部の温床早出し栽培のほかは水田前作の栽培や畑地での露地栽培が主体であったが、農業用ビニールの普及に伴い、トンネル早熟栽培やこれまでの畑作物に代わる新品目として取りあげられたのがナスの栽培面積を上回る増加となった要因である。

表2－2　栃木県の1926年からのキュウリ作付面積（ha、農林統計）

年次	キュウリ	ナス
1926（昭和元年）	509	886
1930	577	947
1935	622	980
1940	620	962
1945	667	793
1950	619	892
1955	625	875
1960	783	856
1965	1380	943

注：農林水産累年統計

(2) 栽培

1. 品種

1927年度栃木県農試業務功程によると品種比較試験に供試した品種として馬込半白、落合、三枚目節成、尾張節成、大阪本長毛馬、青長、針ヶ谷を挙げている。同1937年功程には落合、落合3号、馬込半白、相模半白を挙げている（1）。

1934年時点での本県キュウリの品種別作付面積は次の通りである（2）。

品種名と栽培面積（町歩）　刈羽：30、馬込半白：139、落合：314、その他：121　面積計604町歩

しかし作型別の品種の使い分けは明らかでない。

針ヶ谷キュウリの来歴について足利農改普及所作成の冊子があるので以下に紹介する。作成時期は不明であるが、1968年以前の作成であると思われる。

針ヶ谷キュウリ栽培の来歴　足利農業改良普及所（1963年頃）

北郷地区でキュウリ栽培が始まったのは大正年間からで、斉藤綱次郎氏（斉藤誠氏の実父）や長定次郎氏らが在来種（青長節成）を畑栽培していた。

昭和2年に栃木県農業試験場園芸主任島田技師の紹介で埼玉県与野町下落合の関野茂七氏のキュウリ圃場を視察して落合2号を導入し、露地（畑）と半促成（紙障子）栽培をした。その後引き続いて3－4年間関野氏より種子を購入して栽培したが節成性が悪くなってきた。その間に島田技師の指導で乾燥防止のために麦間に水稲前作とする栽培様式が多くなった。（3月5日播種、5月5－7日定植、5月下旬－7月上中旬収穫）

昭和5年に島田技師指導で叶崎園芸組合（組合長長定次郎氏 約10人）を組織し、関野氏の近くの埼玉県北足立郡木崎村北袋の渋谷寅吉氏より針ヶ谷種を導入し、斉藤誠氏、長定次郎氏、仁木啓次郎氏、長芳太郎氏、長竹重吉氏らが約5反歩試作した。

この針ヶ谷種は渋谷氏が落合種から選抜育種したものらしい。

落合2号と比較すると果は幾分短形で疣は若干多いが低く、首部と尻部の形は整い皮は薄く肉質良好で節成性は非常によい。この栽培結果が良好だったので、針ヶ谷種の栽培者が多くなり北郷地区に広まった。その後3年間、引き続いて渋谷氏から針ヶ谷種の導入をしたが、間もなく渋谷氏が中風となりキュウリ栽培を中止したので、それから自家採種をするようになった。

昭和15年に北郷そ菜組合（組合長斉藤仙吉氏、副組合長仁木啓次郎氏、会計長定次郎氏 約20名）を組織し、ますます針ヶ谷キュウリの栽培が増加したが、翌16年以降の太平洋戦争による経済統制で減反のやむなきに至った。この間の栽培技術指導は栃農試園芸主任島田技師、県農務課安蘇足利地方駐在員斉藤信一氏、足利地方事務所経済課長高瀬信光技師らによった。

戦後、再びキュウリ栽培が盛んになり昭和29年頃からビニールトンネル栽培が行われるようになり、昭和31年に足利市北郷そ菜生産出荷組合（組合長島田周次郎氏、副組合長長武治氏、長富治氏、会計斉藤輝男氏 102名）が組織されて現在に至っている。

針ヶ谷キュウリの特性

種子の大きさ	大	単為結果性	中
葉の大きさ	大	耐肥性	強
葉色	濃緑	耐乾性	弱
葉の欠刻	少	耐湿性	中
茎の太さ	太い	耐病性	ベト、黒星病弱
節間長	やや長	土地適応性	水田適畑不適
草勢	強	果形	長肩張り良
移植性	強	果色	濃緑
低温伸長性	中	疣色	黒数少低い
早晩性	中	果肉の厚さ	厚い
日長感応性	中	種子量	少
節成性	やや弱	肉質	良苦味少歯切れよい

注：1963年時点で現地ではトンネルとハウスで栽培されている。採種圃を設けて採種しているが果形の不揃いがある。肉質は柔らかく好評である。

2. 早出し栽培

当時は温床利用の栽培を促成栽培と呼んでいた。1935年の花卉を含む本県のガラス室はわずか332坪（茨城県は532坪）であり、ガラス室栽培のキュウリはほとんどなかったとみてよい。これに対し本県の温床による促成栽培(半促成は除いて)は1936年で3,445坪(茨城県は37,342坪)あり、主な作物としてナス、トマト、キュウリ、ミツバ、ショウガをあげている（3)。茨城県の促成キュウリは1900年（明治33）に新治郡で始まり、1938年には2731名の栽培者がいた。栽培としては12月播きで1、2月定植、3－5月出荷の温床枠内水平棚誘引栽培または2月上旬播きの4月に枠内に定植、後に露地支柱栽培に移行する栽培があった（4)。産地は栃木県境の古河、岩瀬、結城にもあり、本県の野木、小山方面でもその影響で温床促成を試みる者がいたであろうことは想像できる。しかし栽培実例の記事は少なく、2、3の例があるだけである。

芳賀郡山前村の豊田春圃は1929年に農閑期利用のキュウリ促成栽培について簡単に紹介している（5)。これによると踏込温床に篠竹で棚を作り1框（2間・3.6m×4尺・1.2m）に24株植える方式である。

栃木県農業団体史によると1927年時点で野崎村塩那促成キュウリ出荷組合と喜連川町鷲宿出荷組合で促成キュウリを扱っていたという（6)。

促成栽培法については茨城県のものがある。1950年当時の記事であるが、初期の栽培法と大きい違いはないので以下に紹介する（4)。

栽培品種：落合1号、同2号で初期は針ヶ谷、早生節成、馬込半白であったが、カンザシ苗（雌花のつき過ぎによる伸長停滞）になりやすく、次第に落合系となる。

育苗：暖地のものの後を継ぐ物として11月播きである。2回移植であとはずらし程度。60日育苗、5、6葉の苗を12月下旬－1月上旬に定植。1框24株を中央に1列植え。踏込は1尺5寸－2尺。

床での管理：床面上、4、5寸に水平棚を作る。蔓は北と南に振り分ける。保温は障子上に冬期は3重にかける。側枝は1節で摘心、主枝は摘心しない。防除には石灰ボルドー液や硫酸ニコチンなどを使用する。収量は1框350－400本である。

3. その他の栽培

早熟栽培、水田裏作栽培、抑制栽培が行われていたが、本県における作型別の栽培面積は明らかでない。抑制栽培は余播きと称し多くは地這い栽培であった。水田裏作は足利の北郷地区が著名で1920年代の後期から始まり、1937年には5町歩の作付があった。品種は針ヶ谷で戦後まで栽培が続いた。

1926年の宇都宮近郊・豊郷地区の早熟栽培事例を紹介する（7)。

栽培者：豊郷村大字竹林　岩淵理一郎

品種：青節成（自家採種、元は東京府荏原郡より）

育苗床：低設温床、幅4.5尺、長さ適宜で播種床は踏み込み深さ1尺3、4寸、3月の移植床は1尺1、2寸、4月は8、9寸。床温32、3℃の時に床土を入れ20－25℃にする。床土の厚さは3寸ないし4寸（移植床)、木灰を坪1升播く。

育苗：3月上旬播きで仮植は5回行う。徒長した苗は子葉下まで埋めるか斜め植えとする。

本圃：5月下旬に6尺幅に播いた大麦の間に植える。畦間は3尺2寸と2尺8寸の交互として広い方を通路とする。主枝は摘心せず、側枝は2葉で摘心。3斗式ボルドウを10日ごとに掛ける。施肥は堆肥、下肥、大豆粕、過石、木灰、硫安などで追肥は5回、成分は窒素8.9、燐酸5.6、カリ5.4貫である。

収穫期間　6月2日から8月10日まで。

引用文献［第2章第2項］
1. 栃木県農事試験場（1928）昭和2年度業務功程
2. 農林省（1936）「蔬菜及果樹主要品種の分布調査」
3. 日本園芸発達史　前出
4. 根本一男（1950）茨城県の胡瓜の促成と早熟栽培　蔬菜の促成栽培（新園芸別冊）朝倉書店
5. 豊田春圃（1929）農閑期利用の胡瓜促成栽培　栃木農報40号（昭4、1月号）
6. 栃木県農業団体史（1954）栃木県農務部
7. 五味淵伊一郎（1928）指導蔬菜園胡瓜成績　栃木農報20号（5巻5号）

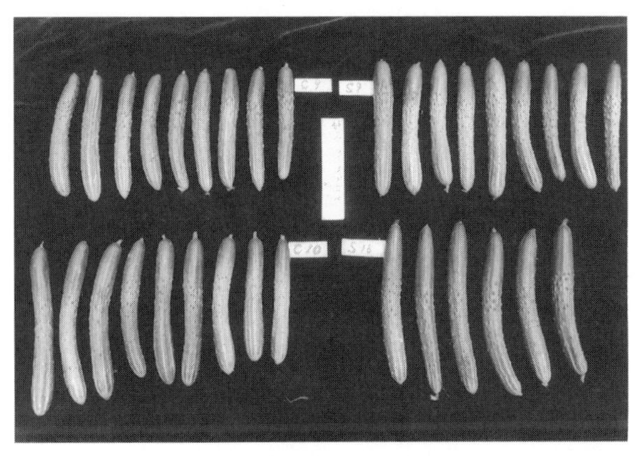

図2－3　針ヶ谷キュウリ　1963年6月、栃木農試で分系された各種

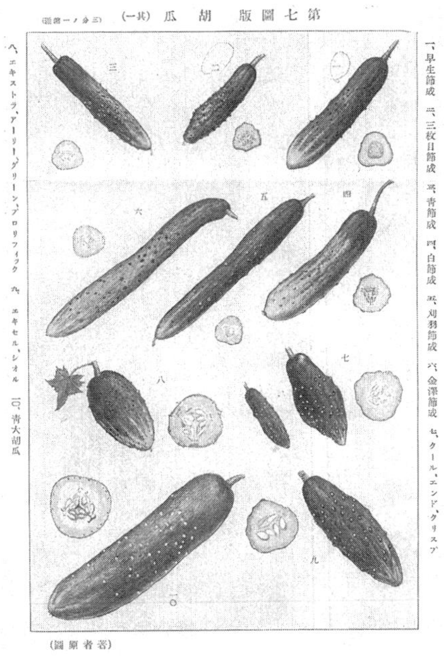

図2－2　1920年代のキュウリ品種（一部）
蔬菜園芸上巻、1926年より

3. 1900年代後半期

1）戦後の動き

1950年頃から全国的に野菜の栽培が盛んになってくる。その中でもキュウリは戦前からの技術を引き継いで復興は早かった。農業用塩化ビニールの登場前から本県でも油紙トンネルによる早出しが少数者であるが行われていた。（渡辺順道の例は第1編第5章に紹介）これらの栽培有利性によりビニールトンネル栽培として1955年以降各地に広まる。

1950年から1954年までの早出し栽培の詳しいデータがある（1)。促成と半促成に分けてあるが促成は温床框内の栽培、半促成は紙ないしビニールのトンネル、または温床框に定植後、その場で支柱立て栽培にする栽培と推察する。その栽培面積を表に示す。（一部改変）

表2－3　果菜類の不時栽培面積

1. キュウリ

作型	半促成			促成		
年次	1950	1952	1954	1950	1952	1954
面積・千坪	22.7	57.8	97.6	1.1	1.0	2.5

2. トマト

作型	半促成		
年次	1950	1952	1954
面積・千坪	4.0	6.1	18.6

これによるとトマトよりキュウリの面積がはるかに大きく、これはキュウリの需要が大きいことやトマトに比べ低温性で収穫までが早いこと、低温期の着果が安定していることなどによる。温床による早出し栽培の記事は少ないが、馬頭町の高野三代治は1950年頃温床でキュウリを作っていたという (2)。間々田町でも1955年頃、キュウリの温床利用の栽培は野村春夫、野村治二により行われ、何人かの者がこれに習って実行していたという (3)。

1954年の野木村中古屋農事研究会の半促成キュウリの概要を紹介する (4)。

1953年度より蔬菜部として農閑期利用の副業としてキュウリの半促成栽培を始めた。

1954年度の概要

栽培面積：85坪（4×12尺の框数で65個）15名

耕種概要：品種は落合、踏込、2月4－5日、定植は3月下旬で油紙とビニール障子で4月16日から7月上旬まで収穫、出荷は古河市の業者あて。一株20－30本、100円の売り上げであった。次年度（1955年）は落合2号で面積を667坪に拡大の予定。

（栽培の詳しいことはないが、框に障子を掛け後にそのまま支柱立て栽培に移行していると思われる。数少ない記録である）

トンネル栽培はビニールが販売されるようになってからの伸びが大きく、1956年から1960年頃までがピークでその後はハウス栽培になっていく。

なお、トンネル栽培と併行してタイマやタバコの後作や畑作物に代えての新規品目としての地這い栽培も各地で導入されてきたのも1955年頃である。これ以降、1960年代に地這い栽培からネット支柱栽培、さらに雨除け栽培へと変わり、ハウス栽培は抑制作型も増えてくる。

2）夏秋キュウリの栽培拡大

1950年頃からの夏秋キュウリの生産は地這いキュウリからスタートした。1956年の県農業振興計画書では半促成と露地に分けて、露地栽培は地這い方式を選んでいる。産地育成地として県内畑地帯の多くをあげている。以下、夏秋キュウリの産地となった地域の発展経過を農業改良普及事業の記念誌、雑誌などにより紹介する。

表2－4　1960年頃の地這いキュウリ（直播）の栽培型

作型	播種期	収穫期間	10a収量	1株収量本
中間播き	6月上旬	7下－8下－9中	2.6－3.8	20－30
同	6月下	8上－8下－10上	1.9－2.6	15－25
遅播き	7月上、中	8下－9中－10下	1.3－2.2	10－15

注：瓦井豊（1960）による

(1) 那須町の那須高原キュウリ (5)

戦後の混乱と模索の時期が一段落し、食糧増産から所得増産へ変化する1950年代の後半から野菜導入も選択肢の一つに挙がってきた。1955年に那須農研クラブ員（若葉4Hクラブ）が埼玉県の野菜産地や神田市場を視察し、選択した野菜の一つがキュウリであった。青果会社の担当者が下見に来たときに、和久金久の圃場でのキュウリのできばえからキュウリを勧められたという話もある。那須農研クラブの渡辺政一らは1955年から、1956年からは三本木秀夫・平山幸次郎ら20余名が試作開始し、57年には178名、12haとなった。早くも他の品目も合わせた「青果物生産販売協議会」が1957年に発足して普及、行政、農協、生産者の一体化がなされた。当時の野菜品目はキュウリの他、トマト、インゲン、ミョウガ、スイートコーンなどであった。キュウリ生産者は1956年の21名から1963年には375名、38haとピークとなったが、その後の開田ブームなどの影響で急減する。

栽培初期は地這いであり、品種は霜不知で2m×70cm間隔で農薬は石灰ボルドー、銅水銀剤が多く、親つるのみ7節摘心で栽培した。1961年から品種はときわに代え、この頃から次第に網支柱になっていった。病害は黒星病、ウイルス病なども出るようになり、マンネブダイセーンなどに変わる。出荷時期は当初は8月中旬であったが、1965年頃には7月上旬と前進した。1962年から段ボール箱になった。

東京市場では1959年に埼玉産の品種ときわが初入荷し注目を浴びる。この頃から夏秋物にも早出しキュウリ並みの外観品質が求められ、那須町でも漁網によるネット支柱栽培が1961年から始まる。1966年に那須北キュウリ指定産地となったが、この年価格が暴落し翌年は栽培が激減した。これ以降、開田や加工トマトへの転換などで漸減傾向にある。

(2) 日光・今市地域の日光キュウリ (5)

この地方の栽培は今市の木和田島の若葉クラブが1954年から夏キュウリを始めたのが早い例で、多くは1957年から始まる。同年、日光市農研クラブ協議会が那須地区の夏秋キュウリの視察を行い、立地的に同様なこの地方でも夏秋キュウリの可能性を確認して導入を決めた。1957年の最初から栽培者は約100名、2.7haであり小規模栽培者は問題もあったがそれなりの成績は残せたという。翌年は70名、2.0haと縮小したがかえって充実し、1959年からは出荷法も改善し日光市のほか今市市域にも栽培者が増えて、1963年には約34haの産地となり、指定産地となる。1959年からは農協青果事業専一となり日光地区8農協の農協青果事業振興協議会が結成された。今市農改普及所の協力も大きかった。

1960年時点の単位出荷組合は落合地這いキュウリ組合：120名、7ha、今市：60名、4ha、豊岡：67名、3.5ha、日光：70名、4ha、小佐越：19名、2.5ha、大澤：80名、3.4haであった。

初期は陸稲よりよければという観点で8、9月の出荷だったが、次第に早播きとなり、収量的に見ても向上していった。さらに秩父地方の網栽培を見て、1962年から網支柱が導入された。1962年は20haのうち網支柱は10haであった。以降、網栽培が増え地這い栽培当時の10a1.5tの収量から3.5tを越えるようになった。1964年にはすべて網栽培（竹支柱に海苔網）となり、1968年頃からパイプアーチ支柱が始まり、この頃は4月播きポット育苗、ポリキャップ定植で7月から出荷し4－6tの収量であった。品種は地這い系からときわ系の東北ときわ、新交A号、大利根、むさしなどに変わっていた。

(3) 栃木市の大麻後作から始まった夏秋キュウリ (5)

栃木市吹上地区は米麦中心で一部にタイマ、カンピョウが特産物としてあり、野菜としては自給的なダイコン、サトイモ、ゴボウ程度であった。旧吹上村川原田の赤羽根寿光は1935年から埼玉県より地這い用のキュウリを求め、タイマ後作の晩秋キュウリとしての栽培技術を確立していた。その後、時は移りタイマの需給に変化が生じてきた1950年代になり、タイマに代わる成長作物が求められてきた。キュウリもその中の一つであり、先駆者であり地元の蔬菜出荷組合長であった赤羽根寿光の1955年の農研クラブ発表会の講演を契機に、夏秋キュウリの栽培が本格化した。この栽培は栃木市や都賀町から始まったが、地元市場ではさばき切れず、1957年から神田市場に出荷された。農協出荷については曲折があったが、各地の生産が増えるに従い、神田市場に加え豊島市場へも出荷された。荷は竹籠から木箱、1961年からは段ボールとなった。1962年より支柱栽培が始まった。しかし、 これらの栽培も1965年頃には減少してきた。

1963年時点での出荷組合は次表の通りである。

表2－5　栃木普及所管内の夏キュウリ栽培現況（1963年）

出荷組合	組合員	作付面積ha	支柱栽培面積ha	設立年次
栃木市農協青果部	32	2.1	0.6	1962
栃木市そ菜出荷組合	83	10.1	1.2	1950
皆川そ菜出荷組合	42	2.6	0.4	1963
寺尾農協青果部	102	9.2	−	1961
壬生町園芸組合	67	4.0	3.0	1960
家中青果物生産出荷組合	238	22.0	1.5	1958
赤津青果物生産出荷組合	320	48.0	3.5	1958

（4）葉タバコ跡地利用の夏キュウリ —馬頭町、茂木町での地這いキュウリ—（5）

タバコ作の跡地は麦か休閑地となり僅かに自給野菜が作られる程度であった。この跡地の有効利用が発足間もない農業改良普及所の課題であり、野菜部門の一つとして地這いキュウリが取り上げられた。晩夏播きである程度の収穫が見込め、以前から自家用に栽培されていたキュウリであるから、取り入れやすい作物であった。

馬頭町では1957年に農研クラブの課題として霜不知キュウリの栽培をはじめた。3年ほどは品質や出荷体制の不備から低迷したが、1961年から品種もときわに代えて農協事業としての栽培が始まった。1957年は47名で1.7ha、1962年には189名、9.2haで東京市場へ出荷、500万円近い売り上げであった。

栽培としては播種：7月下旬、収穫：9月上旬から10月下旬までであるが、戸別の作付面積が3－5aと少なく、管理が粗雑になりやすい問題があった。1962年から網支柱による栽培が始まった。

茂木町の夏キュウリはタバコ後作のソバに代わり1958年頃よりキュウリが入り、1964年時点で38haの産地となっている。初期は4Hクラブの試作であった。栽培としては7月下旬播きは練り床を使用し、直播はタバコ採収の最後から10－15日前に畦幅180、株間90cmに播く。直播株は7、8葉の時に摘心して子蔓は配置するだけで整枝はしない。施肥成分は10a窒素15、燐酸7、カリ10kgを基準としている。1965年頃は約60haでネット栽培は10haの作付であった（前編第6章参照）。

（5）小山地方の夏キュウリ（6）

この地方にネットキュウリが導入されたのは1962年頃で1970年代にはトンネル栽培として周辺町村含め22haの作付がある。

栽培概要は次の通りである。

品種は1970年代はときわ光3号P型、ひかり促成で1980年代でもときわ光3号が多い。台木は新土佐。

播種と育苗：3月中旬播きでパイプハウスに電熱温床を設け、12cmポットに鉢上げ、30－35日の若苗を定植する。ポリマルチは白色、ビニールは0.05㎜、幅185cm、トンネル材はプラスッチック製品（ダンポール）を使用、支柱はパイプ。2本仕立ては親つると下位の強い枝1本を主枝とする。側枝は2－3葉で摘心。

収穫期間は5月中旬から7月までである。使用薬剤はネマにDD剤、病害にダコニール、Zボルドーなどが使われる。肥料は有機化成、CDU化成、熔燐などで10a当たり成分で三要素各50－60－50kg程度と多肥である。後作はレタスが多い。

このほか夏秋キュウリは鹿沼（1959年より、初期は地這い）、南那須、上三川など各地で行われたが、これらの夏秋キュウリは1970年代後半から栽培は漸減していく。これは東北産キュウリの影響、急性萎凋症などによる栽培障害、小規模生産者の転向（他産業やニラ、イチゴなど他品目へ）、市況の不安定などによるが、作型としては雨除け早出し栽培へと変化していく。

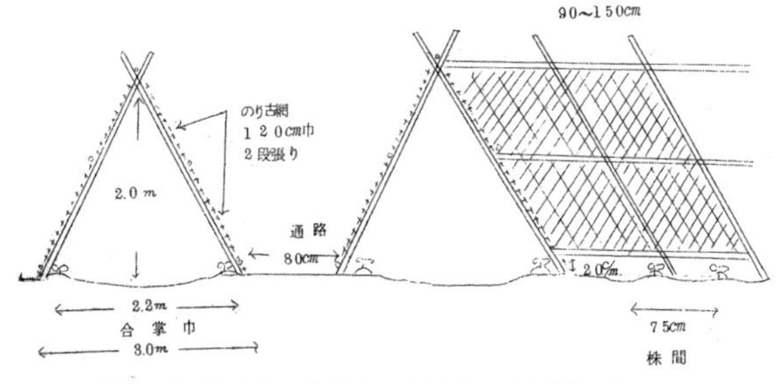

図2－6　網支柱の建て方　1962年、瓦井豊原図

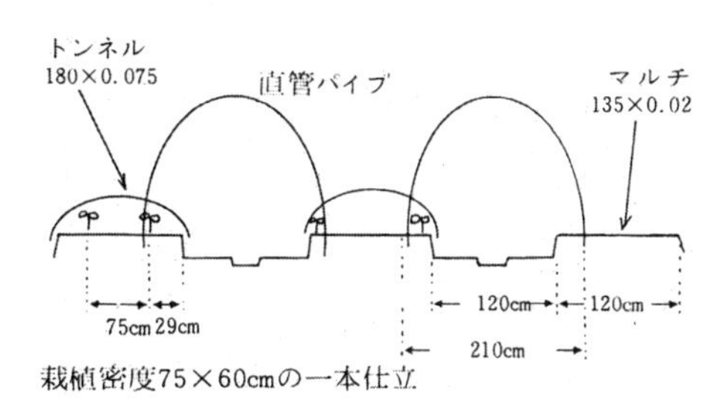

図2－7　パイプ支柱での栽植
1982年、小山農改普及所原図

[附]地這いキュウリの栽培法（1960）　瓦井豊(7)

（この栽培法についてのまとまった資料は少ないので上記資料の要点を紹介する）

栽培の成りたち：地這いキュウリは関東地方の代表的な栽培法である。火山灰土の畑で干ばつ対策、台風対策として粗放な栽培が成立した。キュウリの消費も秋にも多くなり6、7月播きで8－10月出荷ができる。直播で資材、労力がいらずベト病に強いものであるから安定している。

市場性と営農上の特性：簡単に栽培できるから作付の増減が激しい。1年おきの高値、安値は必須である。したがって産地としては5年を基本に考える。作付は麦あとのカンピョウ、タイマの代作、キュウリ後は秋野菜や麦となり畑の利用上よい。経営上、大農や稲作農家には向かなく、畑作農家に向く。6、7月2回の播種として10－20aの規模は必要である。

10a、3tとしてkg20円で粗収入6万円、経費は出荷費入れ約3万円であるから、抑制トマトとは違うことを認識すること。

出荷の問題：那須、黒磯、今市、鹿沼、田沼に産地があり農協出荷が行われているが、他県に比べ量が少なく、選別、荷造りが劣り他県産より市場の評価は低い。

このため増反が必要で品種の統一、播種期の分散による優品の連続出荷が必要である。

特産地としての条件：埼玉県より夏は低温で雨量が多く8、9月出荷の適地である。

品種の選び方：現在、芯止めが支柱栽培で作られ始め注目されている。霜不知にも多くの系統があり、優良系統の種子をいかに入手するかが重要である。

畑の準備と幼苗期：ネマトーダの被害が大きいのでDDかEDBで消毒する。間作のムギは2－2.5m幅に播いておく。播種の位置に鞍築（くらつき）を1週間前には作っておく。株元に敷き藁を行いウリバエにはアルドリン剤を撒く。

整枝：風の向きを考えて蔓の方向を決める。6月播きは無整枝で親蔓を伸ばす。7月播きは7、8葉で摘心して子蔓、孫蔓をたくさん出すようにしないと収量が出ない。子蔓は8、9葉で摘心、孫蔓は混んだところを鎌で刈る程度とする。

肥料：反収約4tの収量のためには三要素成分30－15－25kg程度、おおむね春キュウリ程度の量が必要であり、これは火山灰土の畑地が対象である。窒素、カリの基肥は全量の3分の1とする。

病害虫防除：害虫に対してはドリン剤や有機燐剤を散布する。（注　当時は多用されていた）

引用文献［第2章第3項1)、2)］
1. 農業改良普及のあしあと・昭和29年度（1955）県普及教育課
2. 高野正男（2019）談話
3. 日向野竹雄（2020）談話
4. 農業改良時報No65（1955）村を富ます特産－野木村中古屋農研－
5. 農業改良普及事業15周年記念誌・普及十五年の歩み（1963）県普及教育課
6. 中島宏（1977）キュウリ・夏秋キュウリ－小山地方のネット栽培－栃木の野菜1977年版
7. 瓦井豊（1960）地這キュウリの栽培法　宇都宮市農務課資料（冊子）
談話参考　篠原要一、星光栄

霜不知キュウリからときわの支柱栽培

「霜不知」は埼玉県大宮市（当時）在来の余播きキュウリを埼玉農試で選抜し1932年に命名したもの。白イボであるが黒イボで霜不知と称するものもあった。相当の系統幅があったようだ。同県の川崎春吉が選抜したものも霜不知として栽培された。他方、立ち栽培として江戸川区で栽培されていた満州が埼玉県三郷村に入り土着品種と交雑して芯止めが1955年頃出現した。この品種は竹支柱に縄を横に張って作るので地這いの霜不知より品質がよく、1960年頃まで埼玉県で急増した。これを素材にときわ（福田稔の育成）が1958年にできて白イボ時代の幕開けとなった。網支柱は1954年に埼玉県秩父地方で使われたのが始めとされる。埼玉県では1969年に黒イボ品種はなくなる。

支柱栽培の長所：品質がよい（曲り、腹白果が少ない、選別が容易）
収量が多い（地這い栽培より5割くらい多い）
管理が容易（薬散、整枝、収穫）
短所：資材費が多い
労力が多い（支柱作り、整枝労力、大面積できない）
作型が制限される（台風期の前に最盛期とするため）

瓦井豊（1962）夏キュウリの網支柱栽培による

3）白イボキュウリへの転換

関東地方のキュウリ消費の好みは冬から早春期にかけて緑果（落合系品種）、初夏は涼味のある半白系品種（相模半白など）、夏は再び緑果（地這い系）が好まれるという消費志向であった。しかし半白キュウリは半白部分がすぐに黄色になり見た目が悪くなるという欠点があった。1950年代後半から各地で地這いや支柱栽培の夏キュウリ（霜不知や芯止め）の生産が盛んになるにつれ、半白キュウリとの品質差が明らかになり半白品種は次第に減少していく。決定的なのは1958年に育成された夏節成やこの頃育成されたときわの登場である。ときわは1959年には埼玉・秩父地方のネット栽培に取り入れられている。このあたりから種苗会社が一斉に白イボの夏キュウリの育種に乗り出し、例えば「蔬菜の新品種」第２巻（1960）ではキュウリ新品種として記載された36点のうち、白イボとするものが12点ある。従来の地這い系品種に比べれば格段に品質がよく、当然早出しの要請が市場から来ることになり、1963年には千葉県で白イボ品種のハウス栽培が始まった（1）。

落合系の冬場のキュウリと夏栽培の白イボ系品種のせめぎ合いは市場価格により決着するこ

とになる。内海修一は東京市場における1966年と1967年の3月から6月までの黒イボ品種と白イボ品種の入荷量と単価の比較を行い、次の結論を得た（高知県の黒イボ品種と埼玉県の白イボ品種の比較）。

この時期の価格は白イボが20－30％高い。キュウリの相場が高い時は価格差は少ないが安値の時は20－40％、白イボが高い。3月は白イボが少ないので希少価値でかなり高い。4月は20％白イボが高い。5月以降価格差が開き30－50％白イボが高い（2）。

この頃から関東地方のキュウリ栽培は白イボ品種の早出し化にシフトしていく。

栃木県での動き

1965年1月の県資料によるとキュウリの推奨品種は半促成として黒イボの若水、松のみどりがあり夏キュウリはときわ、むさし、東北ときわであった。

1967年6月に佐野分場で開催の蔬菜専門研修の資料によると各地のキュウリ栽培の状況（普及所別）は下記のようであった。

小山：昨年のハウスキュウリは若水だったが本年は白イボ（新豊緑2号など）となり黒種カボチャ台である。

宇都宮：夏作はすべて白イボ品種である。播種期が10日前進して3月下旬－4月である。

市貝：夏作はすべて白イボで茂木町は地這いが多い。

黒磯：夏作は5月播き、マルチ直播を試作中。

鹿沼：管内40haの夏作、急性萎凋が多く不安定化している。

真岡：1964年からすべて網支柱になった。

今市：今年から5月上旬播き、ポット育苗、ホットキャップによる5月直播とした。

栃木：ハウス作は白イボの試作中。露地ネット作はむさし、地這いは東北ときわが多い。

佐野：ハウス作は白イボとなり、北むさしが多い。露地ネットは5ha、地這いは10haあり白イボ。

別の記事では1966年の県北地域の12月播きキュウリは久留米落合H型、若水などの白イボ品種で1967年1月以降はすべて白イボとなった。小山普及所管内の11月播きは1969年でも久留米落合H型であったが、12月播きはすべて白イボ品種となった。足利市では1967年にはハウス、トンネルとも全面的に白イボとなる。

以上、この時点でハウス栽培では白イボ品種が浸透中であり、露地栽培では白イボの各種品種があり、まだ地這い栽培も一部にあった。露地作は早播きに進んでいるが、問題が多いと指摘されている。

1968年5月に開催された蔬菜専門研修では「ハウス栽培における夏キュウリ品種の問題点」が取り上げられた。これによると1968年産の春キュウリは殆どが白イボ品種となり、栃木普及所管内だけが従来の春キュウリが60％の作付と報告している。「春キュウリの白イボ元年」の問題点として品種の選定が挙げられたように、各社からのさまざまな品種が栽培された。種苗会社が一斉に白イボ品種の育成に進んだこともあるが、次第に有力な品種に絞られすべての作型にそれぞれ適応する品種が育成されるようになる。

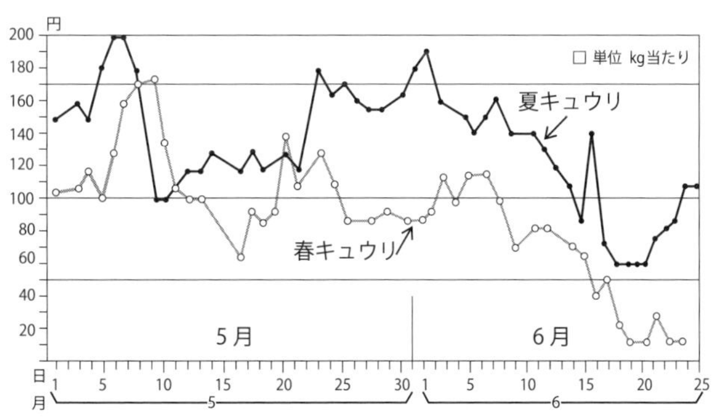

図2－8　春キュウリ（黒イボ）と夏キュウリ（白イボ）の価格差
1965年5－6月東京市場、鈴木良助原図、農耕と園芸20(13) 1965より作図

引用文献［第2章第3項3)］
1. 伊藤喜平治（1965）夏キュウリを半促成に使う　農耕と園芸20（11月号）
2. 内海修一（1969）施設野菜の栽培法　冊子

4）接木栽培

関東地方で早くから接木栽培が実用化されたのは1949年頃の茨城県や東京都のスイカ栽培（カンピョウ台）からのようである（1)。本県でのキュウリの接木栽培の初期のことは不明であるが、足利農改普及所の1963年の資料によると1月播きのキュウリでの記録がある（2)。これ以降、ハウス栽培での接木事例が多くなり鉄甲（新土佐）、白菊座、黒種による挿し接ぎと呼び接ぎが普及する。呼び接ぎは1967年頃から行われている。1969年の農試佐野分場作成の資料によると各地の実態は次のようであった（3)。ハウス栽培を除けば他の作型での接木はまだ少ない。

12月－1月播き：穂木は夏埼落3号などで接木栽培面積はおおよそ80%、台木は新土佐が60%他は黒種、白菊座である。

早熟と露地：穂木はさつきみどり、夏埼落3号で接木面積は10%、台木は白菊座が70%である。

ハウス抑制：新豊緑2号で接木面積は10%、台木は新土佐が10%程度である。

接木の目的は蔓割病回避と低地温対策であり、トマトに比べればキュウリの接木は問題が少ない。挿し接ぎから始まり呼び接木が普及し幼苗の合わせ接ぎと変わり、台木としては黒種やブルームレス台木の登場があった。挿し接ぎは省力的であるが、呼び接ぎに比べ接木後の管理により活着率が左右されやすい欠点がある。全体的には呼び接ぎが多い。

板木利隆らが1990年に報告した全農式幼苗接木（斜め合せ接ぎ）は胚軸の細いブルームレス台木に行う場合、両者の太さが近いので活着率が高い。お互いの太さに差があると裸出した接合部が褐変してトラブルを起こしやすい。この点、胚軸の細いブルームレス台はこの方式の接木に向いている（4)。

引用文献［第2章第3項4)］
1. 古谷春吉（1975）農芸読本下巻　東京種苗試験場刊　小金井市
2. 足利農改普及所（1963）ビニールハウス栽培検討会資料　冊子（1963年9月18日）
3. キュウリ栽培状況調査（1969）佐野分場作成　冊子
4. 川里宏・大山登（1998）果菜類のセル苗生産上の技術的問題点と対策（4）農業および園芸73（4）

5）ブルームレス台木について

霜不知などの夏秋キュウリの時代はブルーム（果粉）が付いているのが鮮度のよい証拠で、ブルームが落ちないように首を持っての取り扱いであった。残留農薬の問題が起き、野菜の安全さが問題になるにつけ、キュウリのブルームが誤解されるようになる。ブルームは天然物で農薬ではないことが分かっても、いっそのことブルームなしのキュウリができればよいという発想からブルームレスのキュウリが受け入れられるようになった。しかもブルームレスのキュウリは果面の光沢もよく外見の優れるところから、肉質に問題を残しながらも一気に普及することになる。

ブルームの発生は無接木でも一般的に使用されていた和種、洋種カボチャ台を使用しても起こる。富山農試の松本美枝子はブルームの詳細な構造を明らかにするとともに、強力新和台木ではブルームが生じないことを発見し1980年に発表した。ブルームとは果面の表皮細胞が突起状に分裂し縦に複数回分裂したのちに内容物がその頂部から析出した物質で、外見上白い粉のように見える（1）。

強力新和は渡辺採種場㈱の育成でカボチャ洋種と和種の交雑品種で1976年命名された（2）。その後、ナント種苗㈱の輝虎がブルームレスの発現のない台木として1983年に発表され、直ちに普及に移された。この台木品種はスイカ、メロン、キュウリの台木として育成され試作の過程でブルームレスとなることが見つかったという。新交カボチャとペポ種との交雑種である（3）。胚軸の中空発生が遅く接木の適期幅が広いが胚軸が細いのが問題で後に各種改良品種は多数育成される。

本島敏明はブルームレス台木は珪酸の吸収が少ないこと、そのためにウドンコ病や蔓割れ病に弱いことを明らかにした（4）。

栃木県での普及

ブルームレスキュウリ台木の導入はいくつかのルートがあったと考えられるが、小山市間々田の事例を紹介する。小山農協間々田ハウス部会長の日向野竹雄は東京青果㈱栃木担当の宮本修から輝虎の試作種子30粒を入手、1981年の抑制作で栽培して5箱くらいを出荷したところ高値をつけた。さらに1981年12月播きの春作で試作したのち、1983年に部会として採用した（5）。小山農改普及所の増山幸男は輝虎台木を1985年の露地ネットキュウリ（品種は新北星2号）栽培者10名に勧めブルーム発生の少ないことを確認した。翌年には新土佐に代えて、この地区の夏キュウリはすべて輝虎になった（6）。石橋町の栃木昌美も1985年にハウス栽培で輝虎を試作している。増山は輝虎台は苗の生育が遅いこと、胚軸が細く接木しにくいことを挙げ、強い剪定は避けて従来の台木より多肥にするのがよいとした。

その後のブルームレス台木の県内の動きは次の通りである（県資料、筆者記録類による）。

1987年　今市市の早熟作で輝虎を試作。

1987年　佐野市の抑制作で輝虎を使用。

1988年　小山市の秋播で輝虎を使用。僅かにブルーム発生の果がでた。

その後、台木品種の改良もあり1990年代に入るとどの作型でもブルームレス台木となる。1993年時点で宇都宮農協の11月上旬播きと南河内農協の10月播きでは黒種台が使用されていた。南河内ではその後も黒種台による栽培が行われ、ブルーム付きのキュウリとして差別的に販売されている。

引用文献［第2章第3項5)］

1. 松本美枝子（1980）キュウリ果実におけるブルーム発生機構の解明とその防止法
富山県農試研究報告No11:29－35
2. 蔬菜の新品種第7巻（1978）
3. 森本隆雄（1988）輝虎について　農耕と園芸43（1））
4. 本島敏明（1991）キュウリのブルームレス台木の養分吸収特性　農業および園芸66（12）
5. 日向野竹雄談話（2020）
6. 増山幸男（1987）キュウリ台木輝虎の特性　農耕と園芸42（6）

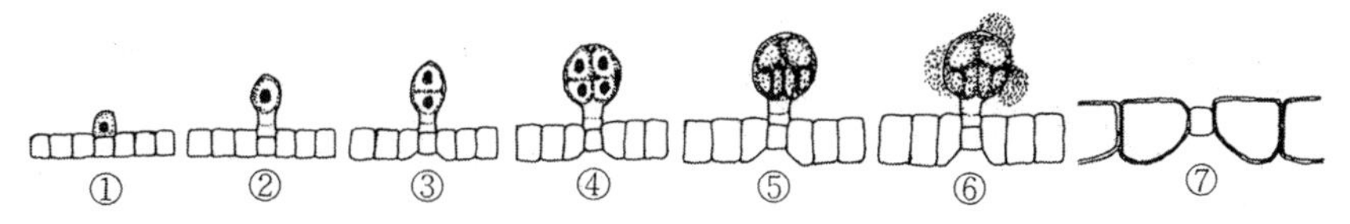

図2－9　キュウリ果面のブルーム発生の過程
表面の果粒状組織が開花10日後に割れ出て白い粉のように見える。
松本は改良新和カボチャ台木にはブルームが出ないことを見出した。
松本美枝子原図、富山農試研究報告No11、1980

6）品種の動き

(1) 1950年頃よりの関東での夏キュウリ品種の動き（1）

農林省園芸試験場でまとめた地域標準技術体系 ―夏キュウリ作型―（1969）の品種に関する記事を要約して紹介する。

関東地方の抑制キュウリ（地這いキュウリとも称していた）の品種は戦後急速な変化を示している。戦後の食生活の変化や関西人との交流などにより夏キュウリの需要が高まり生産も急速な伸びを示した。その結果「ドタキュウリ」のイメージを持っていた地這いキュウリの品種、栽培技術も一変して著しい進歩をとげた。昭和30年頃の地這い用品種は節成り地這い、霜不知（しもしらず）などがあげられる。霜不知が代表品種で白イボが多く中には黒イボもあった。子葉で蔓が細く分枝性が強く結果は子蔓、孫蔓主体、ブルーム強く淡緑色で肉質、食味は優れていた。しかし商品価値はやや劣り、満州キュウリや芯止めの出現により作付は減少した。

関東の夏キュウリ品種が大きく変化したのは「芯止め」の出現によるところが大きい。芯止めは戦前から江戸川区あたりで立ち栽培に使われていた「満州」が埼玉県旧早稲田村に入り、自然交配から出たものである。昭和30年（1955年）頃から埼玉県南部で急速に普及し、関東一円に広まった。芯止めは果が長く果形も整形で濃緑色、立ち栽培なので商品価値が高く肉質もよかった。このため地這い用品種の改良が余儀なくされ埼玉県の㈱ときわ研究場による「ときわ」の出現になった。ときわに続いてむさし、大利根、新交Ａ号、北むさしなどの同系品種が発表され網支柱栽培による高品質の夏キュウリの安定栽培となり、次第に前進栽培化して春キュウリのトンネル栽培の時期にも食い込んできた。

(2) 白イボキュウリ移行後の品種の動き

キュウリ生産においても品種の比重は高い。白イボ品種に移行後の品種の動きを県資料や「栃木の野菜」などにより簡単に紹介する。

1969年頃の状況：春採り：久留米落合H型、若水、夏埼落3号　春、初夏採り：松のみどり、ふたば、さつきみどり、新光3号、ハイグリーン　夏採り：北むさし、東北ときわ、新光A号　抑制（ハウス）：大利根、近成ときわ

1975年頃の状況：冬春採り：王金促成、王金越冬、ときわ光3号P型　夏採り：ときわ光3号A型、ときわ北星　抑制：夏節成2号、ときわ光3号P型

1985年の状況（比率は概数）：冬採り：王金女神2号80％　春採り：王金女神2号70％、北極1号10％　夏採り：夏秋の光り30％　秋採り：貴婦人ニュータイプ50％、夏秋節成2号15％

1992年の状況：冬春採り：シャープ１90％　春採り：シャープ１70％、南極3号14％　夏採り：南極1号40％、フロンティア15％　秋採り：貴婦人ニュータイプ40％、北宝1号20％

2005年の状況：冬春採り：シャープ１、ハイグリーン22　夏採り：フロンティア　秋採り（ハウス）オナー

2009年の状況：冬春採り：ハイグリーン22、同21、トップラン　　夏採り：フロンティア、南極1号　抑制：エクセレント2号、北宝2号、エクセレント

引用文献［第2章第3項6)］

1. 地域標準技術体系・関東北部と福島県におけるキュウリの夏作型（1969）　農林省園芸試験場編、冊子

第3章　ナス（茄、茄子、なすび）

1. 古代から江戸期まで

原産地はインド東部とされ中国では相当古い栽培の歴史を持つが、斉民要術（532－549）の記載はウリ、瓜に比べれば極めて少ない。わが国での古い記載としては正倉院文書中の734年（天平勝宝2年）にナスの購入記録がある。1988年に発掘された長屋王家木簡の中に山背御園（山城地方？）から各種野菜とともに韓奈須比が送られていたことの分かる木簡が発見された。この木簡の年代は711－717年と推定され上記の正倉院文書より約20年さかのぼる最古の記録となった。また韓の文字から朝鮮から渡来の種類ともとれる（1)。延喜式（927）には育苗による栽培など詳しい記載があり、主要野菜として技術的にも集約的な野菜であった（2)。

江戸期の農書の時代になるとナスの栽培状況を反映して記載は多くなり、育苗から整枝、採種まで一通りの技術が揃ってくる。すでに1600年代には静岡県三保地方で促成栽培があり、江戸期にはしばしば早出し栽培の禁令が出されていたように、意欲的な栽培が早くから行われていた。

1700年代の本県の栽培品種としては岡本村や羽牛田村のしろなす、くろなす、わせなすび、なかてなすび、おくてなすびの名があり、また農業自得（1841、田村吉茂）には踏み込み育苗や根回しのことが載っている（第1編第2章参照）。少なくとも江戸期にはダイコンやツケナ、サトイモと並んでナスの栽培も普遍的になり栽培技術の原型は整っていたようである。

引用文献［第3章第1項］
1. 久保功（1996）野菜は世界の文化遺産　淡交社（京都市）
2. 青葉高（1991）野菜の日本史　八坂書房

2. 1800年代後半から1900年代前半まで

1）生産概要

1900年初期からのナスの作付面積は右表の通りであり約50年間の変化は少ない。

ナスの産額は前編第4章にあるが野菜類の中では1888年は第5位（1位はサトイモ)、1924年も第5位（1位はカンピョウ）でサトイモ、ダイコン、サツマイモと並ぶ重要品目であった。

市町村史には野菜作付状況もあるがナスの項目のある中でいくつかの事例を挙げる。各町村史を通じて明治前半のものにはナスの項目のない統計が多い。ダイコンと同様にナスもかなり作られていた。

表3－1　ナスの作付面積

年	面積(町歩)
1903	648
1907	818
1912	900
1916	933
1921	927
1925	851
1930	947
1940	962
1945	948
1950	892

注：農林統計　初期のものは県史資料編による

表3－2　1900年前後における町村別の野菜作付面積の例

1878年花岡村ほか6カ村		1902年芳賀郡山前村		1928年国本村	
サトイモ	16.2町歩	カンショ	280.0	カンショ	68
ダイコン	6.4	サトイモ	146.2	サトイモ	49
ナス	3.2	ナス	76.6	ネギ	29
アオナ	1.6	ボチャカ	23.3	ダイコン	9
キュウリ	1.4	ネギ	22.3	ゴボウ	9
		キュウリ	14.7	ナス	4

注：高根沢町史資料編、栃木県史（山前村村是)、国本村誌による

2）品種

明治開国による種苗の導入はナスについても欧米と清国から多数の品種が来たが、多くは土着しなかった。すでに地方ごとにその土地の嗜好に合った品種が土着していたためであろう。福羽逸人の蔬菜栽培法（1893）には確かな品種名の紹介はないが、1908年の池田伴親の蔬菜園芸教科書には早生蔓細千成、早生山茄、中生丸茄の名がある。1926年の下川義治の蔬菜園芸上巻には地方品種を主として45種のナスの精密な図が載せられ、この頃から品種名がはっきりしてくる。

ナスの地方による傾向として顕著なものは信越地方：球形中型、九州地方：長形大型などで、これら地方品種は1950年頃からは次第に中型卵形品種になってくる。この理由として藤井健雄は人の交流と共に嗜好も一般化したこと、都市への出荷の増加に伴い各産地で経済的有利品種が統一されてきたことを挙げている。

一代雑種の利用は埼玉農試の柿崎洋一により実用化され、同場で1924年から種子の配布が始まった。品種名は埼交で巾着（きんちゃく）×真黒（しんくろ）の組み合わせで本邦初である。同時に玉交（白茄×真黒）も育成されている（1)。

本県のナス品種

1909年度（明治42）県農事試験場業務功程には品種試験で供試されたものとして早生蔓細千成、東京早生、東京中生、東京晩生、など17品種の名がある。同じく1927年度の供試品種は橘田、蔓細千成、東京山茄、真黒で1937年の業務功程には上記に加え栃木交配（橘田×真黒）の名があり、いわゆるＦ１橘真の種子を配布していたことが分かる。配布は1933年から1940年まで行われた。

1934年時点の本県での品種分布は農林省調査によれば次のようであり、かなりの品種が栽培されていた（2)。

真黒：262、山茄：408、蔓細千成39、橘田116、その他：146町歩

産地としては県北：山茄、県南：真黒、宇都宮、河内：橘田としている。

なお、山茄、蔓細千成、真黒は東京付近の産、橘田は愛知産とされる。

引用文献［第3章第2項1)、2)］
1. 藤井健雄（1950）茄　産業図書㈱
2. 蔬菜及び果樹主要品種の分布調査（1936）農林省

3）栽培

福羽逸人は促成栽培として冬期に出荷するよりも多少遅らせて3、4月採りを勧めている（1)。喜田茂一郎は作型として次のように記している（2)。

作型	播種	定植	収穫
促成・甲	9月中旬播き	12月下旬定植	2－5月収穫
促成・乙	11月上旬	2月中旬	4月下旬－6月下旬
早熟	1－2月	4月中旬	5月下旬－8月
普通	3月上旬	5月上旬	6月下旬－10月下旬

喜田（2）はナス栽培の問題点として下記を挙げている。

1. 栽培に長期間と高温を要すること
2. 育苗の難しいこと
3. 旱害・風害を受けること
4. 肥料分が不足すること

5. 草勢が強くなり過ぎること
6. 病虫害が多いこと

この時代の成書にある栽培法は現在のものとさして違わないが、喜田は採種について一代雑種を作ることを勧めている。本県の栽培についての実例記録は少ないが、前編第4章に1927年頃の例をあげた。相当の作付があったが産地としては宇都宮近郊の宿郷町、戸祭町、簗瀬町、今泉町、塙田町を挙げている資料がある（3)。佐野の界村には1930年頃に高瀬信光をリーダーとする10haのナス産地があった。当時の品種は巾着、真黒、扇、晩生でもっぱら佐野市場に高萩茄子として出荷していた（4)。温床利用の促成については前章・キュウリでも触れたが、温床坪数3,000余坪の中にナスもあったと思われるが詳しいことは不明である。蔬菜関係出荷組合の1927年時点での調査で喜連川鷺宿出荷組合に促成キュウリ、ナスという記載がある（5)。

引用文献［第3章第2項3)］
1. 福羽逸人（1908）果樹蔬菜高等栽培論　博文館
2. 喜田茂一郎（1924）蔬菜園芸全書　西ヶ原刊行会
3. 全国青果生産者、全国著名問屋案内（1925）丸共商会編（国会図書館デジタル）
4. 栃木農報9巻（77号）5月号記事（1932）
5. 栃木県農業団体史（1954）栃木県農務部　p 226

3. 1900年代後半期

1）生産概要

1900年代後半からの本県におけるナスの作付面積は次の通りである。

表3－3　栃木県のナス作付面積（ha）

年	1940	1945	1950	1955	1960	1965	1970	1975	1980	1985	1990
面積	962	948	892	873	856	943	747	726	778	676	558

面積のピークは1965年前後で2000年代は400ha台となっている。これは他の果菜類と同様な傾向である。もともと自給的な野菜であり、本県の1954年産のナス販売率は44％でトマトの60％に比べれば低く、キュウリ（40％）と同様であった（1)。しかしその後、ビニール利用による早出し栽培の普及がキュウリ、トマトにおいて著しかったのに比べナスの早出し栽培はあまり増えなかった。

1956年の県農業振興計画でもナスの扱いは軽く、増産すべき品目には入っていない。発足間もない普及事業においてもナスを重点品目に取り上げる普及所は少なく、1957年今市普及所はナスを含む蔬菜団地の育成を挙げ、同年の佐野、足利普及所は導入すべき蔬菜の中にナスを含め、1960年佐野普及所はトマトなどと共にナスの増反を挙げ、足利普及所はナスへのホルモン処理の指導を挙げているくらいである。1950年代の野菜問題はトマト、キュウリ、イチゴの早出し栽培、夏秋キュウリ、タマネギ、サトイモ、ホウレンソウ、キャベツ、レタス、メロンの普及であり、加えてタイマ・タバコ・干瓢の後作への野菜導入であったといえる。

1960年代は施設園芸の草創期であったが、主体はキュウリ、トマト、イチゴであり、ナスのハウス栽培はまだ少なかった。また、奨励施策でもナスを取り上げるところは少なかったようである。例えば、農協中央会の青果事業集中ブロック団地計画でもナスを品目として挙げている地区は佐野地区のみであった(2)。また1959年時点で二宮町農協では出荷組合は20余組合あったが、サトイモ、キュウリ、ハクサイが主でナスの組合はなかった（3)。

ナスが表に出てくるのは1970年の米減反政策以降のことである。作付拡大5品目にナスも入り、サトイモを筆頭にキュウリ、トマトと並びナスは夏秋物で真岡、二宮、佐野方面に作付を伸ばした。さらに1980年以降の首都圏農業推進政策により既成産地に加え「新規作物」として野菜生産の少ない地区にも導入が計られた。ナスは身近な野菜であり、資材費も少なく接木により土壌病害が回避でき、収穫期間も長く果実も軽量で高齢者にも採り入れやすいことなどが要因である。

真岡市ではプリンスメロンの後作年導入され、その後各種作型が入り周年出荷ができている。喜連川町では「温泉ナス」が1984年から始まり、県北の各農協でも1980年代初期にはナス部会が発足し現在に至っている。

2)品種と栽培

(1) 品種

戦後の品種は一代交配の品種が中心となってきた。1955年から1960年頃は橘真、群交2号、金井鈴成、栃交早生、栃交中生、早真などであった。

1972年の推奨品種は弁慶、大名、群真5号、千両2号であった。

1985年頃は千両、群真5号、千黒、弁慶、 1993年頃は千両2号、式部、観山、 2006年頃は式部、千両2号が中心であった。

(2) 作型と栽培概要

統計的には明らかでないが足利では1961年に単棟ハウスによる半促成ナスが始まった。トンネル栽培はこれより先の1956年から始まっている（4)。同市のハウスナスは1967年には6haになった。栃木市でも1960年代半ばからパイプハウスによる半促成栽培が始まっていた。これら半促成は11月播きで2－3月定植であった。1986年頃の小山市のハウスナスは11月播きであり、1988年頃の佐野市吾妻地区のナスは10名程度の産地であるが、10月播きで群真5号のＶＦ台で切り戻しをして11月まで採る長期栽培であった。同市界地区には薄皮小ナスの栽培があり山形県へ1980年代の初期から出荷されていた。最盛期には20名の生産者がいたが2018年でなくなった。11月播きのハウス栽培で接木、ナスリーフ処理で着果させていた。

促成ナスは喜連川町以外では南河内町で1981年から大島某ら2名で6月播き10月中旬－6月上旬採りの栽培があり（5)、1996年には真岡市でも始まり、1998年時点、15名で行われている。土耕で7月播き品種は式部である。同市では養液栽培による促成も1999年から始まった。早出しに伴い、2,4－Dの単花処理や全面処理が普及していた。1980年代後半は防風垣も必須となってきた。

接木については1964年に足利市の丸山宗一が赤茄台で試作したのが早い例である。

1985年頃から早出し作型で接木が入り始め、1987年の普及教育課専技の資料によるとナス半促成（ハウス）12.7haのうち接木は約2割の3.6ha、トンネル栽培では約2割の接木面積率であった。2001年になるとハウス栽培では約8割が接木となっている。購入苗が多くなってきたので接木苗も利用しやすくなってきたものと思われる。

例えば1998年時点の真岡市の接木栽培は早出し作型で100％、夏秋作で約60％の普及状況であった（6)。那須町の夏秋ナスでも2008年頃には接木（トルバム）が40％程度普及している。

パイプ支柱によるＶ字仕立ては1985年頃から普及しているが、2000年に入ってからも各地で推進されている。2000年以降セル苗の定植も行われるようになってきた。

引用文献［第3章第3項1)、2)］
1. 絵面伝一郎（1955）栃木県野菜の経済的考察　県農業会議
2. 栃木県農協中央会三十年史第2編（1987）同中央会編
3. 原村眞三（1959）おらが村の風土記（真岡地区）農業と生活34（3）
4. 足利南農協園芸部会10周年記念大会資料（1975）冊子
5. 昭和57年度宇都宮農改普及所普及活動のあゆみ（1983）
6. 真岡農業改良普及センター資料（1998）セル成型苗利用の現状と問題点（冊子）

4. 主な産地と栽培

1)真岡市とその周辺

表3－4　真岡市のナス栽培面積（ha）

年次	1972	1975	1980	1985	1990	1995	2000	2005
市面積	51	88	111	92	75	76	78	78
県面積	876	726	778	676	558	436	475	437
対県比%	5.8	12.1	15.3	13.6	13.4	17.4	16.4	17.8

県全体のナス作付面積に占める真岡市の比率は1972年は5.8%であったが、1995年以降は20%近くになり県内一の産地となった。

真岡市の畑地帯はムギ、ラッカセイ、サトイモなどが以前からの主作物であったが、1950年代には中地区南部には夏秋ナスの栽培グループがあった。大野原開拓でも早くからナスやスイカなど各種野菜を入れていた。1960年頃よりカンピョウの次年作としてナスを栽培する事例が出てきた。この頃は1月下旬播きで5月中旬定植、支柱に網を張って誘引していた。

1963年のプリンスメロン導入後、1965－67年には後作（秋作）にレタスを試作したが、価格が不安定なのでやめ、1969年には夏秋ナスを導入、1972年以降、メロンのハウス栽培が始まるとパイプをナスの支柱に利用するようになった。1970年に中村農協ナス部会ができた（同農協のメロン部会は1965年）。この頃の品種は金井新交鈴成、大名などであった。

1970年頃から二宮町へもナスが普及し、物部農協を中心にハウス早出しも行われていた。イチゴの後作にも利用され苗は物部農協から供給され、生産は1990年代の後半がピークであった。

真岡市では大内、中村農協管内が中心で1970年代はプリンスメロンの後作の栽培が多く、自根苗の6月下旬植えが多かった。その後1982年からアムスメロンの導入が始まり、この影響でプリンスメロンからナスへ転向する者が多くなり、夏秋ナスの作期も前進してきた。これはメロンとの比較においてナスの方が収穫期間の長いこと、収穫物の軽いこと、技術的に容易であることにもよる。

1970年には従来からのものとメロン後作のものと合わせナスの面積も拡大してきたので夏秋ナスの指定産地（鬼怒南部）となった。

1980年代以降、順調に生産は伸びてきて、4月中旬播種の接木栽培による集約的な長期栽培とメロン後作の5月播きの従来からの栽培が並行して行われた。

1990年の中村農協部会の方針はV字仕立ての普及、早出し化、摘心と摘葉の徹底、品種の統一（千両2号、黒秀、千黒2号などいくつもあり）、土壌病害対策、ミナミキイロアザミウマ防除（障壁作物、全面マルチ、一斉防除日など）であった。1992年には予冷出荷が実施され、1995年時点で70%の部会員が自家予冷庫を持っている。

1994年にはトンネル栽培が始まり、1996年から土耕による7月播きの促成栽培（品種：千両）が市内伊勢崎の石川進をリーダーとして7名で始まり、1998年には10名の栽培者となった。ロックウールによる促成栽培は1997年の試作（鶴見信夫担当、誠和式）に始まり、1999年から各種の事業として本格化した。

1999年3月にはが野農協管内のナス部会が発足し、部会員約400名の規模になった。当時の栽培として接木（赤茄、台太郎、カレヘン、トルバム）が約80%となり、購入苗が90%近くなった。生産対策として適性台木の選定、購入苗の利用、V字仕立ての推進、ネット誘引による省力、防風ネットの設置、ローテイションの適正化、排水対策などがあった。

1992年頃はメロン後作の夏秋ナスの比率は30%くらいと低下し殆どは7月上旬からの収穫となった。1995年時点の基本的作型は次の通りで普通栽培Ⅱが中心であった。

作型	台木播種	播種	接木	定植	備考
トンネル	1月中旬	2月中旬	3月下旬	4月下旬	
6月下旬出し	1月下旬	2月下旬	4月20日	5月下旬	普通栽培Ⅰ
7月中旬出し	2月下旬	3月下旬	5月10日	6月10日	普通Ⅱ
8月上旬出し	3月下旬	4月下旬	6月上旬	7月1日	抑制

注：坂本敏雄（1995）による

1993年にはが野農協の集荷場が整備されるに及んで周年的稼働を目指し、ナス生産においても周年出荷が推進され各種作型が普及されるようになった。促成としては1997年からロックウールによる栽培が始まり、同年産の作型では従来からの抑制栽培は面積比でわずか3%に減り、ハウス栽培が同比で6%となってきた。栽培は長期化しておりトンネル栽培で6月下旬までに1t収穫し、7月に摘心して晩秋まで収穫を続けて10a10t採りが実現されている。真岡市農協のナス販売額が10億円を超えた記念の大会が1993年に行われている。

2009年産の作型は次のようであった。

加温ハウス	無加温ハウス	4月植	5月上旬植	5月中旬植	5月下旬植
778a	355	780	1633	1145	80
39名	31	252			

注：芳賀農業振興事務所資料

参考文献［第3章第4項1)］

下記の記事、資料、談話などにより記述した。

平出耕一（1992）園芸紀行・栃木のなす　農耕と園芸47（8）

坂本敏雄（1995）栃木県真岡市の夏秋なす　園芸新知識1995年2月号

鶴見俊之（1996）なす生産流通改善研究会資料、栃木県園特協会（冊子）

山崎孝行（1999）全国野菜園芸技術研究会発表要旨（冊子）

栃木の野菜　栃木県野菜研究会発行　1977年版、1986年版、1999年版、2009年版

談話参考：杉山忠雄、山崎孝行、広瀬幸造、仙波五郎、鶴見信夫、浅香茂

2）那須北部

1964年の那須農業改良普及所「普及事業15年のあゆみ」によると、この時点でナス栽培は20町歩あったが販売農家数は102戸でキュウリの50町歩、同416戸に比べれば少数であるが一定の作付はあったようである。その後、那須北部地域は加工トマト、夏秋キュウリ、施設園芸

などが奨励され成果を上げてきたが、開田ブーム（1960年頃から始まり、1970年頃がピーク）もありこの地の野菜栽培は伸び悩むようになる。夏秋キュウリのピークは1963年であり、ジュース用トマトは1980年頃から契約面積が減じてきた。水田後作のキャベツも1972年頃がピークで急速に減少した。これらの動きとナス栽培の普及は少し時間的なずれがある。

表3－5
那須町におけるキュウリとナスの栽培面積（ha、栃木農林水産統計年報）

年次	ナス	キュウリ
1972	16	21
1975	15	14
1980	18	17
1985	16	15
1990	10	8
1995	13	8
2001	13	6

夏秋キュウリに代わってナスが登場するのが黒磯農改普及所報告書（年報）では1982年で、この時点で那須町1.7、黒磯市0.3haのナス栽培で「産地化の動きあり」と紹介している。那須町では1986年、25名の生産者がいる。また1989年からダイヤトピー社から苗購入を始め、1993年にはブランド名を「那須の美なす」とした。

大田原市農協のナス部会は1981年12月にでき、1983年には105名の栽培者で40haの規模であったが、同市のナスは農林統計によれば1960年代から20ha程度で推移し、部会ができてからは30－20haの栽培を維持してきた。大田原市では1981年に重点5品目（ナスの他ニラ、山ウド、ブロッコリー、ラッカセイ）を選定した。1996年の農協合併（那須野農協）後、はが野農協に次ぐナスの産地となり「美なす」5箇条として苗の均質化、180日タイプ肥料の推進、全面マルチ、V字仕立、ロボットスプレイヤーによる防除を進めている。1998年に夏秋ナスの指定産地（大田原、那須塩原、那須）となった。当時は全体で63haの産地であった。

那須町における栽培概要

水田地帯の水稲との労力調整による一定規模のナス栽培として定着してきた。

1980年代はビール麦の後作として9－10月出荷の短期栽培であったが、1990年前半から千両2号による4月播きでセル苗を会社から購入し（1992年から購入）育苗後、定植は5月中旬で7月から11月初めまで収穫する夏秋採りとなった。水田作なので高畝としV字仕立てを導入後は4本整枝としている。

1992年頃からからは小葉で短枝性の式部が導入され始め、2000年頃にはこれに6、7割となった。1994年頃から接木が入り2000年頃にはトルバム台を中心に60％くらいに普及した。ロボットスプレイカーは2000年頃には栽培者の70％に導入されている。早くから緩効性肥料による基肥中心の施肥で、基肥成分量は窒素50、燐酸60、カリ60kg程度となっている。収量は反収5－6tである。1990年初期は5kg箱（54、63、72個入り）であったが、1995年頃から5本入りの袋詰めの10kg箱による出荷となった。これは合併後の部会でも継承されている。

参考文献［第3章第4項2)］
柳義雄（1992）那須高原の夏秋ナス栽培　園芸新知識1992年2月号
なす生産流通改善研究会資料（1996）県園特協会ほか　冊子
栃木の野菜　1999年版、2009年版
くらしと農業　1983年12月号記事　同誌2000年8月号記事

3）喜連川町の促成栽培

1976年のこと、当時の喜連川町長の塩野昌美は自家の養魚場での井戸掘りの際、220m深から29℃の温水をえた。これにより温泉開発を目指し1981年1月より連城橋北方で町による掘削を開始して11月には温泉湧出となる。この温泉熱の利用の一つとしての施設園芸の熱源としての利用が町長のアイデアとして提案された。1982年に温泉浴場の廃湯利用の試験ハウス15ａを浴場に近接して建て、農協による各種作物の試作が始まった。1983年2月に町内有識者などでの検討をへてナスが選定された。温熱は安く供給され、接木により連作障害も回避でき、かつ長期栽培ができる高温性のナスが選ばれた（1、2、3)。

新しく栽培施設候補地に井戸（600ｍ、27－28℃）が掘られ、1984年度施設野菜省エネルギーモデル団地設置事業などの援助を受け、同年生産主体は参加希望者村上和一ら6名による喜連川温泉熱園芸組合として開始された。6名のうちイチゴ作からの転向は3名、トマト作から2名、新規参入（脱サラ）1名であった。団地は1985年3月に完成し、夏から栽培が始まった。

促成の技術は県内になく、幸い千葉県多古町や干潟町の栽培者から指導を受けることができ、また静岡県へもたびたび視察にいった。

栽培概要

初期の栽培　1986年と1988年の氏家農改普及所の資料による。

湯温は約20℃でグリーンソラーで温風に変える。

播種：7月上旬　品種：千両（1号）ほかに金井早真、千黒2号　台木：赤なす、ＶＦ、茄の力、トルバムなど　鉢上げ：8月1、2日　接木：40日後（8月中旬）割接

定植：8月下旬－9月上旬　2ｍ×40㎝　2本仕立てまたは2ｍ×80㎝ 4本仕立て。ホルモン処理：2月中旬まで単花処理（ナスリーフ500－250倍、トマトトーン50倍、2,4－Dアミン塩は2.5－3.5万倍）以後は全面処理（30万倍)。温度管理（冬期）：午前28－30℃、午後26－24℃、夜間10－13℃。

施肥成分量：窒素55、燐酸85、カリ40kg

収穫：10月上旬－7月上旬　反当10ｔ。

2000年以降の栽培

6月播きの接木セル苗（200穴）を購入して（8月上旬）2次育苗をしている。品種は2015年までは式部で、以後はとげなし輝楽で台木は赤なすから台太郎をへて直近はトナシムとなる。着果剤は登録のあるトマトトーンのみとなり、輝楽導入後はこれも使用していない。基肥は有機肥料を中心に窒素30、燐酸32、カリ26kgで追肥は3月から10日おきに窒素0.3－0.4kgとしている。収穫は9月下旬からで以前からは早くなっている。

土壌は太陽熱かクロピク処理で管理している。

図3－1　喜連川町、省エネルギーモデル団地全景
喜連川町産業課原図、1985年

図3－2　喜連川町の温泉ナス
トルバム台なので重機で抜根。2017年6月

引用文献［第3章第4項3)］
1. 喜連川町史・通史編2近現代（2009）さくら市
2. 斉藤新（1997）喜連川町の温泉ナス栽培　宇都宮大学地理実地調査報告26集（地理教室）
3. 暮らしと農業1985年6月号記事
談話参考　軽部喜一

4)小山市のナス半促成栽培(1,2)（第1編第9章参照）

小山市の東部畑作地帯は古くから野菜の産地でナスも多く作られていた。西部の水田地帯は稲作減反政策以降の転作作物としナスも多く作られるようになる。この地方のナスは水稲＋ビール麦に加えての作物で、初期はパイプハウス半促成で秋作にシュンギクが作られていた。1981年に水田再編事業でパイプハウスが普及し、1985年当時は11月播きのパイプハウス雨除け栽培と1月中旬播きのトンネル栽培が行われていた。品種は金井改良早真、台木は赤ナスでホルモン剤は2,4－Dアミン塩で1、2月は2万－1.5万倍、3、4月は2万－3万倍の単花処理で、4月中旬以降は40万倍の10日－14日に1回の全面処理とする。

全面処理の効果が効きすぎる時は葉が巻く、がく割れが出る。効果が良好の時は葉先が立ち、葉縁が波状になる、蕾が肩張ることなどで判定する。

1993年時点で小山農協ナス部会（松本治）は25ha、うち半促成は3ha、26名であり、品種は千両2号（トンネル）、式部（ハウス）で台木は赤ナス、VF、トルバムで栽培上の問題としては1990年頃からのミナミキイロアザミウマの発生、ハウス栽培の普及、ハウスの周年利用がある。

引用文献［第3章第4項4)］
1. 増山幸男（1985）無加温のハウスナス半促成栽培　農耕と園芸40（11）
2. 宇賀神正章（1993年）JA小山市の半促成ナス栽培　園芸新知識1993年10月号

第4章　メロン、マクワウリ（甜瓜、眞桑瓜、甘瓜、熟瓜）

1. 古代から江戸期まで

マクワウリのわが国への渡来は縄文期とか弥生期とかいわれているが、すでに8世紀には果物として定着していた。延喜式(927)には育苗はじめ詳しい管理状況の記載がある(1,2)。下って江戸期の農書になると、すでに初期の農書、百姓伝記（1680）や農業全書（1697）には詳しい栽培法がある。育苗、鞍築、整枝（摘心）施肥などが述べられている。かなりの部分が中国の農書の影響とされるが、古島敏雄（3）によるとマクワウリの部分は中国書より優れているとしている。着果節は孫蔓とするなど正確である。

このように古代から嗜好野菜として各地で栽培が普及しており農書にも記載が多い。各地の名産的なウリとして白マクワ、金マクワ、袖しぼり、川越マクワなど多数の名（品種）が挙げられている。これ以降の各種の農書のマクワウリの記述は、この二書からの引用が多い。また1695年の本朝食鑑には武州、河越、府中、東寺、美濃などの産地と共に金瓜、凡田など品種名もある。本県のマクワについては諸国物産帳（1716年－）の河内郡、芳賀郡の中にウリの記載はあるが品種名らしきものは見当たらない（4)。佐野の高萩村の産物としてマクワウリが天保14年（1843）の「佐野往来」にある（5)。少なくとも江戸期にはマクワウリは各地に作られていたようだ。

引用文献［第4章第1項］

1. 青葉高（1982）日本の野菜・果菜類、ネギ類　八坂書房
2. 瀬古龍雄（1998）わが国露地（ハウス）メロンの系譜（1）農業および園芸73（8）養賢堂
3. 古島敏雄（1975）古島敏雄著作集第5巻　東京大学出版会
4. 江戸時代中期における諸藩の農作物（1986）日本農業研究所
5. 日本歴史地名大系第9巻栃木県の地名p709（1988）平凡社

2. 1900年代前半まで

マクワウリは中国で発達し、古代から導入が続いたと思われ、1920年代の下川、喜田の著書には棗瓜（ナツメウリ)、金マクワ、銀マクワ、梨瓜が中国産としているが、各地に土着した上記のもの以外にはサムラヒマクワ、今宿マクワ、秋田菊マクワ、香マクワ、早生マクワ、鳴子マクワ、竜安寺マクワ、密マクワ、千成マクワなど多数がある（1、2)。なかでも金、銀マクワの作付が多かったようであるが、1930年代には市場出荷用として黄金マクワが主要品種となった（4)。

栽培技術的には江戸期とさして変わらず、育苗資材や肥料の種類が変化した程度であり、雌花は不完全な両性花であることや甘みを増すには鰊粕肥料がよいこと、温室メロンとマクワウリの整枝の違いなどの記述が新しい（2、3)。

この時期の本県のマクワウリ栽培は町村史に作付面積などが残る程度である。1879年（明治12）の花岡村ほか六カ村の作付にマクワは0.5町歩（ちなみにナスは3町歩)、1888年（明治21）の真岡町の産物にマクワは1町歩（サトイモは16町歩）とある（5、6)（これ以外の町村史にマクワのことはない)。

全県的には1888年の農事調査に野菜産額表（17品）があり、野菜の第1位はサトイモの55万8千円、第2位はダイコンの15万円でマクワは14位の6千円でスイカの3分の1の産額であった(7)。

作付面積は1926年（昭和1）からととのっているが、1920年では27.9町歩（ちなみにスイカは43.8町歩）であった（8）。農林統計のデータを下表に示す。（1942年以降1964年までは調査がない）。スイカに比べてマクワは自給用栽培が多くスイカに対し市場出荷する産地は少なかったようだ。

表4－1
栃木県、マクワウリの栽培面積（町歩）

年次	1926	1930	1935
マクワ	13	7	5
スイカ	79	149	330

注：栃木県農林水産累年統計

引用文献［第4章第2項］
1. 下川義治（1926） 蔬菜園芸上巻 成美堂
2. 喜田茂一郎（1924） 蔬菜園芸全書 西ヶ原叢書刊行会
3. 福羽逸人（1908） 果樹蔬菜高等栽培論 博文館
4. 渡辺誠三（1945）果菜 産業図書㈱
5. 高根沢町史・史料編III近現代（1997）高根沢町
6. 真岡市史第8巻近現代通史編（1988） 真岡市
7. 栃木県史・史料編近現代四（1974）栃木県
8. 栃木県農業団体史（1954）栃木県農務部

3. 1900年代の後半期

1）戦後復興期の動き

1950年代の出荷用品種は黄金9号（千葉農試育成）、ニューメロン（みずほメロン、愛農みずほ会育成、1952年から普及）、ゆうきメロン（菊メロン）が主たるもので、戦前からの在来種は減少しつつあった。

1956年の農業振興計画書にはマクワウリ、露地メロンについての記述はない。農業改良普及事業の発足以降、食糧増産指導のかたわら野菜特産地育成の動きは各地でみられ、普及所の改良計画書によると従来の主品目に加え、新品目としてトマト、キャベツ、タマネギ、カリフラワー、レタスなどの導入、試作、産地化がはかられた。マクワウリ（メロン）も計画のうちにあり、事例としては1955年の国分寺町のニューメロン、1957年、小山市横倉蔬菜研究会でのメロン、1964年の那須農改普及所管内ではニューメロンの販売者が7名いたことなどがある。また宇都宮市農政概要1963年版によると特産地形成事業においてタマネギなどのほか、ニューメロンの作付が10.5haとなっていて、かなりの面積があったようだが、次年度以降はニューメロンのことはない。県農協中央会では1963年に青果団地造成計画がつくられた。トマト、タマネギなどでメロン団地もあった。これによるとニューメロンを中心に宇都宮、栃南、真岡、芳賀地区で33農協が対象で（1）、1962年の統計ではニューメロンは県全体で210haあった。このうち後年、メロンが定着したのは真岡地区であった。

ニューメロンについては栃南青果物生産出荷協議会（国分寺農協など10組合）で1961年から栽培が始まり、薬師寺農協6.5、国分寺8.2、本郷4.0、上三川7.4、明治6.8、吉田5.1、その他1.2haの計39haの作付であった（2）。東京市場統計では1960年栃木県産のニューメロンは189ｔとされているので、本県での栽培は品種名不明ながら1950年代から出荷用栽培があったと思われる。

マクワとしての作付面積を下表に示した。

表4－2　栃木県に於ける1960年頃のマクワの作付面積（ha）

年次	1960	1961	1963	1965	1968
面積	72	150	220	166	167

注：農林統計は1970年から項目はメロンとなる

ニューメロンは県内においては栃木みずほメロンとされ、その栽培概要は表の通りであり、4葉摘心で子蔓を2本または4本伸ばしそれぞれ8葉で摘心して、4－5果を着果させる。10a収量は2t内外である。

表4－3　マクワウリの作型

作型	収穫	播種期	定植	品種
トンネル半促成	6上－7上	2下－3中	4上、中	黄金9号、ニューメロン
テント早熟	7上－8上	3中、下	4下	ニューメロン
直播	同上	4上、中	－	同上

1962年の県産出荷実績（京浜市場）は652t、2700万円であった（3、4）。

マクワウリとは別にいわゆる露地メロンのサンライズ（野菜試、1969年発表、赤肉）は一時期ハウス栽培として1970年から本県にも導入された。この年は4haで成功したのは作付の半分といわれたが、イチゴの後作としては鹿沼、真岡方面、ハウストマトの後作として馬頭町、壬生町、都賀町などで栽培が行われた。播種は7月、交配は9月上旬で収穫は10月中下旬であった（5）。サンライズは栽培や品質の不安定性もあって普及しなかったが、秋採りのハウスメロンは各地に直売用として定着している。

1972年には静岡農試の神谷園一を招いて上三川町で県主催のアールスメロンの講演会が行われたが、メロンへの関心は高かった。

小山市の黒田温室団地では1973年にトマトの後作にコッサックメロンとふかみどりが導入され、その後しらゆきも加わった。2月播き7、8月採りで収穫後は愛知ファーストトマトを定植する体系であった。

引用文献［第4章第3項1)］

1. 栃木県農協中央会三十年史（1987）第2編4章　中央会編
2. ニューメロンと夏キュウリの特産地　農業改良時報No141（1961）
3. 栃南青果物生産出荷協議会（1962）メロン栽培と検討（冊子）
4. まくわうりの栽培法（1962頃）栃木県農協中央会（冊子）
5. 丸山貞三（1971）ハウス利用の露地メロン・サンライズ　農業と生活1971年11月号

図4－1　マクワウリ黄金九号（瓦井豊原図）
農業と生活（1958年）より

図4－2　ニューメロンの出荷容器
農業と生活（1962年）より

2) 真岡市のメロン（プリンスメロンと露地メロン）

サカタのタネ㈱育成のプリンスメロンはニューメロン×CharentaisのF1で1962年に発売され、急速に普及した。1966年には全国で2,804haとなり、この結果、多くのマクワ系品種の作付は衰退した。東京市場への初入荷は1962年で翌年には5、6月の市場を独占したという。試作出荷県は関東各県で本県も名を連ねた（1、2）。

真岡市にプリンスメロンが入ったのは1963年とされる。これ以前、1961年頃より大内農協管内ではタマネギ、トマトに加えマクワ（ニューメロン？）の栽培が始まっていた。中村では大野原でムギ、ラッカセイに代えてスイカの栽培があり1950年代後期には青果物への関心が高まっていた。

1963年春ごろ中村の岩井田吉男は仕事帰りに結城市の渡辺種苗店に立ち寄ったところ、プリンスメロンの試作を勧められたのが、この地における栽培の発端である（3）。その時の試作者は岩井田のほか吉川速雄、矢田部貞治、慶野良雄、亀倉勲、田上保男であった。中村での栽培は翌年に19名（1.7ha）となり、1965年に中村農協に部会ができた。以後、1966年に後作レタスを入れ、1963年から接木（新土佐）を導入した。

1963年の作付は次のようであった。

早出し：1月上旬播き　5月中旬＋6月中旬採り

普通ハウス：1月中旬播き　5月下旬＋6月中下旬採り

トンネル：2月下旬播き　5月下旬＋6月下旬

（後作の夏秋ナスを7月上旬に定植して11月中旬まで収穫する）

1971年時点で真岡市のメロンは51.3haで県全体（56ha）の殆どを占めていた。1970年には台木不親和問題が発生し、1981年には果実の芯腐れが約半数の圃場で6月20日頃の果実に発生したが、翌年以降の発生は少なくなった。農試でも対策試験が行われ原因は石灰欠乏と推察されたが、明確な原因は特定されなかった。

トンネル栽培に加えハウス（間口2.7m、高さ1.5m）も1972年から導入して、作期の分散を図った。この小型ハウスは1980年には市内の面積110haのうちの75haを占めた。ハウス栽培は1月播きで5月中下旬から収穫、トンネル栽培は2月播きで6月10日頃から収穫となる。着果剤としてトマトトーンを使用し、1980年頃からGA25ppmを混用するようになった。1975年頃からミツバチも利用されている。被覆は内トンネル、マルチ、ホットキャップで定植限界は3月中旬である。

真岡市寺内の阿久津芳平の栽培（1984年時点）は第1編第8章に紹介したが、当時もかなり細かく分散された栽培が行われていた。その状況を示す（4）。

表4－4　プリンスメロンの作付区分（1985年当時）

区分	播種期	定植	出荷	1番果収量10a	ハウス型
早出し2種ハウス	12月下旬	2月上旬	5月上旬	220ケース	K10と9のダブル
同　トンネル	同上	2月中旬	5月中旬	300	K10
早出し	1月10日	2月中下旬	5月中旬	330	同上
早出しマット使用	同上	同上	5月中下旬	330	K9
普通	同上	2月下旬	6月上旬	440	K9

注：原表を一部改変、収量はA氏基準のもの

上記の栽培での被覆状況を下図に示す。

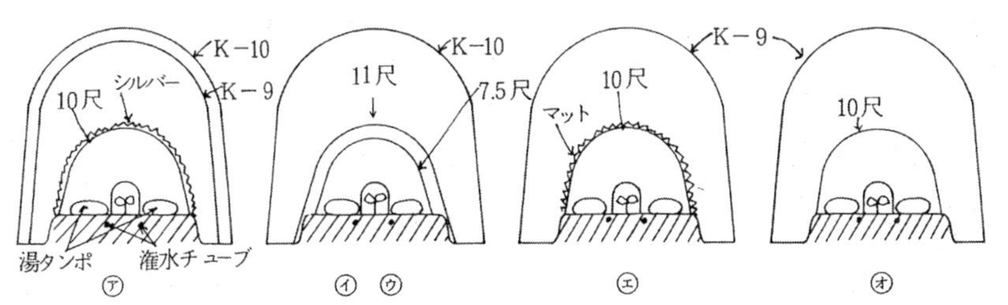

図4－3　プリンスメロンの播種期別の保温方法
左端：12月25日播きの場合、右端：1月10日播き
真岡農協資料、1993年より

その後早出し傾向により1月播きの栽培は少なくなってきた。

プリンスメロンの作付はいわゆるハウスメロンの普及につれ次第に減少していき、真岡市では1996年産で他のネットメロンと逆転し、ポストプリンスを検討する時期となった。

露地メロン（ネットメロン）の拡大

真岡農協での1996年と1998年との品種別作付面積（ha）は右表の通りである。

品種	1996年	1998年
プリンス	16	6.6
クインシー	13	10.0
タカミ	7	3.7
計	36	20.3

全体の面積減と共にプリンスの減少が目立つ。クインシーの導入は1991年、タカミは1993年導入である。その後オトメが2003年に入り、2010年頃はこの3種が栽培され、芳熟メロンとして市内の直売所での販売額の割合が大きくなっている。

真岡市におけるメロンの栽培面積は下表の通りであり、近年著しく減少していてイチゴやナス、トマトとは対照的である。

真岡市におけるメロンの栽培面積（ha）

1972年	1980年	1985年	1990年	1995年	2000年	2005年
123	128	119	85	40	19	16

引用文献［第4章第3項 2)］

1. 瀬古龍雄（1998）わが国露地（ハウス）メロンの系譜（5）農業および園芸73（12）
2. 古門平八郎（1963）プリンスメロンの人気　農耕と園芸18（11）
3. 真岡市史（1988）第8巻近現代通史編　真岡市
4. 中村農協資料（1985）プリンスメロン検討会　冊子

談話参考　杉山忠雄

参考文献　栃木の野菜（栃木県野菜研究会編）各版

第5章　ニラ（韮、韭、仁良）

1. 古代から近世まで

東アジア原産で古来から中国北部で常備野菜として栽培されてきた。中国では根ニラ、葉ニラ、花ニラ、葉花兼用ニラと品種分化しており、葉ニラは広幅種と細葉種に分けられる。わが国へは古くから渡来し、葷菜・五辛（ニンニク、ネギ、ショウガ、ラッキョウ、ニラ）の中の一つであった。古事記中つ巻には次のように韮が出てくる（1）。

「みつみつし　久米の子らが　粟生（あわう、粟畑）には　臭韮一茎（かみらひともと）　そねが茎　そね芽繋ぎて　撃ちてしやまむ」

下って17世紀の「百姓伝記」には「にらはどこの国でも畑のへりに植え、刈り取って食う、土止めにもよい」とある。農業全書（1697）にも中國の農書からの引用も含め詳しい記述があり栽培法に詳しい（2）。

明治以降の蔬菜書では簡単な記述が多く、ニラの項目がない成書も多い。下川・蔬菜園芸下巻（1926）にはニラの栽培の多い所として山形、秋田、岡山県を挙げており、岡山県では1893年頃に現在の岡山市中区浜（当時宇野村字浜松）でニラの促成栽培（もみ殻による軟化促成）が行われていた（3）。

本県でも古くから利用されていたと思われるが、諸国物産帳（1700年代初期）にその名が載るだけである。

ニラの名称について

古代ではニラはネギと共に葷菜の双璧であったが、キのヒトモジ（一文字）に対しニラはフタモジ（二文字）といわれた。古名はミラであるが「ミ」と「ニ」は発音上、通じ合うものでミラがニラなとなってもおかしくないという。ラッキョウはオオミラ、ニラはコミラともいう。漢字の韮は一に非ず、永く耐えるの意味や何回も刈り取れる草という説がある。中国名の陽起草は腎によく精力を増す薬効からくるという。内科、外科的効用は多数に及び、その臭気は蛇除けにもなるという。

喜田茂一郎　蔬菜の研究　（1937）西ヶ原刊行会より

引用文献［第5章第1項］

1. 古事記　武田祐吉訳　角川文庫
2. 百姓伝記　古島敏雄校注　岩波文庫
3. 下川義治（1926）蔬菜園芸下巻　成美堂書店

2. 1950年以降

1）周辺県の状況

戦後の食生活の向上、栄養思想の普及に伴い緑黄野菜であるニラも1955年頃より都市近郊での市場目的の栽培が始まった。キャッチフレーズとして「子供に健康、パパにスタミナ、ママの美容に」とうたった産地もあった。

福島市では戦前に在来ニラから広幅のものを選抜して大葉ニラとして栽培していたが、1950年頃から福島市園芸愛好会で取り上げ温床伏せこみ式の促成栽培を始めていた（1）。

関東地方のニラ栽培は柏市周辺に始まったようである。この地でも1923年から営利栽培が始まり、戦後柏市の松丸与一が復員に際して満州より持ち帰ったニラが、葉幅が広く優れていたので満州ニラ、大葉ニラと称して普及していった（2）。

1965年の関東各県からの東京市場へのニラ出荷量は千葉：2642、茨城：652、埼玉：512、群馬：172、神奈川：36、栃木：6tで、柏市周辺を含む千葉県の産地が特に大きく、本県にもわずかに産地があったことがうかがえる。群馬県のニラは1960年頃から始まり、柏市から技術が移入された。冬期の農閑期労力の利用で露地栽培と掘り上げ促成であったが、1970年頃にはトンネル70％、ハウス栽培30％となった（3、4）。

本県初期の段階では柏市と共に群馬県からの技術移入があった。

引用文献［第5章第2項 1)］

1. 吉田晴一（1952）手軽にできる大葉ニラの促成　農耕と園芸 7（11）
2. 千葉県野菜園芸史（1985）千葉県農林部
3. 大鹿保治（1968）急増する伊勢崎のニラ　農耕と園芸 23（1）
4. 高橋武・大鹿保治（1970）群馬県に於けるニラのトンネル栽培　農業および園芸 45（10）

2）栃木県でのニラ生産

自家用野菜であったニラも一部には地元市場への出荷もあったと思われるが、記録的には見当たらない。宇都宮市上駒生の細谷邦夫は農閑期利用の野菜栽培に専念しウドの軟化も行っていたが、春先には10aのニラのビニールトンネル栽培を行い、22,000円を上げていた。1954年のことである（1）。ニラの組織的導入は1967年の西方村青果物出荷組合（組合長・大塚武一）での試作に始まる（2）。県農試佐野分場でまとめた1969年時点の軟弱小物野菜調査（3）によると、ニラの農改普及所ごとの栽培面積（ha）は次のようであった。

宇都宮：15　真岡：13　今市：10　鹿沼：8　栃木：3　佐野、烏山：各2　足利、市貝：各1　その他あわせて、県計55ha（大田原は欠）

この調査ではホウレンソウ以下24種類をあげているが、ニラはインゲンとともに伸びの最も大きい種類としている。

1992年時点の農改普及所ごとのニラの栽培面積（ha、普及教育課調べ）は次のようであった。

鹿沼：155　大田原：117　真岡：45　宇都宮：42　栃木：29　黒磯：26　氏家：24

その他あわせて県計：387ha

導入初期に比べ県北部での栽培が多くなっている。栽培面積と東京市場出荷量の消長は下表の通りである。1980年以降県産のニラは東京市場で数量、金額とも1位となっている。販売金額は2000年次で約20億円である。

表5－1　栃木県におけるニラの栽培面積（ha）

年次	1971	1973	1975	1980	1983	1985	1990	1995	2000	2005	2010
面積	76	87	115	242	319	360	387	435	444	443	420

表5－2　東京市場における栃木産ニラの状況

年次	出荷量 t		栃木県出荷量シェア・%
	栃木産	全量	
1968	5.0	6609.8	0.08
1970	247.3	8489.9	2.9
1975	1192.3	9883.6	12.1
1980	2341.5	10440.6	22.4
1985	3874.4	12970.6	29.9
1990	4060.0	10943.1	37.1
1995	4228.2	12618.1	33.5
2000	4405.8	11334.8	38.9

このように急速に県内各地に波及したのは、市場の要請もあったが、本県内部事情として半促成のイチゴ作における不安定要因もあった。具体的にはイチゴ萎黄病の発生、収穫労働の問題があった。またニラはその後の稲作転換政策により県央、県北の水田地帯へも波及していった。1974年のオイルショックで省エネ作物として見直されたことも大きい。栃木県では1976年の振興計画において野菜奨励品目・軟弱野菜にレタス、ホウレンソウと並びニラを加え、県内全域を対象とした。1984年には生産拡大品目に指定し、その後1995年に重点5品目（ネギ、ナスなど）に加わりイチゴと並んで県を代表する野菜となった。表にニラの市場価格の推移を示すが、価格的に安定していることも生産維持拡大の要因の一つでもある。

表　ニラの販売価格（上都賀農協鹿沼にら部会実績、4kg箱当たり円）

1975年	1985	1995	2005	2014
1,278	1,327	1,494	1,658	2,132

注：同部会45周年記念大会資料による

(1) 西方村と鹿沼市

西方村青果物出荷組合ではイチゴの次の品目を検討していたが、市場筋からのアドバイスもありニラを取り上げ、西方村本城の田谷慎らが1967年に栽培開始（春播きトンネル栽培）した。翌年からパイプハウス内での栽培となった。技術は群馬県（ハウス栽培）、千葉県（トンネル栽培）を見学し参考にした。1965年に鹿沼と粟野普及所は合併しており、指導は松村源司が担当した。村松源司は1968年1月頃、南押原支所でニラ講習会を持ち、60人ほどが集まりそのうちの30名が3月に播種した。翌年出荷したのは10余名だったという。当時の南押原地区はタイマ、カンピョウなど先行き不安状況で、ホウキモロコシ、オカボ、ラッカセイ、サトイモ、干しダイコンに加わる新品目が必要であった。1968年には鹿沼市（亀和田地区、善林恂一、深津龍雄ほか）でも栽培が始まった。1971年には鹿沼農協にら専門部ができ、同年の4haから順調に発展し1980年には部会面積125haに達した。当初から品種はグリーンベルト（武蔵野種苗園、柏市の広幅ニラの選抜種）であった。にら部会は2016年に結成45周年を迎え記念大会が開催された。その折の記念資料に1969年からの経過がまとめられた。これによると鹿沼にら部会では出荷量、1995年の100万ケース、販売金額、1993年の19億円、作付面積、2002年の96ha、生産者数、2000年の218名がそれぞれのピークであった。

技術的な変遷は別項とするが、鹿沼地区の栽培技術は先進的であった。周年出荷のための夏ニラ栽培は1975年から開始、1973年から予冷出荷（1976年から本格的、3－5℃当日夕刻から予冷して翌日午後出荷）、縦箱使用は4月からの夏ニラで取り入れた。夏ニラのための雨除けパイプハウスは転作促進事業で1982年に普及所管内で10ha建設された。定植機の開発（1989年試作機）、苗掘り取り機（1990年試作）、1987年頃から連棟ハウスによる冬採り栽培、1997年に戸別に予冷庫導入などの新規事案が続く（4）。鹿沼部会は1994年には日本農業賞を受賞する。

鹿沼市日光奈良部町の鈴木洋一はジャイアントベルトの株から不抽苔株を1986年に発見し、選抜の後2007年に種苗法登録をした。抽苔が遅いのが特性であるが株が伏性なので扱いに難点がある。現在の栽培は少ない。

今市市の永吉武雄は以前から（1965年以前か）在来種を春先に今市市場に出荷していたが、1972年に松村源司が持ってきた苗に切り替えた。今市市場では太いニラは馴染まなかったが、永吉實と栽培していた。日光地区青果物協議会にもニラ部会ができ、1995年頃から栽培者が増加して2000年時点で14名、10ha余となった。ハウス土壌の酸度検定や新規参入者への指導、冬ニラの一番切りを「日光味一番」として売るなど小産地ながら特徴がある。

（2）大平町と栃木市

大平町下皆川の富田忠一は高校生の時、武蔵野種苗園のカタログをみて興味を持ち自宅で播種からトンネル栽培を始め、栃木市内の市場に輪ゴムで束ねて出荷した。1964年のことという。その後ニラが町内で始まるときは見学先にもなった。

1969年頃から稲作転換のことが出てくると農協でもイチゴのほかになにか野菜をと考えるようになり、すでに上都賀方面で始まっていたニラを取り上げた。1969年の春に下高島の田中喜重の畑で普及所の麦倉勲を講師に播種から栽培を学んだ。これが最初で翌年1月には出荷できた。ハウスはK15、内トンネルで栽培できた。最初の栽培者は26名でリーダーは田中金次郎、大出佳正、山中善男らであった。この年、1969年8月に大平農協韮生産出荷組合ができた。

大平町での主な動きは次のようである。1973年に夏ニラの試験出荷、1979年に予冷庫を入れ周年出荷が始まった。1989年から戸別に予冷庫が入り始め、1998年にはセル苗の試作が始まる。2007年には「大平元気ニラ」の商標登記をした。2010年時点でしもつけ農協ニラ部会大平支部の生産者50名、販売額約3億円である。

栃木市での集団的なニラ栽培は1971年春播きから8名で始まった。栃木市大塚町の橋本政雄はシイタケ栽培をしていた頃、壬生町へ原木取りにいった際にニラ栽培者を見て関心をもった。初期の主要メンバーは橋本のほか、清水薫明、斉藤辰夫、島田栄、佐藤清三、鯉沼秀夫らで1972年には農協ににら部会ができた。その後農協合併により組織は大きくなった。栃木農協の夏ニラは1977年からである。1980年には普及所管内7組合（栃木市、壬生町、都賀町、大平町、水代農協、岩舟農協、藤岡中央農協）の生産者は212名で、うち夏出しは179名であった。1994年には栃木普及センターの協力で栃木地区にら連絡協議会が設立された。

県南部の比較的温暖の地であるからハウス内保温はトンネルのみで栽培してきたが、1985年頃よりトンネルに加えカーテンを引くようになって厳寒期の生育を確保するような生産者も出てきた。またこの頃より2年株による晩秋－冬採どりが増加してきた。1990年頃からグリーンベルトにかわりスーパーグリーンベルトが入り、1994年頃からワンダーグリーンベルトが試作されてきた。セル苗利用は1997年から始まりその後、自動定植機が入ってきた。この頃普及センター管内の生産者は約150名、40haであった。

引用文献［第5章第2項 2）（1）、（2）］

1. 細谷邦夫（1954）野菜栽培で農閑期を活用　農業改良時報No63（昭和29年12月）
2. 農業改良普及事業三十年の歩み（1978）県普及教育課
3. 軟弱こもの類の栽培概況調査（1969）栃木農試佐野分場　冊子謄写
4. 小森基行（1977）鹿沼市でのニラ予冷庫導入による周年出荷　農耕と園芸32（4）

参考資料　鹿沼にら部会45周年記念大会資料（2016）
大平町農協ニラ部会40年の歩み（2014）
下都賀農業振興事務所経営普及部所蔵資料（1979年以降各年次報告）

談話参考　（西方、鹿沼、今市）田谷均、石川典男、深津龍男、大橋優祐、鈴木洋一、永吉武雄
（大平、栃木）石崎政男、富田忠一、橋本政雄、清水薫明、小林隆芳

（3）氏家町（1）

氏家町に蔬菜組合ができたのは1963年11月のことである。組合員は193名で蔬菜といってもジャガイモとタマネギで約15ha程度の産地であった。有数の稲作地であったが、1970年頃までは石垣イチゴを最初として、夏キュウリ、寒玉キャベツ、トマト、カブ、カリフラワーなど各種野菜が試作、導入されてきた。これらの中で施設トマトと1970年に導入されたニラは稲作との労力競合もなく、冬春作物として定着、発展し今日に至っている。

ニラの導入に際しては蔬菜組合（長島国市会長）で検討し、県内の西方村や湯津上村、1970年1月7日に群馬の伊勢崎市などを視察調査して多少の不安さを持ちながらも1970年3月には種子販売元の武蔵野種苗園㈱の馬込良雄による講習会を経て播種となった。

最初の年は冬の出荷ができたものは18名であったが、初めてのことでもあり、農協の手塚要吉らの努力も大であった。初期の栽培者の多くが女性であり、そのうちの一人高瀬喜久は1974年に三井農業奨励賞を受賞した。稲作地帯の氏家町でも米減反期に入り出稼ぎが増加していたが、初期の試行錯誤をへてニラが稲作経営の中に定着したこと、これに関して女性グループの力が大きかったことが評価された。

ニラ部会長を初期から10年務めた池田昌男は地域振興活動に加え、自家では水稲＋ニラの複合経営を確立してニラを町の重要品目に定着させたことにより1997年に緑白綬有功章（大日本農会）を受章した。

1970年代の栽培は3月播き、6月定植で1年目は12月下旬3月、2年目は12月上旬から5月までである。問題点として2回切り以後の葉幅の低下、夏の倒伏、現在の規模から1戸10a以上にする、夏出しニラの導入による周年出荷の推進が挙げられた。

1980年から夏ニラが出荷され周年栽培となってきた。夏ニラは2年株の利用で専用栽培と冬ニラ収穫後の養成株の2通りであった。夏ニラの導入により稲作との調整が必要となり、ニラ栽培の機械化、省力によるニラ主体の経営も増加してきた。1985年時点で町内の作付は約17ha、70戸となっている。

引用文献［第5章第2項 2）（3）］
蔬菜組合十五年のあゆみ（1980）　氏家町農協蔬菜組合

（4）県北

1. 黒磯市　1970年に農協や農改普及所の勧めで同市佐野地区で始まり、すぐにニラ生産組合ができた。背景としてオイルショックによる農外収入の減少や稲作転換があった。中心人物は仁平文夫、農協の人見心一らであった。千葉、茨城、福島各県や鹿沼市の視察も行った。初年はトンネルで3月出しであったが、1975年には佐野地区の14名でパイプハウス栽培となり、1978年には46名、3.2haの産地になった。産地は湯宮地区にも広がり1982年頃より夏ニラも始まる。

2. 大田原市　1972年頃よりパイプハウスによる栽培が始まり、1979年には同市で3haの産地になった。1876年に農協ニラ部会（会長、阿久津隆）が金丸支所にでき、1981年には48名で

6haとなった。1981年には同市農協の重点5品目に山ウドなどと共にニラが指定された。1982年頃には隣接の西那須野や塩原にも波及した。1987年が栽培者のピークで（93名）あったが、面積は増加を続け1992年で30ha、2億円の産地となった。この年、各戸に保冷庫が整備された。当時は作ごとに圃場を移動しており、機械化も進展してきた。1993年にセル苗用の全自動定植機が導入され、2000年頃には半数の者がこれを利用している。2010年頃には半自動、全自動定植機の利用が大部分となった。1997年での大田原市（農協部会）のニラは31ha、64名で、なすの農協（1996年）となってからは大田原市、那須塩原市で約50haの産地となった。

3. 湯津上村　1972年に狭原の平野精一ら5名が始めた。同地の運送店、大武千代からの市場情報としてニラを勧められた。山千出荷組合として活動したが、1990年に農協ニラ部会（初期は8名）となったが、約20名は山千出荷組合に残った。

1979年時点で湯津上村のニラ面積は5haであった。

参考文献［第5章第2項 2）（4）］

各年次版の栃木の野菜

那須農業振興事務所所蔵の各普及所年次資料

談話参考　平野精一

3）栽培

（1）品種

近年、ニラの品種は多数になってきた。品種の移り変わりを県普及教育課の野菜品種作付面積調査データや「栃木の野菜」各年版により紹介する。

1970年代　殆どがグリーンベルトであった。本種は柏市での通称満州ニラからの選抜種で武蔵野種苗園㈱販売され、休眠が浅く丈夫で初期の生産を支えた品種である。

1980年代　グリーンベルトが主体で1983年より一部でジャイアントベルトが入り、グリーンベルトとの併用であったが、1990年代からはスーパーグリーンベルトが夏、冬共に多くなり2000年以降は多品種の時期になってきた。その中で県農試育成のゆめみどりも一定面積を確保している。

作付面積のデータがある年次の品種別の面積比率は表5－3に示した。

表5－3　ニラの品種別作付面積比（%、県普及教育課資料により作成）

品種	1984		1985		1986		1990		1991		1992		1999	
	夏ニラ	冬ニラ	夏	冬	夏	冬	夏	冬	夏	冬	夏	冬	夏	冬
グリーンベルト	82	94	64	84	85	72	75	83	63	66	34	34	8	6
ジャイアントベルト	18	6	27	16	15	28	24	15	28	19	15	22		
スーパーベルト								2	9	15	51	44	69	66
パワフルベルト													5	
ワンダーベルト														15
その他													18	13
栽培面積ha	88	254	91	252	96	258	127	295	144	303	142	255	134	253

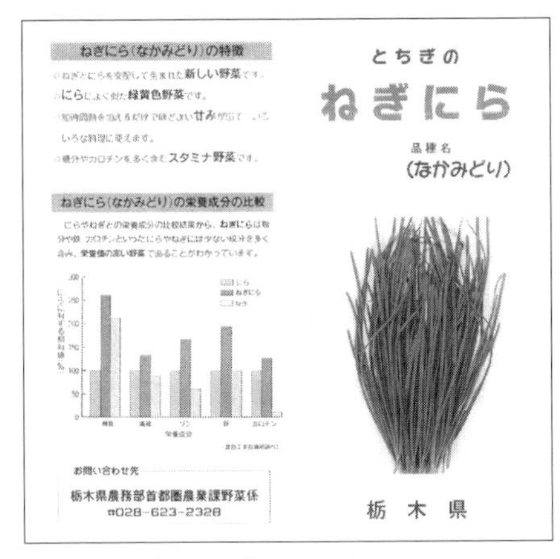

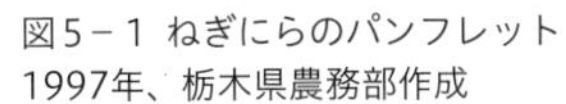
図5－1 ねぎにらのパンフレット
1997年、栃木県農務部作成

図5－2 栃木県農業試験場でのニラ試験状況 1982年7月

[附]栃木県育成のニラ品種

1. きぬみどり：1995年の種苗登録、1986年にたいりょう×蒙古の交配、1995年に試験栽培を実施中であるが、葉身が長く葉幅も広い。抽苔の期間が短く花茎数が少ない。対象はグリーンベルト。問題として休眠の深いこと、倒伏、葉折れの発生がある。（木村栄、くらしと農業1994年3月号）

2. とちみどり：2002年に登録出願した。テンダーポール×大葉南洋で立性で葉鞘部の長いのが特徴。葉幅広く、肉厚で品質の低下が遅い。スーパーグリーンベルトが対象品種。

3. ゆめみどり：2013年の命名で2017年種苗法登録した。DNAマーカー利用の幼苗検定を利用して選抜効率を高めた。杭州ニラ×サンダーグリーンベルトで特徴は葉肉の厚さ、葉幅の広さ、立性で調整容易、多回数の収穫でも品質の低下が少ないことなどである。（しもつけの心、No44、2017年冬号、農のチャレンジャー1）

4. ネギニラ（品種名なかみどり）：1988年から交配を開始した。1990年にネギ×ニラの交配で得た胚を培養して、きぬみどりを父に持つ個体を選抜した。胚培養は大橋一夫・天谷正行らが担当した。1996年に種苗登録され、1997年に宇都宮市で3名（15a）による栽培が始まり、この年の冬に初出荷された。2000年時点で宇都宮市を中心に6名が栽培している。（くらしと農業1995年3月号、同誌2004年2月号）

（2）栽培

初期の栽培は既にパイプハウスによる冬春採りからスタートした産地が殆どで、トンネル栽培はごく初期のことであった。最初からハウス栽培ができたこと、品種は休眠の浅いグリーンベルトであり種子供給に問題がなかったこともその後の発展を確実なものにした。すでに株の堀上げ・温床促成は群馬県でもなくなっていた時代である。

夏ニラについて

春作終了後の株を養生させて夏採りニラの生産もすぐに始まり、1971年には予冷処理による夏ニラ出荷も主産地で始まってきた。栽培としては同一株による冬春＋夏採りであった。夏採りを中心とする場合は冬春採りの期間を短縮して、株の余力を夏に回す。

予冷夏出荷が行われるようになる1970年代には夏ニラ専用株による夏秋採り専用の露地栽培も加わる。1980年代初期になると収穫時の雨除け被覆が行われるようになる。露地採りでもポリマルチをするようになる。夏ニラは抽苔期をはさんで8月上旬までの収穫と8月以降の収穫に大別された（1）。

抽苔を避けて夏採りをするために早播き（12月）して1年株を収穫対象とする栽培も農試で提案され一部で普及した（2）。

冬春ニラについて

セル苗定植が普及する以前は定植が6月上旬のときは2本分けつ苗を3本、分けつ数（茎）で6茎を1株群とし、遅れて6月下旬植えは分けつ数で8本くらいにするのが基準とされた。

苗の配置は楕円状に離して植えるか、5cmずつ並べて植える。

保温はK15、K18ハウスいずれでも厳寒期はカーテンに小トンネルで、植え付け当年の保温開始は12月下旬からで翌年（2年株）は株の充実に問題がないので10月より保温開始とする。当初、保温開始が早すぎて生育に問題を起こした事例もあったが、すでにイチゴの休眠についての知識も一般化しており、グリーンベルト品種の休眠が浅いことも幸いして冬春採り栽培の問題は少なかった（3）。グリーンベルトの実用的な休眠覚醒は5℃、500時間とされ、普及している他の品種も同様と見られている。

管理として浅植え、土寄せ、肥培管理など先進地の技術も当初から導入されており、これらが基準栽培法に生かされた。

1970年代の促成栽培上の問題点としては次のことが挙げられていた（4）。

○苗床での間引きは発芽直後にやること

○2、3本分けつの丈夫な苗をつくる

○夏期の生育を順調にさせる

○適度な培土で分けつをおさえる

○保温時期を早めないこと

○ハウスでは日中の高温を避ける

○収穫ごとに追肥をやる

○白斑病防除

1980年代には県農業試験場での技術研究もまとまってきた。研究を推進してきた長修の解説を紹介する（5）。

植え付け時期と苗の大きさ：6月中に植え3本分けつ苗が多収である。

栽植密度の影響：7月上旬に株（株群）7－8本植えで冬刈り時50－60茎がよい。

株養成と施肥：地表から20cmまでに根の95％がある。追肥は8月下旬から9月上旬以降2週間おきに11月上旬までそれぞれ窒素5kg/10aを施肥する。

休眠と保温時期：12月上旬保温が最も低収、12月下旬からが適当である。しかし、これでは連続出荷できないので、実際には10月下旬（休眠前）と12月下旬に分けて保温するのがよい。10月下旬保温は2年株を利用するのがよい。

温度管理と刈り取り回数：年間の刈り取り回数は8－10回にとどめる。冬＋夏、冬＋冬とでどちらに重点を置くかで刈り取り回数を分ける。

抽苔回避：1年株の夏刈りで可能である。

作型組み合わせの基本：11月－4月採りは保温開始を前後2回に分ける。夏採りは5－7月採りと8－10月採りに分ける。夏採りは雨除けハウスを推奨。

1990年代に入ると1993年に栽培面積は430haを越え、2000年頃には鹿沼市では平均1戸当り40aとなり規模拡大が続き、セル苗の普及や作業の機械化が行われるようになる。新規栽培者の確保、作業室の改善、周年予冷出荷の実現などが目標となる。1994年時点の冬採りは面積比で62％、1998年時点では69％と夏採りはあまり増加していない。夏採りは栽培法によるよりも抽苔の早晩による品種選択で安定化するようになってきた。

半自動移植機は1989年から導入が始まり、全自動移植機は1994年に利用が始まった。大田原市では2000年頃には半数の者が、2010年には殆どの者がいずれかの定植機を利用しているという。

セル苗育苗は1995年の全自動移植機の利用から始まる。セルトレイは448穴または220穴、自動播種機で播種し（穴当たりコート種子３粒）、根切りマット使用、定植前に凝固剤に苗箱を浸漬するなどして定植する。苗への灌水を少なくするために直接地表にトレイを置く場合もある。最近では根巻きしやすい培養土もあり、これを利用する例も多くなっている。セル苗の定植期は従来の苗より早く5月中下旬の植え付けとなる。下都賀地方ではこの植え付け期が米麦作の作業上、好都合である。

植え付け本数は手植えや半自動定植機の場合は、従来通り１株群が6茎（2分けつ苗4本）とするのが多い。低温伸張性のある品種は従来より低温管理をするようになった。

作型図を参考として次に示す。春播きとハウス12月播きに冬春期と夏期の収穫期間（回数）の組み合わせで作型が決められてきた。

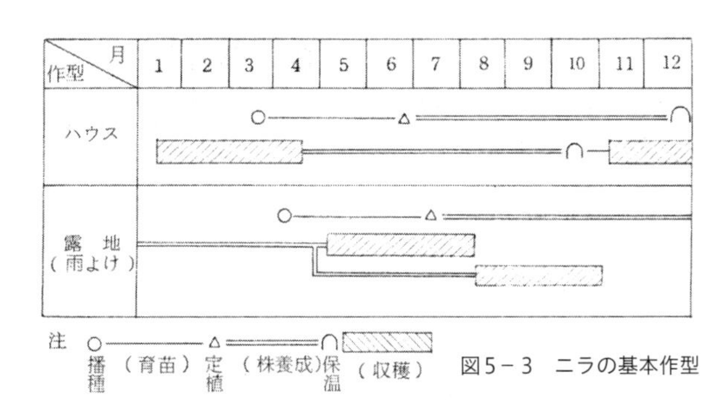

月
作型
1
2
3
4
5
6
7
8
9
10
11
12
ハウス
露　地
（雨よけ）
注
播種
（育苗）
定植
（株養成）
保温
（収穫）

図5－3　ニラの基本作型

栽培体系
1年目
2年目
3年目
6月 7月 8月 9月 10月 11月 12月 1月 2月 3月 4月 5月 6月 7月 8月 9月 10月 11月 12月 1月 2月 3月 4月
1年1作連続収穫栽培
120日株養成
6～7回連続収穫
↓片付け
120日株養成
6～7回連続収穫
定植
保温（ウォーターカーテンで休眠回避）
定植
保温（ウォーターカーテンで休眠回避）
慣行栽培（2年1作）
標準型
190日株養成
3～4回収穫
120日株養成
2～3回収穫
↓片付け
定植
保温（3～2重被覆）
保温（1～2重被覆）
じっくり型
220日株養成
4～5回収穫
60日株養成
2～3回収穫
↓片付け
定植
保温（3～1重被覆）
保温（1～2重被覆）
前進型
150日株養成
2回収穫
110日株養成
2～3回収穫
60日株養成
2回収穫
↓片付け
定植
保温（2～3重被覆）
雨よけ（1重被覆）
保温（1～2重被覆）
連続型
220日株養成
10～11回収穫
↓片付け
定植
保温（3～1重被覆）
夏ニラ
250日株養成
2～3回収穫
50日株養成
2回収穫
↓片付け
定植
保温（2～1重被覆）
雨よけ（1重被覆）

図5－4　1年1作の栽培と他の作型　1992年　佐藤隆二原図

引用文献［第5章第2項 2）（1）、（2）］

1．長　修（1982）夏採りニラの栽培のこつ　くらしと農業6（4）
2．室井栄一・長修・平出耕一（1984）ニラの1年株利用夏採り栽培に関する研究　栃木農試研究報告　No30
3．長　修（1973）ニラの休眠習性と打破の実用性　農耕と園芸28（9）
4．野尻光一（1978）1年株利用のニラのハウス栽培　同上33（1）
5．長　修（1984）ニラの周年生産における良品生産技術のポイント　農耕と園芸39（4）
参考文献　各年版の「栃木の野菜」

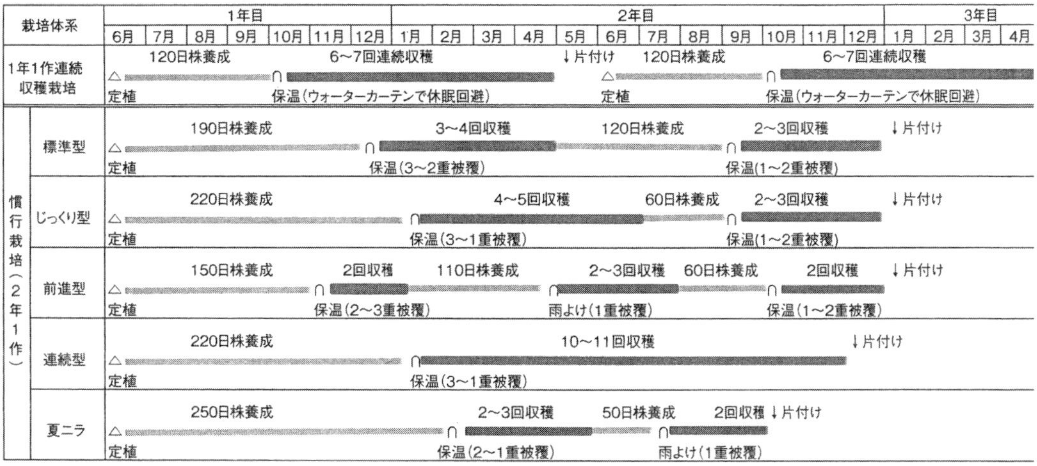

長 修の回想

ニラの研究を農試佐野分場で始めるに当たり、栽培上何が問題なのか全く見当もつきませんでした。先進地の松戸市農協管内の現状を調査した結果、多くの解決すべき課題があることが分かり、この調査が研究の原点となりました。

栽培面積の増加と共に病虫害の被害も各地で発生し原因究明と対策に病理昆虫部の木島利男が精力的に取り組み、その後の生産安定に大きな役割を果たしました。一方、品種の休眠特性を知ることが栽培技術の確立に不可欠と考え、種苗会社等から品種を収集する中で基本種として野生種を使用したいとの思いが強かった。しかし、野生種は八方手を尽しても見つからず途方に暮れていた頃、宇都宮大学・森谷憲教授から岩船山に自生しているとの話をうかがい、早速現地を訪れましたが、どこに自生しているのか分からず、山中を3時間ほど探し、ようやく2株採集することができました。この時の喜びは今でも忘れられません。

グリーンベルトが全国に普及するにつけ生産者同志の交流が必要との声の高まりを受け、㈱武蔵野種苗園・馬込良雄らの尽力により、1975年に第1回全国にら生産者大会が栃木県内で、その後2年置きに全国の主産県で開催されるようになりました。この大会に第7回まで参加しましたが主産県の現状と課題の把握と同時に、生産者の研鑽と交流の場として有意義な会となり栽培技術の向上に大きく貢献したものと思われます。また、大会に参加していた福島農試の榎本優との交流は研究推進上大いに役立ちました。

本場に異動後は基礎的研究に取り組みましたが野菜部長・三宅信の協力なくしては成果を上げることはできませんでした。

心に残る事柄について列記しましたが、研究の遂行に当たってご助言やご協力を頂いた多くの皆様に御礼と感謝を申し上げます。(2021年1月、元栃木県農試研究員)

（附記、栃木県農業試験場佐野分場でのニラの研究は1968年から開始された。当時はニラを課題に取り上げる試験場は少なく、わずかに群馬県、福島県各農試ぐらいであった。佐野分場が本格的な研究に取り組んだ最初の試験場であり担当は長修であった。その後研究の舞台は本場野菜部に移り、長の後継研究者として木村栄、室井栄一などが活躍した。にら研究会については現在まで栃木農試のにら担当の研究員が毎回、研究・技術面で指導的立場から発言している）

(3) 作業の機械化

ニラ全自動定植機：1985年頃に農機展示会でネギの定植機を見た鹿沼市の村上信吉はクボタ㈱の担当者にニラの定植機の開発を依頼した。1988年から鹿沼市北押原の生産者（村上、中島啓、鈴木洋一ら）の圃場で試作機の検討に入り、植え溝底部へ多株植えできる定植機「にらうえくん」として1990年に完成し、各地に普及した。1990年には鹿沼市で80台が入った。

ニラ収穫機：1995年から県と宇都宮市のスズテック㈱で開発開始、1998年から同社より販売された。時速300ｍで刈り取り、地面の凹凸に応じて刈刃が動くのが特徴である。

ニラ出荷調整機：ニラは他の葉菜と違い小束結束を出荷段階で行うなど、出荷労力が大であり省力化が規模拡大に必要であった。当初は輪ゴムでの結束、その後テープ結束となるが、計量、結束、切り揃え、袋詰め、箱入れと行程が多いのが問題であった。

この機械の開発は県農務部の事業として行われ、県内の企業が開発に参加し、生産者、研究・

普及・行政が機械使用者の立場で助言して完結したものである。1995年から3カ年かけ地域特産省力生産機械化促進事業名で行われた。担当課は農務部農蚕課（担当は高橋禎孝）で設計、機械加工、組み立ては宇都宮精機㈱（石川英一社長）、板金加工や試作機のテストなどはスズテック㈱（松本敏明部長）、現地試運転は鹿沼市農協（ニラ部会高山智行ら）、上三川農協（ニラ部会上野実ら）が協力した。製品の販売はヤンマー農機㈱が当たった。また、全体的なアドバイザーとして宇都宮大学・竹永博教授、生物系特定産業技術研究推進機構・大森定夫の協力があった。生産者段階での導入は1999年12月、上三川町に8台納入された（1）。最初の試作機はNT450（1時間で450束）と称されたが、実際の普及機種はNT650（650束にちなむ）となった。

以上の機械を含め1994年時点での省力化技術を赤羽根敏行は次のようにまとめている（2）。

播種：手押し播種機またはシダーテープ

苗取り：掘り取り機（イチゴ断根機）

定植：半自動定植機、1990年より

ハウス換気：手動巻き取り機

出荷：枯葉－袴取り機　結束－結束機　袋閉じ－シール機

作業室：作業台、エアコン、騒音対策

引用文献［第5章第2項 3)（3)］

1. 宇都宮農改普及センター平成11年度普及活動のあゆみ（2000）
2. 赤羽根敏行（1995）ニラ栽培における省力化技術　くらしと農業19（4）
談話参考　上野実、村上信吉、石川英一、伊藤芳郎

（4）ニラ生産者の健康管理

イチゴと同様にニラの栽培、出荷作業においても健康管理の問題が生じてきた。ハウス内でのトンネル開閉、特に初期はこもかけ作業があったが、これはハウス多重被覆により解決した。出荷作業は夜間のことが多く納屋での座ってのことが多い。

鹿沼普及所ではこの労働問題を1972年から取り上げてきた（1）。後年、1995年から3カ年にわたり県の事業としてニラとネギを対象に農作業環境対策事業が実施され、特にニラの出荷関連の作業について次のような改善策が示された（2）。

収穫姿勢：農イスの利用、運搬車の活用

袴取り機の防音対策：保護具の着用、吸音材の利用

調整作業台の改善：作業台の高さ、座椅子の利用

作業室の改善：照明と作業の流れに沿った配置、換気扇の設置、台車の活用

これらの調査・検討は上三川農協とはが野農協において行われた。耳栓や騒音対策、一輪車の改良、室内の照明などはかなり実施されており、今後は高齢化や雇用者の参加に対して作業の快適化が必要とされた。

引用文献［第5章第2項 3)（4)］

1. 農業改良普及事業30年のあゆみ（1978）にら生産団地の育成と健康管理の推進
2. ゆとりある農業経営を目指したにら・ねぎの生産環境改善の取り組み（1998）県農務部普及教育課

第6章　ネギ（葱、岐、ヒトモジ）

1. 古代から近世まで

ネギの原産地は東アジア、中国西部といわれるが栽培型ネギの野生種は発見されていない。わが国には古代に中国から渡来し食用、薬用として利用されてきた。文献的には日本書紀(720)に「あきぎ、秋葱」の名で出ているほか、延喜式（927）には栽培法が詳しく述べられている。薬用としての利用では天智天皇期に天然痘対策としての布告（732）でネギやニラの多食が勧められている（1)。

近世の農書にはネギの記載も多い。百姓伝記(1680)にはすでに詳しい記載がある。葉身を切っておくと再び新芽が出てくることや（百姓伝記)、夏にネギ株を干してからまた植え直すこと(農業余話、1826)、多条植えとして隔畦に収穫し広くなった残りの畝に土寄せをして軟白すること（作りもの仕様、1831)、穴を掘り踏込み熱ともみ殻で軟白すること（菜園温古録、1866)など細かい技術が見られる（2)。

1）栃木県のネギに関する記述

上記の農書では本朝食鑑（1695）に下野の梅沢（注、現久保田町）と鹿沼のネギのことが出ていて産地らしきものがあったこと分かる。また、産地として佐野、足利、日光の地名があり、ネギが自給用野菜を主体に広く栽培されていた。

茨城県の農書、菜園温故録（1866）には下野・栃木のネギは周囲が３寸あるが驚くに足らない。江戸に出荷されているとの記載がある（2)。

諸国物産帳（1716～）の県内各村のネギは名称だけで、品種名はない。他藩の記載を見ても夏ネギ、冬ネギ（いずれも収穫期からの名称と思われる）分けネギ程度の記載で品種名はない(3)。

農書におけるネギの品種はねぶか、かりねぎ、わけねぎ程度のものではっきりしない（2)。

2）宮ねぎの歴史

栃木市の北西部を中心にその周辺で栽培されている下仁田系のネギを宮ねぎと称し、本朝食鑑や菜園温故録にあるネギもこれである。同地方の千手村（注、現千塚町）にちなみ「せんずねぎ」とも呼ばれた。宮村も産地で宮ねぎと呼ばれた。箱之森村の名主、日向野四郎兵衛が、1704－11年に領主（皆川藩主）への歳暮（千手村産か？）として贈ったところ名声を博したという。また、同人が江戸の地頭へ出向く折にもネギを持参したという(4,5)。安政6年(1859)にでた狂歌集に「栃木町あさよりひさぐ葱みせて、ひともしころはわけてにぎはふ」とある(6)。

太田南畝の一話一言（1820）にしころ葱として次の記載がある。「下野国栃木村にしころという葱あり岩槻根葱のことく白み多くして味美也」(7)

宮ねぎの美味なる記事としては次のものがある。1881年、馬頭・大山田の屋代嘉之助が記した「勧農局御用道中日誌」で壬生の宿屋で出されたネギのことを次のように書いている。「当宿ニテ夕飯ノ時出シタル葱ハ最美味ナルニヨリ下女ニ問フニ下女ハ答テ曰ク当所ニテ長葱ト云ルモノハ見分最モ美ナレドモ是ハ味ノ佳ナラザル故諸人禿葱ヲ多ク用イ長葱ヲ用ヒズト此禿葱ナルモノハ白根八寸計青芽二寸計ニシテ鬚根多ク葱一株五本計ニアリテ他ノ種類ヨリ肥太ニシテ殆ド手ノ指ノ如クアリキ」(8)

3）新里ねぎの歴史

来歴はよく分からない。本朝食鑑(1695)に日光がネギの産地の一つとして挙げられているが、新里ネギが含まれるのか不明である。文献的には日光道中略記（1843年頃）の徳次郎三宿の産物としてゴボウ、カンピョウと共にネギが挙げられているのみである（9)。しかし曲がりネギかどうかはわからない。地元に残る17世紀頃からのものとされる民謡・徳次郎節の一節に「新里のお客は早くに帰れヨー　葱の肥やしがヨー　おそくなる」とある（10)。

1889年（明治22）の下野新聞記事では新里ねぎの栽培者は200戸で平均2反歩を作り、諸地方へ売り一戸当たり15円の収入であるという(11)。1940年の新里めぐり数え歌(作詞吉田寿夫)には「新里名物あまいねぎ馬車で売り出す宇都宮」とある（12)。1928年の国本村史には村農会のネギ採種圃の記載があるので（13)、特有の系統が存在していたことが推測される。新里ネギは2017年5月に国の地理的表示保護制度に登録された。

曲がりネギは仙台市にもある。最近は減少しているようだがこのネギは仙台市余目地区で誕生したものである。1909年から当地の永野一が水田でできる軟白ネギの栽培法の開発を始め、長年かけて低湿地での軟白部の長いネギの栽培法を完成したという。1980年頃でも仙台市場のネギは大部分がこの曲がりネギで占められていた。栽培は新里ネギと少し違い、最初から寝かせて植え、順次覆土していくやり方である（14)。起源的に新里ネギの方が古いようである。

ネギの薬効

栽培史とは少し離れるがネギが現在まで野菜として不動の地位を保ってきたのは、ひとえにその薬効によるところが大きい。幸い医心方（984）記載の野菜について、分かりやすく解説されている「野菜の効用」(槇佐知子著(2007))がある。これによるとネギは新芽、成葉、種子、葉鞘、花、ひげ根すべてに薬効があるという。

引用文献［第6章第1項］

1. 関根真隆 (1969) 奈良朝食生活の研究　吉川弘文館
2. 日本農書全集の各巻 (1980－)　農山漁村文化協会
3. 盛永俊太郎・安田健 (1986) 江戸時代中期における諸藩の農作物　日本農業研究所
4. 日本歴史地名体系第9巻・栃木県の地名p674「宮村」(1988)　平凡社
5. 栃木市史・民俗編 (1979) 栃木市
6. 栃木史心会会報第20号 (1988)
7. 大田南畝 (1820) 一話一言　日本随筆大成別巻第5巻による
8. 翻刻、屋代嘉之助日誌 (2014)　栃木県博物館協会　p59
9. 石井金吾監修 (1996)　日光道中略記巻七　大空社 (東京)
10. 明日に伝えたい富屋の郷土史 (1997)　富屋史研究会編　富屋公民館刊
11. 宇都宮市史別巻 (1981) 宇都宮市
12. 国本地区のむかしといま (1997)　国本地区イベント実行委員会刊
13. 国本村史 (1928) 国本村青年団編
14. 和泉昭四郎 (1979) ふるさとの野菜　誠文堂新光社

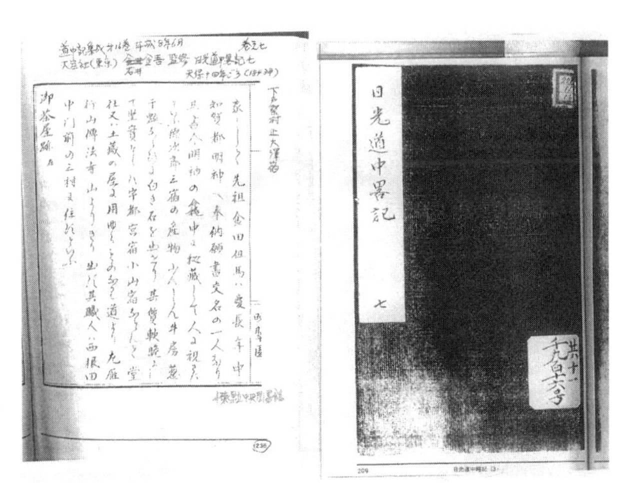
日光道中畧記
七

図6－1 日光道中略記（1843年頃）
下戸祭村大澤宿の項として徳次郎三宿の産物としてネギをあげる。

2. 1800年代後半から1900年代前半まで

1）生産概要

ネギの栽培は欧米には少なく明治開国による諸外国からの影響はなかった。福羽逸人の蔬菜栽培法（1893）には千住、秋田、岩槻、栃木、下仁田、夏ネギが種類として挙げられている。栃木ネギの説明として岩槻ネギと大差ないとして、茎身の屈曲するを特徴としているので、栃木ネギは新里ネギのことであろう。

この時代の栃木県でのネギ作付面積は1903年（明治39、これ以前の数字はない）が323町歩（ちなみにサトイモは3837町歩）、1921年が565町歩、1940年が678町歩（サトイモは3480町歩）とかなり増加している。この時期、作付の増加してきたものはタマネギ、キャベツ、トマトなどの新品目であったが、ネギも同様に増加しているのは興味がある。

1919年の栃木県是の園芸については重点野菜として10品目がありネギもその一つであった(1)。野菜の中でのネギの比重はどうであったか、資料はまちまちであるが産額を年次的にまとめてみると次のようになる。

表6－1　野菜の産額に占めるネギ産額（千円、％）

年次	1888年	1902	1919	1928	1932	1995
地域	栃木県	山前村	佐野町	国本村	横川村	栃木県
野菜全体	1127.7	6.5	8.5	42902	64720	383億
ネギ	35	0.56	1.0	17700	2340	15億
ネギの割合	3.1	8.6	11.8	41.2	3.6	3.9
備考	14品目、サツマ、カンピョウ、ナタネ除く	11品目、サツマ、カンピョウ除く	8品目、サツマ、ジャガ除く	7品目、サツマ、カンピョウ除く	10品目、同左	17品目、サツマ、イチゴ、その他除く

注：明治中期産業運動資料、各町村史による

これによると町村段階ではネギの多寡はまちまちであるが、県全体としてみると時代が離れていてもネギの比重は大差ないようである。新里ネギの産地の国本村はネギの比重が特異的に高い。資料は欠くが宮ねぎ産地の栃木市とはかなり違う。

1920年頃より農会などによる野菜出荷組合の設立が奨励され、各地に野菜組合ができた。このうち取り扱いにネギがあるのは、明治村多功組合、野崎村組合、毛野村勧農組合であった (2)。

2）栽培

(1) 品種

福羽の1898年の記述でも品種としてはまだはっきりしたものは示されていないが、形状の異なるものとして下仁田ネギが登場する。1926年の下川「蔬菜園芸」になると図版を付けて15品種をあげている。千住種も赤柄、黒柄、合柄に分け、品種を分けつ性、草姿、耐寒性、葉鞘の硬軟、食味などで類別している。新里ねぎの記載は次の通りである。

「栃木県宇都宮の産にして寒気に耐え性強健なり。葉は淡緑にして緑葉は1尺3寸、白根もまた1尺3寸直径1寸1分、重量47匁内外あり、分けつする少なく生長速やかにして軟化容易なり、品質優良にして収量多し」

1924年刊の阪部熊吉の著書によれば年次は不詳であるが農商務省園芸試験場のネギ品種試験において用いた品種は千住、根深太、九条、岩槻、下仁田、飛騨、小坂、三反田、新里、秋田太、金沢太で新里も全国的に名の知れた品種のようであった。新里の評価は伸長力に富み多収

とある（3）。

1930年前後における栃木県のネギの品種は次の通りである。この調査でのネギ品種は他の種類（ナスなど）に比べ品種名はかなり漠然としている。

表6－2　1930年前後のネギの品種と作付面積（町歩）

年次	新里	千住	九条	その他	作付面積
1929年	305	131	9	24	469
1934年	207	321	－	62	591

注：1929年 主要蔬菜生産販売地図（1934、帝国農会）、1934年 蔬菜及果樹主要品種の分布調査（1936、農林省）

（2）栽培

1と2は栃木県史・史料編4にある栽培方法を紹介（要旨）する。

1．新里村での栽培（1889年）：採種　柔軟で色沢良好なネギを選んで一畝に2、3株を残し採種する。播種期　3月の土用　整地と施肥　深さ4、5寸に起こし平らにして5寸の畝を作る。踏み固めて１畝当たりぬか１斗を灰、人糞に混合して施肥、１畝に種子４合を播種し足で覆土する。タイマの播種と同じである。7、8日で発芽するので溜め肥（人糞、雑水）の混合を10日ごとに2、3回に分施。寒過ぎての魚肥はよくない。

移植・管理　1畝の苗は1反に植えられる。4月に移植、麦間に糠を灰、人糞を混合、または油粕、乾鰯を施肥。糠は1反に5斗で新里では糠の方がよいという。これはここが壚土（黒土）だからである。畑は乾燥して堅い方がよいので木灰を多く施す。これらの肥料は20蘿として8寸の苗を5寸間に4本斜めに植え、4寸の深さに土をかけそこを踏んでおく。深く植えれば長くなるが肉が痩せて細くなりやすい。麦刈りの後浅くうない、その後この辺で「マクラウナイ」といい、反対側を耕す。二百十日頃三番耕をして乾鰯を施肥すると寒中でも肉が痩せないという。この量は1反に3－5升とするが多いほどよい。施肥時期が遅ければ保存上に効がある。乾鰯がなければ糠、灰、人糞の混合物でもよい。

肥料をやる時は早中晩の3回に分けてやれば肥効の現れる順に収穫できる。1反歩の収量は12、3駄（１駄は30貫）冬の貯蔵は掘り起こして宅地内で畑に在るように植えておく。霜除けをする。販路は日光、今市、宇都宮である。

2．千塚村での栽培（1889年）：採種　性質のよいネギを麻作後に植え、厩肥、溜肥、大豆の煮たものなどいずれかを施しておく。翌年5月に採種するが100本から1升の種子がとれる。播種期　秋の彼岸頃、麻の跡地を耕起しておき、5寸幅に畦を設け1畝当たり1升の煮た大豆をもう一度施肥し種は５合を播く。麻の葉を散布しそのまま翌年まで放置しておく。肥料は大豆、荏粕が最良である。５月に苗分と称し移植する。ヤマトマキ（広幅の高畝？）した麦の間に５寸の畝を作り、１畝当たり荏粕１斗を厩肥の粉末に混ぜて根際にやる。

定植　二百十日頃に麻の跡地に移植する。畦は１尺８寸、４寸間隔に1本植え白い部分が隠れる程度に厩肥を散布して土をかける。20日後に中耕して大豆か溜肥を追肥する。大豆は1畝に２升をそれぞれ中耕前後２回にやる。溜肥も同様に２回やる。

収穫　10月下旬から最盛期は11月で、1反歩120俵、１俵は20束入り、１束は6本で1反歩12円が平均である。産額は多くないので栃木町で販売する。

3．佐藤政明の記述による1930年代の新里ねぎの栽培（4）

新里ねぎは一般栽培の半分の収量、荷造りに労力がかかる、輸送中荷痛みが多い、県外市場の好みに合わないなどの問題がある。

品種　新里ネギは千住黒柄と特性が似ている。（注 下川本によると黒柄種は葉の基部が扇状に広がるが葉先は内向きになりやすい。葉は濃緑で分けつは殆どない。耐寒性強く秋播きに向く）

栽培　秋播きで5月下旬－6月上旬に葉先を2寸ほど切り捨て根を1寸残したものを麦間に1.5－2寸間隔で仮植え、そこへ堆肥60、〆粕7、大豆粕10、過石3、木灰15貫/1反を施す。この際は曲がらぬように植える。曲がると定植がやりにくい。

定植は8月中下旬に行う。畦幅2尺、株間1.5－2寸、傾斜して並べ根に少し覆土してその上に腐熟した堆肥を置き土を覆う。（注　以後の管理、土寄せの記述はない）

引用文献［第6章第2項］

1. 栃木県史・史料編近現代4　第5章農業技術（1974）（農商工報告30－31、1989年による）
2. 栃木県農業団体史（1954）栃木県農務部
3. 阪部熊吉（1924）最新作物栽培大鑑　大日本農業奨励会（東京）
4. 佐藤政明（1934）栃木県に於ける主要蔬菜の栽培法　自家本（国会図書館デジタル）

3. 1900年代後半から2010年頃まで

1）生産概要

農林統計によると明治期より作付は漸増しておりこの傾向は1965年の1020haをピークに漸減に転じ1975年には696haとなり以降、500ha前後で推移している。これは全国的にも同様で、1965年頃を栽培ピークとする野菜はほかにも多い。

1956年制定の栃木県農業振興計画ではネギの出番は少なかったが、県内に適地は多く東京出荷も緒についているとして、第6（塩谷地方、那須地方）、第7（南那須地方）地帯には東北出し、第10地帯（安蘇地方）には東京出しとして通常の根深ネギを勧めている。

初期の普及事業では果菜類やタマネギ、キャベツなどが推進品目にされており、すでに広く栽培されていてその栽培、出荷に手作業が多く、自給性の強いネギを改めて取り上げる生産者も指導者も少なかった。普及計画書にネギがあるのは1957年の田沼、同年の佐野農改普及所であり（1）、ネギ作が話題になるのは1970年代の稲作転換事業が始まってからのことである。

しかしネギに力を入れていた地域もなかったわけではない。1950年代にすでに1000ha近い作付であり、各地に中小の産地があったと思われるが詳細は明らかでない。

1970年の稲作転換政策に伴い転換策として野菜も取り上げられたが、品目としてはサトイモ、夏秋キュウリ、夏秋トマト、ナスなどが主体で、新規なものは少なかった。ネギも水田土壌に適応するものであったが、宇都宮市と田沼町が目立つ程度であった（第1編第7章参照）。ネギへの転換は両市町合わせて38haで野菜へ転換した面積の3.6%に過ぎなかった。

1987年2月にできた新しい農業振興計画で首都圏農業推進における普及事業プラスワン事業（1990年～）では新規産地育成もあった。各農改普及所の新規品目のうち、ネギを取り上げたのは大田原市、喜連川町、市貝町、矢板市、今市市、宇都宮市、田沼町、小山市の7市町で最も多かった。これらの地域は産地として定着した。

1995年からの振興計画三期計画でネギは重点5品目に入り機械化指向の産地整備が進められた。代表的な産地の作付面積の推移を右表に示した。

表6－3　ネギ産地の作付面積推移

年次	大田原市	小山市
1975	23ha	30ha
1985	17	21
1990	11	34
1995	66	45
2000	69	43
2005	83	42

注：栃木農林水産統計による

これによるとネギ生産は大田原市では1994年から急激に増加し、長期にわたり生産が維持されていることが数字的にも分かる。古くからの生産地であった小山市では他の野菜の生産も盛んであるので緩やかな増加にとどまっている。

1950年以降の初期のネギ産地として記録に残るものを紹介する。

矢板町幸岡（こうか）矢板青果生産組合（代表・中村鍠一、中村進）(2)

戦前から五味淵伊一郎はこの地の野菜指導者であり、この活動が1950年頃からネギ、サトイモの生産に結び付いた。1951年時点で会員は95名、サトイモ中心であるがネギも2haある。出荷は近くの運送店に依頼して東京出荷していた。ネギの反収は1000貫、6万円、1955年頃が最盛期で築地市場ですき焼き用として人気であったという。

那須北部農協蔬菜部　1956年発足してサトイモ、夏キュウリなどを扱う。ネギは1ha栽培していた。会員は全体で220余名であった (3)。

田沼町蔬菜生産出荷組合　1955年発足農研クラブが元でネギは当時2ha作付していた。1960年頃には25haの産地となり現在も小面積ながら地元出荷が続いている。

湯津上村入山のネギ　1960年頃から菊地忍、高瀬敏雄ら10余名で秋冬ネギを栽培して地元の大竹運送店により東京に出荷していた。ニラやナシへの転換により減少した (3)。

宮ネギ産地の栽培状況　栃木市周辺の宮ネギは特産物として大切に栽培が続けられているが、1952年頃の地区別の作付面積を次に記す (4)。この地方全体に分布しているが全農耕地に対する比率はおおよそ各地区1％程度である。

表6－4
宮ネギの地区別（旧村）作付面積（反）1952年

地区	面積	地区	面積
大宮	70	赤津	56
国府	65	寺尾	42
皆川	40	小野寺	41
吹上	131	岩船	33

反収15万ホクホクですよ　ことしの入山葱のできは

図6－2　湯津上村の入山ネギ、高瀬敏雄原図
農業と生活、1962年4月号より

2）那須野農協のネギ

首都圏農業推進事業で誕生したネギ産地のうち、那須野農協を紹介する。

同農協のネギ栽培面積は大田原市、那須塩原市などで2004年現在112haの大産地に発展している。まさに首都圏農業の優等生である。しかし、その歴史は意外に新しい。表6－3に見るように1990年以前の大田原市のネギ栽培面積は20ha程度であり、大田原市農協の1981年の重点5品目にも翌年の市の奨励10品目にもネギは入っていなかった (5)。

ネギはもともと自給用として広く作られていた作物であるが、1982年に大田原市富池の荒井裕、荒井明実など4名がネギ栽培を始め、出荷を農協に依頼したのが原点である。

首都圏農業の時代、1990年頃になるとネギ栽培の推進が始まり、これにより徐々に栽培者が増加し1992年に農協の部会ができた。会員は55名、12haで部会長は村上千秋であった。その後の発展は那須野農協（1996年合併）の「ねぎ部会10年のあゆみ」に詳しい (6)。

主な発展経過として1993年に自動播種機（セル苗対応）、全自動定植機を導入し、これは全国的にみてもさきがけであった。1993年からブランド名「那須の白美人」で販売開始、同年ハウス軟白ネギの試験栽培を開始して、翌年から出荷。この頃、会員約200名、70ha、売上7億円余に達し、その生産技術と組織運営が評価され日本農業大賞（2003年）を受賞した。

ネギ作は周年的に需要があり水稲作との労力調整も可能であり、水田土壌にもよく適応するし作業機械化もすすみ、JAでの出荷施設も整備されてきたので、露地作の規模拡大が進んでいる。2010年時点で平均1戸当り50aの作付となっている。ちなみに1995年時点では約30a弱であった。

この新しい産地形成のリーダーであり、県の園芸振興にも貢献した村上千秋は2009年に大日本農会の緑白綬有功章を受章した。

3）栽培

(1) 品種

主として県農務部の資料によって記す。

年次	作型	品種（主要なもの）
1958	秋播、春播	新里、千住黒柄、千住合柄
1977		新里、千住合柄、金長
1987	夏採り	黒昇、夏昇、増収黒柄、万能
	秋冬採り	石倉一本、黒竜、黒昇一文字、新里、金長、宮ねぎ、万能
1993	夏採り	長悦、越谷黒、吉蔵、石倉、東京夏黒2号
	秋冬採り	望月、元蔵、黒昇、宏太郎、千国、越谷黒
1999	ハウス、トンネル	金長3号、元蔵、長悦
	夏採り	吉蔵、宏太郎、越谷黒、長悦東京夏黒2号、夏扇
	秋冬採り	吉蔵、元蔵、宏太郎、越谷黒石倉一本太
2006	春採り	春川おく太、元春晩生
	夏秋採り	元蔵、長悦、長宝、春扇
	秋冬採り	元蔵、吉蔵、夏場所

品種は1950年代までは戦前からの品種が自家採種も含め受け継がれてきたが、一代雑種（F1）利用の品種が登場してからは、各種苗会社の品種が多数栽培されるようになってきた。年次からいえば1980年代からであろうか。現在でも作型ごとに多数の品種が利用されている。ネギのF1品種の始めはトキタ種苗㈱の氷川（1977年育成）で、主流の細胞質雄性不稔利用のF1品種は1989年の育成が始めである。

(2) 栽培

1990年代の末期にペーパーポット育苗やセル育苗が普及し、次いでこれらに伴う機械化が進みネギも一般畑作物に近くなってきた。

1．作型

本県のネギは冬春採りが中心であったが1980年頃より夏採り栽培も普及してきた。これは機械類の周年的利用やネギ専作化の影響である。作型別の栽培面積は資料が少ないが県資料（野菜品種調査）により右に一例を示す。これによるとネギも周年出荷が1990年代から進んできたことが分かる。またハウスやトンネル被覆による初夏採りも普及してきた。

表6－5　ネギ作型別の作付面積（県資料）

年次	1987年	1992年	1999年
夏採り	16.6ha	75.5	92.9
秋冬採り	98.6	71.9	139.1
ハウス、トンネル	−	−	12.7

ネギにおいてもニラと同様に周年出荷のために2000年以降、先進産地では周年播種が行われるようになってきた。これは良質晩抽性品種の登場やトンネル栽培の導入による。

作型の多様化を大田原農協の例で見ると次のようである。

表6－6　1995年頃の作型

作型	播種期	収穫期	品種
夏（ネギ）	1月中旬	8月	吉蔵、夏扇
夏秋	1月下旬	9－10月	長宝、夏扇
秋冬	3月上旬	10－11月	長宝、元蔵

表6－7　2015年頃の作型

作型	播種期	収穫期
初夏採り	9月中旬	7月
夏採り	2月上旬	9月
初秋採り	2月下旬	9－10月
秋採り	3月下旬	10－11月
晩秋採り	4月上旬	11－12月
初秋採り	4月中旬	12月
晩冬採り	4月下旬	2－3月
春採り	6月中旬	5月

2．ペーパーポット（チェーンポット）による育苗

セル育苗以前から始まったが普及してきたのはセル育苗と同時期と思われる。上三川農協では1992年にペーパーポット育苗の展示圃を設けている。

方法としてはポット紙を展張して1ポット2－5粒を播種、簡易定植機（ピッパリクン）で5cm間隔に植える。畦は深さ15cm、幅30cmとする。苗は畦底中央に植えて安定をよくする。

3．セルトレイなどによる育苗

1995年頃からの移植機の普及に伴ってセルトレイによる育苗が始まった。1990年頃は小山市での栽培は地床、ペーパーポット、セルトレイ育苗が併用されていたが、奨励事業によって定植機が普及するにつれてセル苗利用が多くなってきた。

セルは効率上、高設のエアープルーニングをせずに地表にトレイを並べることもある。そのためトレイの下敷きがいろいろに工夫されている。シート（ラブシート）とトレイの間に根巻きシート（ネトマール）を敷く。灌水の手間を省くためにトレイを直接地表に置くこともある。この時はトレイと表土を密着させるようにトレイの鎮圧を十分に行う。トレイの周辺に乾燥防止のために土を盛る。トレイは220穴からの細かいものが使用されるが、448穴の3粒播きが多い。用土は殆ど専用用土を購入する。凝固剤を使用する場合もあるが撥水性があるので凝固剤不要の培養土も使用されるようになってきた。

定植10日前くらいに地面から離して根巻きをよくすることもある。

4．作業の機械化

管理機による土寄せは1960年代から行われ、定植機などはニラ栽培での利用が先行していたが、ほぼ同時期にネギ作にも普及した。自動定植機は大田原市で行われたニラ全国大会の際に見たみのる産業㈱の定植機をネギ用に改良してからが始まりである。

全自動定植機は1993年に導入され全国で初めてといわれる。翌年には宇都宮市へも導入され、1998年には宇都宮農協管内で利用者は18名となった。なお、全自動式以前の初期のものは1990年までに多く利用されていた。堀り上げ機やトラクター牽引式の収穫機は以前からあるが、那須野農協では全自動収穫機（ソフィ、小橋工業㈱）が2004年に3台導入された。同農協で自走式防除機（麻場製作所）は2005年に5台、収穫調整機（ベストロボ）は2003年から導入が始まった。

5．ハウス軟白栽培（施設ネギ）(6)

大田原市はじめ塩谷地方で行われている。現在は生産者が減ってきているが一時期は注目された栽培であった。1990年に大田原市の荒井、竹内美好らはこの栽培法を北海道新篠津村に見学にいき、1993年に栽培開始した。1999年には大型ハウスでの軟白栽培も始まる。喜連川町、高根沢町のハウス軟白ネギ（両町で約2ha）は2000年4月から出荷が始まる。後に遮光板はフロンティアジャパン社から県内業者の発泡スチロール製のものに代えた。栽培は県北各市町に及んでいるが2010年頃から栽培は減少してきた。これは夏出しのメリットが減ったこと、冬期の価格安、土壌病害の発生、収益対施設費関係などによると思われる。

栽培概要　喜連川町鷲宿、村上光治の紹介記事（7）を元に他の資料で補足した。

12月播き　品種：軟白1号（協和）彩輝（トキタ）

播種：1999年12月18日　448穴に2粒播き、葉刈り2回。

定植と管理：2月26日植え付け、温度は5－30℃の範囲で管理、仮遮光は5月23日、本遮光は6月8日。出荷：6月30日～。

管理のポイント：品種は5－6月採りは晩抽性、冬採りは耐寒性品種を選んでいるが、数年で変わってきている。220穴トレイ苗の場合は448穴苗より収穫は20日くらい早くなる。遮光板を入れる前にベト病、さび病、コナガ、アザミウマ、ハモグリバエの防除は必須である。V遮光と称し長さが35cmになったら遮光板をV字型に入れる。40cmになったら本遮光に入る。所定の資材で遮光するがそれまでにネギが曲がらないようにひもやネットなどで誘引する。本遮光の日数は夏期20日、冬期40日前後である。

密植状態なので湿度（土壌）、施肥の制御が難しい。

この栽培法によるネギは品質が最も重要なので那須野農協ではマニュアルを作成し、統一的な管理を部会員に徹底させている。

6. 新里ネギ（栃木の野菜各年版による）

1800年代後期の栽培は前項に記した。基本的な栽培法の変化は少ない。春播き、秋播きが行われるが基本は春播き秋冬採りである。ハウスやトンネル被覆で育苗し6月頃定植する。2回の土寄せの後、茎が3cm前後になり十分な軟白長が期待される頃、畝の片側に茎端より5－10cmくらい深く溝を掘りネギを倒伏させる（これを踏ん返しという）。その後は適宜土寄せを繰り返し軟白を完成させる。1990年頃からは各種品種が作られていたが、最近では地元での採種も復活している。1990年代の半ば頃からセル苗による機械定植も始まった。作付面積は1990年頃30ha、2010年頃は10ha弱となっている。しかし、地場野菜として地元消費に支えられている。

7. 宮ネギ（栃木の野菜各年版、宮ねぎ研究会資料による）

このネギについては前項にあるように古典的記述が多くある。かつてはタイマの後作であり、個人出荷が多くそれぞれの送り先を持っていたが、このネギ専門の栃木市農協部会が1979年に発足している。秋播（9月中旬）、翌春定植の秋冬採りが主体である（最近は10月上旬播きが基準）。大苗は分けつの恐れがあるので播種適期を守る。4月に仮植えを行う特殊な栽培法をとる（最近は省略する例もある）。

8月下旬に定植するが株間を広く採り、10a1.5－2万本とする。葉序は扇型になるので同一の方向（畝に45度斜め）に定植したり、東西畝では南向きとする。

自家採種が多くいろいろなタイプがあるが、宮ネギとしての形質の統一が図られてきた。2000年代の作付はこの地方で約2haで生産者は広い地域に分散している。地域ブランドの認定を受け、2013年に宮ねぎ研究会が関係機関により発足した。

引用文献［第6章第3項］

1. 昭和32年度農業改良普及計画書Ⅶ　県農業改良課（県立図書館蔵）
2. 農業改良時報No67、78（1955、1956）記事
3. 農業と生活（1）12、6（4）（1957、1962）記事
4. 栃木県市町村誌（1955）栃木県町村会
5. くらしと農業1983年12月号記事
6. 10年のあゆみ（2006）那須野農業協同組合ねぎ部会
7. ハウス利用ネギの軟白栽培による5－7月採り栽培法　平成12年度塩谷地方の農業（2001）塩谷農業振興事務所

談話参考　渡辺照男、大野伸三、小林光雄、村上一典、小川浩徳

第7章　ウド（独活、土当帰）

1. 古代から近世まで

樺太から沖縄まで分布する植物で、本邦原産で蔬菜まで「進化」した数少ないものである。相当の歴史を持ち、実生できるので多くの地方品種があった。

文献的には出雲風土記（733）、播磨風土記に名が出ており（1）、平安期以降は各種文献に記載が見られる。延喜式には供奉野菜としてウドも大和、摂津、伊賀、伊勢より入荷していたことの記載がある（2）。記・紀にはウドの名は出てこないが当然何らかの利用はあったと考えられる（3）。

江戸期の農書には栽培法が載るようになる。

百姓伝記（1680年頃）には茎の色での区別があり、晩秋に盛り土で軟化できるという後年、寒ウドで利用されていた方法に似たことが書かれている。

農業全書（1697）では畑に余裕があれば植えておくがよい、冬でも芽が食べられる、人の多いところでの栽培を勧めているなどと記載がある。

さらに時代が下り北越新発田領農業年中行事（1829）には室軟化のこと、菜園温古録（1866）には茎挿し繁殖、分割、植え替えて芽の数を少なくして芽を太くすること、もみがら利用の軟白のことがある。寒ウドでやられていたように10月下旬からの軟化法もある（すでに休眠の浅い寒ウドが普及していたのか？）。

草木六部耕種法巻五（1832）には横穴利用の軟化法の記載がある。

品種についての記事は少なく、杉山直義の著書（1995）でもウド品種のことはない。

農書の世界とは別にすでに1600年代、江戸、大坂の都市の発達による青果市場に商品としてのウドが登場する。江戸・神田青果市場は1686年開設であるが、この前年の1685年には初物制限の「触れ書」が幕府から八百屋に出され、品目の中にめうど（芽うど）の名がある（4）。

時期は8月節よりとありこれは新暦の9月である。寒ウドの芽であろうか。

大阪の天満市場（創業1653年）、天満青物問屋の1771年12月13日の文書に名古屋産、山ウドと芽ウドの名がある（出荷時期ではない）。またウドの産地として同市場の文書に近江、多賀、三島（大阪）、尾張としている（5）。

栃木県でのウド栽培

諸国物産帳によると岡本村などに「つくりもの」としてウドの名があるように中世では各地に栽培があったと思われる。

日光、今市地域では日光山内の社寺のために年貢などの賦課があり、野菜も提供されていた。その中にウドがある。2、3の例をあげる。

1860年に河内郡澤又村から日光御本坊へウド5杷を4月と5月に納めた。同時に納めた野菜はミツバ、フキ、ワラビがある（6）。

また1843年に大澤村から4月に、1865年から土澤村からウドが納められている（7）。

鹿沼・草久村での日光山内献上のためのウド、ワラビ、ゼンマイ採取人足控帳からみて、これらの野菜は山野から採取していたようである（8）。なお、江戸期末期には江戸周辺（所澤、多摩西部）で広く溝軟化（土伏せ）が行われていた（9）。

引用文献［第7章第1項］
1. 明治前日本農業技術史（1964）日本学術振興会
2. 古事類苑（1935）植物部二－21
3. 浅井敬太郎（1980）明治前日本農業技術史　日本学士院編
4. 杉山直義（1998）江戸時代の野菜の栽培と利用　養賢堂
5. なにわ大阪の伝統野菜（2002）なにわ特産物食文化研究会編著　農文協
6. 今市市史資料編近世Ⅳp111
7. 日光市史中巻（1979）第4章村の生活（大野瑞男著）
8. 鹿沼市史資料編近世Ⅰ（2006）鹿沼市
9. 東京うど物語（1997）東京うど生産組合連合会編　農文協

2. 1800年代後半以降

1）品種

農書の時代は明確な品種名は出てこないが、地方的にそれぞれの地方品種はあったと思われる。福羽逸人の著書（1893）には寒ウドと普通種の2種ありとしており、後年の著書・高等栽培論（1908）には愛知県や大阪府に太いウドがあることを記している。

喜田茂一郎（1924）はウド品種として寒ウドのほか江戸町早生（京都原産明治初期育成）、與右衛門（京都原産1800年代中期、弘化期育成）、桑名屋（京都原産1800年代初期、文化期の育成）、節赤（桑名屋から育成、京都の山本茂兵衛育成）、坊主（愛知県平和村、現在の津島市で1879年津坂茂右ヱ門育成）、白（埼玉に多い）を挙げている（1）。京都原産と書かれているものは現、伏見区桃山地区の生産者により育成されたものである。この地方は桃山ウドの産地であり小屋掛け軟化でなく、土饅頭型の盛土軟化が特徴である（2）。

下川義治（1926）はその著書において喜田と同様の品種を挙げているが、寒ウドを七飯村（北

表7－1　ウド品種の特性（東京都農業改良課資料、1959）

項目	寒ウド	愛知坊主	伊勢白	紫
色素発生	極多	多	極少	やや少
太さ	極細	太	細	極太
軟化茎葉柄	長	短	長	長
同、毛茸	多	少	少	多
草勢	極弱	極強	やや強	強
早晩性	極早生	晩	中生	晩
根の広がり	短	短広	長	長
1番芽	少	極多	多	少
2番芽	多	多	少	少
3番芽	多	多	少	少
軟化温度	低	極高	低	高
芽の変色順	白－紅－緑	白－緑	白－薄黄－緑	紫－厚紫－緑
休眠性	非休眠	休眠	やや休眠	休眠
用途	土伏せ	穴伏せ	穴伏せ	穴伏せ
収穫期	12－1月	1－4月	2、3月	3－4月
軟化茎外観#	白地、線状紅	同左	白地、首黄色	白地、首紫

#筆者追加

海道）原産としている（筆者注、今津正は疑問視している）。これが1880年（明治13）に本県高根沢村の斉藤岩平より埼玉県西立野村（現・川口市戸塚地区）へ導入されたとある（3）。後年この地から埼玉（所澤）、東京（武蔵野）方面へ普及していった。秋出しできる浅休眠性の寒ウドが本県でもすでに栽培されていたことは興味深い。

渡辺誠三（1939）の著書にも前記の品種が挙げられており、戦前までは明治以降の品種が栽培されていた。

1950年以降は戦前の品種は少なくなり、坊主を除き紫芽（愛知紫、紫）、伊勢白が主流となってきた。紫は戦前、1930年代に愛知県で白芽から育成され関東（東京）へも導入されていたが、1950年頃より本格的に栽培が始まり、それにより坊主や伊勢白は減少していった（4）。最近は紫から分系や交雑により新品種が育成されている。

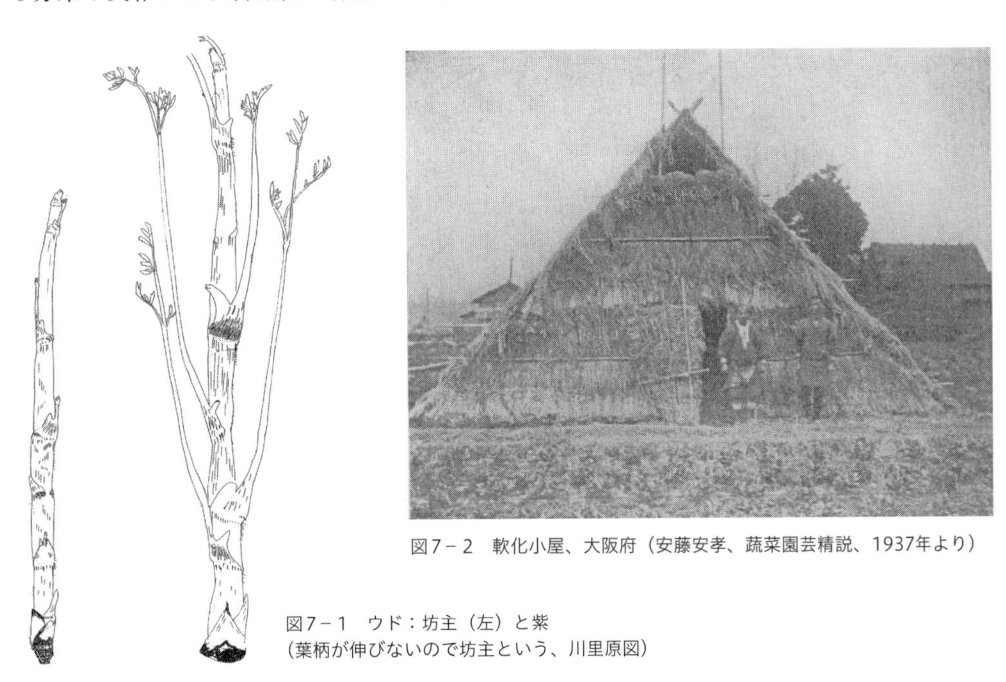

図7－2　軟化小屋、大阪府（安藤安孝、蔬菜園芸精説、1937年より）

図7－1　ウド：坊主（左）と紫
（葉柄が伸びないので坊主という、川里原図）

2）軟化法（施設）

盛り土軟化、溝軟化、小屋掛け軟化、竪穴軟化（穴蔵軟化）、横穴軟化、そして最近はハウス内溝軟化が行われ、それぞれの地方で最良の方法で行われてきた。具体的なことは成書にあるので省く。竪穴軟化は東京都では昭和初期から試みる人がいたが、本格的には1950年頃からである。

作型的には寒ウドの秋採りから促成、そして土伏せの4、5月採りがあったが、愛知県大里村（現・稲沢市）の杉原宮市の開発した株冷蔵による夏秋採りが1927年頃から始まり、1930年頃から近隣に広まり（4）、一部地域に限られたが戦前すでに周年供給ができるようになった。

3）ホルモン剤の使用（5、6）

ジベレリン剤は休眠打破に処理されるが、1960年代は軟化茎の肥大を図るために各種のホルモン剤が使用されていた（現在は使用基準外であるが記録として記載する）。

ホルモン剤の使用例（対象は紫、1960年当時、副作用として軟化茎の裂開、肌荒れ。軟化茎の10㎝と20㎝時に散布）

トランスプランン：1万8千倍　1回
ビタミンＢ１：　1万8千倍　2回
ナフタリン酢酸：　5万6千倍　2回
2,4－Ｄアミン塩：　35万倍－36万倍

ジベレリンのウドの休眠打破に有効なことは1958年に発表され、東京農試の澤地信康は同年12月10日に軟化伏せこみ前の休眠中の根株へ溶液散布し、軟化に成功させた。この方法が現在も続いており、寒ウドの栽培や高冷地栽培が減少した。

4）高冷地委託栽培(5)

休眠の早期打破を目的として東京都の生産者が始めた技術である。1952年に武蔵野市の高橋邌吉が北軽井沢で試作し、翌年から都の農改普及所の石川実、島田三郎、柏井哲二らが先導して開発した。一部は黒磯市でも行われた。ジベレリンの実用化により高冷地利用は減少したが、現在では耕地利用上、一部で行われている。その後の各種野菜、花卉の高冷地利用育苗の端緒となった。

5）掘り取り作業の機械化

ウドの根は強固で掘り取り労力が作付規模を制限していた。掘り取り機の開発については「東京うど物語」に詳しい。開発の舞台になった東京都砂川町はもともと新田開発地であり耕地面積の広いところであり、都下における農業機械化（畜力も含め）の先進地であった。加えるに立川飛行場に隣接し多くの関連工場があり、青壮年農家も多くが関連企業勤務の経験者で、工作機械や発動機に詳しいものが多かった。1950年代から自作の耕耘機も多くあり、このような背景がウド掘機を生んだものと思われる。耕耘機のエンジンでワイアーに付けたU字型の刃を土中で引っ張る方式はマメトラ社の薬草掘り取り機のアイデアを応用したもので、同町の山本一男、高橋正直が1957年12月に試作機を完成させた。この報はたちまちウド農家に広まり、都下各地で自作機が作られ、またマメトラ社でも製品を販売するようになった。トラクターが普及するまではこの式が利用されてきた。

密室の技術

ウドの軟化、特に竪穴地下式においての作業は密室の作業であり、他人は見ることができない。ハウス式の場合も明るさが制限されているから、密室的である。軟化技術は篤農技術でありかつ商品性の高い品物であるゆえ、秘匿性が強い。戦後の野菜復興期においてウド栽培の奨励を目指した指導者たちにはこの壁が大きかったといえる。現在は企業秘密ということで品種、栽培法（肥料、資材など）が公開されなくても、非難には当たらない。しかし発足初期の東京都農業改良普及事業においてウド産地の維持発展上、密室的なウド軟化技術を明らかにし、かつ改良していくことが課題であった。幸い、このことを理解したウドの精農家たちの協力を得て石川実、島田三郎、柏井哲二らは紫種の導入、高冷地株生産、軟化技術の確立、関西市場の開拓などに貢献した。都農試ではジベレリン処理基準確立、紫種の改良など澤地信康が担当した。澤地は大田原へも何回か指導に来ている。（余談ながらこの章で東京都のことが多いが、これは筆者川里の振り出しの地（北多摩郡）であることによる。ウド軟化法の平準化が普及の課題であった。）

引用文献［第7章第2項］
1．喜田茂一郎（1924）蔬菜園芸全編
西ヶ原叢書刊行会
2．菊地昌治（2006）現代にいきづく京の伝統野菜
誠文堂新光社
3．下川義治（1926）蔬菜園芸中巻　成美堂書店
4．日本園芸発達史（1975）有明書房
（日本中央園芸会編、1943年、復刻版）
5．徳永望（1968）東京都下におけるうどの栽培
園芸新知識1968年8月号
6．東京うど物語（1997）農文協

図7－3　開発した最初の掘り取り機、1958年
（東京都下・砂川町、耕耘機のエンジンで刃をけん引する 川里原図）

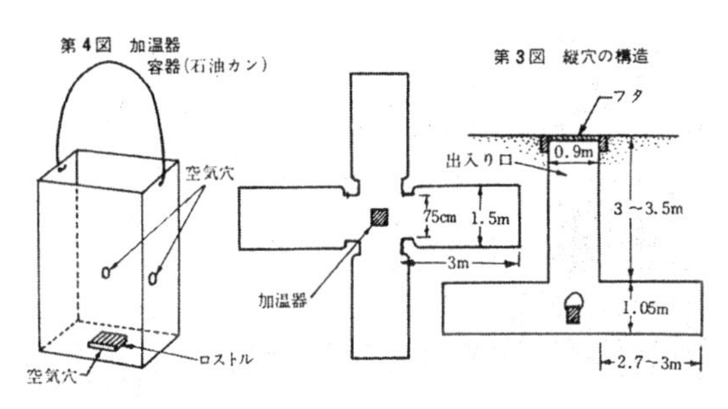

図7－4　縦穴の構造と加温するための石油缶
（1950年、東京都田無農改普及所原図）

図7－5　縦穴からウドを引き上げる
（1962年3月、都下砂川町にて、川里原図）

3. 栃木県におけるウド栽培 ―1900年以降―

1）1950年頃まで

（1）生産概要

1888年の栃木県農産物産額表（1）は前編で紹介しているが、この中にウドの産額として445円とある。インゲンが5千円なので産額としては僅かなものであるが、ウドの項目があるのはどのように解すべきか。統計数字として時代は下るが1941年の45.7町歩がある。これは株の栽培面積である（2）。（ミツバは12.2町歩とある）

1909年に本県で行われた経営方法共進会報告にある野菜作を主とする自作農の作付内容では北犬飼の某農家はウドも栽培していた（3）。同じ頃書かれた渡辺清の絵日記の1907年5月18日にウド掘り取りとあり、絵も描かれている（4）。渡辺はミツバの踏み込み促成も試みているが、このウドは時期から見ても土伏せによるものと思われる。

時代は下って1927年の蔬菜出荷組合の調査では足利・毛野村の勧農蔬菜出荷組合の扱い品目にウドがある（2）。同じ頃、宇都宮市の蔬菜奨励策の中に促成軟化（ミツバ、ウド）も取り上げられており、ウドの坪数（軟化床の面積であろう）は36坪とある。ちなみにミツバは38坪、キュウリ（温床促成）311坪とある（5）。

1930－40年間は戦前において野菜栽培が最も盛んになった時期であり、ウドも各地で栽培が広まった。産地として姿川、横川、平石、国本、西原（宇都宮）、今市、鹿沼、岩舟、静和などがあった（6）。1941年の北高根沢村の農繁期共同炊事所での寄付された野菜の中にウドの名がある（7）。個々の事例は不明であるが宇都宮市新里地区の例を紹介する（8）。この地の若

山善三は開墾に励み農地を拡大したが、稲作をあきらめウドの導入を図った。これは親戚筋に当たる高田豊（当時真岡農学校教諭）の助言である。高田のつてで福島県和泉村より1936年に愛知坊主の株を20貫貰い受け、増殖につとめ、1941年に覆土による軟化（ホッカケ）を始めた。その後、応召を受けたが復員後ウド作を再開した。1939年に分家の若山博にも苗を分けた。博は長男俊太郎と共に戦後もウド栽培を続け、醸熱物を軟化床の周辺に入れる促成法を取り入れ、この地区のウド作に貢献した。善三は1965年でウド作をやめたという。

1930年代当時下河原（現・西原町）の細谷勇次郎も促成ウドをやり竹林町にも栽培者がいたという。

（2）栽培

1．当時の栽培法

栃木農報の解説記事（1929）を紹介する（9）。

品種：寒ウドは早生（白芽）と晩生（赤芽）、春ウドは早生、中生、晩生があり晩生種が多収である。このほか黒ウドがあり畑地軟化用だが今は少ない。

寒ウドは畑で11月まで軟化できるが以降は床軟化とする。春ウドの軟化法は易しい。

親株の養成：通常1、2芽を付けて株分けする。麦間に植えるを常とする。窒素肥料を重点としてカリも重要である。10 a 堆肥150、人糞尿120（基）＋120（追）、菜種粕20、藁灰35貫が標準で発芽後、芽は1、2芽にする。

畑地軟化法

寒ウド：畦幅4－4.5尺で同一株を3年継続して使う。9月上旬に刈り取り10日間放置の後、盛り土しておく。40日後に収穫可能。2年目は9月中旬に刈り取り、軟化は約25日で収穫できる。3年目は8月中旬に盛り土して約20日で収穫するが収量は4、50貫で1年目の半量以下である。

春ウド：株養成は寒ウドと同じで、3月頃に盛り土軟化を行う。出荷の頃は価格が安くなるが反当300貫である。伸張に従い順次収穫していく。終われば株は据え置き、繰り返し5年くらい使用する。

床内軟化法

高燥な土地を選び東西に深さ2尺－4尺の床を掘り9月下旬から軟化できる。10月中下旬からは床を3、4尺と深くする。密に株を並べ細土で覆い、腐熟人糞尿を1坪に20貫かける。さらに細土で被いかまぼこ型にして藁を厚くかける。地表に芽が出たら収穫する。11月以降は醸熱利用の軟化となる。軟化温度は16－20℃である。踏み込みなしの場合は1月上中旬から開始できる。収量は坪10－15貫で寒ウドよりはるかに多い。

（荷造り法は省略した。軟化茎の長さの記載はない）

2．芳賀郡山前村・仁平光春の記事（10）

寒ウド：畑で刈り取り1週間後に少し盛り土、また10日後に1尺5寸盛ってこの上に芽が出たら収穫する。春ウド：小屋掛け軟化で小屋は南北にする。10月上旬－12月中旬に伏せこむ。

引用文献［第7章第3項 1)］

1．明治中期産業運動資料第5巻（1980）日本経済評論社
2．栃木県農業団体史（1954）県農務部
3．経営方法共進会報告（1909）栃木県農会
4．渡辺清絵日記（1983）日本経済評論社
5．宇都宮市史（1981）近現代編Ⅱ　（宇都宮地誌（1934）の引用部）
6．栃木農報6巻10号記事、軟化蔬菜の栽培（1929）

7. 高根沢町史資料編Ⅲ近現代（1997）高根沢町編
8. 国本地区のいまとむかし（1997）国本地区イベント実行委員会刊
9. 栃木農報6巻11号記事、軟化野菜の栽培（1929）
10. 同　8巻4号記事　反当百円の収益、ウドの作り方　仁平光春（1931）

2）1950年以降、2000年頃まで

（1）1950－60年代

1956年の県農業振興計画には少数派である軟化野菜のことはない。しかし野菜復興期を迎えウドも各地で単発的に栽培が行われていた。宇都宮市国本の若山善三は戦前からの栽培を継続し、1949年には栗園と竹林経営のかたわらウドを80ａ栽培する多角経営を実行していた（1）。この地区は若山のほかにも栽培者がおり、小さいながらも産地であった（前項参照）。城山地区の細谷邦夫は農閑期を積極的に野菜栽培に費やし、ウド10ａを12月から軟化していた（2）。北多摩郡へ見学にも行き竪穴軟化をしていたという（2）。

那須町では1964年頃、ウド販売農家が2名いた（3）。

1960年の黒磯農改普及所の計画書には開拓地でウド栽培モデル農家を設置したとある（4）。矢板町針生の坪山考はフレームで各種野菜のフレーム促成をやっていたが、ウドも手掛けていた（5）。当時、ウドの作付面積は農林統計にないが、1961年には41haあった（6）。（これ以降はしばらくの間データは認められない）

このほか鹿沼市東町や西方町にも1970年代初期にはパイプハウス内で軟化するウド栽培（山ウド）があった（7）。このように各地にウドの栽培があったが小産地にとどまっていた。1970年から始まった稲作転換事業でもウドを取り上げるところは殆どなかった。

（2）1970年以降

1970年代頃から組織的にウドを取り入れる動きがあり、さらに1990年代の首都圏農業推進の時代になると積極的にウドを取り上げる地域が出てくる。

最近のウドの作付面積は次の通りである。2006年の面積のうち、大田原市の分は85haであり殆どは北那須地方のものである。

表7－2　県のウド栽培面積（ha）

年次	1998	2000	2002	2004	2006
面積	47	37	180	174	168

注：農林統計

1．宇都宮市

宇都宮市では稲作転換作物の一つとしてウドを取り上げた。導入地は市農協篠井支所管内（支所ウド部会長、村田清二郎）で1971年3月に東京都東村山市から紫種を2600株導入し軟化用ハウスにより軟化を行った。1974年当時は12名、約3haで栽培し日光ウドで出荷していた。同市清原地区にも1970年初期にウド栽培があり、前項で触れた国本地区の栽培もあった。1985年時点で国本には8ha（約30名）の栽培があるが、他地区では栽培が減少した。

2．市貝町

ウド導入希望者で東京都小平町へバスで視察に行ったのは1966年頃のことである。その後、1970年3月に東京都小平町から紫1a分の親株を導入し、3、4年は増殖に努めた。小平と同じ竪穴軟化を試みたが、鹿沼土層の危険もありパイプハウス内の溝軟化（電熱線、使用）の山ウド

栽培が主となったが、竪穴軟化をやる者も居た。最盛期は10名の生産者がいて1972年から本格的な農協出荷となる。しかし畑地が少なく輪作できないため1980年頃には減少した。山ウドの生産は県内でも早く、大田原からも見に来たり、担当者が指導に行ったこともあった。株の掘り取りは上田農機のU字型掘り取り機を使用した。

山ウドは沼田市へ視察に行った。

栽培法　市貝農協と市貝普及所による軟化実績調査結果（1972年4月付、資料）があるのでその概要を紹介する。

竪穴軟化の作業経過

1月4日　ジベレリン処理50ppm株あたり25ml　噴霧

14日　伏せこみ　目土は株あたり3.5ℓ（水分40％程度）

温度　13－16℃　火入れ　13－21日に13回

灌水　1月20日、25、29日、2月3、18日　20－23℃温湯、各回150ℓ

収穫　3月1日10a　約1.5t　竪穴　4㎡×4穴

溝式軟化の作業経過（株の上は空間でふた上を土で覆う）

2月1日　ジベレリン処理　50ppm株あたり25ml　噴霧

2月2日伏せこみ　㎡当たり33株　温床線126W（1㎡当たり）、目土3.5ℓ/株

床土温度　2月6日は20℃、14日21℃　灌水　3回

収穫日（記載なし）収量は株あたり約700g

3．大田原市

ウド導入初期のことは関係者の話や記録から推察した（8、9）。

1981年に大田原市農協は重点5品目を定めたが、ナス、ニラと共に山ウドも入った。すでに農協でもウドに注目していたことが分かる。

1978年に金田農協のニラ部会長、阿久津隆は中央青果（丸果）の萩野義雄からウドの情報を得て、関心を持ち、金田農協の渡辺照男と共に同社のあっせんでウド株を導入し、翌年の1979年秋に掘り上げてこの冬に軟化（試作程度？）した。

1979年秋、金田支所の渡辺は萩野の仲介で神奈川県綾瀬市から坊主種をトラック2台で導入して、金丸支所へも5a分けた。金丸支所では7名（計21a）が1980年春に軟化栽培を行ったが、成功したのは1名であった。しかし彼は500株で20万円売り上げたので、希望が持てた。

この軟化試作において1名を除いて失敗が多かったので、1980年の冬、ウド軟化法の指導を頼みに金田農協金丸支所の池沢富美雄指導員、組合員の佐藤信ほか数名が大田原農改普及所へ行った。ここから普及所の指導が入る。

金田支所では1980年12月に栽培者を募集したところ栽培希望者が39名（5.8ha）となった。親株も1981年3月に東部鯉王2号（紫系）、紫、坊主を群馬県昭和村糸の瀬農協から新たに導入した。仲介は中央青果の萩原義雄であった。大野伸三ら10数名で試作を開始した。

農協金丸支部うど部会（佐藤信部会長）は1981年3月、金田支所うど部会（大野伸三部会長）は1982年6月に発足した。また1982年には神奈川県綾瀬市より紫種を導入した。同じく萩野の仲介であった。1984年4月には太田市場より鉾田産の伊勢白を導入して軟化茎を分割挿し木して増やした（大野伸三私信）。

普通の軟化栽培（通称東京ウド）は1983年に阿久津隆が始め、翌年村上勝則、星光男、岸安夫が続き、金田支所軟化部会となった。星は自宅近くの横穴利用の軟化であった。

この間の大田原市農協の栽培面積の推移は1980年：0.21ha（7名）、1981：6.3（39）、1982：18.0（73）、1985：35、1990：121haと急増した。当初はすべて2、3月からの山ウドタイプの

軟化であり、問題点としてはジベレリン処理の方法や伏せ込み時の呼吸熱による腐敗があった。
山ウド軟化法としては1980年代には確立していたが、その要点を紹介する（10）。
休眠の最深期は標高200mの大田原では5℃以下300－400時間の到達期の12月上旬－中旬で、この時期でもGA処理は必要で根株1kgあたりGA量が1－2mg処理が行われている。伏せ込み後の灌水はもみ殻があるので、伏せ込み時に株2ℓの灌水とする。もみ殻はまず10cm深に入れ、1週間後に15cmを追加する。温度管理は普通軟化物と同様で発芽初期は熱が出るので高温に過ぎないよう注意し、発芽後は15－17℃（地温）で管理する。茎葉が出てきたら弱光で緑化する。軟白部は15－30cm全長45cm以下の長さが基準である。
大田原産地は導入時期が遅かったので、機械化対応には恵まれており規模拡大が容易であった。株の植え付けは水稲作業（田植え）と競合するので省力化が望まれていた。1993年から三菱農機と関係機関（主として大田原市農協）により乗用式の「三菱プランタン－PAK」を3年後に開発した。しかし、採算的な問題から普及しなかった（11）。
掘り取りはU字型の刃をトラクターで牽引して行い、その後改良されたウド専用の掘り取り機（ニプロ社製）に代わった。
このように産地が発展したのは水稲との輪作が可能な耕地の広さ、農閑期の利用と春先の収入、資材が軽度であること、機械利用の作業による規模拡大が可能なことなどによる。
その後、1989年に大野伸三は冷蔵抑制軟化を始めた。2000年代初期は安定的な産地が維持され、2004年には那須野農協4地区（那須野農協は1996年3月発足）のうど部会が統合され、217名、5億円余の部会となった。同時にブランド名「那須の春香ウド」が決まった。2009年頃の品種は紫と改良伊勢白であったが、2010年に農試育成の芳香1、2号の試作が始まり、2019年には紫30、芳香1号28、2号42％の作付となった。
1998年9月の那須水害では面積の半分が収穫皆無の被害を受け、直ちに対策が練られ軟化株を減らして親株にまわす、親株の細分割などの対処のほか、組織培養による増殖も実行された。この組織培養増殖事業は那須野農協各地区うど部会の要請で那須拓陽高校、県農業大学校、那須農業振興事務所、農試黒磯分場などの共同事業であった。県農大で研究中のウド組織培養による順化苗や多芽体を基に、1998年12月より増殖を始めて翌年の春には約1800株の苗が圃場に定植された。この事業は2006年まで続いた（12）。

栃木県育成のウド品種　栃木芳香1号、栃木芳香2号

2003年に群馬在来と改良伊勢の交配から選抜された新品種で2003年に交配、2007年から選抜開始、2012年に上記の品種名で登録した。対象の品種は紫で、色素は少なく軟化茎の外観が優れる。2020年には70%の面積を2品種で占めている。

（栃木農試研究報告68号、2012年　半田有宏・矢田部健一・吉光寺徳子ら）

4．その他の地域

平成初期の首都圏農業推進事業（1992）ではウドを新規品目として取り入れるところが出てきた。系統農協の振興モデル農協のうち黒磯と今市農協がウドを取り入れ、塩那、矢板農協でも山ウドを推進した。普及事業のプラスワン計画においてもこれら地区で指導が行われた。今市・日光地区では1990年時点で31名、4.2haの栽培があった。黒磯市のウドは以前から少数あったが、改めて1984年に導入され1990年には64名、25haであった。
矢板市では2002年に塩野谷農協ウド部会（矢板、氏家部会）が発足し10名余、7haの山ウド産地で近年は芳香2号を栽培している。

ウドは増殖率が低くかつ機械利用による場合は大規模栽培が必要であるから、産地形成は簡単にはいかない。現在でも県北地域以外には大きい産地はない。

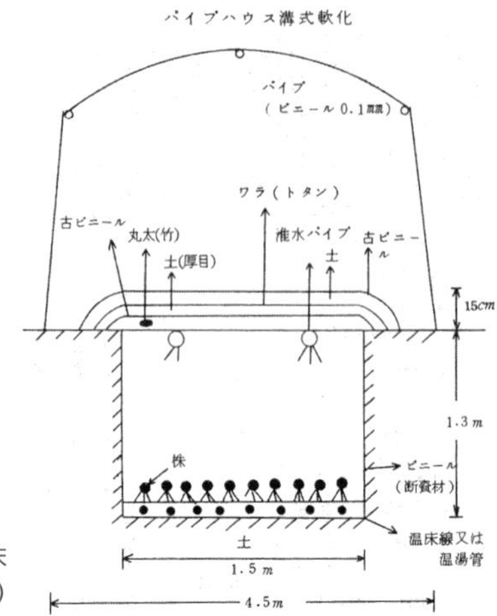

図7－6　ハウス内の軟化床
（市貝町、1977年、高松清一原図）

ウドの組織培養による増殖

1998年8月の那須水害によりウド畑も冠水被害を受け、那須野農協のウド252haのうちで144haが被害を受け収穫皆無となった。当面の対策の中で株増殖のことも出てきた。幸い県農大研究科生・小室幸則が小林光子教授の指導の下で研究中のウド組織培養による品種「紫」の順化苗と多芽体が多数あり、これをもとに増殖が農大校と那須拓陽高校の施設で同年秋より開始された。那須拓陽高では小島美智子教諭指導により生物工学科の生徒が協力した。これらはウド培養苗実験事業として行われ、関係者によるウド組織研究会が実行に当たった。後に培養は優良系統の開発、増殖も兼ね、白芽系統のものが対象となった。

小室は水害の前年からウド組織培養の研究を始め、培養条件を確定後、1998年には実際の増殖に取り掛かっていた。この時に水害が発生し、ウド株の短期増殖の現地要請に応ずることができた。小室が大田原出身であることも幸いした。短期間で緊急的な事業であったが、現地の生産者も参加したことで、バイテク技術が現地で活用された数少ない実例となった。

ウドの組織培養（小島美智子原図）

（培養研究会記録、下野新聞1999、6、18記事、小室幸則、小島美智子談話などによる）

引用文献［第7章第3項 1)］

1. 農業改良時報（1950）昭和25年11月号外記事
2. 細谷邦夫（1954）野菜栽培で農閑期を活用　農業改良時報N063
3. 那須農改普及所・農業改良15年の歩み（1964）
4. 昭和35年度農業改良普及計画書（1960）
5. 伸び行く農業経営第3集（1953）県農業改良課
6. 栃木県農業の動き（1963）県農務部
7. 池田貞夫（1981）あぜ道のうた　自家本
8. くらしと農業1984年11月

9. 大野伸三　私信
10. 村上文生（1996）ウド栽培の基本と改善　施設園芸1996年10月号　温室園芸社
11. 村上文生（1995）ウド移植機の開発　早わかりハイテク野菜生産　全国農業改良協会
12. ウド組織培養苗研究会資料（2000）　那須農業振興事務所
談話参考：細谷美夫、加藤精一、坂入勝男、村上文生、星光男、渡辺照男、小室幸則
その他「栃木の野菜」各版、県農改普及関係の資料を参考にした

参考　大田原におけるウド導入初期の経過　各種情報よりまとめたもの　川里作成2020年11月

年次	金田支所（渡辺・大野）	金丸支所（池沢・佐藤）
昭和54年（1979）	神奈川から坊主導入、トラック2台？（渡辺談話・村上私信）	金田支所から5a分の株を貰い7名が試作した（村上私信）
55	3月に軟化試作があったか不明 支所ではウド栽培者募集、39名が応募（12月）	3月頃7名が軟化試作、1名が成功、20万円売るその他は失敗、このため、秋に普及所へ指導を頼みに行く、村上技師対応
56	紫種を糸の瀬農協より導入、愛知坊主やとうぶが混入していた（大野私信）	3月に金丸支部ウド部会発足
57	6月に金田支所ウド部会発足 3月に神奈川県綾瀬市より紫種導入（大野私信）	
58	阿久津隆が軟化始め（東京うど）	
59（1984）	茨城鉾田産ウド伊勢白を市場から購入、軟化茎を切って挿し木繁殖した（大野私信） 軟化ウド村上、星、岸も始める	

第8章 アスパラガス(石勺柏セキチョウハク、野天門ノテンモン)

1. わが国への導入と初期の栽培

幕末の安政開国により横浜外国人居留地でアスパラガスの栽培が始まったのが野菜としての最初である。明治開国による種苗の導入の中にアスパラガスもあり北海道など各地で試作された。産業的に土着したのは北海道であったが、青森などでも小規模の栽培が始まった。統計的には不明であるが1940年には全国で2,000haとなり、戦後は消費増に伴いグリーンアスパラも含め1980年には6400haになっている。北海道では1926年に日本アスパラガス㈱が栽培したのが本格栽培の始まりとされる(1)。

初期の栽培法

1893年の福羽・蔬菜栽培法にはすでに基本的な技術が述べられている。当時まだアスパラガスの産地はなくフランスの栽培技術が骨子であるが、適地の選択、毎年の有機物の施用、生育期と冬期の茎葉処理、収穫年次と収穫期間、軟化法など基本が述べられている。後年、1908年の福羽・果樹蔬菜高等栽培論では掘り上げ軟化法を述べながら、いわゆるグリーンアスパラガスの食味のよいこととその将来性を予見している(当時はまだグリーンアスパラの商業的生産は少なかった)。

1930年代までの野菜書でも記述はもっぱら軟化アスパラガスについてであり、消費も米国産ホワイトアスパラガス(缶詰)の利用が多く国内生産は少なかった。1937年の安藤安孝の蔬菜園芸精説には近年緑アスパラガスの需要が増加傾向にあり、愛知県から神戸市場へ縦詰めの容器で出荷されているとある。

一般的な栽培法を当時の成書によりごく大要を記せば以下のようになる。

品種は米国、仏国、英国のもので熟期、穂先の着色の有無(白、淡赤)収量で区別される。実生によるものは4月播き、年内定植で翌年から収穫を開始するが、少量の収穫にとどめる。3年目から本格的に収穫するが、6月には収穫をやめ、株の養成に努める。以後20年余収穫ができる。定植時の10a当たりの基肥は堆肥500貫、油粕20、藁灰7、過燐酸石灰10貫、定植後に下肥200貫とする。以後毎年の施肥は3月に株の周囲に行うが、上記の量の1-2割増とする。特殊なものとして食塩水やニガリの効果に触れている記述もある。収穫期間中はすべての嫩茎(若茎)を採る。茎を採り逃すとこれに養分を取られ、その後の嫩茎の発生が衰える。病害虫の記述は少なく、現下問題の株枯れ病のことはなく、サビ病と葉虫が挙げられているくらいである。

引用文献[第8章第1項]

1. 日本園芸発達史(1975) 日本園芸中央会編 有明書房 復刻版
(その他、前出の福羽、下川、喜田の著書を引用)

2. 栃木県における栽培

1) 各地域の栽培経過

1950年以前のアスパラガスについての記事、記述は非常に少ない。自家菜園での栽培はあったであろうが、商業生産はなかったようである。これは全国的にも同様でわが国には似たものとしてウドがあり、食慣習も和食中心でありアスパラガスの多くは輸入品でまかなわれていたことにもよる。

1956年の農業振興計画には北部畑作地に適応する野菜としてキャベツ、ハクサイ、サトイモと共にアスパラガスが挙げられている。しかしこれ以外の解説はない。

本県でアスパラガスが新規の野菜として登場してきたのは1970年代以降である。各地に栽培の試みがなされたが、多くは定着せずに消滅した。これは露地栽培での株枯れ病の発生によるところが大きかったようである。以下、各地の事例を見る。

(1) 那須北地域

那須町では1964年当時、7名、40aが自家用に栽培されていた (1)。同町千振開拓地では1988年に導入したが1990年に栽培を中止している (2)。

黒磯市では高林下の内地区で渡辺忠男、相馬元実らが1977年頃に導入、農改普及所の記事によると1980年に初出荷となった。当時パイプハウスで4.3haの産地であった (3)。大田原市でも1878年から始まり1980年に初出荷した。この時の栽培者は44名、5haであったが茎枯れ病で衰退していった。黒羽町でも1977年に導入の機運があり福島県北会津村を視察して、1978年から栽培開始、殆ど露地栽培であったが1979年には47名、4.4haの産地となった。しかしこれらも株枯れ病の発生で生産は拡大しなかった (4)。

現在のアスパラガス産地につながる動きは湯津上村からのものであろう。同村蛭田の坂主正はアスパラガスの美味を知り、これを栽培することを決めて同じ酪農家の岡見敏明と共に始めた。1995年3月に福島県の知人から得たシナノヨーデルを播種し (25穴の連結ポット) 翌年から収穫となり那須温泉ホテルなどへ販売した。1997年からは新規者佐藤憲一ら4名が加わった。この頃、間口6mのパイプハウスを建てる。栽培技術は佐賀県鳥栖市の鳥栖基山農協の梁井指導員からも受けていた。1999年からは農協で輸送してくれるようになった。那須野農協の部会ができたのは2000年で、2007年現在69名、30ha、販売額約5億円の産地である。品種はウエルカム、ガリバー (全雄系) である。この地方は畜産もあり、耕畜連携の効果を挙げている。

引用文献［第8章第2項 1）(1)］

1. 那須農業改良普及所15年の歩み (1964)
2. 千振開拓五十年のあゆみ (1995)　千振開拓記念事業会
3. 黒磯農改普及所昭和55年度報告 (1981)
4. 大田原農改普及所昭和56年度報告書 (1982)

談話参考　室井栄一、坂主正

(2) 宇都宮市と上三川町

宇都宮市では1962年に清原と城山の開拓地で計6.5haの栽培があった (1)。

河内地方のアスパラガスは約12haあり大半は上三川と宇都宮が占めている。以前からアスパラガス栽培は存在したが現在につながる組織的な栽培は1987年からである。

県職員OBの野村健一は退職後、上三川農協で野菜などの指導に当たっていた。農協の野菜振興に応じて拡大品目としてゴボウ、スートコーン、カボチャなどを取り上げていたが、新規品目としてアスパラガスがあった。

本澤平八郎の回想によれば1985年、農協に野菜集荷所ができて野菜振興がうたわれている中、多労なキュウリ作より何かほかにないかと野村や職員の猪瀬登と一緒に考えていた。その中でアスパラガスが生まれてきた。

1987年春に品種ウエルカムの播種を本澤のハウス内で行い、翌年春に定植した。栽培は当初からハウス (9型、2.7m幅) でやり、一部は露地栽培とした。初期の生産者は本澤のほかに川俣一巳、野沢秀雄らがいた。この頃、福島県北会津村 (1987年12月) や佐賀県まで視察した。

育苗は3年くらい本澤のハウスでやっていたが、その後、農協でやるようになった。栽培者は1989年4名、翌年には13名(3.4ha)となり途中、株枯れ病でやめる者もいたが順調に拡大していった。

河内町岡本地区の相良律子は1999年にアスパラガスの栽培をウオーターカーテン付きのパイプハウスで開始した。肥育牛育成を行っていた夫、相良利和の畜産関係からの厩肥利用のアスパラガス栽培の情報により、アスパラガスの導入を決めたという。市農協上三川支所のアスパラ部会に入り、上三川の生産者から初期の指導を受けた。

当時、宇都宮から上三川の部会に入っていたのは下栗地区などわずかであった。苗は始めから上三川育苗センター苗を利用し自家生産の厩肥の活用により成果を上げ、アスパラガスが経営の中核となっていった。後に宇都宮農協グリーンアスパラガス部会長をつとめ2016年には夫・利和と共に大日本農会緑白綬有功章を受けた。

宇都宮農協では2003年には約40名、10ha、2007年には65名、15haの産地規模となっている。

引用文献［第8章第2項 1）(2)］
1. 昭和37年度宇都宮市農政の概要（昭36の実績）宇都宮市農政課
談話参考　桜井金一、本澤平八郎、相良律子、坂主正

(3) その他の地域

喜連川町のアスパラガスは1970年代初めに始まり、1975年頃から出荷が始まった。県内でも早い例である (1)。田沼町三好農協管内では1978年から始まり葛生町の山間地へも広まり、1983年時点で8ha、40名の産地であったが (2)、その後数年で減少した。一部パイプハウスの雨除け栽培としたが病害が原因とされる。今市市町谷地区では1982年頃10名で始まり1983年には出荷となったが、その後、土壌条件の悪さから栽培が減少した。

ごく最近 (2011年〜) では足利市 (2005年〜)、西方町、日光市 (2011年〜) でも栽培が始まっている。

県全体の栽培面積は次の通りで、栽培面積が最近でも増加している野菜である。

表8−1　栃木県でのアスパラガス栽培面積（農林統計、ha）

年次	1965	1968	1985	1999	2007	2012	2015
面積	15	6	14.5	6.4	55	76	85

注：1960年代は農林統計、1985年、99年分は県普及教育課調べ

品種の推移は部分的であるが次の通りである。

表8−2　アスパラガス品種の作付状況（ha）県普及教育課調査

品種	1985年	1987	1990	1999
メリーワシントン500W	12	6.0	0.2	0.2
メリーワシントン500	2	1.0		
ナイアガラ	0.5	0.5		
ハイデル		3.0	5.0	
バイトル		1.0		
ウエルカム			1.2	11.3
その他				0.2
計	14.5	11.5	6.4	12.7

引用文献［第8章第2項 1）（3)］
1. 君島好美（1977）グリーンアスパラガスの栽培　栃木の野菜1977年版
2. くらしと農業1983年7月号記事

2）栽培概要

(1) 1970、80年代の栽培

品種：1980年代まではメリーワシントン500Wが主体で県全体の面積は1990年代までは10ha余であった。

播種と育苗：3、4月播きで露地床、露地床に穴あきマルチに播くか、直播とする。種子はあらかじめ2、3日温湯浸漬する。苗床はpH6.5程度にし、a当たり窒素1、燐酸2、カリ1kgの成分量とする。

定植：県北では7月、県南では10月定植である。

施肥と管理：初年でも10a当たり窒素、燐酸、カリ各2.5kg（基肥各1.5kg）施用し堆厩肥は多投する。追肥は収穫打ち切り時、秋肥、冬肥（堆肥も）春肥と繰り返していく。パイプ支柱やテープによる倒伏防止、枯れた茎葉の焼却を行う。茎枯れにはダコニール、ベンレート剤を使用し、ガスバーナーによる株元の焼土も行う。

収穫：年数に応じ収穫期間を延ばしていくが、L級の本数の減り具合で収穫期間を決める。

栽培上の問題点：パイプハウスによる早出し、品種の選定、茎枯れ病対策などが挙げられていた。

(2) 2000年代初期の栽培

現在（2000年以降）、露地栽培は殆どなく、パイプハウスも大型化している。一部にはウオーターカーテンによる早採り、長期作もある。品種はウエルカムが多く、育苗は8月播きの購入苗を10月定植や春播の自家育苗で6－7月定植がある。

土作りは昔からいわれているように、厩肥の大量、深層施肥が機械利用により容易に実施できるようになっている。いわゆる農畜連携で牛糞バーク堆肥が10a30－50tも入る。しかし燐酸、カリの蓄積が避けられず、施肥設計を難しくさせている。収穫後の立茎の方法、茎数、摘心、葉掻きなどの管理も標準化されている。病害は茎枯れ病のほか斑点病、褐斑病が問題視され、初期の薬散に加え、圃場の排水対策、ハウスの通風が強調される。収量は春、夏計で1.5tを採っていて、1920年代の成書にある反当たり250－300貫が上作とする数字を上回っている。

参考文献［第8章第2項 2)］
「栃木の野菜」各年版

第9章 タマネギ(玉葱、葱頭)

1. わが国への導入と発展

原産地は中東地域とされ西進して欧州で野菜として発展、さらに北米で発達した。タマネギは原産地から東進せず、わが国には明治勧農政策で欧米から多数の品種が導入されたが、土着したのは少数の米国の品種のみであった。本州（大阪府）に土着したのはイエローダンバースで1884年頃から栽培が本格化し、1900年代になると栽培は急増した。この品種は泉州黄と呼ばれ基本的な品種となっていく。明治以降、キャベツ、トマトと並び発展してきた野菜の一つであり、栽培面積は下表の通り1930年頃には全国で1万町歩近くになった。この増加傾向はキャベツやトマトを凌ぐものである。

表9－1　タマネギの作付面積推移 (町歩)

年次	1907－1911年平均	1922－1926平均	1932－1936
作付面積	1,195	4,489	9,717

注：日本園芸発達史より

タマネギは水田裏作に適する野菜で輸送性に富むので遠隔地での栽培もでき、重要な野菜となっていく。戦前はアジア各国へ輸出も盛んであり、戦中の作付制限の影響もなかった。ただし農林統計によれば全国の1946年作付は前年の2割減となっている。しかし翌年には回復している。

2. 栃木県における栽培経過

1) 1945年以前の概要

本県の作付面積の推移を下表に示す。キャベツより普及は遅れたが、1930年代と1960年代に急増し1970年代には減少に転じた。

表9－1 栃木県におけるタマネギの作付面積 (ha)

年次	タマネギ	キャベツ
1903	0.5	0.9
1911	1.1	22.6
1921	0.6	105.6
1930	4	80
1935	38	105
1940	44	125
1945	63	132
1950	114	305
1955	99	302
1960	192	615
1965	724	779
1970	475	517

注：初期のものは栃木県史資料編、他は農林統計

従って1930年代以前のタマネギに関する記事は見られず、1927年時点の県内15の野菜出荷組合でもタマネギを取り扱っている組合はない（1)。

栃木農報1928年の記事にはタマネギは将来有望として、品種はイエローダンバース(黄色扁平)、播種期は県南9月上旬、県北8月下旬、定植は11月から3月まで、施肥は全量で10a窒素5、燐酸3.4、カリ3.5貫としている（2)。1935年の同誌の記事に水田裏作のタマネギの記事があり最近栽培が増えてきたこと、宇都宮近郊の石井蔬菜組合での栽培に触れている。品種はイエローダンバース、イエローグローブダンバースの2種を挙げている。下都賀郡でも1931年に郡全体で28町歩のタマネギが

栽培されていた。ちなみにトマトは20、キャベツは15町歩とある（3)。1941年の北高根沢村の農繁期共同炊事所への寄付野菜の中にタマネギの名がある。季節は6月であり、この辺でもタマネギが多少なりとも作られていた（4）。このようにタマネギの栽培は昭和一桁の頃より普及してきたと思われる。

2）1945年以降の概要

戦後の野菜振興策に関して影響を与えた1956年の農業振興計画では、タマネギは中部南水田地帯（氏家ほか）、南部東水田地帯（河内、芳賀など）、南部西水田地帯（栃木、足利など）に導入すべきものとされている。この報告の中で本県のタマネギ自給率が当時10%にすぎず、鬼怒川、思川、渡良瀬川流域を特産地化すべきとしている。すでに1955年時点で県内に100haの栽培があり、この実績を見ての提言であった。これ以降、タマネギの普及は目覚ましく各農改普及所の改良計画に記載が見られるようになる。1957年度から1960年度の普及計画書には宇都宮、上三川、鹿沼、馬頭、国分寺、真岡、氏家、田沼普及所で導入または栽培改善の事項に挙げられている（しかし1965年以降になると普及計画書の中心は果菜類のハウス栽培改善となる）。

これらのタマネギ振興策は施設園芸分野と違い農協や行政が関与するところが多く、宇都宮市では1955年から育成に乗り出し、同年8月には鬼怒川沿岸玉葱生産出荷組合（会長五月女倬男）が発足し、1961年には多収穫共進会（坪掘り）が行われている。（この時の記録は反収7.3t、鐺山、伊藤多重郎）この地域の初期の生産者は戦前では小島重定などがおり、現在の栽培につながる例としては桑島町の浦野照平がいる。浦野は1956年から栽培を開始して個人で宇都宮市場へ出荷していた。宇都宮市のタマネギ栽培面積は1955年：1.8、56年：8、57年：30haとこの時期急増した（5)。

表9－2　栃木県におけるタマネギの作付面積

年次	面積（ha）
1965	724
1970	475
1975	550
1980	367
1985	513
1990	409
1995	349
2000	385
2004	298
2009	275

行政面では1966年に鬼怒川沿岸地域の産地が国のタマネギ指定産地となった。本県のタマネギは7－10月出荷が狙いとなっている。

1970年以降の本県タマネギ作付面積の推移は右表の通りで1970年以後、漸減している。

1997年での県農業生産額構成比は0.5%である。

水田再編事業や首都圏農業推進事業の影響は少なく、漸減ないし横ばい状況にある。これは外国からの輸入の定着（国内産の不足を外国産で補充）、価格の安値安定化、栽培者の高齢化、他品目を選択する若年層などが原因であろう。栽培の機械化についてはすでに1969年に真岡市、二宮町に定植機が5台導入され、出荷作業は1975年頃より選別機、1979年に玉研磨機（宇都宮では30台）が利用され、1980年代半ばから機械定植が進み、1990年代後半からは各地でセル苗による機械定植から収穫機、出荷過程での根切り、玉みがきなどの作業体系の機械化が進んできた。河内産地での最近の機械化の動きは次のようである。

1991年　全自動定植（移植）機が試験的に導入された。

1997年　乗用型（クボタTH2000)、歩行型（ヤンマーHT2）収穫機の試行があった。

1998年　半自動も含め機械定植が約8haで行われた。

1999年　歩行型収穫機の導入が始まり、この時期までに機械一貫作業体系が確立された。

2002年　機械植えは面積の10%程度にとどまっている。

機械化栽培を前提とした新産地として鹿沼市では1997年から7名で栽培が始まり、1998年に上都賀農協に玉葱部会（17名、4ha）ができた。高根沢町では1996年9名、6haで播種から収穫までの機械化栽培で開始され氏家、喜連川へも波及している。

タマネギの10a収量は1963年：1.5、1965：2.1、1970：2.9tと増加しており、2002年産の宇都宮農協の多収穫記録は10a換算で甘70：10.7、ターボ：10.0、さつき：9.4tであった。最近の平均的な収量は6tとされる。

引用文献［第8章第2項 1）、2)］

1. 栃木県農業団体史（1954）県農務部編
2. 栃木農報（1928）5（10）玉葱の栽培　（翠晃園主）
3. 下都賀群志（1934）下都賀教育会編
4. 高根沢町史、史料編Ⅲ近現代（1997）
5. 江口庸雄（1960）特産地の育成1　農業および園芸35（5）919－923

参考文献

宇都宮市の農政：1955年以降　産業課
栃木の野菜　各版　栃木県野菜研究会編
各地域の農業振興事務所の年報

3. 栽培

1）品種

県資料などによると品種の変遷は以下の通りである。なお1900年前半は米国品種そのもので、1934年の本県の品種はイエローダンバースが大部でイエローグローブはわずかであった（1)。

1958年頃：青切り　今井早生　貯蔵　泉州、淡路甲高
1967年頃：泉州中甲高、今井早生
1972年頃：泉州黄中甲高、名草早生
1975年頃：泉州中甲高、七宝、名草早生
1978年頃：アポロ、七宝、名草早生
1985年頃：アポロ（70%）泉州黄中甲高（23%）七宝、ニューセブン
1990年頃：アポロ（70－80%）甘70
2000年頃：アポロ、甘70、もみじ3号、ターボ、ソニック

図9－1　タマネギの苗床（宇都宮市横山町、1973年10月）

2006年頃：甘70、もみじ3号、ターボ、ソニック
2010年以降は規模拡大に伴い早中晩各品種が入り多品種が栽培されるようになってきた。

2）栽培

(1) 1963年頃の栽培

農協資料（2）の要点を紹介する。

品種：青切り用は今井早生、貯蔵用は泉州黄、大阪丸

育苗：県北は9月3日前後、中部は5日、南部は7日前後が適期である。苗床はあらかじめ地力を培養しておく。坪当たり堆肥20－25kg石灰400－500g、窒素100、燐酸120、カリ100g施用しておくが、燐酸不足の畑は燐酸を50％増とする。播種は播種機を使用する。条間6－9cmとする。暴風対策が必要で寒冷紗トンネルを用意しておく。立枯病にはシミルトンやソイルシンを灌注する。

本圃の施肥：沖積土で4、5t採りの場合は10a堆肥1t、全量として炭酸苦土石灰90kg、窒素20、燐酸16（火山灰土では25）カリ20kgとして追肥は2回とする。

定植：地温4、5℃になる1カ月前の10月下旬から11月上旬に植える。畦幅60㎝2条植え、株間11㎝（10a28,000－30,000本）とする。（以前は105㎝、4条植えが多かった）

畝は南北とする。東西だと北側の生育が遅れる。

苗の大きさ：重量5.6g、茎の直径（茎盤の上）6－7.5mmが標準で茎径9mmを超えると抽苔しやすい。

管理：追肥と土入れ（乾燥防止）は11月下旬と3月上旬。除草剤はシマジンやクロロIPCを使用し、乾燥時は避ける。病虫害にはダイセン、6－6式ボルドー、エンドリン、マラソンなどを使用する。抽苔抑制のMH30の利用は茎葉倒伏初期（収穫2－3週間前）頃とする。

収穫と貯蔵：倒伏を待って収穫するが、貯蔵用には3分の2程度の倒伏時に収穫する。病害株を除き葉付きのまま結束する。大量貯蔵には簡易貯蔵庫を設ける。

(2) 2000年頃の栽培

栃木の野菜1999年、2009年版から概要を紹介する。

品種：アポロ（減少中）、甘70（中心品種となる）、早生7号、ソニック、貯蔵用としてもみじ3号

育苗：県央では9月5－7日、セルトレイを448穴1粒播きでパイプハウス内の育苗とする。根切りネットを敷きトレイを並べるが、乾燥防止のためトレイと土を密着させる。シルバーポリを被覆して高温を避ける。葉切りは2、3回行い、定植前にセルへ糊付けをする。定植2週間前より灌水を減らしていく。

定植：機械植えでは草丈15㎝程度の苗を10月下旬から11月上旬に定植する。

本圃の管理：活着後、除草剤コンポラル粒剤やゴーゴーサン乳剤を播く。

施肥：BB肥料やCDU化成、熔成燐肥などを中心に10a全量で窒素20、燐酸30、カリ17kg程度とする。このうち追肥（12月上旬と2月下旬）はBBとCDUの大半をあてる。追肥時に土入れを行う。

基肥一発肥料で追肥を省く場合もある。

防除：セル苗はタネバエの害を受けやすいので、定植前に殺虫剤（オンコルなど）の土壌混和、腐敗球防止に4月以降のベンレートとスミレックス剤の混用散布を行う。

収穫：80％倒伏時に収穫し畦上に半日置いてから、ハウス内に搬入する。ハウスにはすのこなどを敷いて通風をはかり、50㎝ほどに積み上げて乾かす。収量は約6t/10aである。

3）栽培上の問題点

1900年代前半でのタマネギの特性については次のような記載がある。
福羽（1893）は徒長苗は抽苔開花すること、池田（1906）はカリ、燐酸を多用すること、阪部（1924）定植に際して葉を切断してもよいこと（興津・園試成績）、抽苔についてはいろいろの説があるとだけ述べており、下川（1926）は火山灰土や酸性土は栽培困難としており、草丈6、7寸（18－21cm）茎径1、2分（3－6mm）を良苗としている。渡辺（1938）は関東の火山灰土の移植栽培は困難とし、抽苔しない良苗は7.5mm、熟期促進としての踏圧は無意味なことを述べ、この頃になると技術内容も明確化してきた。

1950年以降は研究蓄積もあり全国的に栽培技術の標準化が行われ、生理生態に応じた栽培技術が確立してきた。

本県での普及初期の問題としては共同育苗の推進、省力化による規模拡大、MH30の利用、選果機の利用、品種選択、経営的な課題としては水稲作との労力競合などがあった（3）。また豊凶による価格の変動が激しく、1964年と1985年の大暴落、産地廃棄などのこともあった。近年では豊凶に関係なく輸入が恒常化している。

1980年代では良苗確保、適期定植、酸度調整、乾燥害防止、病害防除、適期収穫、有機物の施用など基本的な事項が挙げられてきたが、現今では栽培の機械化、装置化が進み規模拡大への取り組み方策が課題になっている。

引用文献［第9章第2項 3)］

1. 蔬菜及果樹の主要品種の分布調査（1936）農林省
2. たまねぎの栽培（1963）栃木県農協中央会ほか、営農改善参考資料
3. 昭和40年度農改普及事業のまとめ（1966）県農務部

参考文献

佐藤近幸（1965）栃木県における水田裏作タマネギ栽培の経営と問題　農業と園芸40（7）
激増する輸入野菜と産地再編強化戦略（2001）日本施設園芸協会編　家の光協会

第10章 サトイモ（里芋、青芋）

1. 1800年代までの概要

サトイモは東南アジアでの重要な食用作物で、わが国へは古代、稲より以前に渡来していたとされる。古来よりこれに関する文献は多く、サトイモに関する民俗的行事や儀礼も各地に存在する。

第2章で紹介したように1700年代には本県でも異名同種もあるかもしれないが、数品種の栽培があった。これらの品種は八つ頭同様、現代の品種に通じるものであろうが、現在の品種との対応は不明である。栽培法としても現在とさして変わらぬやり方であったであろう。明治期の勧農政策においてサトイモは取り上げられることはなかったが、これは既に広く栽培され特段、改良の余地はなかったことによる。

しかし明治三老農の一人である群馬県の船津伝次平は巡回教師としてサトイモ栽培の改善点を講習している。1873年の会合でユーモラスに里芋を擬人化して語らせたものでその要旨は次の通りである（1)。

植え付け時期：木の芽が出る頃までに終わらせる。

場所：荏や甘藷の跡地がよい。

種芋の扱い：掻き取った尻に灰をつける。

植え付け：畦は浅くして尺余おきにごろりとねかして植える。そのわきに油粕やごみ土を置いて肥料とする。浅植えがよい。

土寄せ：麦刈りが済んで茎葉が伸びた土用前にやる。

下葉の扱い：日除けになるので切らない。

収穫：風のない天気のよい日に掘ってすぐ埋める。芋の上下を逆にして芽先きの腐敗を避ける。

内容は農書の時代と変わりないが、切り口に灰を付けること、下葉は取らないこと、芽を下にして貯蔵することなどは新しいことである。

1893年の福羽逸人の著書にはサトイモの種類として用途別に4種類を挙げている。栽培法として詳しい記述があるが、新しいやり方として直立に植えること、分球からの若芽を切ることによりさらに分球が進むこと（これは農書にも出ている、杉山直義は疑問視する）を述べ、芋茎（ずいき）の温床早出し法を提案している。

栃木県でのサトイモ

1874年（明治7年）の栃木県の野菜生産額はサトイモが1位で12万余円、次いでサツマイモ（蕃薯）が約5万円、ダイコンが2万円余で産額としては群を抜いて大きく、すでに主要な品目であった（2)。

1888年の県農産物産額でもこの順位は変わらず、タイマの57万円余に次ぐ55万円余の額を示している。これは本県農産物産額の第5位、繭の産額より多く、産額中の6％で関東諸県中でもトップである（3)。

2. 1900年代前半の概要

1900年代の作付面積を次表に示した。

表10－1　栃木県での1800年代後期からのサトイモ栽培面積（町歩・ha）

年次	1903	1911	1916	1926	1935	1945	1955	1965	1975	1995	2010
面積	3837	4730	4461	3339	3566	3480	2500	2660	2440	810	607

サトイモは食糧作物の要素が強いので作付面積は1938年が最大で、以後は2000ha余りで推移している。1930年代は千葉県に次いで全国2位の作付で野州里芋として県外移出が盛んであった。

栽培技術の変化は少ないが、下川義治の著書（1926）は病害虫に詳しくなり、若芽の除去については否定的となり、土寄せの深さが子芋の形状に影響すること、連作により低収となることを記述している。品種の解説も詳しくなり、茎（葉柄）の色、用途（親芋、子芋、葉柄用）による多数の品種、地方品種が紹介されている。後年の渡辺誠三の著書（1943）には品種が整理され、土垂、豊後、愛知早生、九面芋（八つ頭）、石川早生などの名が登場し、品種名の数も減ってくる。本県の品種は1934年時点での農林省調査では下記のようになっている（4）。

表10－2　1934年の栃木県サトイモ品種と作付面積（町歩）

品種	土垂	八重蔵	愛知早生	八頭	唐の芋	その他	全面積
面積	1490	828	331	165	20	497	3331

注：左記の3品種は土垂系、右記2品種は親芋用品種

本県内の産地としては県内全域にあり、上記の調査では土垂：下都賀、河内、那須　愛知早生：上都賀、河内、塩谷　八つ頭：河内、下都賀としている。

さらに町村レベルでの産地は1925年頃のものとして、下稲葉村（下都賀）、姿川村、平石村、界村（安蘇）を挙げている（5）。1927年当時の県内蔬菜出荷組合の取り扱い品目でサトイモを挙げるのは意外に少なく、13組合の中で6組合（1つは八つ頭）であった（6）。

6組合は助谷（壬生）、横川村、鷲宿（喜連川）、勧農（足利）、町田（薬師寺村）、片岡（矢板）である（多いのはハクサイの9組合）。これは各産地の産地商の影響が大きいことによるものだろう。産業組合での野菜販売はまだ少なく、これらの任意組合は産地商に対抗して作られたものであろう。1927年以降各地に市場法による中央卸売市場が開設され、荷造りや生産物の検査業務が始まる。本県での県営検査はカンピョウが1933年、サトイモが1938年開始となっている（他の品目の県検査はない）。栃木県農会ではこれに先立ちサトイモの出荷物検査を1936年10月から実施している。検査対象外のものとしては親芋と9月末日までの収穫物としている。本県野菜行政の「はしり」であった（7、8）。

引用文献［第10章第1、2項］

1. 明治農書全集第2巻（1985）船津、甲部巡回教師演説筆記（岩手県農務課刊、1888）
2. 渡辺善次郎（1991）近代日本都市近郊農業史　論創社
3. 明治中期産業運動資料第5巻1. 農事調査（1980）日本経済評論社
4. 蔬菜及果樹主要品種ノ分布調査（1936）農林省
5. 全国青果生産者全国著名生産者案内（1925）丸共商会編
6. 栃木県農業団体史（1954）県農務部編
7. 日本園芸発達史（1975）有明書房（1943年の復刻版）
8. 栃木農報13（9）記事（1936）

3. 1900年代後半の概要

1956年の県農業振興計画でサトイモは「夏期冷涼で驟雨の多い気候と表土の深い洪積土壌はさといもに良く適し」ているので、特産地として県南、県中、塩谷地方を挙げている。そして対策として規格を揃えて共同出荷体制をとること、原種圃を設け優良系統を増やすこと、早生の石川早生を導入すること、堆厩肥とカリ分を増与することなどを提唱している。

これに先立ち県は、1950年からサトイモの改良のための採種圃を各地に設けた。1955年頃まで設置されたが詳細は不明である。場所は篠井、中村、南犬飼など7カ所、各10－20aであった。優良個体の増殖目的であり、生産性は向上したとされる（1）。戦後の野菜行政施策の始まりである。1949年の農業改良普及事業の開始時からサトイモは食糧作物としての面もあって、早くから課題に取り上げられている。初期（1955－1960年頃）の課題として普及関係の資料（2）には増反奨励を第一に丸型品種・愛知、早生品種・石川早生の普及、施肥改善、土寄せなどの適期作業、種芋選択、販売改善などを挙げている。しかし1965年頃からの施設園芸の急速な普及により、サトイモの「話題」は減ってくる。

1970年からの稲作転換事業において転作作物としてサトイモはその特性から多く取り上げられ、1970年の253haから1980年の852haをピークとして第1位の野菜となっている。しかし全国的に見ても栽培面積が最も減少している野菜である。

本県においても1975年以降の栽培面積は下表の通りで、減少幅は大きい。これは消費の減退を背景に栽培面では、重量野菜で出荷調整に労力がかかり、種芋の確保や大規模化が難しいことによる。

表10－3　栃木県のサトイモ作付面積（ha）

年次	1975	1980	1985	1990	1995	2000	2005
面積	2440	2160	1740	1260	810	719	644

明治期には県農産物産額の6％を占めたサトイモであったが、1964年には1.6％、1973年に1.2％、1980年に0.7％、1999年以降は0.4％程度で移行している。

品種別の作付面積は下表の通りである。

表10－4　栃木県の1990年前後のサトイモ品種別作付面積（ha）

品種・年次	1984	1990	1999
愛知早生	1040	450.5	69
土垂		103	130.7
石川早生	80	20	9.3
女早生	37.5	174	105.8
蓮葉	0.5		
善光寺			72
八つ頭	4	6	0.5
その他	19		3.3
計	1181	753.5	390.3

生産出荷組織について

もともと系統農協による出荷量は少なく、生産者による組合もわずかであったが、いくつかの産地では出荷組織が活動していた。2、3の事例を紹介する。

矢板合会（あいがい）青果生産組合　開拓地の換金作物として1949年よりサトイモを栽培した。1950年に合会開拓地の根本兼吉らはサトイモ在来種による地元市場の安値から東京市場を目指し、北犬飼から種芋（愛知早生、早生丸）を入れ、翌年の3月にこの組合を結成した（組合長、中村鍠一）。1955年時点で会員82名、殆どがサトイモでほかはネギである。ネギは幸岡葱として戦前からの産地である。サトイモとネギは採種圃があり、サトイモは反300貫、3万円を挙げる。1957年は90名、早生丸主体で8.5haの規模であった（3、4）。

島青果物出荷組合（芳賀郡山前村）

芳賀郡下に支部を持ち、青果商に対抗するために組織した。組合長は堀口清である。設立年は不明であるが山前地区で1950年頃のことであろう。当初は10名、10haほどがトラックで東京市場へ出荷を試み成功を収めた結果、1955年時点で110名、30支部を擁する組織となった。支部は真岡地域はじめ清原、市貝まであった。組織が大きいだけに規格の統一、積荷の過不足、トラックの手配、代金の支払いなど運営は苦心を要していた。
しかし組合の方針として
1. 市場と生産者が直結し市場の要望に順応して計画的な出荷をする。
2. 荷造り調整を改善し統一した規格による出荷。
3. 品種の改良、栽培技術の指導。
4. 市場の信用確保と宣伝販売レッテルの使用。
という先明な問題を掲げ地元の青果商より高値の仕切りを得ていた（5、6）。

板荷蔬菜出荷組合（上都賀）

1930年からこの地に蔬菜出荷組合があった。1950年からタイマの代わりの換金作物としてサトイモを取り上げ農協から出荷するようになった。出荷は半きり俵5貫入りで東京市場へ出荷していた。1955年の実績は5貫入り1900袋（約1万貫）であった（7）。

北犬飼村

柏渕徳市は1950年代のサトイモ栽培の篤農家として紹介されている。畜力利用のサトイモ栽培を実行しており、5貫入りの角俵で25、20、10匁に区別して出荷し、種芋の選抜も行っている（8）。

この地方は畑作が主で、明治期からサトイモの産地としてカンピョウ、ラッカセイ、ホウキモロコシ、オカボなどとの輪作でサトイモが生産されていた。当時の作付状況を表に示す。北犬飼里芋出荷組合は1966年に解散したように、地元青果商との取引も多い（9、10）。最近は他の畑作物が不振なので水田での転作作物として作付けられ、農協でも出荷調整機をそろえ規模拡大が図られている。

表10－5
1907年の北犬飼村の重要作物（9）

作物	面積・町歩	収支・円
水稲	249.1	16,791
陸稲	175.4	4206
タイマ	515	
大豆・小豆	183	
稗	117	
桑	18	
箒草	538	
干瓢	1018	▽8,936
甘藷	434	2,242
里芋	359	2,677

引用文献［第10章第3項］

1. 栃木県政史（1956）県総務部
2. 1955年前後の各地区農業改良普及計画書による
3. 農業改良時報No67（1955）県農業改良課
4. 農業と生活　昭和32年8月号記事（編集部）
5. 農業改良時報No74（1955）県農業改良課
6. 伸び行く農業経営第3集（1953）（堀口清の記事）県農業改良課
7. 農業改良時報No76（1956）県農業改良課
8. 海老原武士（1954）農業栃木5（2）篤農家紹介
9. 鹿沼町史近現代1第2編（2006）鹿沼市
10. 同上　地理編（2003）

4. 栽培

1）品種

成書や県資料によるとその変遷は下記のようである。八重蔵は土垂系、唐の芋は親芋用品種、女早生は蓮葉系、善光寺は土垂系の品種である。

1912年：唐芋、八つ頭、小栗芋、離栗芋、六月芋、花咲芋（1）
1934年：土垂、八重蔵、愛知早生、八つ頭、唐の芋
1958年：愛知早生、早生丸、石川早生、八つ頭
1972年：愛知早生

1987年：愛知早生、石川早生、女早生
1999年：愛知早生、土垂、女早生、善光寺、八つ頭

善光寺いもについて

善光寺いもは1999年前後の県普及教育課の品種調査に登場する。これによると宇都宮農改普及センター管内に2ha、同鹿沼に70haの作付がある。（県全体の約20%を占める）いずれもマルチ栽培に使用されている。その後資料からは見えなくなる。

サトイモの品種名はその土地の名が付くことが多いが、由来ははっきりしない。いったん導入すれば自家採種であるから、名称は気にしなくなるので品種名は次第になくなってくるかもしれない。

小川浩徳によれば太平山の謙信平の故事から上杉の軍勢が持ち込んだというもの、善光寺の布教師が本県へ持ち込んだというものなど想像を膨らませている。鹿沼・北犬飼の上田哲宏によれば約30年前から栽培しているが、土垂系と区別がつかないという。地元の里芋を扱う日向野和久によると父の代から九州や千葉県から種芋を入れることはあるが、長野から入れたことはないという。善光寺は農協で導入したのではないかという。いずれにせよ過去の成書にもなく来歴は不明である。サカタのタネ㈱のカタログには「希少品種で粘質、中生」とある。肉質はかたく粘質、丸型で優良な品種であるが収量が低いので栽培は減少している。

（談話参考：　小川浩徳、上田哲宏、日向野和久）

2）栽培

第8章に南那須町の高田貞夫の栽培を紹介した。示唆に富む栽培を実行している。ここでは1900年代以降の栽培法を時系列的に3点紹介する。

（1）1912年の施肥例（1）

県農試の里芋品種比較試験での施肥量を示す。燐酸施肥の少ないのは後の施肥量と同じである。

肥料名	量（貫）	窒素	燐酸	カリ
人糞尿	300	1.7	0.39	0.69
鰊〆粕	7	0.58	0.39	0.49
米糠	7	0.265	0.028	0.896
木灰	8	−	0.262	0.936
堆肥	300	1.5	0.79	1.89
計		4.045	1.86	4.902

（2）1930年代の栽培

佐藤政明の著書（2）により記す。

品種：土垂　青茎で子芋の収量は多い。子芋はやや長形、黄白色で皮は薄い。柔軟粘質で味よい。

早生丸　埼玉県尾間木村の大熊龍太郎家の先代が土垂より選抜したもので丸みを帯び多収。

愛知早生　葉柄淡緑色、草丈短、芋は太く倒卵形で頸部は急に細く少々湾曲する。多収。

唐の芋　赤茎の親芋用で子芋は少ない。親芋は楕円形で八つ頭同様良味。葉柄は長大で1.2mを超える。えぐみなく生食可。

土壌適応性：粘質土では肉質粘柔で風味佳良である。連作害は少ないが2、3年の間隔の作がよい。ニンジンの跡地はよい、カボチャ、インゲン、トウモロコシ後は繁茂しすぎる。

種芋：子芋用品種は丸く太ったものがよい。2、3日陽に晒してから植えると発芽が早い。親芋用品種は貯蔵穴から出してすぐ植える方が分けつ少ない。

栽植：催芽の方法　早出しは催芽をする。17、8℃を目標に踏込温床を設け床土は3、4寸、

芋を密に並べ隠れる程度の土、細砂で覆う。1寸程度に芽が伸びれば直射光に当ててから定植する。畦幅2.5尺、株間1.3－1.5尺とする。

施肥量：窒素4、燐酸2.5、カリ3.5貫を標準に安価な肥料を使う。基肥は植穴か株間、追肥は2回。肥料は大豆粕、米糠、油粕、魚粕、木灰、下肥など。

中耕・土寄せ：土寄せが浅いと子芋がよく発育して親芋状となる。多い場合は4回もやる者もいる。6月下旬の土寄せまでは芽（わき芽）を摘除する。乾燥に弱いから刈り草や塵芥を敷くとよい。

貯蔵：貯蔵用の種芋は乾燥させてはいけない。特に八つ頭は乾燥に弱い。

(3) 1950年代の栽培

1955年の臼井辰之助の栽培資料の要旨を紹介する（3）。

栽培の特性は芋自体が貯蔵、輸送に堪えるので遠隔地での栽培も可能であり、冬期の労力活用に向く。しかし芋の増殖率は低く、種芋は反300－600貫を要するので確保が大変で、サトイモの消費は減少傾向なので有利作物とは限らない。栽培様式として普通栽培、早採り（催芽）栽培、新芋栽培（促成）、海老芋栽培、軟化芋茎栽培がある。

（普通栽培）

土地　前作にオカボはよくない。ムギ、タデ、ホウレンソウがよい。3年の休閑を要し連作障害として乾性腐敗病が挙げられる。

品種　早生丸と愛知早生は本県の主品種でほかに有望なものとして石川早生、赤芽、ウーハン（烏播）、八つ頭がある。

種芋と催芽　20匁（75g）前後がよい。掻き口に赤い筋があるのは避ける。植える前、2、3日陽に当てる。親芋用品種はこれをしない。催芽は23－25℃の温床を使用する。3月中旬に芋を上向きに並べ土をかけ上にはわら、こもなどで覆う。発芽すれば障子を掛ける。2葉の時（5月上旬）定植する。

植え付け　芋の向きは横でも直でもよいが親芋用は直に植える。子芋用品種は2－2.5尺、株間8－12寸、親芋用は3尺×15寸。土寄せは2回、2寸＋3寸で伸長時に土がないと青芋（親芋状の子芋）となる。

施肥　窒素4－5、燐酸2－3、カリ3－4貫とする。

貯蔵　深さ2.5尺（75cm）、断熱の麦わらを下と側面に付け、覆土を段階的に増していく。雨水が入らないようにする。

(4) 1970年代の栽培（4）

栃木の野菜1977年版、池田貞夫の記事による北犬飼地区の事例を記す。

地区の概要　畑作の比重が高い所でサトイモも古くから作られている。この時点で300haあり、ダイコン、ラッカセイ、ホウキモロコシ、オカボなどと組み合わされ、最近では（記事当時）陸田との輪作も行われる。サトイモのマルチ栽培も急速に増えてきた。

品種　愛知早生と石川早生である。

マルチ栽培　早出しが目的で8月下旬から出荷ができ、後に秋作が作付可能である。また早掘りせずにおけば多収となる。

種芋　中程度の60gくらいのもので脇芽の出ていないもの、健全なものを選ぶ。

芽出し　3月上旬に畑に深さ30cmの床を作り、芽を上にして並べる。もみ殻で6cm覆いビニールやこもで保温する。葉の展開する前に植える。

本圃管理　畦幅60cm、株間マルチ栽培では50cm前後、露地では55cm前後、マルチの時は芋を12cmの深さに植える。ポリは白色を使用し、事前にトレファノサイド除草剤をまいておく。

4月下旬頃から芽がマルチを持ち上げるようになればマルチから芽を出してやる。7月中旬頃、マルチを除去する。(注　その後マルチを収穫までしておくやり方も出てきた)

収穫　殆どが畑で収穫（掘り取り）までを行い業者に売る。農協出荷は少ないが農協出荷の場合は選別機が利用でき、出荷は4kgダンボールや10kgのビニール袋を使用する。収量は普通栽培で1.2t（10月下旬)、マルチで1.8t（10月上旬）である。

図10－1　わら製の容器「てんご」
1962年11月、宇都宮市での農産物品評会に出品されたもの

(5) 2000年代初期の栽培 (5)

2000年代の栽培を栃木の野菜2009年版、高野あけみの記事などで紹介する。

概況：上都賀農協里芋部会に約120名が加入しており、面積は1998年約150ha、2005年約120haで機械化が進んでいる。最近は水田との交互作が多い。また基幹作の補完的な栽培と位置付ける例も多い。近年土壌病害や線虫害が多くなっている。

品種：大和早生、女早生、土垂、善光寺が多い。

植え付け：畦幅80、株間45cm前後でマルチ1条畦で黒マルチが多い。

管理：マルチ栽培は芽出しが遅れないようにする。マルチは6月下旬に取るが、高畝として取らない場合もある。全面マルチはマルチを取らず追肥、土寄せをしない。施肥は成分で10a窒素20、燐酸45、カリ50kgでマルチ栽培では20%減肥する。主な生理障害は水晶症状、芽つぶれがある。

収穫貯蔵：9月下旬から始まり3月まで行われる。集荷場にコンテナで運ばれ、ここで洗浄、根切り、選別が行われる。業者への畑うりもある。収量は約2.5t/10aである。

河内町長峰の長峰洗い里芋組合（5名）は1982年頃から各種機械を揃え約3haを機械一貫作業で栽培している。主な作業機は次の通りである。

植え付けと管理：マルチャー、マルチ植穴機、管理機、ハネローター

収穫：掘り取り機、出荷：除根機、芋洗い機、選別機、袋詰め機

サトイモにはいわゆる作型がなく季節感のある野菜である。他のイモ類と共に昔からの栽培法と変わらないやり方で生産されている。生理生態を生かす技術開発は進んでいない。

分球相と土寄せの関係、室内貯蔵での条件など今後機械化、スマート化を進めるためデータの蓄積が必要となる。

引用文献［第10章第4項］

1. 明治45年度栃木農試業務功程 (1912)
2. 佐藤政明 (1934) 栃木県に於ける主要野菜の栽培法　自家本 (国会図・デジタル)
3. 臼井辰之助 (1955) 里芋の栽培　開拓地営農促進協議会 (謄写冊子)
4. 池田貞夫 (1977) サトイモ・マルチ栽培　栃木の野菜1977年版
5. 高野あけみ (2009)　サトイモ栽培 ―鹿沼市― 栃木の農業2009年版

第11章　その他の野菜

地域特産的な伝統野菜について紹介するが、いずれも文献は少なく来歴など詳しいことは分からないものが多い。筆者の探究できた範囲での記述である。

1. 野口菜（日光市）

日光市野口は日光と今市の中間にあり、この地区で冬期に湧水利用で栽培される菜を野口菜（水掛菜）と呼ぶ。日本在来の漬菜（n=10）である。来歴ははっきりしないが、今から240−250年前（注、文献1954年時点）に野口地区の岩の沢（岩戸澤か）に厳寒期でも繁茂している菜を見つけ小川付近の畑に移して栽培したのが始まりという（1）。この文献では2haの産地としている。一説には400年前、東照宮造営の人たちが静岡県から持ち込んだ種子によるものだとする（口伝）。静岡県の水掛菜は富士山麓の湧水を利用して御殿場市などが主産地である。由来として鉄道東海道線の工事に来た新潟県人により明治中期にもたらされたものという（2）。静岡県の水掛菜については別の記事があり、明治初年に山梨県から来たようだとする記事がある（3）。産地は同じく御殿場市周辺としている。

一方、野口菜に由来するような菜もある。新潟県南魚沼市大崎の苔菜・大崎菜は栃木県の不氷菜（清水菜）に由来するという文献を瀬古龍雄が紹介している（4）。この文献は1911年のものであり、大崎菜は1600年代中期には知られていたという。

静岡県の水掛菜は近年に始まっているので、野口菜の「東照宮関連」とは違うようである。青葉高は御殿場の水掛菜の種子型はA型で富士吉田市の菜と野口菜はB型なので（5）、野口菜と静岡県との関係は薄いようである。なお、日光山領の農民は東照宮へ野菜も納めていたが、そのリストには野口菜を思わせるような菜類はない（6）。

このように野口菜の由来については明らかでない。

野口菜は1940年代には約5haあったが、1948年のキティ台風の水害や1949年の今市地震により湧水が減少したことで栽培が激減した。1970年代には1haにも満たぬくらいになり2000年頃にはだいや川公園で保存的な栽培をするほか、今市・町谷の渡辺好美ほか数名が栽培して自家消費のほか地元直売所で販売している。2005年に保存会（福田常雄会長）ができ、翌年に故郷に残したい食材百選になり、2007年にイタリアに本部のあるスローフード協会により「味の箱舟」に認定された。（注　絶滅の危機にある貴重な少農産物を守ることを目的とする協会）

栽培法（福田富士による「栃木の野菜」1977年版記事による。）

専用の畑は水の流れを考慮して下層30cmの厚さに玉石を敷きさらに20cmの厚さに砂壌土を入れ作土として造成する。

播種は9月下旬、10a1ℓの種子量で幅60cm、高さ15cmの高平床に播く。水は11月中下旬から流す。収穫まで水は流し続ける。収穫は12月下旬から3月中旬までで、正月の需要が多い。

野口菜のほかに日光市には細尾菜（苔菜利用）、川俣菜（かぶ菜）がある（7）。いずれも在来漬菜種である。

引用文献［第11章第1項］

1. 農業視察便覧上巻（1954）野口部落の水掛菜p140　農業評論社
2. 忠内雄次（2002）静岡県の水掛菜　地方野菜大全　農文協
3. 鈴木康三（1944）水掛菜の栽培について　日本園芸雑誌vol 56

4. 瀬古龍雄（1979）
　雪中に緑をつむ大崎菜
　ふるさとの野菜　誠文堂新光社
5. 青葉高（1981）野菜　p209
　法政大学出版部
6. 今市市史資料編近世Ⅳ p111
7. 日光市在来・伝統野菜（2021）
　日光市役所　地域振興冊子

参考文献

宇都宮大学UUnow
2006年4月20日　第5号記事
談話参考　高橋久美子

図11－1　野口菜　今市市、2017年3月

（図一）水カケナのほ場断面

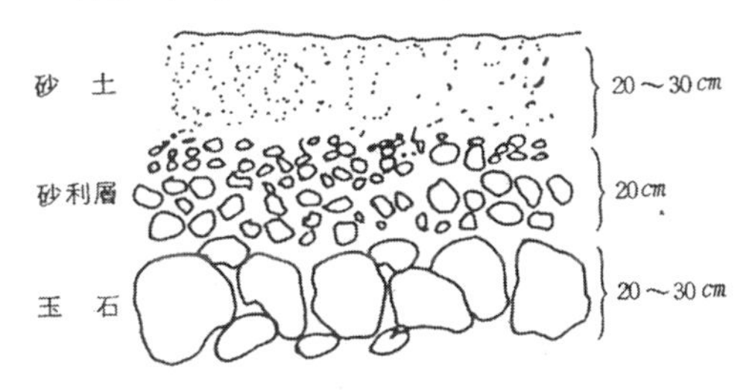

（図二）畦幅、畦図

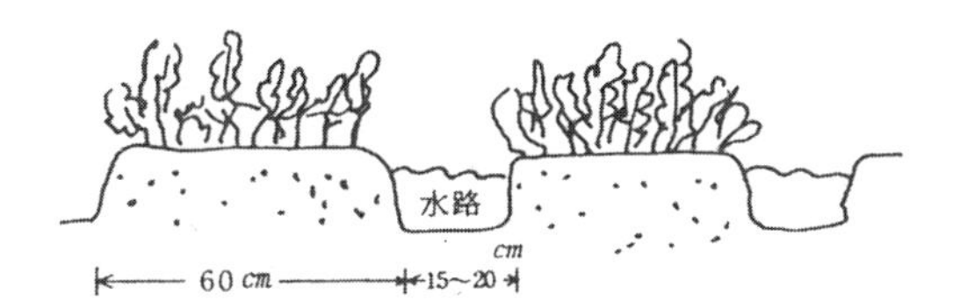

図11－2　野口菜の圃場　福田富士原図
（栃木の野菜1977年版より）

Slow Food Japan

「味の箱舟」

水掛菜(野口菜)
Mizukakena(Noguchina)

主な生産地：栃木県日光市

上記は、スローフード協会により
「味の箱舟」品目に認定されました。

2007年8月3日

スローフードジャパン　会長　若生裕俊

図11－3　味の箱舟認定証
スローフードナショナル2007年

2. 鹿沼菜（鹿沼街道菜、鹿沼市）

鹿沼市内で古くから作られている在来漬菜（n=10）である。石関俊男の記載によれば葉は濃緑色で光沢があり、切り込みが深く葉柄は短い。耐寒性があり10－3月が出荷期である。陸稲の切株を利用した東西畝は葉枯れが少なく慣行となっている。冬期に柔らかくうまみが出る。抽苔はやや早く10月下旬播きでも4月上旬となる（1）。

近時、栽培が少なくなり2010年に伝統野菜の鹿沼菜復活プロジェクトが発足し、上都賀農協を中心に復活を目指している。採種は現地生産者のほか鹿沼南高校でも行っている。

図11－4　鹿沼菜
葉の基部が花茎を巻くのが
n＝10の特徴

1700年代前期の享保・元文諸国物産帳の水戸藩・御領内産物留の菜類に「鹿沼ナ」とある。これが本県の鹿沼菜であれば古い記載となる（2)。(注　茨城県内には鹿沼の地名はない)

引用文献［第11章第2項］
1. 石関俊男（1987）野菜の栽培技術　伊東正編著　誠文堂新光社
2. 盛永俊太郎、安田健（1986）江戸時代中期における諸藩の農作物 日本農業研究所

3. かき菜（芯摘み菜、佐野市）

以前から両毛地方で栽培されていた洋種菜種（n=19）の一種である。以前からかき菜は広く両毛地方にあり、しばしば万葉集・東歌と結びつけられるが、抽苔した若い花茎を摘んで食べることはいずれの地方でも古代から行われていたことだろう。

この地方のかき菜の来歴は不明であるが、1930年（昭和5）から洋種菜種の育種が国によって始められ、現場でも菜種の振興策が取られた。その結果、洋種菜種の栽培が増え、これらの菜種用栽培から苔菜としての利用が始まったとも考えられる。一方、1950年代に本県でも普及した飼料用青刈り菜種、CO（シーオー、正確にはCOO、合成ナタネ）から苔菜利用が派生したとも考えられる（1)。COはホウレンソウより旨いので、野菜が高い時は野菜として売ってしまうという記事もある（2)。

群馬農試木崎分場ではCOの野菜利用を目的として分系育種を1950年から始め、食味のよい「CO3号」を1956年？に育成した（3)。これはCO菜として他のかき菜より食味で優れ普及した。この系統は各地で自家採種による栽培が行われたことも想像される。

従って佐野市のかき菜のルーツは菜種油用のナタネ、飼料用ナタネ、野菜用のCO3号という3つが考えられる。当時、群馬県では宮内菜も民間育種されている。

全国的に見ると三陸つぼみ菜、長島菜種、宮内菜、川流れ菜、かぶれ菜は洋種菜種である。ちなみに在来菜種（漬菜）のかき菜は大和真菜、鹿沼菜、のらぼう、今市の水掛菜、ゆきみず菜、新晩生油菜、大崎菜などである。

佐野市のかき菜は農協の部会ができたのが1986年で、2006年からとちぎ地域ブランド「佐野そだち菜」の名で販売されている。1965年頃から栽培が多くなってきたがそれ以前のことは不明である。新井峰二（佐野農協かき菜部会長）の家では父親がCOを野菜として作っていたというから、地域としては1960年頃から現在に通じる「かき菜」の栽培が既に存在していた

図11－5　かき菜前橋市場にて　1994年1月18日

図11－6　かき菜のパンフレット　2008年

と考える。往時の2、3月は　菜類の端境期であり、この時期に耐寒性が強く、薹立ちが早いかき菜類（和種、洋種を問わず）は貴重なものであり、どの家でも自家用に栽培していたので栽培の経過をたどることは難しい。

佐野農協では一時期100名もの栽培者がおり、東日本大震災時はその影響を受けたが、現在（2020年）は小規模ながら60名くらいの部会員がいる。種子は採種圃を設けて採っている。

栽培法（「栃木の野菜」1999年版、2019年版による）

ハウス栽培、トンネル栽培、かっきり栽培、摘み取り栽培に区別されるが、現在は露地栽培で一斉収穫の株切り方式と側枝利用のかき菜方式が主体である。播種は9月中旬で株切り栽培は直播し、摘み取り式は育苗して10月中に定植する。施肥量は成分で10a窒素20、燐酸20、カリ15kg程度で有機質系肥料が勧められている。収穫の最盛期は3、4月である。

引用文献［第11章第3項］

1. 小川光重（1953）COについて　農業改良時報No48
2. 農業と生活6月号（1958）（自給飼料に関する座談会記事）
3. 茂木正道（2002）地方野菜大全・群馬県　農文協

参考文献

群馬農試木崎園芸分場蔬菜成績書（昭和25－31）

野菜園芸百科（1989）農文協　青葉高　ツケナ

細田友雄（1966）青刈り作物COの栽培と利用　牧草と園芸14（9）雪印種苗㈱

談話参考　石関俊男、新井峰二、関哲夫、広瀬涼

4. シュンギク（春菊、菊菜、茼蒿、高根沢町ほか）

わが国への渡来は中世と考えられ、百姓伝記（1680年頃）には「しゅんぎくは八月にまき年をこゑて2　3月まで、けし菜のごとくつかふ」などの記載がある。明治期以降、現在の栽培法に近いやり方が行われている。立性と伏性の区別、分枝を出して収穫していく方法と、根付で1回収穫の方法があり、関西では根付、1回収穫であること、春播きで抽苔、晩秋播きで寒害を受けること、冬期はよしずなどで防寒すること、古種子でも発芽のよいことなどが要点として挙げられている。

品種分化は少なく草姿、葉の形状、分枝性で区別される。自家用に栽培されてきたが、1960年以降、ビニール利用によって長期採りができるようになり、ニラと同様に発展してきた。摘み取りタイプの栽培は摘み取り回数の増加により茎が細くなるので、8月中旬から10月まで2、3回に分けて播種して常に一定の太さのものができるようにする。炭疽病対策として夏播きは古種子を使うことは、すでに1926年の下川の著書に述べられている。

高根沢町や氏家町の産地としての栽培は比較的新しい。野菜行政から見てもシュンギクはマイナーなものであり、水田再編事業のときも対象品目にはならずその後の首都圏農業、プラスワン運動でも、シュンギクを取り上げた普及所は矢板、氏家、真岡、黒磯の4所で、シュンギクはフキ、ミョウガ、ウドと共に特産品目の位置付けであった。

高根沢町の石垣イチゴ組合（阿久津農協苺生産出荷組合）が解散したのは1973年6月でこれより2、3年後にはごく少数の生産者となり、イチゴをやめた人はキュウリやシュンギクに転向していった（1）。この時のシュンギクが発展の元になる。氏家町の熟田農協管内でも同じ頃石垣イチゴをやめてニラやシュンギクに転向する者が多かった（2）。

シュンギク導入の経緯は不明であるが、おおむね1972年頃から阿久津地区を中心に増加してきて1976年に高根沢農協に部会が発足し、シュンギクを特産物にするために関係機関が推進してきた。氏家町では1980年トマトからの転換作として21名、75aから始まった。部会は

1981年からである。1992年には65名、8haとなり、うち夏採り作は3haである。喜連川町では1984年に農協部会ができ、1992年では約2ha、17名の会員である。いずれも初期から農協や指導機関の関与があった産地である。初期は一斉収穫式であったが1975年頃から摘み取り式となった（3、4）。作付面積の消長は次表の通りである。

表11－1　栃木県のシュンギク作付面積（ha）

年次	1971	1975	1986	1990	1999	2002	2005	2010
面積ha	21	32	36	40	63	72	71	58

注：県普及教育課及び農林統計による

なお、喜連川町などを担当する氏家農改普及所内のシュンギク作付面積は県全体に対し1986年は44％、1990年は54％、2002年は36％であり、この地区に生産が集中している。

高根沢町農協の実績は右表の通りである。同町のシュンギク生産額は2006年で町全額の2.8％（トマトは2.3％）を占めている。

表11－2　高根沢町農協のシュンギク栽培実績

年次	生産者数	栽培面積 ha	販売額（百万円）
1977	68	1.9	－
1981	72	4.5	－
1988	150	7.5	104
1992	131	11.0	180
2004	115	11.3	－

注：氏家農業改良普及所資料1993年による

1990年の首都圏農業対応のプラスワン事業でシュンギクを取り上げた市貝町では5haの産地ができ、同じ頃矢板市や芳賀町でも産地ができた。

栽培法　（「栃木の野菜」1977年版、1986年版による）

品種は中葉系とし、播種は9月中下旬とする。種子は一昼夜水に浸し、半乾きでベンレートT水和剤で粉衣してから播く。直播と育苗・移植栽培があるが、摘み取りのサイクルから数回に分けて播くとよい。早播きは苗が徒長しやすく管理が難しい。畑に苗床を作り4－6葉苗を10月中旬に定植する。

パイプハウスは15型で中央通路をへだて平ベッド2床とし、15×20cm間隔で植える。凍害を受けると生育が止まるので、厳寒期はカーテンに加えトンネルを2重にする。主枝は5、6節残して収穫し、一次分枝を伸ばす。その後収穫を繰り返していく。10a当たり窒素30、燐酸25、カリ30kgが施肥の基準でN、Kは1/3を追肥とする。追肥は作業上、液肥を使用する。収穫は12月－3月までで、10a、3tの収量である。

夏採りは抽苔するので摘み取り収穫はできず、1カ月ごとに播いていく。雨除けハウスが望ましく、夜温低下策としてウオーターカーテン設置も考えられる。

問題点としては夏採りの作柄安定（雨除けハウスや高温対策）、品質の平準化、芯枯れ対策としての施肥改善、生産の拡大があった。最近の栽培ではセル育苗、ハウス内育苗やポリマルチ、ウオーターカーテンの利用も行われるようになった。また夏採り作は減少している

引用文献［第11章第4項］

1. 川里宏（2008）栃木のいちご半世紀　喜連川町の記事による
2. 蔬菜組合十五年のあゆみ（1980）氏家町農協蔬菜組合（坂本育の手記による）
3. 阿久津昭文（1998）JAしおのやの「きわめ中葉」の栽培　園芸新知識98年9月号
4. The Syungiku（1993）氏家農改普及所資料（冊子）
談話参考　矢田部健一

5. ゴボウ(牛蒡)

1) 1940年代までの概要

ダイコンと共に重用されてきた野菜であるが、野菜として普及するのは中世以降でそれ以前は薬用としての利用が多かったようである。江戸期の農書には多く扱われている（第1編第2章参照）。

各地に土着品種が存在するが福羽は1893年の自著において4品種を挙げ、下川（1926）は地方品種として9品種挙げ、沖積土の土層の深いところに優品ができ、連作で枝根を生ずるとしている。渡辺（1943）は滝野川種を代表品種とし、全国にその系統が土着していると述べ、栽培型は春播き、秋播きを基本としているが、秋播きで冬期に保温（覆下栽培）して初夏に新牛蒡として収穫する栽培を紹介している（この方法は現在、トンネル栽培となっている）。

間引きについて下川は葉の濃緑なもの、密生するもの、丸葉なものを除くとしているが、小此木栄治は最近の採種法の改善により品種の純度が高くなっていることから、形状による間引き選別の重要性は低くなっていて間引きは生育不良株を除く程度でよいとした。むしろ、又根（岐根）の原因はハリガネムシ、ネマトーダ、古種子や充実不良種子による初期生育の不良、酸性土壌での連作が主因とした（1）。

施肥について下川は燐酸施肥量は窒素の半量としており、渡辺は根に燐酸分が少ないことにより同様に燐酸量の少ない施肥基準を示している。

現在まで1940年代までの栽培と大差ない栽培が続いているといえる。

栃木県のゴボウ栽培

1888年の県農産物産額ではゴボウは産額7万余円でナスの9万円に次いで4位であり、畜産や米麦を含めた全額の中の0.8%を占めていた（2）。

1925年の資料では稲葉村と国本村を産地としている（3）。1934年の作付品種は面積232haのうち滝野川58%、札幌30%、砂川10%、大浦2%の割合になっている（3）。大浦以外は滝野川系の品種である。自家野菜として県内広く作付があることは県内市町村史の記載に見る通りである。販売を目的としたものとしては、1927年時点で明治村多功第2蔬菜組合、毛野村勧農蔬菜出荷組合があった（4）。

1956年の振興計画に挙げる野菜の品目ゴボウもこの中の入っており、10地帯のうちゴボウの適応性を挙げないのは4地帯のみであった。初期の普及事業においてゴボウを取り上げる場合は少なかった。

佐藤政明の著書（1934年）におけるゴボウの記述

本県の品種は殆ど滝野川赤茎系である。名産地の稲葉村は黒川の沖積地の表土の深い粘質壌土である。火山灰土壌では肥大に過ぎて質が粗である。砂地では肉質が堅い。連作は低収となる。本県は殆どが春播きである。施肥は大豆粕、米糠、木灰、下肥で、1反歩窒素5、燐酸2、カリ4貫とする。追肥は3回、間引きは2回に分け、残す株は葉勢中庸、葉型長目、葉色濃くないものとする。収量は400－800貫である。貯蔵は束ねて土中に重積する。

2) 1950年代以降の概要

1950年以降、主産地は壬生町と県南の岩舟町で、以下産地の栽培について「栃木の野菜」各年版により概要を紹介する。

岩舟町の栽培

1950年代から普及指導の対象品目になっている。この地区の栽培は他と違い秋播で翌年の

6、7月に収穫する。播種はオカボの株元にさくを切り9月15日－10月10日までに播種機で播く。陸稲の後作に栽培するのが特徴である。収穫は6月下旬、トレンチャーで行い、後作にはニンジンを作る例が多い。線虫にはEDB剤を使用する。品種は柳川理想などである。施肥量は10a、窒素・カリ各2.0、燐酸3.0kg程度としている。

地元の集荷業者に売っていたが1968年に岩舟野菜組合ができて農協出荷となった。1970年初期は40名、25haの規模であるが、減少傾向にある。

壬生町の栽培

稲葉地区（土壌は粗粒質低地水田土、黒川沖積）では古い歴史を持つが、1970年代から生産は台地上の畑に移り、農協主体に規模拡大と機械化を進め農協共販が増え、大阪市場への出荷も行われている。壬生農協牛蒡部会は1981年にできた。春3－4月播きで9－2月まで出荷される。トレンチャー、シーダーテープ利用で、殺線虫剤や除草剤を併用する。深耕するので施肥は多く、10a成分で窒素とカリは各25kg、燐酸は55kgを施用する。機械化によりゴボウも畑作物化して規模の大きい生産者が栽培している。1980年代の栽培者は70名くらい、その後増加して1990年代には100名を超えた。2000年代に入ると輸入品増加や高齢化により栽培者は激減して、2010年頃には30名の部会員となった。品種は柳川理想が引き続き用いられている。

1950年以前の稲葉地区は水稲、タイマ、ゴボウが主作物で関西方面へゴボウを出荷する業者も何人かいた。ここは土一丈といわれるほどの土層があり、ゴボウ作には向いていた。

稲葉地区のかつてのゴボウ作につながる栽培をしている者は2019年現在、下稲葉の1名のみである。（次項3）稲葉のゴボウについて参照）

2000年以降、県内ではほかに小山市（桑）、下野市（石橋）、上三川町に産地がある。

品種の変遷

1958年頃：滝野川、渡辺早生

1985年頃：柳川理想（作付の80％）

以後、柳川理想の栽培が殆どで2010年頃まで続いている。

栽培面積の消長は次表の通りであるが、まだかなりの面積がある。産地は壬生町、宇都宮市、真岡市の台地が主である。

表11－3　栃木県でのゴボウ作付面積（ha）

年	1926	1935	1945	1955	1965	1970	1980	1990	2000	2010
面積	416	482	512	506	559	395	350	627	527	438

3）稲葉のゴボウについて

稲葉村のゴボウの来歴は不明であるが江戸期以降多くの記録、史料がある。

（1）壬生町史資料編

壬生町史資料編近世の部には町明細帳などに稲葉ゴボウが出てくる。1712年の壬生表町通町明細帳には「御献上牛房之儀、下稲葉村、上稲葉村、家中村、大塚村へ被仰付候て代物被下置候」とあり（第3章　町と交通p551）周辺でもゴボウの栽培があったことが分かる。1843年の同資料編壬生宿の節には「此宿牛房・素麺・小豆等の産物有之」とある。1843年の同資料編には「下稲葉村・上稲葉村に而牛房を作る、稲葉牛房とて此所の名物なり」とある。

（2）大武鑑中巻（1965）橋本博編　名著刊行会

1773年刊行の本著に壬生城主・鳥居伊賀守が正月に江戸幕府に献上した正月料理のリストに寒中牛房の名がある（なお、2020年の壬生町役場発行のお殿様料理グルメマップによると第4

代藩主の1805年7月中の献立にナス36回、ゴボウ12回、カンピョウ9回など出されているという)。

(3) 天保年間の名所、名物番付表

1831－43年間の天保期の番付表に稲葉牛房の名がある。欄外に宮村葱の名もある。(第1編第2章参照)

(4) 歌川国芳、山海愛度図絵(1852年)(山海めでたい図絵)

この一連の絵の中に稲葉のゴボウの絵がある。例えば安房のものはカツオ、平戸はクジラ、土佐はかつおぶしといった名産が描かれている。

(5) 1880年代(明治中期)の栽培(5)

稲葉のゴボウの栽培について1889年の県農商工報告30－31号所収のものを要約する。

選種法:ふるい分けしてから水浸、浮いたものを除き乾かす。

適地:直土で堅い地がよい。前後作:オカボ、アワ、ゴマの後は畑土が締まるのでよい。

ゴボウの後作はナタネやサトイモがよい。

播種:春彼岸の頃に播く。1畝5勺。土は堅い方がよいので耕起せず、硬く踏む。基肥を1.5尺ごとに点置した脇に6、7粒播く。(注　株間が1.5尺は広すぎるので疑問?)

施肥:1.7尺畦に溜肥を敷く。1畝当たり煮た大豆と土肥を1.5尺おきに点置する。追肥は間引き後、土用前に大豆、漁粕、灰、土の混ぜたものをやる。次の追肥は土用過ぎで醤油粕、大豆の混合物をやる。

収穫:犂で畦間を2尺深に掘り上げ、尖り棒で空をうがち抜く。1畝で400本採れて代金は1－2円である。栃木、宇都宮、茨城へ売る。

採種:株はそのままにしておき、翌年採種(10月頃)する。

引用文献[第11章第5項]

1. 小此木栄治(1948)牛蒡　新青年文化協会
2. 明治中期産業運動資料第5巻I農事調査(1980)　日本経済評論社
3. 全国青果生産者全国著名問屋案内(1925)丸和商会
4. 栃木県農業団体史(1954)県農務部
5. 栃木県史資料編近現代4(1974)栃木県(5章農業技術)

参考文献

中野正人・笹崎明(2019)シリーズ藩物語・壬生藩　現代書館

談話参考　鯉沼正男、鯉沼義原

図11－7　壬生町稲葉のゴボウ
(黒川沿岸の土一丈といわれる深い粘質壌土での栽培　栽培を続ける鯉沼正男圃場にて)2019年11月9日

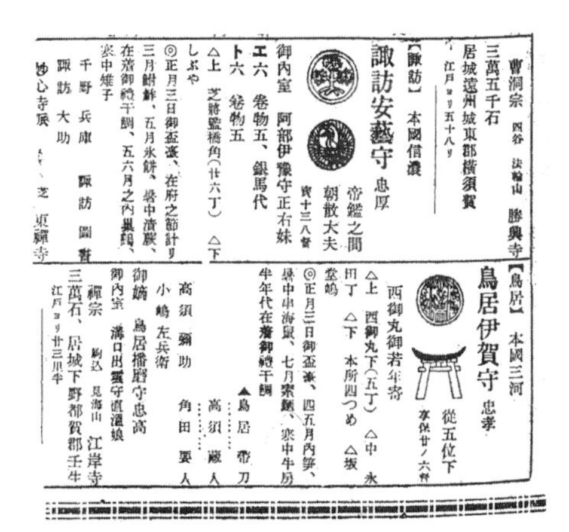

曹洞宗 四谷 法輪山 勝興寺
三萬五千石
居城遠州城東郡横須賀
江戸ヨリ五十八リ
【諏訪】 本國信濃
諏訪安藝守 忠厚
帝鑑之間
朝散大夫
寅十三八督
御内室 阿部伊豫守正右妹
エ六 巻物五、銀馬代
ト六 巻物五
△上 芝将監橋角(廿六丁) △下 しぶや
◎正月三日御盃臺、在府之節計リ
三月鮮鮮、五月氷餅、暑中漬蕨、
在着御禮干鯛、五六月之内巣鷹、
寒中雉子
千野兵庫 諏訪図書
諏訪大助
妙心寺派 芝 東禅寺

【鳥居】 本國三河
鳥居伊賀守 忠孝
従五位下
享保廿ノ六督
西御丸御若年寄
△上 西御丸下(五丁) △中 永田丁 △下 本所四つめ △坂 登嶋
◎正月三日御盃臺、四五月内筍、暑中串海鼠、七月索麺、寒中牛房
半年代在着御禮干鯛
▲鳥居帯刀 高須藏人
高須彌助 角田要人
小嶋左兵衛
御嫡 鳥居播磨守忠高
御内室 溝口出雲守直溫娘
禅宗 駒込 見海山 江岸寺
三萬石、居城下野都賀郡壬生
江戸ヨリ廿三里半

図11－8　鳥居家より正月、将軍に献上されていた稲葉ゴボウ　寒中牛房とある(大武鑑中巻、1773年)

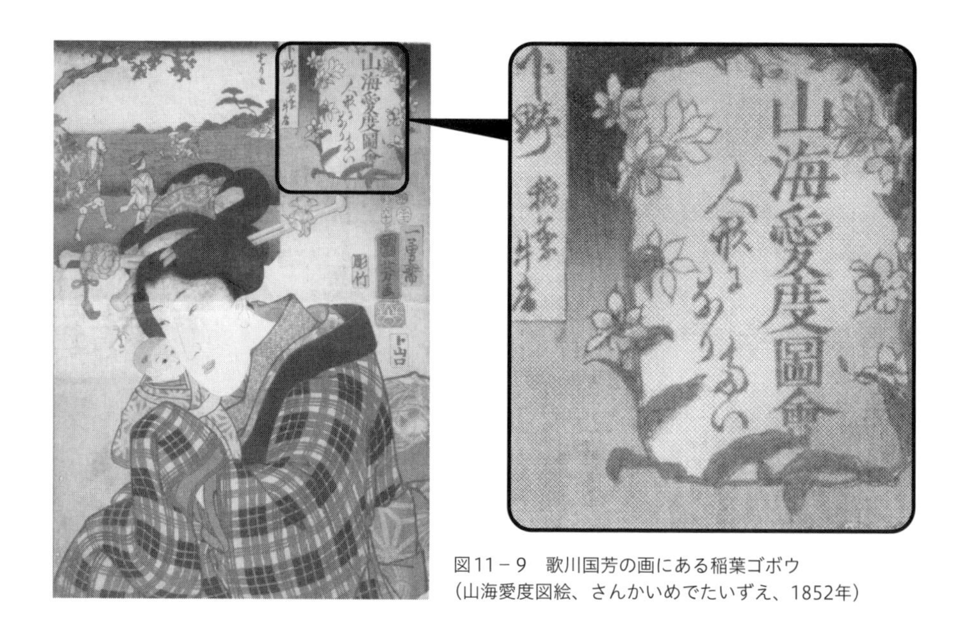

図11－9　歌川国芳の画にある稲葉ゴボウ
（山海愛度図絵、さんかいめでたいずえ、1852年）

6. ダイコン（大根、莱菔、蘿蔔）

農書における本県のダイコンについての記述は少ない。しかし野菜としては重要品目であり、1988年の農産額ではサトイモについでダイコンは野菜類の第2位、農産物の中では繭に次ぐ第8位の地位で前産額の1.6%を占めていた（1)。1934年の調査では1793町歩のうち、練馬：807、聖護院：359、宮重：269、美濃早生：179町歩の品種分布であった（2)。聖護院や宮重種が意外に多い。1950年代は品種分化が進み秋ダイコンでは、練馬各系統に大蔵、高倉、西町理想、夏ダイコンは美濃早生各系統が栽培され、1980年代になると天春（春ダイコン)、耐病総太り（秋ダイコン）ほか従来の品種・系統を越えた各商社の品種が栽培されるようになった。この傾向は他の野菜も同様であるが今日まで続いている。古来、多くの地方品種があり、上記の主品種も地方品種から全国的な品種となったものである。栃木県には足尾町の唐風呂ダイコンが唯一の地方ダイコンとして知られている。

もともと自家消費用の栽培であり、1954年の県農政課調査ではダイコンの販売額はダイコン全生産額の34%に過ぎないというデータもある（3)。

戦前の産地としては佐野・犬伏町の美濃早生ダイコンの集団産地が1920年代から始まり、1950年代からは県内高冷地での美濃早生ダイコンの産地が筆頭である。

唐風呂ダイコン

下川の蔬菜園芸には地方品種として50種を挙げるが、本種はない。「日本の大根」には秋ダイコンとして栽培地が地域的に限られている地方品種、57点を地方品種群としているが、この中に「唐風呂」がある。解説文は次の通りである（4)。

「足尾町の原産。関東地方では珍しい地方品種である。根形は砲弾状で先端は尖る。皮はほとんど赤紫色を帯び先端のみ僅かに白い。葉柄も同じように赤紫色を呈する。中肋の形は扁平、葉片は濃緑色で練馬大根に似ている。多少抽出性がある。肉質は柔らかく、長期の貯蔵に耐える」

1925年の全国青果生産者著名問屋案内（5）には産地として足尾町のダイコンが出ている。おそらくこの唐風呂ダイコンのことであろう。

1950年代までは盛んに栽培されていたが、1998年以降は数名が栽培するのみとなり、採種は同町唐風呂地区の久保田公雄が2000年から続けている。貴重な本品種の種子保存、栽培の継続には行政も関わっている。

なお同町船石地区には船石芋、旧栗山村野門には野門の赤ジャガイモと呼ばれる古いジャガイモ品種が存在している。

図11－10　唐風呂ダイコンの葉型（左）と根（市販の青首種：あざみ葉　唐風呂種：おかめ葉）

引用文献［第11章第6項］

1. 明治中期産業運動資料第5巻1農事調査（1980）日本経済評論社
2. 蔬菜及果樹主要品種ノ分布調査（1936）農林省
3. 絵面伝一郎（1955）栃木県蔬菜の経済的考察　栃木県農業会議
4. 古里和夫・宮沢明（1958）園芸上からみた日本の大根品種　日本の大根　日本学術振興会
5. 全国青果生産者全国著名問屋案内（1925）国会図書館デジタル

談話参考　長澤美佳、久保田公雄

7. ショウガ（生姜、生薑）

古くから葷菜として重用されているが、農書には記載が少なく、1700年代の諸国物産帳の岡本村などの項には「せうが<是は最寄村々にて作り申者稀に御座候>」とあり、河内郡の羽牛田村には「せうが」があるが高谷村にはない。栃木県ではニラやネギに比べ栽培は少なかったようである（1）。

1）1900年代前半の概要

市町村史にショウガが出てくるのは1900年以降のことが多い。断片的に拾ってみると1883年の小中村の物産名にショウガ（2）、1924年の県農業概況に稲葉村のショウガ（3）、1930年に宇都宮市でショウガの促成をやる者1名（4）、1934年の下都賀郡下にショウガ10町歩（5）（ちなみに同郡でゴボウ79、タマネギ28、ネギ37、トマト20、サトイモ686町歩）の記載がある。

ショウガの栽培規模は明らかでないが、1888年の栃木県農産物物産額（畜産、蚕業含む）では総額895万円余のうちショウガは約6400円であり野菜類の中でもとるに足らない額である（ちなみにネギは3.5万円）。さらに下って1941年の作付は103町歩であり、かなりの栽培があったようだ（同期のネギは700町歩）（6、7）。

1920年頃のまとまった産地として挙げられているのが稲葉村、赤見村（安蘇）、本郷村（足利）

で（8）、本郷・名草村のショウガは明治初期にはすでに産地化しており、1877年の名草村の産物の中でもかなりの地位を占めていた（9）。

本郷村（名草）のショウガについては栃木農報に次のようにある（10）。

名草のショウガの産額は1930年頃、4万円で面積は30町歩余り、歴史は古い。紀伊国名草郡より遠江守がこの地に封じられた時、紀州より持ってきたといわれる。ショウガの敷き草は山林からのもので、貯蔵は山の横穴を利用している。

表11－4　名草村物産（9）

品名	数量	金額・円
米・中等米	1,836石	14,684
麦・豆	1,417石	5,500
薑	720駄	2,900
実綿	180貫	67
材、槇、薪	－	8,580
織物	39,900反	27,200
計	－	58,931

注：一部改変

以上の例では殆どが切り薑と思われ、早出しの棒ショウガや軟化ショウガ、加工した紅ショウガは少なかったようである。1929年の栃木農報では軟化ショウガ（筆ショウガ）を勧めている。本県の品種は金時、茅根、三州が多く、軟化用として三州（愛知県産）をよいとしている（11）。茅根は小ショウガ、三州は中ショウガである。

2）1900年代後半の概要

ショウガはいたってローカルな野菜であるから行政に登場することはない。農業改良普及事業においても対象となる地域は少ない。初期の普及事業でショウガを取り上げていたのは田沼、葛生町担当の田沼農改普及所だけであった。

三好農協のショウガ（12）

田沼町三好地区は昭和初期（1920年代）からの産地であった。1936年には加工場ができ、漬けショウガとして商社へ販売してきた。1951年には紅生姜漬で農林大臣賞受賞、同町三好農協のショウガ栽培は1957年時点で18ha中太（ちゅうた）、在来種で、漬けショウガ、紅ショウガ、根ショウガとして出荷される。田沼町の作付面積は1968年では25、1972年55、1975年15haであり、1971年には貯蔵庫ができ、水田転作事業でこの地区はショウガへの転作が1970年には42haであった。

1978年頃から葉ショウガのハウス半促成に切り替えてきたが面積は減少してきた。
隣接の葛生町（常盤）では千葉県から中太を入れて1956年から始まっている。

安蘇地方のショウガ栽培（13）

1970年代の三好、葛生地方の栽培を紹介する。

作型は次の通りである。

作型	促成軟化	促成	半促成	普通
植え付け	11－3月	2、3月	3、4月	5月
収穫	2－4月	4－5月	6－7月	8－11月

品種：葉ショウガは三州または中太、加工用は中太
種ショウガ：10aに300kg必要で種ショウガの産地から買う。事前に調査して健全株を求めている。
植え付け：晩霜期から10日前に植える。畦幅45、株間25cmで根ショウガとする時は畦幅を広くする。覆土は5cm、畦に直角にやや斜めにして植える。夏の前に乾燥防止のため敷き藁や落ち葉でマルチする。
施肥量：窒素25、燐酸20、カリ30kgが標準である。
管理：中耕・土寄せ：6、7月に行う。
半促成栽培：ハウスの場合は畦幅は15－20cm、株間は2cmで50g以上の根茎は間を空けない。保温に落ち葉などを敷きポリマルチをする。マルチは出芽を見たら除去する。出芽時の日やけ

に注意する。短期作であるから施肥量は露地作の半量以下にする。日射が強くなる5月以降遮光する。茎葉が3本となれば収穫する。

図11－11　田沼町三好のショウガ（右：1971年にできた貯蔵庫、三好農協30年の歩み、1978年より）

引用文献［第11章第7項］

1. 盛永俊太郎・安田健（1986）江戸時代中期における諸藩の農作物　日本農業研究所
2. 佐野市史近代資料編3（1976）佐野市
3. 栃木県史資料編近代3（1976）栃木県　p656
4. 宇都宮市地誌（1934）宇都宮市教育会
5. 下都賀群志（1934）下都賀教育会
6. 明治中期産業運動資料（1980）5巻　日本経済評論社
7. 栃木県農業団体史（1954）県農務部
8. 全国青果生産者全国著名問屋案内（1925年）丸和商会　国会図書館デジタル
9. 日本産業史大系・関東地方篇（北関東の織物地帯）（1959）東京大学出版会
10. 小森清四郎（1931）県下に名高き名草薑　　栃木農報8（10）
11. 栃木農報6（11）記事・軟化蔬菜栽培（栃木農試）
12. 三好農協30年のあゆみ（1978）三好農協
13. 塩野目文夫（1977）栃木の野菜1977年版・安蘇地方のショウガ栽培　栃木県野菜研究会

8. 中山カボチャ

本県烏山町中山で作られていた西洋カボチャである。黒皮で尻部がとがるカボチャで米国のデリシャス系の黒皮種として各地に土着している。烏山のものは北海道から来たものといわれるが、はっきりしたことは分からない。1950年代から作られていたようで、1975年頃烏山町農協婦人部の斉藤礼子が入手したカボチャが美味だったので、これを機に中山地区で増えていった（1）。自家採種のいくつかのタイプがあったので1988年に採種圃を設け、果形の統一を図った。1990年3月に烏山農協中山カボチャ部会ができて、順調に生産が伸びていった。1993年頃は10haの栽培で1997年は16ha、75名、2007年は4ha、30名となる。1992年から従来からの宅配便による出荷に加え、宇都宮市場に出荷を始めた（2）。

本種は雌花節が30節と高い晩生種なので早生化への育種が農協、農試黒磯分場など共同で1988年から開始された。主として黒磯分場で系統選抜が行われ、低節位着果の系統を選出し2000年に育成が完了した。品種登録（2004年）は那須南農協と県の共同で行い「ニュー中山」と命名された。新品種は2002年から栽培され、以降すべてニュー中山に代わった。ちなみにニュー中山の第一雌花節位は11－13節で、在来中山は18－21節である（3）。

2019年秋の宮中大嘗祭に栃木県産物として献上された5品（米、栗、二条大麦、いちご、南瓜）に中山カボチャが選ばれた。

栽培の概要

塩谷南那須農業振興事務所などの資料によって紹介する。

栽培様式：トンネル栽培

育苗：2000年頃までは部会で一括して育苗していたが、これ以降は育苗センターの購入苗（セル苗と鉢苗）を使用している。セル苗は2次育苗（4号ポット）となる。

定植と管理：連作地は土壌消毒（ダゾメット、クロピク）を行う。定植苗は4葉苗とし活着後5、6葉時に摘心し3本主枝とする。タネバエ対策は土壌混和の殺虫剤を使用する。

主枝の管理：子蔓（主枝）の間隔は均等に40cmとする。第1雌花は10－15節に着く。主枝の側枝(孫蔓)は除く。交配は8時までに終わらせ、日付棒をたてる。果実にはマットを敷き日除けをする。

施肥：10a成分で窒素13＋4、燐酸22＋0、カリ13＋4kg（前は基肥）を基準とし畦施肥の場合は減量する。

収穫：開花後55－60日後に収穫。果梗を十分に乾かして、出荷前にはたわしなどでつや出しをする。10a収量は約1tである。

図11－12　中山カボチャ

引用文献［第11章第8項］

1. とちぎ朝日1993年8月5日記事
2. 那須南農協資料（2020）（パンフレット・中山かぼちゃについて）
3. 2001年農業試験場成果集

談話参考　伴佳亮、矢田部健

第3編

地域編

第1章　開拓地・高冷地の野菜

1. 明治の那須野が原開墾地

この地の開墾・開拓は明治政府の高官たちによるもの以前、江戸末期から始まっているが成果を収めることはなかった。明治に入り、まず殖産興業策による県営牧場があったが、間もなく民間に払い下げられた。世にいう那須開拓は肇耕社（1880年、明治13、三島通庸社主）と那須開墾社（1880年・印南丈作・矢板武）に始まり、これが第2次ともいえる多数の農場に分かれていく。1927年の調査では傘松農場など14農場が存在した（1）。

肇耕社はじめこれらの農場は林産・牧畜を中心に洋式農業を目指したもので、野菜については殆ど自家用野菜の生産にとどまっていた。これは立地的社会事情により当然で、一部にブドウ酒生産用の園があったのが唯一の「園芸」であった。那須開墾社の1981年から1887年までの農業日誌記載の野菜関係記事は次のようである。

この日誌に出てくる野菜はサツマイモ（アマイモ）、カンピョウ、ゴボウ、カブ、ダイコン、ニンジン、サトイモ、ネギ、ナス、キュウリ、カボチャ、スイカ、ツケナ（タイサイ、サントウサイ）、ジャガイモ、インゲンであり、トマト、タマネギ、キャベツ、マクワ、チシャ、トウガラシなどは出てこない。季節に応じた野菜作りが行われ、3月下旬にはサツマイモやナスの苗床が作られていた。ナスについては長井村へ1000本買い入れに行っており、苗の流通もあったことが分かる。

ダイコンの作付は相当あったらしく佐久山、大田原へ毎年送っている。例えば1886年1月2日には四輪車1台で佐久山宿へ送る記事がある。特別なこととしては1881年10月の明治天皇行幸に際して佐久山で農場産のカブ、ダイコン、オカボなどを天覧に供している。また1885年10月に福羽逸人が農場に一泊した記載もある（2、3）。（注：福羽の来訪理由は不明）

以上から那須開墾社にはかなりの野菜の栽培があったと思われる。また入植者は全国的に各地から参入していたので、各地の野菜が導入される「チャンス」であったと思うがそのような痕跡はない。

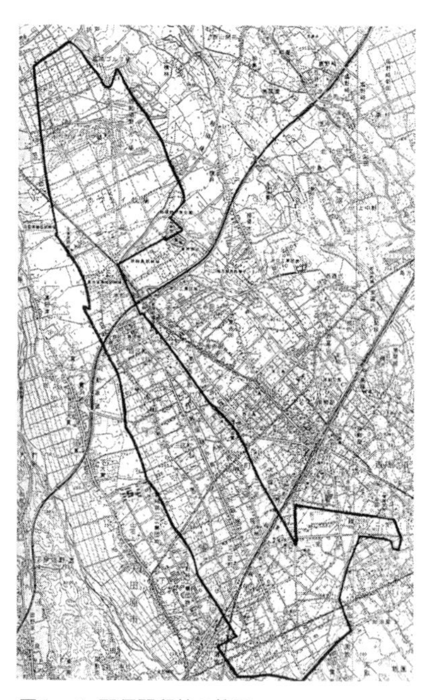

図1－1　那須開墾社の範囲
「西那須野町の開拓史」（2000年）より
那須塩原市教育委員会提供

引用文献［第1章第1項］

1. 那須野が原に農場を（2018）那須野が原博物館
2. 那須開墾社農業日誌（1989）西那須野古文書研究会刊
3. 開墾地移住経営事例（1927）農林省農務局昭和2年3月

2. 1945年以降の開拓地

戦後間もなくの時期において識者は高冷地野菜についてどのように考えていたのであろうか。本県農政顧問団の一員であった江口康雄は当時次のように述べている（1）。

「開拓地では地力のためにマメ類との輪作を考えること、ついで高原であればキャベツ、ハクサイ、ダイコンを作る、自家野菜としてトマト、ジャガイモが必要である。政策的には都会の夏の野菜端境期を対象とする生産を行うよう誘導する。輸送手段の整備を進める」

野口弥吉は1952年に高冷地においては夏は冷涼なのでハクサイ、キャベツ、ホウレンソウが有望であるが、ホウレンソウは軟弱野菜なので夏の輸送には耐えられないので導入は無理であろうと述べている（2）。同じ農政顧問団の久保佐土美は同じ頃、本県の比較的有利条件を持つ奥日光、霧降、那須野などは野菜において未発達と述べている（3）。

農業振興計画（1956年）においては北部畑地帯・山間地帯に導入すべき野菜としてダイコン、ハクサイ、キャベツ、アスパラガスを挙げている。

同じ頃、中山保は高冷地野菜の発展を期待し、秋野菜の早出し、夏野菜の晩化栽培を有望とし、海老原武士もジャガイモ後作としての美濃早生ダイコンの研究を勧めている（4、5）。

本県戦後開拓開始の20年後には野菜作においてダイコン、ホウレンソウが主要2品目の座を占めることになった。

1956年に刊行された「開拓10年の歩み」は、有史以来の栃木県における山野開墾・開拓の過去を記す著作である（6）。巻末の営農実績表を見ると戦後開拓の151組合のうち、1950年時点で野菜を主品目として挙げているのは日光戦場ヶ原のダイコン、キャベツ、塩原柏木平、玉生玉生高原のダイコン、足尾（横根）のダイコン、キャベツ、カボチャのみで、多くは小麦、陸稲、馬鈴薯などの普通作であった。鶏頂山高冷開拓地の野菜生産はちょうどこの頃から盛んになり、開拓連の青果取扱額も1955年：326万円、1959年：1934万円、1961年：4544万円と急増した（6）。しかし県全体の開拓地のうちで野菜の作付面積は1958年：7330haのうち5.9%、1968年：6489haのうち14.5%となっている。また1978年の粗生産額では開拓地の農業生産額106億円（畜産含む）のうち野菜生産額は7.6%（ちなみに県生産額2729億円のうち野菜は15.7%）であり開拓地における野菜の比重は少ない（7）。

以下、戦後の開拓地における野菜生産の状況を記すが、資料の少ない地区もあり、具体性に乏しい紹介に終わるおそれがある。

1）黒磯・那須地域

那須町千振開拓地ほか

1945年11月の緊急開拓事業により開拓が始まり、1948年、千振開拓農協が発足した。初期は主穀が中心であったが、1950年代後半から酪農主体の経営へ切り替わってきた。当時は野菜類はジャガイモ、ハクサイ、ダイコンなどわずかであったが、1958年からスイートコーン導入、1967年頃に最盛期となるも、1978年頃には30haと減少する。1960年頃から大同、大日向組合でキュウリ、スイートコーン（ゴールデンクロスバンタム）、加工トマトの導入が始まった。スイートコーンは酪農家に勧め茎葉は飼料としたが、後の規模拡大によりスイートコーンの作付も減り、一時期200haを越した面積も1975年頃は60haとなった。しかし1960年代に入るとスイートコーンもマルチ栽培、品種も1970年後半にはハニーバンタムとなり安定してきた（8）。
アスパラガスは千振地区に1988年に導入されたが1990年に生産を中止した（9）。

1964年頃、大谷地区にはウドが60a、スイートコーンが12haあるとの記事があるが（10）その後の経過は不明である。

黒磯市旧高林村開拓地ほか（11）

高林開拓地は1946年に入植が始まり、1948年に開拓組合ができた。ほかに黒磯町開拓農協、新堀開拓農協がある。初期はリンゴやオカボの栽培を試みたが土地が合わず、1952年の晩霜、1953、54年の冷害、台風害を契機に経営を酪農主体に切り替え、野菜の導入も試みられた。

1955年に黒磯町開拓振興協議会ができ、振興すべき品目として野菜ではヤマトイモ、キュウリ、スイートコーンが挙げられた。1965年時点で栽培が続いているのはスイートコーン、キュウリ、レタスで新たに加工トマトが加わった。

1970年にニラがトンネル栽培で入り、佐野地区では1975年にパイプハウスによるニラ栽培が14名で始まった。高林・鳴内のアスパラガスは1980年に初出荷となる。しかし数年で病害多発で栽培がなくなる。1973年に各開拓農協は黒磯市農協と合併した。

板室

1953年に農研クラブ員4名でダイコンを8a試作したが抽苔で失敗する。しかし1955年には7月25日に初出荷となり1959年に農研から出荷組合となる。当時は3haくらいの作付があった。

引用文献［第1章第2項1)］

1. これからの野菜(1949) 座談会記事　朝日新聞社
2. 野口弥吉(1952) 日本における高冷地農業の諸問題　農林統計協会(国会図書館デジタル)
3. 久保佐土美(1950) 高冷地蔬菜地帯における高度商品蔬菜の生産動向　農耕と園芸5(1)
4. 中山保(1950) 栃木県農業の特色　農業栃木2(7)
5. 海老原武士(1950) 大根栽培の実際　農業栃木2(10)
6. 開拓10年の歩み(1956) 県開拓10周年記念会編集
7. 開拓三十年(1979) 県開拓三十周年記念事業会
8. 農業と生活1963年10月号記事　那須高原のスイートコーン
9. 千振開拓五十年のあゆみ(1995) 千振開拓農協
10. 普及事業15年の歩み(1964) 那須地区農業改良推進協議会
11. 開拓四十年の歩み(1987) 黒磯開拓40周年記念事業委員会

談話参考　高木武夫

2) 塩原町(上塩原、上の原開拓地)

上の原開拓地（1956年に塩原町開拓農協、1987年塩原高原野菜生産出荷組合、標高900m）

1946年に30戸が入植、アワ、ヒエ、キビなどの雑穀類、薪炭作りなどの自給的経営であった。1950年にジャガイモの採種圃が設置され、1955年よりダイコンなどが導入され東京出荷が始まる。同時にホウレンソウも入り次第に増加してダイコンの前作として定着する。そのほか、インゲン、スイートコーン、1970年からカブが入る。1977年にホウレンソウの雨除けハウス栽培が入る。1982年頃からホウレンソウが急増し、全面的に雨除け栽培となる。雨除けハウスは1989年頃から連棟式が増えてくる。

カブは1970年頃からダイコンの連作障害対策として試作され、その後、定着した。1990年代の出荷は京浜、宇都宮のほか生活クラブ生協への供給もあった。

ダイコン（7月上旬－11月上旬）は1966年、ホウレンソウ（5月中旬－9月下旬）は1973年に指定産地となる。出荷組合（石井千代吉会長、24名）は1998年に朝日農業賞を受賞する。この頃、近隣からのパート雇用が難しくなり、コンテナ出荷に切り替えることになる。このような事態に備えて1996年に開拓農協連合会の多機能集配センターが宇都宮市内にできた。これに同年から15名の組合員がホウレンソウのコンテナ出荷に試験的に参加し成果を上げた。ある事例ではホウレンソウの作付回数が年3回から4回に増え、年間の手取りも増加した（1）。なおこの施設は以降、開拓地に関わらず広く県内野菜生産者に利用されるようになる。ホウレンソウは表1－1の通りこの地区が主力である。1998年にこの組合（石井千代吉、24名、販売額5億2,000万円）は県朝日農業賞を受賞した。当時は1戸平均4.5haであった。

上塩原地区（塩原町農協蔬菜出荷組合、標高600m）

1953年、54年の冷害によりこの地区も大きな被害を受け、このような問題を背景に1955年に農研クラブができた。翌年2月に高原大根の産地を目指し塩原町蔬菜出荷組合（君島清英会長・33名）ができた。青果物の東京出荷という初めての事業に不安も大きかったが、最初の作付、美濃早生ダイコン、ホウレンソウなど（5.3ha）はまずまずの成果を上げた（2）。翌年から会員も67名となりダイコンのほかホウレンソウ、キュウリ、インゲン、スイートコーンを作付したが、主力のダイコンが10年をへて1965年頃から萎黄病が多発するようになった。この対策としてホウレンソウが増加し、1975年頃からはダイコン、カブ、ホウレンソウの3品に絞られていった。ダイコンは耐病性の夏みの3号が1979年から主力となり、ダイコンの前作としてホウレンソウが定着してきた。この頃、ホウレンソウは透かし木箱で結束はゴムバンドであった。この間1966年から1974年まではイチゴ（ダナー）の6月出しもあった。1960年代以降野菜作付は50－60haを維持している。

1966年以降の作付は表の通りである。塩原町全体として最近はホウレンソウの作付がダイコンより多くなってきた。

カブは1970年頃からダイコンの輪作として導入され、市場の評価がよかったので増加してきた。4月から9月まで平床に播種機で播かれ、40日程度で収穫される。抽苔の恐れは少ないが根こぶ病の被害が問題になっている。1980年代の品種はたかねであった。2000年代は約20名、10haのカブ栽培で3月中旬から9月まで播種され、品種は白統、雪わらしで栽培の変化は少ないが収穫調整は1980年代から機械化が進んできている。この地区の指導者としては小山秋雄、君島利兵衛らがいる。

塩原町の2000年時点の農業粗生産額約5億3,100万円の9%をホウレンソウ、2.8%をダイコンが占めている。ちなみに生産額1位は生乳の35%である。

表1－1 塩原町での地区別の作付面積（ha）

品目	JA蔬菜組合				開拓組合（上の原）			
	1966年	1983	1986	1993	1966	1983	1986	1993
ホウレンソウ	5.0	18.1	18	8	7.0	51.4	60	66
ダイコン	42.5	46.1	49	58	42.0	57.4	67	81
カブ	-	30.7	28	－	－	19.9	7	5

注：大田原普及所資料ほか

表1－2 塩原町におけるホウレンソウとダイコンの作付面積（ha）

品目	1966年	1986	1995	2000	2002
ホウレンソウ	12	78	58	90	107
ダイコン	89.5	116	142	94	77

注：農林統計ほか

表1－3 塩原町2組合の一戸当り作付状況比較（1987年時点・ha）（3）

組合	ダイコン	ホウレンソウ	カブ
蔬菜生産出荷組合	1	0.4	0.6
開拓組合（開拓連）	2	1.8	0.4

塩原町（上の原）における1960年代のダイコン栽培概要

品種：本橋みの、夏選みの、志村みの、耐病みの　10月下旬からは大蔵

播種期：6月中旬－8月中旬、遅播き　7月上旬－9月下旬　手播き5粒程度

本圃管理：施肥は株間に穴をあけてやる。全層施肥もある。畦幅70cm、株間は50cmが基準で狭くすると（27－24cm）収穫まで50日以上かかる。

病害：萎黄病、軟腐病　萎黄病は5年くらいの連作で発生する。軟腐病にはヒトマイシン、シミルトンを使用する。

収穫出荷：早朝収穫で午前中に洗い午後3時までに荷造り終わる。5本入りと10本入りのポリ袋（7kg）使用。10a2000本出荷を見込み1人の処理量は300本位か。

塩原町における2000年代のダイコン栽培概要（栃木の野菜2009年版平野伸明記事による）

栽培は年々減少しており町全体で約30ha（2005年頃）である。

品種：4、5月播きは春のいぶき、夏つかさ　7、8月播きは天寿、冬自慢

本圃管理：早播きはマルチ栽培とする。畦幅60cm、株間30cmで2、3粒播きのシーダーテープが利用される。施肥量は10a窒素6－10、燐酸20、カリ15kgが基準である。全面散布した後、畝立てする。キスジノミハムシの被害が多く土壌処理粒剤が使用される。

収量は2.4ｔ、出荷は10kgダンボール箱使用。

塩原町におけるダイコン品種の変遷（県資料による）

1958年：みの早生（志村系）理想

1977年：夏みの早生、春播きみの早生、大蔵（遅播き用）

1985年：夏みの3号、青豊、耐病総太り

1990年：春成、おせん、福味、快進総太り、YRくらま、青豊

1999年：貴宮、役者紀行、献夏37号、関白、YRくらま、秋いち

2009年：春のいぶき、夏つかさ、天寿、冬自慢

引用文献［第1章第2項 2)］

1. 山下繁（1997）塩原開拓のホウレンソウのコンテナ出荷　くらしと農業21（6）

2. 大田原地区農業改良普及事業30周年記念－那須野が原の緑と共に（1978）大田原農改普及所ほか刊

3. 柳義雄（1987）塩原町の高冷地野菜生産　農耕と園芸42（7）

図1－2　塩原町上の原開拓地初期の状況
岩波・新風土記（1954年）より、承認済

図1－3　塩原町上塩原、ダイコン出荷
君島利兵衛宅　1969年9月

3）藤原町（鶏頂山開拓地、標高1200m）

通称日塩道路は1937年に開通していたが、この地の開拓は1948年12月に20戸、45名が入植したことから始まる。組織としては1951年に鶏頂山開拓生産農協となり、その後、同開拓農協と変わった。途中、戸数の減少はあったが1969年に県内から新規入植者10戸加わった。

初期は種子バレイショ、アワ、ヒエであったが、1955年よりダイコン、ハクサイの市場出荷が始まった。ホウレンソウは一部では1965年から試作されていたが、1970年頃から多くなり、ダイコンとの二毛作で定着した。雨水浸食対策として1973年に雨除けハウスが10a試作され(普及30年のあゆみによれば1977年に20aハウス試作とある)、翌年以降雨除けハウスは急速に普及する（1、2)。(1967年6月の豪雨、1983年6月の雹害で露地のホウレンソウは甚大な被害を受け雨除けハウス化が進む)

それまでは多くの品目が試作されていた。例えば1965年の富田早苗農場はダイコン（6月20日から播種開始）150aのほか、キャベツ（4月播き8月採り)、セルリー（4月温床播き)、ニンジン（5寸、5月10日播き9月15日から出荷)、ハクサイ（7月上旬播き)、レタス（腐敗が多いのでやめる）の検討を行ってきた。1978年頃でもダイコンとホウレンソウを基幹とするが、ハクサイ、ニンジン、キャベツ、レタス、それにイチゴ苗が作付されていた。

1977年の県農試の調査にみる当時の栽培問題点は「ダイコン萎黄病、軟腐病、ホウレンソウ立枯病、多雨による不安定性であり、対策として休閑地の被覆作物作付、ハウス利用でホウレンソウの作付回数を増やすこと、ダイコンの萎黄病対策として作付体系の見直しの必要、ホウレンソウの予冷庫の活用と収穫調整労力との調整が必要」というものであった（3)。

1990年代初期にはイチゴ苗圃も減りダイコンとホウレンソウが主な品目となってきた。1992年の実績では戸数16戸、ホウレンソウ38ha、粗生産額2億5,200万円、ダイコン56ha、1億7,900万円となっている。1969年に朝日農業賞県代表に鶏頂山開拓農協（横田章会長、19戸）が選ばれた。野菜による高冷地農業経営を安定化したことが評価された。1991年には板橋宗平は日本農業パイオニア賞優秀開拓農家賞を受賞した。板橋は父、板橋一徳と共に入植、中学校卒業後に就農、開拓2世である。藤原町の2000年前後の農業粗生産額は約8億円でこのうちホウレンソウとダイコンで50%を占めている。

表1－4　鶏頂蔬菜生産組合作付状況（ha）

年次	ダイコン	ホウレンソウ	ハクサイ	キャベツ	ニンジン
1970	50.0	3.0	17.0	3.0	2.3
1973	42.9	25.7	10.9	2.0	2.0
1976	22.7	42.5	6.8	2.0	1.8

注：文献2による

1970年代のホウレンソウの栽培概要（栃木の野菜1977年版、福田富士の記事による）

1戸当り2－3ha栽培する。幅60cmの平ベッドに散播され管理機で覆土し、密生部を鎌などで間引きする。播種、間引きと収穫以外の作業は機械化されている。4月下旬から4、5日間隔で10aくらいずつ播種していく。50日－30日で収穫となり予冷庫で処理してから出荷される。

ホウレンソウ品種の変遷は県資料などによると次の通りである。

1970年代：ミンスターランド

1989年：サンライト、コマンチ、グローバル

1999年：エスパー、トニック、アクテブ

2009年：ブライトン、晩抽サンホープ

1970年代のダイコン栽培の概要（栃木の野菜1977年版）

品種：みの早生（ダイコンの面積は約20ha)

播種：6月下旬から1回30a、4、5日おきに行う。

管理：水蝕対策のため高畝、間引き後の土寄せは十分にする。施肥は熔燐、苦土石灰、燐硝

安カリ、NK化成などで20－50－20kg/10a。

作業機：耕起、施肥はトラクターと付属器、播種は小型播種機、運搬はトレーラー、洗浄・結束はそれぞれの機械、間引きと収穫は人力でする。

収穫:8月下旬－10月まで、播種後55日から始まる。結束機で10本に結束される。10a4tの収量である。

引用文献［第1章第2項 3)］

1. 鶏頂山開拓五十年のあゆみ（2001）
   50周年記念実行委員会
2. 農業改良普及事業30年のあゆみ（1978）県普及教育課
3. 鶏頂開拓地における組織的調査研究成績書（1978）
   栃木県農業試験場

参考文献

宇梶紀夫（2014）鶏頂山開拓物語　季刊農民文学No304

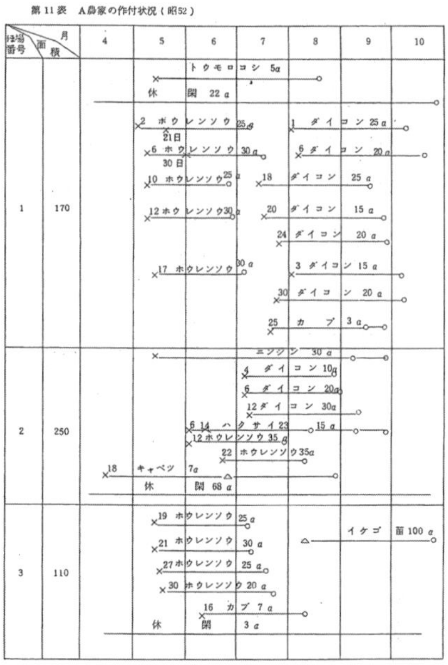

第11表　A農家の作付状況（昭52）

圃場番号	面積	4	5	6	7	8	9	10
1	170	トウモロコシ 5a 休閑 22a 2 ホウレンソウ 25a（21日） 1 ダイコン 25a 6 ホウレンソウ 30a（30日） 6 ダイコン 20a 10 ホウレンソウ 25a 18 ダイコン 25a 12 ホウレンソウ 30a 20 ダイコン 15a 24 ダイコン 20a 17 ホウレンソウ 30a 3 ダイコン 15a 30 ダイコン 20a 25 カブ 3a						
2	250	ニンジン 30a 4 ダイコン 10a 6 ダイコン 20a 12 ダイコン 30a 6 14 ハクサイ 23 15a 12 ホウレンソウ 35a 22 ホウレンソウ 35a 18 キャベツ 7a 休閑 68a						
3	110	19 ホウレンソウ 25a イケゴ 苗 100a 21 ホウレンソウ 30a 27 ホウレンソウ 25a 30 ホウレンソウ 20a 16 カブ 7a 休閑 3a						

注　×…は種
○…収穫
△…定植

図1－4　鶏頂山開拓地の作付事例
1977年度県農試調査資料より

4）塩谷町（釈迦が岳開拓地）

1945年4月からの宇都宮農専学生たちによる開墾が始まりである。大豆、ライムギ、ダイコンはよくできたという。戦後の緊急開拓で清原飛行場関係者ら76戸が入植し瑞穂開拓団と称したが、1948年に農協組織ができた。この頃、鶏頂山開拓へ24戸が移動した。個別経営者と共同経営者が共存していたが、自営者6戸は1950年に釈迦が岳開拓農協を結成した。

初期は酪農、養蚕、炭焼きが主体であったが、戦場ヶ原の影響でダイコンが当地に入ったのが1951年で、1956年頃より本格化した。1970年代はダイコンと生乳が主体であった。開拓農協は1975年に解散し、釈迦が岳蔬菜生産組合は1999年時点で7名、ダイコン10、ホウレンソウ4、カブ3haの規模である（1、2)。

引用文献［第1章第2項 4)］

1. 香川健二（1987）釈迦が岳開拓史　自家本
2. 平成11年度北高冷地野菜指定産地生産協議会資料（冊子）（1999）

5）藤原町、栗山村（湯西川、藤原、栗山地域、標高600－900m）

通称日光高原産地と呼ばれる山間地の産地である。日光高原蔬菜組合（1975年時点で138名）が組織されている。開拓地ではないが販売用の野菜栽培はない地域であったので初期から農改普及所の指導で産地化が進められた。1958年に栗山村の日向、日陰地区でダイコン4haの試作が行われ、1966年の51haがピークで1970年代は30haくらいで横ばいとなっている。萎黄病対策として1970年代後半は、みの早生3号（1977年試作）となったが、耕地の狭いことや有機物の投入不足などで減少傾向が続いている（1)。1985年時点で三依：25名、土呂部：21名、湯西川24名で約30haの規模であったが、1998年には三依:3、湯西川:6、土呂部（栗山高原組合）7名、計7haとなっている。

1970－80年代のダイコン栽培

播種期は平均気温12℃以上の時期から始める。5月下旬から7月播きで初期はポリマルチをする。春播きみの早生から始め、以降、夏みの早生とするが80年代初期は夏みの3号、次いで青首品種も入ってきた。1987年から6、7月播きはほぼ青首品種（福味、精鋭青首）になってきた（2)。マルチは2条播きで120cm畦、株間は30cm、10a窒素10、燐酸20、カリ10kg程度で全量基肥とする。出荷は7月から9月までで10本束（テープ色で等級分け）でポリ袋入れ、80年代からは箱詰めとなる。1985年頃はすべてマルチ栽培となっている。

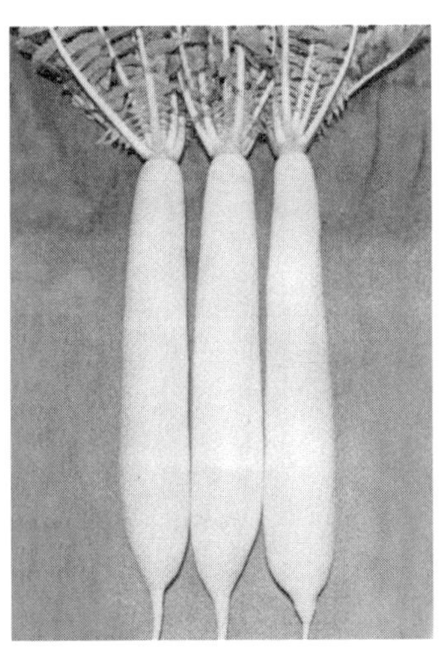

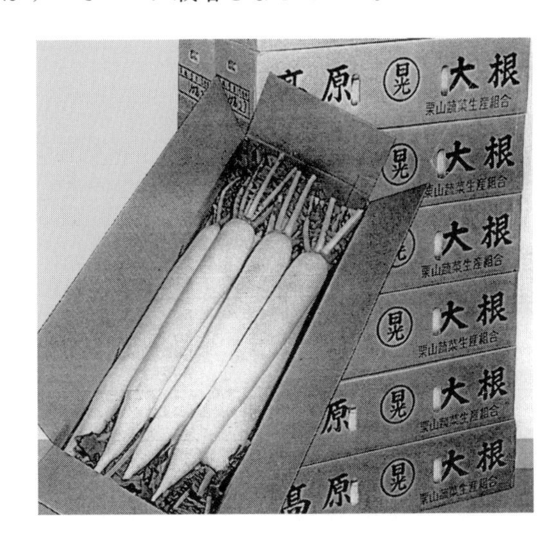

図1－8　高冷地でのダイコン品種
左：1950年代に普及した理想ダイコン、みかど㈱資料（1969年）より
右：1970年代に萎黄病抵抗性品種として普及した夏みの3号、福田富士原図（1977年）

引用文献［第1章第2項 5)］
1. 福田富士（1979）萎黄病抵抗性品種で活路を開く日光高原大根タキイ種苗園芸新知識1979年9月号
2. 昭和61年度現地技術実証展示ほ（上三依）実績書（1986）今市農改普及所（冊子）

参考文献
栃木の野菜1977、86年版記事

6）日光市（戦場ヶ原開拓地、標高1400m）

入植者17名が日光農業会のトラックで戦場ヶ原に到着したのは1946年5月2日であった。赤沼にあった旧軍施設を取りあえずの拠点に、初期は鍬による抜根作業により開墾が始まった。

1953年頃には畜力も加わり開墾面積も伸び、1戸約1haの耕地が確保された。販売用の作物は種バレイショ男爵、紅丸、ケネベックの生産であったが、疫病の被害や低地力による低収などのため1957年に原種圃の指定を返上し、野菜生産の方向へと転換した。

後年、県内高冷地で主力野菜となるダイコンの始まりは次のようである。

自給用として栽培されていたダイコンの出来のよさに動機づけられ、1948年小出寅一が試作した一反歩のダイコンが足尾鉱山に引き取られ現金化されたのが始まりである。翌年には吉津谷六郎、岡崎彦重、岡崎義夫が試作した。1949年の夏はキティ台風の影響で夏野菜が不足し、鹿沼、宇都宮の八百屋がここまで買い付けにきた。このようなこともあり、当時この地に開設された県生産利用農業協同組合戦場ヶ原実験農場（後に宇都宮大学農場）の木村亮のアドバイスもあり、1950年は殆どの者がダイコンを作付した。この時から輸送は運送業の長谷川博が協力した。この地は観光地なのでほかの開拓地と異なり道路事情もよいことが幸いした。その後の発展は開拓誌に詳しい。

実験農場（1947年開設、木村亮場長）での試作成績が残されているので紹介する（1)。

表　実験農場における野菜類の試作結果（1947－50年の記録）

種類	品種	播種期	結果
ダイコン	時無し	5.28	不良
	三浦	5.11	抽苔
	みの早生	7.1	良好
	秋ダイコン	7.19	良好
ハクサイ	チーフ	6.20	台風害で不明、抽苔あり
	包頭連	6.20	
	野崎	7.21	
	コカブ	5.9→7.5（収）	
キョウナ		5.9→7.5（収）	
キャベツ	サクセッション	8.13植え	
イチゴ		5.11植え7.11－8.10（収）	良好
ニンジン		5.9	不良

瓦井豊の報告では1952年にはすでにダイコンみの早生5.5、理想7.2、キャベツ1.2、ハクサイ0.7、ジャガイモ1.3、そのほか野菜0.4haの作付があった。

1956年には耕地30haの80％をダイコンが占める。そのほかジャガイモ12％、キャベツ4％であった。みの早生ダイコンは6月20－7月10日、理想ダイコンは7月1日－20日に播く。収穫はみの早生は8月中旬－9月中旬、理想は9月上旬－9月下旬、ハクサイは野崎春播、新生、極早生金星で7月上旬播き（直播）、キャベツはマサゴ三季、古宮黒葉で4月上旬温床播きがよいとしている（2）。

この頃から収穫期には日光市内から多数雇用している。野菜導入により経営も安定してきており、家屋の新築は1954年3戸、56年3戸で全戸の家屋も近く新築になるという（3）。

ダイコン萎黄病は、1960年に農林省技官の富永時任により確認され本県初発であった。栽培開始以来約10年、以後、各地のダイコン作を悩ますことになる。兆候は1955年頃からあったという。県農試においても杉本堯、高久恒夫、手塚徳弥が対策試験を担当したが、薬剤処理では経済性や安全性に問題を残した。萎黄病対策として抵抗性品種、本橋みの1980年頃から夏みの3号への転換、代作としてのレタスも1961年には全戸作付されるようになった。

レタスは1975年頃にはハウス育苗となり出荷は段ボール箱となりダイコンとの輪作が行われるようになった。

一方、イチゴ育苗圃としての利用は1958年夏から石垣栽培用の福羽苗から始まり、ダナーの休眠打破、女峰、とちおとめの促成用苗や炭疽病対策などと品種と目的が変わりながら現在まで続いている。本来の高冷地野菜生産とは違うが、種苗育成地（花卉苗も含め）として本県農業 — 特にイチゴ生産 — に貢献している。

図1－9　日光市戦場ケ原開拓地初期の圃場
岩波・新風土記（1958年）より、承認済

図1－10　戦場ケ原へ昭和天皇の視察、1962年8月29日
並べられたダイコンの中を横川知事と共に
「伸び行く開拓」1963年、県開拓営農推進記念会刊

引用文献［第1章第2項 6)］

1. 戦場ヶ原開拓誌（1976）30周年記念実行委員会
2. 瓦井豊（1955）栃木県高冷地における蔬菜栽培　農業および園芸30（6）
3. 瓦井豊（1957）日光戦場ヶ原における高冷地蔬菜の栽培技術と経営　農業および園芸32（1）

栃木県開拓農協連合会の集出荷施設

1900年代の開拓行政の転換を機に開拓連の生活協同組合への出荷は、1990年頃より首都圏の4都県の生活協同組合へと拡大した。これによる数量の増加は、かつての養蚕農家と開拓連合会の人脈を生かし、既存のJAと連携し生協の趣旨に賛同する生産者が参加、生協への出荷が行われてきた。

1996年に集出荷施設（パッケージセンター）が宇都宮市内に完成し、同年から直接産地からコンテナで送られる野菜の調整出荷がこの施設で行われるようになった。これで高冷地での作業労力の合理化に役立つようになった。

2000年代初期で高冷地の産地組合は塩原高原野菜出荷組合や鶏頂山出荷組合など、平坦地の組合は喜連川ピーマン出荷組合、赤羽里芋生産組合などで、高冷地産の夏野菜と平坦地の野菜を周年供給できる体制となっている。このパッケージセンターの周年稼働と出荷が実現している。

参考文献　北崎幸之助（2009）戦後開拓地と加藤完治　農林統計出版社

付記　2000年時点で高冷地野菜生産者の組織は以下の通りである。（括弧内は人数）

三依青果物出荷組合（3名）
栗山高原蔬菜生産出荷組合連合会（7）
釈迦が岳蔬菜生産組合（7）
塩原町蔬菜生産出荷組合（30）
湯西川高原蔬菜生産出荷組合（6）
鶏頂山生産組合（16）
塩原高原野菜生産出荷組合（24）

第2章　宇都宮市とその周辺

1．1950年以前の概要

この地における江戸期の野菜の詳しい状況は不明であるが、農書に見るものと変わらぬ状況であろうと思われる。文献的に見えるものは新里地区のネギくらいである。

1800年代後期の野菜について上三川町の田村家の栽培記録を紹介する。時期は1881年（明治14）から1894年まで、自作地に作られた野菜はキュウリ、カボチャ、ナス、シロウリ、ゴボウ、ニンジン、ネギ、サトイモ、サツマイモ、ショウガ、フダンソウ、インゲンなどであった（1）。どの程度販売されたかは不明である。

1908年（明治41）に十四師団が宇都宮市に置かれてから、生鮮野菜の需要が増えてきた。河内蔬菜共同販売購買組合は1911年12月設立され、業務としては師団への野菜の納入、軍の屎尿、馬糞の払い下げで会員は400余名であった。この頃1920年代の産地として国本村のネギ、姿川、砥上のカボチャ、姿川、平石村のサトイモ、幕田のサツマイモ、近郊のハクサイ、市内簗瀬、塙田、今泉町のナスなどがあった（2）。

新里のネギ（第1編第6章参照）は農書にも出てくる古いものであるが、いつごろから曲がりネギとなったかは分からない。

1924年には横川村蔬菜生産出荷組合ができ、姿川村地誌（1932）によるとこの頃の出荷組合は鶴田蔬菜出荷組合、上砥上、西川田、幕田各水瓜出荷組合があり、同村の野菜生産額ではカンピョウ＞カボチャ＞サトイモ＞ツケナ＞ナス＞キュウリであった。サツマイモとカボチャについては1910年代初期の統計表にも出ている。カボチャの栽培については第1編第4章に姿川村の1909年（明治42）の栽培例を紹介した。

1934年の調査ではトマト、キュウリ、サトイモ、ネギが河内郡産地として挙げられ、主要品種としてナスは橘田、サトイモは八つ頭、トマトはベストオブオール、ポンデローザ、カボチャは菊座が挙げられている（3）。

東横田では「キュウリを食ると流行病にかかる」といわれ昔からキュウリを食べない習わしがあるという。1931年の宇都宮俚謡研究会の新しい盆踊り歌に「砥上カボチャに幕田のスイカ」とある。（4、5、6）

1934年頃、市政として市の需給を満たすために蔬菜園芸を奨励すべしとの記述がある（7）。

姿川村は1950年代にカンピョウ、タイマ、タバコ、ホウキモロコシから果菜類への転換が顕著であった。

北部の河内町、上河内村については戦前の野菜関連の記載は見当たらない。

1920年代の国本村の作付状況は右表の通りで近郊とはいえ、自給的野菜が多いが、ネギの多いのが目立つ。

表2－1　1900年代初期の野菜作付面積・町歩

作物	瑞穂野村 1916年	国本村 1928年	宇都宮市 1931年
水稲	472.8	352	40.8
陸稲	66.8	241	18.0
小麦大麦	611.0	454	34.5
ネギ	23	30	4.2
サツマイモ	187	68	23.0
ジャガイモ	3	5	7.0
カンピョウ	143		7.5
サトイモ	29	50	20.0
ゴボウ	20	10	6.0
ダイコン	142	9	18.0
ニンジン			2.7
ツケナ		7	45.0
ナス	56	4	26.0
キュウリ	16	2	21.0
カボチャ	8		8.0
ナタネ	13		
キャベツ			3.0

注：国本村史（1928）同村青年団編、瑞穂野村郷土史（1916）、宇都宮市地誌（1934）などによる

軟化栽培について

市の政策面ではすでに1920年代には野菜振興がうたわれ、促成、軟化野菜の奨励が勧められていた（7）。

宇都宮市内・周辺の栽培地はミツバ：姿川、横川、国本、市内下河原、鶴田　ウド：姿川、横川、平石、国本、市内西原であった（8、9）。（この記事によると県内ではミツバ：今市、鹿沼、稲葉、水代　ウド：今市、鹿沼、岩船に栽培者がいるという）

表2－1
宇都宮市内、1930年の軟化野菜の状況

種類	面積、坪	栽培者数
キュウリ	311.4	20名
ミツバ	37.8	4
ウド	36.0	4
ボウフウ	7.0	7
ショウガ	1.8	1

注：宇都宮地誌（7）による

ウド

ウドは市内各地にあったが国本地区の若山家の栽培が有名であった。若山善三は1932年ごろ福島県和泉村から愛知坊主を導入し、増殖の後1941年から畑での覆土による軟化（ほっかけと称した）で出荷を始めた。応召で中断したが戦後復活させ、この地区のウド栽培のさきがけとなった。また若山は栗、タケノコ、ウド、養蚕など多角大規模経営で戦前から著名であった。

若山善三の分家の若山博も真岡農学校の高田豊の勧めで1936年に愛知坊主を作り出した。促成床の周りの醸熱物により軟化させた。また畑軟化もやった。市内下河原町（西原町）の細谷勇次郎の指導も受けた。竹林町にも1965年頃までウドがあったという。

その後、宇都宮農協篠井支所（村田清二郎部会長）では、東村山市より紫種を1971年3月に導入し遮光ハウスで軟化栽培を始めたが3年くらいで中止した（10）。

水田裏作優良事例

石井地区の先進者・小島重定の水田裏作などを活用した経営について、1937年頃の年間出荷状況を示す（11）。

表2－3　小島重定の年間出荷状況（11）

月	青菜	タマネギ	ホウレンソウ	大根 白菜	ジャガイモ	キュウリ	トマト	ナス	キャベツ	そのほか
1	○									筵
2	○		○		○					筵
3	○				○					筵
4	○					○				
5		○				○			○	
6		○							○	菜豆
7		○					○	○		
8		○					○	○		
9		○				○		○		
10				○		○				薑
11				○						小麦
12			○	○						

注：米は毎月出荷

2. 1950年以降の概要

戦後間もなくの1952年時点の野菜栽培状況は次表の通り、まだ以前のような作付品目であり、国本ではネギが多く姿川ではタイマがある反面、ナス、キュウリの作付が多くなっている。

表2－4
国本村と姿川村の野菜作付 1952年

作物名	国本村・反	姿川村・反
サトイモ	366	210
ダイコン	105	312
ニンジン	167	72
ゴボウ	152	－
ネギ	247	94
ナス	44	258
キュウリ	－	117
カンピョウ	31	135
トウモロコシ	86	148
ナタネ	74	165
タイマ	－	913
タバコ	－	71
耕地面積計	6,872	20,697

注：栃木県市町村誌（県町村会）1955年による

1950年代、雑誌などで紹介されている著名な野菜生産者のうち、数名を記す。

○林信雄（城山村、県農研クラブ蔬菜部長） 1954年頃には自家採種のトマトで2月15日播きで2回移植、硬い苗を作り、10段採り7－9月まで出荷し、反3千貫目標としている。

○小島重定（市内石井町）1932年から水田裏作野菜を導入、戦前すでにキュウリの油紙トンネル半促成やタマネギも栽培、農産加工（紅薑、沢庵大根）も取り入れていた。1950年頃、宇都宮市野菜研究会会長（後に栃野研）、1960年、平石村蔬菜出荷組合長。

○永岡浅一郎（富屋村） 米＋野菜（トマト、ナス、キュウリ、ハクサイなど）で周年出荷をしていた。ハウス栽培も早くから導入。

○手塚雅男（富屋村）オート三輪による野菜周年出荷、ハウス栽培は1953年に竹幌式で開始した。宇都宮では早い事例。

○高橋源一（城山村）戦前から果菜栽培で1959年に竹幌ハウス10aを建設、1966年には30aの大規模ハウス栽培を実施。

○坂本恵司（市内柳田）栃野研のリーダーの一人、1969年から炭酸ガス施用を先駆けて実施した。

施設園芸

平石地区では1959年蔬菜生産出荷組合（25名、小島重定会長）ができ、促成半促成のトマト、キュウリが本年より東京、仙台へ出荷するようになった。その後、1965年以降急速に施設園芸が普及し、宇都宮が本県の施設園芸の中心となった。これは多数の優れた実践家の存在と組織力によるもので、1980年現在の施設園芸者は清原28、瑞穂野18、姿川12、中央3、平石18、横川7、城山9、国本6、 富屋4、 豊郷5名の計112名で23haの規模となっている。作物は初期のキュウリ中心からトマトへと移り2000年代でもハウストマトの生産者は75名、23haの規模で産額は7億円余で県内1位である。

初期の組織と変遷は次の通りである（12）。

○宇都宮野菜研究会：小島会長、副会長 市村忠一、山崎義盛、1950年頃結成しキュウリ栽培者が中心であった。栃野研の前身である。

○平石蔬菜生産出荷組合：1959年に同地区の25名で結成、共同出荷を目指す。

○宮トマト出荷組合：平石地区の組織を母体に宇都宮市と周辺の生産者で1963年8月に結成する（この組織が母体となり県中北部の生産者で栃木県施設園芸連合会が1967年8月に結成され、1969年11月に施設園芸農協なる専門農協ができる）。

○姿川農協ハウス部会：1968年頃、農協部会として20名で組織、野尻佳宏会長で高橋運送店により郡山市場へ出荷していた。

これとは別に宇都宮市施設園芸振興会（小島重定会長）が市役所産業課を事務局としてあり、1968年は85名、20ha、1970年は181名、25haの規模であったがこれは行政系の組織であった。

これら生産者主体の組織は栃木県施設園芸協同組合設立と解散の事案をへて1975年に園芸特産協会発足を機に多くは系統農協傘下となる。（第1編第11章参照）

1968年の宇都宮農改普及所の資料ではハウス栽培のトマト、キュウリの市内地区別の状況は次のようであった（13)。この時期は急速にハウス面積が伸びる時期であり、暖房機の普及も始まった頃である。

表2－5　1967年におけるハウス栽培の状況（ha）

地区	トマト		キュウリ		暖房機数	栽培者数
	面積	品種	面積	品種		
西部	2.1	東・は・ひ	2.8	夏・近・あ	21	63
中部	3.0	東・ひ	1.5	夏・近	14	32
東部	11.1	は・東・ひ	3.5	夏・ふ	34	58

注：西部：篠井富屋城山姿川　中部：市内豊郷横川雀宮　東部：平石瑞穂野清原
東：東光k　は：はごろも　ひ：ひかり　夏：夏埼落3号　近：近成ときわ　ふ：ふたば

小島重定の果菜類早出し栽培の経過

1940年：4月播きキュウリの油紙トンネル菰かけ栽培
1950年：踏み込みと電熱併用の温床でキュウリ促成栽培
1953年：竹骨大型トンネルに内トンネルのハウスでキュウリ栽培
1937年：連棟ハウス
1963年：プロパンガスによる加温機導入
1964年：温風暖房機、ダクト利用
1974年：トマト長期栽培
宇都宮農協No127 1980年5月号による。
（小島は黄綬褒章（1958年)、勲5等瑞宝章（1973年）を受賞している。1902年生－2002年没。）

タマネギ

県内では1935年頃より急増してきており戦中の1945年時点でも60ha余の栽培があり、市内平石村の石井出荷組合でもイエローダンバースなど栽培するようになった。石井の小島重定も水田裏作として早くから栽培（1937年、21a）していた。1956年の振興計画以前にもタマネギを作る者もいて、1956年の農業振興計画で取り上げられてより鬼怒川沿岸部に栽培が広まる下地はできていた。

1965年に宇都宮市タマネギ振興会（会員600余名）が発足し、この頃が最盛期で市内で130ha栽培された。タマネギの生産（多収穫共進会、タマネギ苗共進会、調整機助成など）には市役所など行政の役割が大きかったことが特徴である。

表2－6　宇都宮市のタマネギ作付面積（ha）（農林統計）

年次	1966	1958	1962	1973	1980	1985	1992	2003
栽培面積	1.8	30	78.6	130	105	100	85	43

2000年代に入り宇都宮市内では栽培がかなり減少し（約70ha)、周辺の上三川、南河内地区の比重が高くなっている。

これ以外の夏秋トマトなどの品目については前編の記述に譲る。

図2－1　小島重定キュウリ圃場、1959年6月

広報 うつのみや
49 3/1
494号
一足早い 春
新しい農業の芽

（上）図2－2　高橋源一ハウス　市内宝木町、1966年、野尻光一原図
（下）図2－3　市内篠井町のウド、市政だよりN0494、1974年

3. 上三川町の野菜

中世の村差出帳に載る物産の中にはイモ、ナ、ナス、フクベなど野菜は僅かしかない。みな自家用であるから物産として挙げなかったのか。

江戸末期、下蒲生村の田村吉茂の農業自得（1841）に載る野菜はサトイモ、ダイコン、カブ、トウナ（冬菜）、ナスで明治期の農業自得付録（1871）にはウリ（マクワ）、スイカ、カンピョウを換金作物として挙げている。この頃になると販売用の野菜も多少作られていたようだ。田村家の1880年代の自作畑にはサトイモ、ナンキン（カボチャ）、トウナス（カボチャ）、キュウリ、ナス、ゴボウ、ニンジン、ネギ、トウイモ（サツマイモ？）、アマイモ（甘芋、不明）、インゲン、シロウリ、ダイコン、フダンソウ、ショウガなど多彩であるが、キャベツ、タマネギ、結球ハクサイ、ホウレンソウは出てこない。

時代は下がって1927年現在の野菜出荷組合調査（14）では2組合の記載がある。明治村多功第2区出荷組合はゴボウ、ヤマイモ、ハクサイ、ニンジン、ネギを、同3区組合はハクサイ、ダイコン、ヤマイモを扱っている。一部地区とはいえ、生産組織があったことは注目されるが、戦後の復興期につながっていたかは不明である。

1950年代に入り1957年度の上三川農業改良普及所の計画書には、1.カンピョウを減らしてサトイモにする　2.カンピョウの後にホウレンソウを入れる　3.トマトの半促成（トンネル栽培）を普及させるとある。同じく1960年の計画書にもカンピョウ偏重で野菜の少ないことを挙げ、新作物としてタマネギ、夏播キャベツの指導が出てくる。当時の畑作を中心とした作付状況は次表の通りであった。ここにはキャベツ、ナス、トマト、キュウリはまだ出てこない。

表2－7　1959年の上三川町作付状況（ha）（1960年上三川町普及所計画書による）

ラッカセイ	カンピョウ	ナタネ	サツマイモ	ジャガイモ	サトイモ
43	248	41	162	49	39
ダイコン	ネギ	タマネギ	ハクサイ	ホウレンソウ	カボチャ
16	14	14	30	38	22

1963年の県農協中央会の青果団地構想では上三川町は栃南団地に入り、メロン、タマネギ、夏秋トマトの産地化が計画されていた（14）。

上三川町の野菜産額が米産額を上回ったのは1987年からであるが、このように野菜栽培が組織的に盛んになってきたのは1974年頃からである。農政的には稲作転換政策を受けてのことで、農協の野菜販売額増加計画が始まりといわれる。農協共販の野菜販売金額は表の通り1990年代まで増加し、1987年には米の販売額を上回った。

表2－8　上三川町農協の野菜共販額（百万円）

1975年	1980	1987	1988	1993	2003	2009
441	1910	1896	2030	3100	2178	1976

農協の方針としては多品目による周年生産で、これは1987年にできた一元集荷所の機能発揮と共通するもので、生産基礎となる生産部会は1995年時点で19部会ある。主な部会はイチゴ、トマト、ニラ、レタスであり、小さい部会はブロッコリー、モロヘイヤ、トウモロコシ、ダイコンなどがあり、小規模経営の受け皿ともなっている。

多数の部会の活動を調整するために青果物連絡協議会（猪瀬正一会長）が1981年に結成され、当時の会員は620名、町の農家数の30％に当たっていた。

自動車メーカーの存在する町で野菜生産が伸びてきた要因については、町外の人たちの関心の的になってきたが、首都圏農業対策が行われてきた1980年代以前からすでに野菜産地として成立しており、起点はこれより10年前の米減反政策とカンピョウ転作の時代にあるといえよう。

各品目の経過概要は次のようである。

夏キュウリ：夏秋ネット支柱栽培は1959年頃から西汗地区で始まり、1961年から東京出荷となる。初期の指導者は野沢英幸であった。同じく1961年に上文挟地区でトンネル栽培始まる。1967年には4月播きの新ときわ、新光A号で本郷地区で約12haの産地であった。

レタス：1961年に普及所のレタス展示圃が設けられたが、場所、規模などは不明である。1974年に上簗地区の伊沢吉則が真岡市での栽培の影響を受け導入した。1979年に明治レタス部会を主体に農協部会（7ha）ができた。

1980年代後半には100ha近い産地となり、春レタス（10月播きのトンネル栽培）としては県内一の産地となった。1989年時点でレタス県産額の3分の1、3.3億円を上げる。1997年8月に冬レタスの指定産地となる。

カボチャ：組織的には1980年頃より始まる。カンピョウに代わり作付を伸ばし、1986年頃は120名の生産者がいた。当時、品種はみやこを使用した。4月下旬にトンネル内に定植し収穫は6、7月である。2000年頃は15haでトンネル栽培である。

アスパラガス：（第2編第8章参照）農協部会は1989年に4名で組織した。1988年に自家育苗の苗を定植、1989年から収穫した。1989年時点でハウス5、露地2haであったが露地栽培はすぐになくなる。1998年時点で28名、8haの規模で1月中旬から10月まで出荷される。

スイートコーン：1986年から取り上げ、部会は1988年にできた。後作にはブロッコリー、ホウレンソウ、レタス、ハクサイ、ダイコンなどを作りよい結果を出している。2000年頃は約10ha、50名の規模である。露地、トンネル、ハウス（6月中旬採り）で8月まで出荷される。この頃品種は味来からゴールドラッシュに代わってきた。

ニラ：（第2編第5章参照）2002年時点で40haあり県内有数の産地となっている。1986年10月からテープ結束となった。2005年には機械定植が30%となる。

タマネギ：カンピョウ後作として入り1980年代初期から急増した。部会は1979年にでき、1986年時点で66名、50haの規模である。

ゴボウ：組織的には1982年頃から始まるが、1985年頃は85名、17haで主として大阪向けの出荷である。

ニューメロン：栃南青果物生産出荷協議会によるニューメロンは1961年当時、本郷で4、上三川7.4、明治6.8haの規模であった。

施設園芸：上文挟園芸組合（増渕繁雄会長、10名）は1960年2月に設立され、初期は協業組織でキュウリ、トマトを栽培した。1973年以降にガラス団地が東汗、中根、上文挟、上神主地区に建設された。

1960年代後半（昭和45年前後）の春トマトは品種・東光の10月播きで1月定植、4月上旬からの出荷であった。2000年時点では春トマトは13haあり、9月上旬播きのハウス桃太郎で2月からの出荷であった。

一方、トマトの越冬長期栽培は1970年代から始まり上三川でも本郷の関根豊らが取り組んだ。1974年は8月7日播きの強力秀光で実施している。1982年からはガラス室で収量増加を目標として、増渕繁雄、稲葉吉昭らが8月10日播きで実施している。これ以降、今日までこの作型が続いており、2000年代初期の高軒高ハウスでの基本作型となっていった。2005年播きのハウストマトはハウス桃太郎が半減し麗容となる。

ハウスキュウリは比較的少なく1990年代では1－2haで推移している。この頃は9月下旬播きのシャープワンである。

養液栽培は2008年時点でトマト7名、イチゴ1名でトマトはロックウール培地によるものである。上蒲生地区の野口時男は1978年からトマトの燻炭養液耕を始め、ロックウールは発売と同時に導入して以降、ミニトマトの周年出荷を播種期を組み合わせて実行している。川中子地区の矢田部仁は1987年にロックウール耕を導入してトマトの7月播き越冬栽培と1月播き初夏採りを組み合わせている。

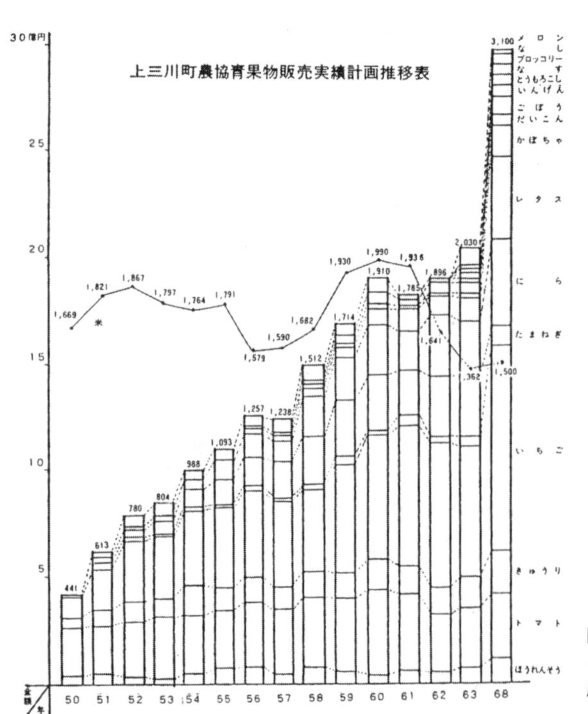

図2－4　上三川町農協青果物販売実績推移
(1975－88年)、1989年
農改普及事業40年の歩みより

[附] 立松和平の「遠雷」について

栃木県の施設園芸農家を舞台にした立松和平の「遠雷」は1980年の作品で野間文芸新人賞を得たものである。小説の舞台は作者の生活していた宇都宮市の近郊ハウス農家を舞台にしたもので、農地の改廃、地価の上昇など都市化の波に翻弄される近郊農村と近郊農業の行き着く先の施設園芸と生産者を悲喜劇をおりまぜて描いた。

この作品は作者の家の近くで見聞したハウスキュウリ栽培の青年から構想を得たようである。施設園芸に対して懐疑的な面も描かれているが、作品の発表当時はすでに施設園芸も農業の一分野として定着しており、本県でも露地野菜の生産減に対して施設園芸は着実に成長していた時代であった。作者自身も宇都宮市や上三川町のトマトハウスを取材しており、トマト施設園芸に対しては明るさを感じていたようである。別の作品、「地霊」では有機栽培を始める帰農者が書かれている。

「遠雷」は1981年に日活社で映画化された。ハウスの場面のロケ地は上三川町川中子の落合龍司のトマトハウスで、同年4月から6月頃まで撮影が行われた。会社のスタッフが探し当てた落合家であるが、後に同家は横松家と遠縁に当たることが分かったという。立松和平もしばしば撮影に立ち会っている。落合は多忙な時期なのでロケをいったんは断ったが、農協より協力を頼まれたので引き受けたという。田植えのシーンでは寒くて子役の幼児が泣いて困ったこと、瑞穂野団地へトマトを売りに行く時は同家のテーラーでトマトを運んだこと、ハウス内のラブシーンはポルノ映画と間違われる恐れを落合が感じて断ったこと、この場面は西方町の単棟ハウスで撮影されたことなどの話が残っている。この映画の監督は根岸吉太郎で主な出演者は永島敏行、ジョニー大倉、石田えりで多種の受賞歴がある。

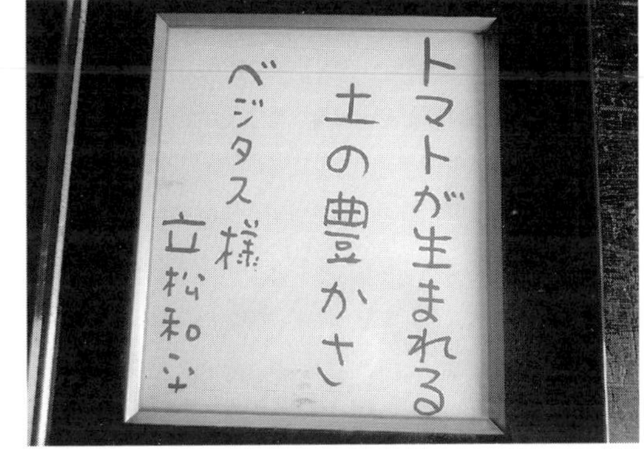

図2－5　トマトハウスの立松和平と書（上三川町 増渕貴敏 提供）

引用文献［第2章］

1. 上三川町史・史料編・近現代（1980）上三川町
2. 栃木県史・史料編近現代Ⅳ（1974）栃木県
3. 蔬菜及び果樹の主要品種の分布調査（1936）農林省
4. 宇都宮市史近現代Ⅱ（1981）
5. 全国青果生産者著名問屋案内（1925）国会図書デジタル
6. 横川村史（2004）復刻版
7. 宇都宮地誌（1934）宇都宮市教育会
8. 栃木農報NO16（1926）記事　栃木県農会
9. 同NO49（1929）記事
10. 広報うつのみや（1974）NO494記事

11. 水田裏作優良事例（1937）県経済部　農務時報1号
12. 栃木県園芸農協だより創刊号（1970）昭和45年1月
13. そさい技術研修資料（1968）宇都宮農改普及所（冊子）
14. 栃木県農協中央会30年史（1987）県農協中央会

参考文献

栃木の野菜、各年次版　くらしと農業、農業と生活各記事　農協かみのかわ各号記事
斉藤一治（1993）野菜産地づくりで農業の活性化　くらしと農業1993年1月号
黒古一夫（1997）疾走する立松和平文学精神　随想舎
談話参考　野尻佳宏、落合ヒサ、落合愛子

農業自得（1841年）のナスの記述 現代語訳 **日本農書全集21 農山漁村文化協会 1981年**

（下蒲生村の田村仁左衛門著の上記本のナスの栽培法は相当に詳しく書かれている。これらの技術がこの地で行われていたか、興味のあるところである）

「播種は2月の中から行なうこと。種子は2番なりのよく熟した実から採取し、下水などのそばに埋めて貯えておき、播種の時によく洗い乾かして用いること。苗床は暖かい所に厩肥を1尺5、6寸積み重ねそれを平均に踏みつけ、その上に完熟した堆肥を細かくしたものを2寸ばかり敷き詰め濃い下肥をかけて2、3日干し、さらにその上に完熟堆肥を細かくしてものを1寸も敷いて作ること。そこへ馬糞か完熟堆肥の細かくしたものを、種子が見え隠れする程度にふるいかける。その上に古むしろなどをかけ、さらに藁くずなどを沢山かけて覆いをしておく。

1日に1、2度も苗床に手を入れて見て、少し暖かく感ずる程度に温度を調節する。苗が生長してきたら覆いをはずすこと。もし、生長が遅ければ暖かい風呂の残り湯を覆いの上から掛けるとよい。また、発芽後霜が降りそうなら覆いをし、暖かい夜には夜露を受けさせ、昼は日光に当てるようにすれば、たちまち苗は青青としてくる。（中略）定植するときは刃物で苗と苗の間の土を切り、土を沢山付けて苗をとり釣台などにそっとのせて運ぶ。

定植する畑の土には灰肥を混ぜておき、ていねいに苗を植える。こうすれば日除けなどする必要はない。植えたら根元の土を踏みつけるが、土が乾いている時は強く踏み付け、湿っている時はそっと踏みつけておく。（後略）

第3章 足利市とその周辺

1. 1950年以前の概要

表3－1
1889年の足利町の野菜産額

種類	金額（千円）
ダイコン	32.1
ゴボウ	9.8
サトイモ	7.9
ショウガ	4.7
ナタネ	4.0
ツケナ	3.2
ナス	2.7
キュウリ	1.6
農・林・畜産計	471.1

1926年頃の足利地方の農村について「半農半工で食料は自給できていないが、養蚕、タイマ、タバコなど工芸作物による」としている（1）。1889年の足利郡農会調査による足利町（合併した助戸村含む）の野菜産額は右の通りである。これによるとまだ野菜類の生産は少ないが、特殊なものとしてショウガの多いことが目立つ。

この足利郡農事調査にある野菜の種類はエンドウ、ソラマメ、インゲン、ダイコン、ゴボウ、ニンジン、サツマイモ、ジャガイモ、サトイモ、カボチャ、スイカ、キュウリ、シロウリ、カンピョウ、ショウガ、ネギ、ツケナであった（2）。

名草村のショウガは第2編第11章で紹介したように北部の重要な作物で、山間部なので貯蔵の横穴を掘るのには適地であった。1930年代でもショウガはかなり栽培されており、名草村の耕地271町歩のうち30町歩の作付があった（3）。この頃、ほかにキャベツ、ソラマメ、ジャガイモが多かった。1935年頃になると養蚕不振もあり北郷地区でキュウリ、トマト、ナス、キャベツなど本格的な野菜産地となる（4）。

サヤエンドウは出原市太郎の実績がある。1935年にサヤエンドウの組合ができていたが、詳細は不明である。ただ出原は水田裏作で反当78円余を上げたとして紹介されている（5）。

キュウリは埼玉から導入した針ヶ谷種が栽培され（6）、戦後しばらくは本品種が自家採種で供されていた。

この地区のキュウリについては菅田町の仁木計次郎が1927年に小島重定（宇都宮近郊の平石村）から指導を受け、5名で3反歩栽培したのが始まりという（7）。半促成も最盛期には2000坪にもなったという。

この北郷村の1932年当時の経済厚生運動のスローガンは「野菜の共同出荷推進」であり、当時としては珍しい野菜をテーマにした目標であった（8）。この地区は中小都市が周辺に多く、従って多くの青果市場があり個人出荷には便利な立地であったことをうかがわせる。

キュウリ栽培は戦後も続けられ、市内で広くビニールトンネルやハウスが普及する前は、市内での産地（殆どが露地早熟栽培）であった。この理由並びに1955年当時の栽培を紹介する（7）。

キュウリ栽培の増加理由

平均5反歩という耕地の狭さ

山林に囲まれ温床材料の落ち葉の自給が可

水田裏作として栽培可能

消費地に近く周辺に市場が多いこと

キュウリ栽培の概要

品種は針ヶ谷で1931年頃より自家採種しており多少の変異がある。3月4、5日に播種して3回移植、7、8葉のときに麦の間に定植する。主な病害はベト病、炭そ病で梅雨の時は1日おきに消毒する。収穫盛期には仲買人により東北、北海道方面に出荷され、地元は3割くらいである。

7月10日頃に収穫を打ち切り水田とする。相模半白の試作やビニールトンネル栽培が計画されている。収量は1500－2000貫で反6－7万円の売り上げである。生産者は250名である。

1956年に北郷蔬菜出荷組合ができたが共同出荷は半数程度にとどまっていた。キュウリのトンネル栽培は1950年代後半が最盛期で20haにもなったが1960年代にはかなり減少した。

2. 1950年以降の概要

施設園芸が盛んになる前、足利南部地域にも野菜専門の生産者が多数いた。

市内和泉の半田為三郎ら8名は1940年頃からトマトを作り、1985年現在ハウストマトの15段採りをやっている。勧農町の倉林喜三は戦前からの野菜生産者で1950年代はトマトの早熟栽培やトンネル栽培、鉄筋を曲げてのハウス（1960年頃）のほか、覆下カブ、ニンジンなどの栽培をしていた（表3－2）。北部の北郷には斉藤誠が自家採種の針ヶ谷キュウリの半促成をやっていた。田沼町彦間は和紙の生産地でありこの和紙を油紙として小トンネル栽培も行われていたと思われる。キュウリの作付は1970年代がピークでその後減少し、ハウス栽培と共に2000年代に入るとかなりの減少となった（表3－4）。

南部水田地帯は初夏採りのキャベツ産地であった。1963年に指定産地となったが、工業団地ができて急速に衰退した。1950年代が最盛で1962年には100haに達したが、1980年には10ha程度に減じた。9月中旬播きで11月末までに定植する。1970年代は春風2号、金盃で5月中旬採り、年により価格の変動が大きいのが問題であった。この地域の、岩下政順はキャベツ生産者として優れていた。

根菜類では川崎町に1960年頃からダイコン、ニンジンの産地が形成された。桑園の跡地利用で小野寺芳雄は1959年にダイコン（時無ダイコン）を始め、1970年頃からトンネル栽培となった。1980年代はダイコン線虫対策としてのマリゴールドが作付されるようになり、1985年頃からトンネル内のべた掛けも入り集約的になってきた。2000年に入ると作付は5ha程度と減少してきた。品種は時無、おしん、天春、役者小町と変わり、2010年頃は役者美人が多い。

表3－2　倉林喜三の栽培状況　1956年

種類・面積a	品種	反収、貫	備考
大・小麦、23	関取1号、農林61号	9俵、8俵（小）	自家用
大豆、9	在来、生娘1号	1.5石	自家用
甘藷、3	さやま、農1、太白	700	自家用
陸稲、20	農林12、21号	4俵半	自家用
トマト、8	新星、福寿2号、	4,500	販売トンネル：1.5ａ露地：6.5ａ
ナス、1	金井新交2号、群交鈴成り	1,000	販売用
春ダイコン、20	時無	3,000	〃、パラヒンキャップ
夏ダイコン、5	美濃早生	2,000	〃
秋ダイコン、15	練馬早太り、大蔵	4,500	〃
コカブ、10	金町	500	〃
ニンジン、5	ＭＳ	1,000	〃
スイカなど、3	富研ほか	2,000	自家用
キャベツ、7	初冬、長岡四季	1,000	販売用
ハクサイ、2	金星、松島	－	〃

注：農業と生活　1957年4月号記事「五反百姓の生きる道」より、改写・一部改変

初夏採りのニンジンは1961年に導入され1974年頃から共同出荷が始まり、ダイコンとの作付体系が組まれた。1971年に農協根菜部会もでき、組織化が図られた。ニンジンは12月から2月まで播種され、5、6月に収穫される。品種はUS4寸、光輝200に始まり2000年代になると向陽2号となっている。2000年時点で20余名、17haの規模であり選別も含め機械化が進んでいる。

図3－1　キュウリの苗床　市内菅田町、斉藤松次圃場、1960年頃、足利農改普及所原図

図3－2　水田前作のキュウリ　足利市北郷地区、1960年頃　足利農改普及所原図

図3－3　キュウリ荷姿、1963年6月

施設園芸（8、9）

本格的な施設園芸が始まる前に各地区でビニールトンネル栽培が開始された。南農協資料によると管内でトマトは1959年頃から各所で、キュウリ、ナスでは1956年からが開始年である。この頃の同農協の野菜関係の出荷組合は筑波農協蔬菜部（1959年発足）、久野園芸組合（1957）、御厨農協蔬菜部（1961）、梁田農協蔬菜部（1961）であった。これとは別に下野田トマト組合は1962年にでき、農協とは別に活動していたが後に南農協の傘下に入る。

個別の事例はつかみきれないが、1960年前後に丸山宗一、戸崎輝三郎、金子清（野田）、星野光一郎（瑞穂野）らはハウスを建てている。1962年頃石川丈太郎は100坪の竹幌ハウスを建てた。連棟ハウスは1965年12月に新井吉郎が初めて建てた。1964年には足利市ハウス研究会（事務局は市役所）が120名で組織され、急激に施設園芸が普及した（研究会は1977年に解散した）。品目的にはナスは1950年代に激減し、キュウリは1960年代半ばで共販が減り個人出荷が多くなった。もともと産地仲買人の多いところであり、その活動は1975年頃まで盛んであった。キュウリのハウス栽培は9月から11月播きまであるが数haで推移している。

一方、トマトは順調に伸び、黒すじ（1969）、白すじ（1971）、ねむり症（1971）などの障害を解決しながら発展してきた。品種は東光K号から大型瑞光へ、さらに機械選果に向く瑞光102、1989年にはハウス桃太郎へ2002年産から麗容へ変わり、越冬長期栽培は小面積ながら2005年産から普及した。面積的には一定の面積で推移している。

1980年代以降の経営的課題は選果場の稼働による個別経営での軽減労力を規模拡大に及ぼ

すか、作型をみ合わせて周年的生産に向かうか、他部門（稲作）との調和を図り複合経営を目指すか論議されてきた。

表3－3　足利市における施設トマトとキュウリの作付面積（ha）

年次	トマト	キュウリ
1960	0.5	1.0
1962	0.7	2.3
1965	5	6.3
68	12	11.0
73	20	
78	25	
85	33	
99	24	

注：栃木の野菜ほか普及関係資料による

表3－4　足利市におけるトマトとキュウリの作付面積推移（ha、農林統計）

年次	トマト	キュウリ
1960	20	71
1971	34	76
1977	37	59
1980	38	52
1985	39	51
1989	40	41
1992	40	38
1997	33	21
2005	31	11

表3－5　足利市南農協園芸部会の主な栽培経過
（南農協園芸部会10周年記念大会資料（1975）並びに足利市農協園芸部会久野支部10周年誌（1978）による）

年次	トマト	ナス	キュウリ
1955		筑波蔬菜出荷組合設立	油紙トンネル栽培
‘56		ビニールトンネル開始	同左
‘57			久野、御厨園芸組合設立
‘59	トンネル栽培が各所に（品種は世界一）	2,4－D処理始まる	青キュウリ・針ヶ谷主体
‘60		イチゴ、キュウリに転換多数	
‘61	鉄骨ハウス導入	ハウスに電熱線利用始まる	針ヶ谷種の採種始まる、静岡2号ハウス、18名建設、落合2号種
‘62			接木始まる
‘63	チューブ灌水始まる		ポリ袋育苗、炭酸ガス利用試験、松のみどり全盛
‘64	三段密植栽培入る		ダンボール箱出荷始まる、黒星病低温で多発
‘65	ポット育苗始まる		ハウスにきたむさし（白いぼ）入るポット育苗始め
‘66	暖房機入る	出荷容器にダンボール	
‘67		萎凋病発生	暖房機入る、近成ときわ、さつきみどり導入
‘68	10月播き始まる		呼接ぎ普及、夏埼落3号、12月播き
‘69	品種はひかりで東光K号の試作、播種は10月中旬中心、黒すじ果発生		ハウスもの共同出荷始まる
‘70	品種は東光Kとなる、播種は10月10日ごろ、自動カーテン設置	米生産調整で露地栽培普及	農協きゅうり部会
‘71	白すじ、ねむり症発生、播種は10月上旬、1回移植が大勢となる、6、7段採り	山辺なす組合が農協部会に参加	エコノミーハウス導入、王金促成の試作、播種は12月中旬

年次	トマト	ナス	キュウリ
'72	品種大型瑞光（試作）へ、9月播き一部		
'73	9月播き主体、8月播きの長期作始まる、プログラムサーモ導入		プログラムサーモ変温管理始まる、越冬栽培始まる 越冬栽培（王金越冬）の導入、半促成はときわ光3号P型で11月中旬播き、
'74	接木始まる、各品種の試作盛ん、9段採り多くなる		炭酸ガス発生機導入
'75	炭酸ガス発生機多数入る、大型瑞光に統一、根腐れ症発生		越冬型は黄金越冬
'76	播種期は9月中旬		越冬型はときわ光3号P型となり台木はキング土佐
'77	S 102など試作		

引用文献［第3章］

1. 下野大観（1926）浜野貞吉　大観刊行会
2. 足利市史（1979）第5巻資料編近現代II
3. 栃木農報8（6）通巻73号（1931）県下に名高き名草薑
4. 栃木農報12（8）（1935）飛躍せんとする北足の新興蔬菜産地を視る
5. 水田裏作優良事例（1937）県経済部（農務時報1号）
6. 栃木農報14（6）（1937）一般記事
7. 農業改良時報No 65（1955）記事、水田前作胡瓜－足利東北部地区－
8. 足利南農協園芸部会10周年記念大会資料（冊子）（1975）
9. 農業改良普及事業三十年のあゆみ（1978）県普及教育課

談話参考　斉藤一雄、石川丈太郎

回想　足利のトマト　　**斉藤 一雄**

私が県職員としての38年余の中でトマトの栽培指導にかかわったのは27年くらいになると思います。その内足利農業改良普及所で重点的に取り組んだことを振り返ってみます。昭和40年代の前半ですが「ひかり」を中心にいろいろあった品種の中で低温伸長性の高い「東光K」が主力品種として取りあげられました。幸い「東光K」は作り易くだれが作っても大きな差がなく産地には好適な品種でした。しかし40年代後半になると「眠り病」とか「幽霊病」といわれたTMV萎凋症が発生してきました。TMV抵抗性品種の試作を重ね「大型瑞光」を選定しましたが、昭和49年（1974年）3月25日に足利市のMさんのハウスで100株くらいしおれてしまいショックを受けました。これが後に大問題となった根腐れ萎凋病でした。対策として接木栽培を確立し現在に至っております。この接木栽培についても語りつくせない話がありますが、これからの問題として環境問題につながる廃農ビの問題、連作障害問題、食味と収量を両立させる栽培などがあります。栃木のトマト栽培の技術は先駆者の研究努力で全国レベルにあります。若者の更なる研究努力に期待します。（2000年10月開催の栃木のトマトを語る会資料要旨、元栃木県職員）

第4章　佐野市とその周辺

1. 1900年代前半までの概要

万葉集の「佐野のくくたち」のことは第1編で触れている。この地方も足利と並んで野菜産地としても古い。1843年（天保14）の「佐野往来」には高萩村（現・高萩町）の産物として真桑瓜の名がある（1）。佐野市史で中世の村明細帳を見ることができるが、1712年の植野村の作物は畑物としてアワ、ヒエ、大小豆、木綿、芋などで野菜はなく、同村1827年になるとダイコン、ナスの名が出てくる（2）。1916年の吾妻村村是に蔬菜の改良の項があり、「必ず自家用の野菜を作る事」とある。

明治初期、1877年の浅沼村物産表にはサトイモ、ダイコン、1883年の小中村地誌にはネギ、ショウガ、ナス、ゴボウ、ニンジン、イモと野菜の名がある。

1900年代に入ると各種野菜の産地・出荷組合ができ、生産が盛んになってきた。佐野市史などの記述を主に紹介する（2）。1919年の佐野町の野菜作付状況は右表の通りであった。

表4－1　佐野町の野菜作付状況（1919年　町歩、千円）

種類	面積
ネギ	9
ナス	8
ニンジン	5
ダイコン	3
タケノコ	3
ゴボウ	2
キュウリ	2
サトイモ	2
アオナ	2

注：佐野町史　一部改変水稲など省く

1925年の全国青果生産者などの案内に界村のサトイモ、赤見村のショウガが出ている（3）。郊外の犬伏町は1900年初期から野菜栽培が盛んになってきて、犬伏蔬菜組合は1902年頃から世話人を置いての活動があったが、正式に1923年設立（吉川浅次郎会長212名、文献3では80名）がダイコン（みの早生）を主体に自動車で東京や上毛方面へ出荷していた。1920年代はみの早生ダイコンで10町歩くらいあった。町内の産地は富岡、浅沼、鐙塚でみの早生は1913年頃に栽培を開始した。7月下旬から9月上旬播きで中心は8月上旬であった。50日で収穫し反3500本、1本2.5銭で経費引いて反37円となっていた（4）。

同町の西瓜組合は1930年設立（吉川浅次郎会長、105名）で日の出スイカを栽培し、施肥の統一を図って品質は好評であった。東京市場へは6割を出荷していた。

界村の1932年時点の野菜は次のような状態であった。

スイカ：明治初年より作り大和スイカである。1933年には8.5haあり。

ハクサイ：1912年頃より3町歩毎年あり。

ダイコン：練馬より理想ダイコンに変わってきた。

キャベツ：栽培はないが水田裏作に奨励したい。

サトイモ：九面芋（八頭）から早生のダルマ芋に統一した。

ヤマノイモ：自家用なので品種が退化している。奨励したい。

カボチャ、ナス、キュウリは順調に作付されている。

界村のナスについては第2編第3章でも触れたが、1932年頃には真黒扇茄が10haあり高萩なすとして名声を得ていた。110年前からのものという（5）。

昭和初期の経済厚生運動（1927－1931年）における野菜への政策は次のようであった（2､6）。

旗川村：不況打開の方策として水田を減らし水田利用の蔬菜栽培を導入する。ジャガイモ、ネギ、タマネギ、トマト、クワイ、ホウレンソウが候補に挙げられた。なお1930年の旗川村農会誌には村の農業は稲作、養蚕、わら加工が主としている。

吾妻村：蔬菜栽培を奨励する。蔬菜栽培はまだ改良点が多い。

引用文献［第4章第1項］
1. 歴史地名大系第9巻栃木県の地名（1988）平凡社
2. 佐野市史資料編3、4（1975）佐野市
3. 全国青果生産者全国著名問屋案内（1925）丸和商会（国会図書館デジタル）
4. 五味淵伊一郎（1926）安蘇郡犬伏町の美濃早生大根　栃木農報3（1）
5. 高瀬信光（1932）栃木農報77
6. 旗川村農会誌（1930）同村農会

2. 1900年代後半以降の概要

戦前の産地は戦後にも引き継がれ1960年頃の出荷組合は次のようであった。

植野（63名）、界（44名）各出荷組合、高橋（28名）、旗川（30名）各茄子生産出荷組合

普及所の計画は当時、イチゴ、タマネギの産地育成とトマト、キュウリ、ナスの増反であった（1）。

果菜類キュウリ、トマトの早出し栽培はこの地でも活発であり、普及関係資料によると次の通りで県内でもかなりの産地であった（2）。この半促成栽培はどのようなものかは不明である。早熟作型か油紙トンネルかビニールトンネルかは分からないが、初期のものは油紙によるものであったろう。佐野市内の栽培実態は不明である。

表4－2　果菜類の不時栽培面積（千坪）

地域	キュウリ		トマト	
	1951年	1954	1951	1954
佐野市	4.5	30.0	1.5	60.0
足利市	3.8	3.8	－	0.1
宇都宮市	7.0	33.0	－	4.5
石橋町	1.7	2.5	－	－
氏家町	1.5	3.0	0.9	1.5

注：農業改良普及のあしあと（昭和29年度）1955年県農業改良課

1960年時点の佐野市の野菜作付状況は右表の通りで、ナス、ダイコンの比較的多いのは昔と同じようであり、キュウリが多くなっているのは戦後の特徴であろうか。春キュウリは1966年に指定産地となっていたが、その後指定解除となった。特殊なものとして高橋町を中心として薄皮小ナスの栽培がある。1980年初期から始まり、山形県へ出荷されていた。山形県の地方品種（民田茄子）でこの地のものが出回る前の需要を狙ったもので、佐野農協が市場からの要請にこたえたものである。最盛期は20名の栽培者がいたが、2018年に栽培が終わった。

表4－3　1960年、佐野市の野菜栽培面積（ha）

種類	1960年	1980	1990	2001
キュウリ	15	38	32	18
トマト	7	8	5	5
ナス	27	21	14	15
イチゴ	2	80	51	28
ハクサイ	24	21	15	5
ダイコン	47	60	59	30
キャベツ	13	14	17	8
ネギ	32	25	22	12
ホウレンソウ	12	26	18	12

なお、戦前に栽培があった富岡町のスイカは戦後復活し1952年には種なしスイカの試作を関根十郎が行い、1955年には14名の栽培者がいた（3)。

佐野市内の従来からの産地は都市化や工業団地のため1970年代には減少し、施設野菜やかき菜にみられるように少量、軽量品目に移ってゆく。ダイコンは犬伏地区でのダイコンは1966年からトンネル栽培（1、2月播き、春王・天春、プラス不織布、3月は春みの3号）が始まり、1980年代後半には6ha、11名の規模となった。かき菜は1986年に農協部会ができ、2000年頃には100名以上の栽培者がおり、地元や東京市場に出荷されている。殆どが露地栽培で副次的な生産である。

図4－1　佐野市犬伏町のダイコン出荷調整状況
1979年頃、佐野地区農業改良普及事業30周年記念誌（1979）より

図4－2　田沼町栃本のネギ
（佐野地区農業改良普及事業30周年記念誌、1957年より）

引用文献［第4章第2項］
1. 昭和35年度佐野農改普及所計画書（1960）
2. 昭和29年度普及のあゆみ（1955）県農業改良課
3. 農業と生活1（10）記事　（1957）
談話参考　金井辰夫

第5章　小山市とその周辺

1. 1900年代前半までの概要

野木町史によれば1843年（天保14）の宿村大概帳に「そば大根など多く作る」とあり、古河城下へ野菜など売っていたという。1876年（明治6）の友沼村の農産は米麦のほかソバ、ナタネ、ソラマメ、サツマイモ、サトイモ、ニンジン、ダイコン、ナス、クワの葉、アイの葉が挙げられている（1）。1883年に友沼村など22カ村有志の会合で外国産穀菜果樹類の適応性試験をやることが検討されている（1）。国分寺町史によると1885年に農業談会ができて以降、活発な農事活動が行われたようで、1898年の活動の中に園芸作物の奨励として小金井などにハクサイ指導地が設置された（2）。

このように明治以降、一部では野菜拡大の機運も認められるが多くは自給野菜にとどまっていた。この地は養蚕、水田作、麦作、カンピョウ作の盛んな地帯である。1911年（明治44）の絹村の農作物作付表を表5－1に示す。

表5－1
1911年の絹村作付状況（反）

作物	面積（反）
水陸稲	4165
クワ	2144
カンピョウ	100
ダイコン	40
ニンジン	20
ゴボウ	20
サトイモ	20
サツマイモ	150
ジャガイモ	3
ナス	50
キュウリ	20
カボチャ	10
ネギ	20
ナ	50
ショウガ	3

注：絹村郷土史による

絹村では水陸稲、クワの合計面積約630町歩に対し野菜類は合計40町歩でサツマイモ、ダイコン、ナ、ナス、サトイモなどで、間々田村では約900町歩の耕地のうちウリ類10、カンピョウ11、サトイモ9、ダイコン7町歩などであり、生井村は水田主体であり、野菜はナス、キュウリ、ゴボウ、ニンジン、エンドウ、ネギなど僅かであった（3）。

1909年に行われた経営方法共進会に中村下河原田の神山原治が自作農経営で発表している（4）。これによると野菜は多く作付されているが、植産物（畜産除く）中で野菜の産額は3%程度で自給野菜である。

1920年代、県南でも都市化が進み繭価や米価の下落もあり、野菜生産への関心も高くなってくる。

野木村園芸出荷組合は1926年に結成され野木村農会を事務所としてハクサイの東京出荷で名声を上げた。輸送は地元の丸屋運送店が行った。集落としては川田、佐川野でムギ－カンピョウ－ハクサイ－ムギ－オカボの体系で栽培された。1937年時点でハクサイは村内で165戸、26町歩の規模であった（2）。1936年の野木村の農産物産額を表5－2に示す。これによると野菜の作付、産額が比較的多いのが分かる。

表5－2　1936年の野木村の農産物

作物	面積、町歩	産額、千円
水陸稲	836	331
大小麦	695	216
大小豆	116	13
サツマイモ	129	40
ジャガイモ	19	8
野菜	206	175
クワ	262	132
カンピョウ	46	32

国分寺村農会青年部でも1930年代にはハクサイの栽培が行われており、栃木農報に記事が掲載されている（5）。国分寺のハクサイは1890年代後期から栽培が行われており古い産地であった。

記事によると当時の栽培は次のようであった。品種は芝罘（チーフー）、包頭連で直播か苗仕立てである。肥料は鰮〆粕、大豆粕、米糠、硫安など単肥で1反歩窒素6.7、燐酸4.4、カリ4.5貫とする。農薬は銅石鹸液、砒酸鉛を使用する。貯蔵は屋内での吊るし置き、新聞紙で包み屋内に置く、土中埋設の方法とる。

1924年の間々田町農会の事業計画では園芸の進展がうたわれ、副業としての園芸を奨励することが挙げられている（3)。中村の1935年の経済厚生計画では水田裏作の野菜を5町歩増反する計画がある。

大谷村・東野田の山中晃蔵のニンジン、スイカの栽培状況は第1編4章に紹介したが、1930年代になると野菜栽培を取り入れる者も増えてきたであろう。まだこの時期、トマト、キャベツ、レタス、タマネギの名は出てこない。

引用文献［第5章第1項］

1. 野木町史歴史編（1989） 野木町
2. 国分寺町史通史編（2003） 国分寺町
3. 小山市史近現代1（1981）
4. 栃木県農業経営方法共進会報告（1909） 栃木県農会
5. 栃木農報10（8） ニュース記事（1933）

2. 1950年代以降の概要

1956年の栃木県農業振興計画ではこの地方は南部畑作地帯と南部西水田地帯に区分され、前地帯にはカンピョウからの転換を促し、野菜としてトマト、キュウリ、ホウレンソウ、サトイモを奨励するとしている。後地帯はタマネギ、トマト、キュウリ、キャベツ、ホウレンソウ、ハクサイを奨励品目としている。

戦前からの野菜産地は戦後すぐに生産が再開されたが、ほとんどの地域は戦前からの経営形態が続いていた。

「美田農業の歩み」の中に次のような一組合員の所感がある。「この地方はなんでも作るが売れるものはない。米麦一本槍で将来を考えない。コメ、ムギは農協へ、ほかのものは個人勝手。将来は機械化で40haを1集団で、余った労力は兼業へ」。(1)

1957年の県農業改良普及計画書によると野菜分野の計画も賑やかになってくる。掲げられている品目はキャベツ、タマネギ、ハクサイ、果菜類のトンネル栽培や夏秋栽培、ホウレンソウ、イチゴ、サトイモなどで小山地区の記載は少ないが、水田裏作にキャベツとホウレンソウを入れるとある。1962年県農協中央会の青果団地計画では栃南青果団地に石橋、国分寺と共に桑、絹農協が入っているがそのほかはない。品目としては夏秋トマト、メロン、タマネギが挙げられていたが、その後の野菜生産は少し変わってきた。

1960年代の主な出荷組織は中古屋出荷組合、丸林園芸組合、武井園芸組合、間々田農協青果組合であった。

1）野菜の早出し栽培から施設園芸へ

1960年頃からトンネル栽培が各地で増えてきた。県の資料「農業改良普及のあしあと・1955年」（2）によると、小山農改普及所管内などの不時栽培面積は表の通りであった。これによると他の野菜先進地に比べ規模は小さい。下都賀郡では石橋町の早出し栽培が大きい。半促成はトンネル（油紙やビニール）、促成は間々田町の温床栽培と思われるが詳細の説明はない。

1960年の小山農改普及所の改良計画では果菜のハウス、トンネル栽培導入、メロン、夏秋キュウリ、夏播キャベツ、早生ハクサイ、ホウレンソウ導入が項目として出てくる。このあたりから野菜生産が右肩上がりになっていく。ただし地域により多少の差があり、国分寺町では順調に野菜が伸びているが、養蚕の桑村では農協販売事業報告に青果が記載されるのは1960年以降であるが数年は「計画未達成」が続いた（3)。

表5－3　キュウリの不時栽培状況　農業改良課1955年

普及所	半促成、坪			促成、坪		
	1952	53	54	1952	53	54
小山	25	300	415	120	150	165
石橋	2,000	2,200	2,500	–	–	–
宇都宮	25,000	34,000	33,000	120	200	300
足利	5,090	5,850	3,800	–	–	–

注：トマト省略、他の普及所は省略

ビニールハウスの極初期のことは不明であるが、東黒田の日向野竹雄は1960年に木骨ハウス、1964年にＣＴハウスを建て、乙女地区の荒川順二は1963年に静岡2号連棟ハウス、野木町の折原一好は1964年に200坪の鉄骨ハウスを建てている。ハウスは他地区同様に1965年頃から急激に増加する。

表5－4　ハウス面積の推移（ha）

市町	1964年	65年	66年	67年	68年
小山市	0.5	1.1	5.0	9.9	11.2
野木町		0.7	1.6	3.3	4.1
国分寺		0.1	0.3	0.7	0.8

注：農改普及事業20年のあゆみより

キュウリの早出し栽培

野木町では中古屋農研クラブのキュウリ早出しがすでに1954年頃から始まり、フレームに踏み込みをして定植し4月から出荷していた（4)。1956年に小山市間々田町の日向野竹雄もガラス障子のフレーム踏み込み床でキュウリの早出しをやっていた。低設フレームで棚を作りキュウリを這わせた。約100坪の規模であった（5)。この栽培は間々田町の野村春夫らが1955年に最初に行ったものである。他の地区にも同様の栽培が数名で行われていた。

小山農協間々田ハウス部会は1960年にできた。初期は7名で胡瓜研究会（大橋房一会長）が翌年JA合併で部会となる。1989年現在21名で、ブルームレスキュウリは1981年抑制で試作して市場で好評だったので翌年春作から拡大1983年に部会として採用した。輝虎台であったが1988年頃より雲竜1号台に変えた。1990年には殆どがブルームレス台木（この頃はひかりパワー、一輝）となり、石橋町に黒タネ台木栽培があるだけとなった。

白イボの夏系キュウリ品種は1967年（1967年冬－翌年1月播き）に小山農改普及所管内で面積の半数に当たる7.5haに導入された。前年はすべて黒イボ品種（若水）であった。白イボ品種は新豊緑2号、きたむさしなどである（6)。小山地方の春キュウリは1977年時点で約20ha、ときわ光3号で11月下旬－12月上旬播きで水田地帯にも伸びている。

夏キュウリ

夏秋キュウリは以前からあったが、本格的には1962年頃からネット支柱（当初は海苔網に竹支柱）栽培として始まる。管内で22haネット栽培とトンネル栽培で5－8月が出荷期間である。1967年頃は大利根、東北ときわなどで一部に急性萎凋症状の発生も始まった。

1977年頃はハウス育苗で接木（新土佐台）も一部にあり、3月中旬播きのトンネル作と3月下旬－4月播きの露地作の組み合わせで行われた。後作はレタスとなる。夏キュウリのブルームレス台木・輝虎は1985年に間々田地区の10名で試作し、翌年から全面的に普及した。これまでは新土佐台木であった（7)。県開拓農協連合会扱いで生活協同組合へ出荷する夏キュウリは1994年から5名で始まった。

トマト

小山市、野木町のトマト（25ha）は1987年に指定産地となった。

1966年度普及事業のまとめによると、1958年にトンネルトマトが導入され、1964年に2名がハウスを導入した。1966年時点でトンネル栽培が多い。16名中14名がトンネルで矢畑地区が中心との記載がある。これは矢畑実践グループ（11名、田村源一ら）の実績で、1964年に2名がハウスを建て、1968年には全員がハウスを持った。

1968年普及事業のまとめでは小山市横倉地区の蔬菜研究会は1957年にでき、1963年にトマトのトンネル栽培を15名で開始。1966年には26名で2.5haとなる。1967年に鉄骨ハウスを作り坪4,000円の実績をあげ、この間（1963→68年）10a粗収入は60万から170万円となるとの記載がある。間々田地区東黒田ガラス団地（日向野仁ら7名）は1973年に建設、この頃はTVR2号の8月播きであり間々田地区ではで29名の施設栽培者がいた。ここでは1975年頃からメロンも導入しトマトとの作付を図った。メロンはしらゆきメロンで8、9月採りであった。

野木町矢畑園芸団地組合（福島孝次会長、6名）は1978年にガラスハウスを建設し（9棟1.2ha)、トマトと抑制キュウリの栽培を始めた。

1980年代後半は下都賀郡には9月中旬播きのトマト・スーパーファーストが他の品種より高値であったので普及していた。小山市や石橋町でもこの品種の栽培があったが1990年代にはハウス桃太郎に変わった。

トマトの接木は1980年中頃から褐色根腐れ病対策で普及してくる。小山市飯塚の大塚優は1994年頃から遮根シートによる高糖度トマトの栽培を始め、品種・レディ－ファーストで糖度10度前後のものを生産していた。

ナス

1950年代より露地ナスの栽培が盛んになってきたが、1985年頃より水田再編対策で雨除けハウスによる早出し栽培が増えてくる。11月播き接木による金井改良早真を作り、着果は2,4－Dアミン塩1万5,000－2万倍を使用する。

1990年代には市内西部の水田地帯にもパイプハウスの半促成栽培が普及し、1993年時点で小山市農協ナス部会（松本治会長）は全体25haの面積で内半促成は3ha（1996年には4ha)、26名の規模である。播種は10月下旬で台木は赤茄またはVF、2月始めに定植し3月から7月まで収穫する。後作は抑制キュウリが入る。着果剤はトマトトーンを用いる（8)。トンネル露地栽培は1996年時点で6ha、41名で1989年に下野市などを含め指定産地となった。

そのほか、1991年から小山の大谷南部でメロンの導入が始まり2月播きはクインシー、6、7月播きは10月採りサンデー（アールス系）であった。

引用文献［第5章第3項 1)］

1. 美田農業の歩み（1962 ?）美田村・村内各農協刊
2. 農業改良のあしあと（1955）昭和29年度　県農業改良課
3. 桑農協30年のあゆみ（1979）　桑農協
4. 農業改良時報64号（1955）県農業改良課
5. くらしと農業5（10）（1981）農業者懇談会
6. 県農業改良普及員蔬菜新技術研修資料　1967年6月　（謄写、冊子）
7. 増山幸男（1987）キュウリ台木キトラの特性　農耕と園芸（42）6
8. 宇賀神正章（1993）栃木県JA小山市の半促成ナス栽培　園芸新知識1993年10月号　タキイ種苗㈱

談話参考　日向野竹雄、保坂健司、宇賀神正章

2）レタス

春レタスは1959年頃、間々田町に入り1962年頃秋レタスが大谷地区に入る。初期はハウスキュウリの次作として10月定植の3、4月採りであったが、その後露地栽培となる。1966年の農協合併を機にレタス部会もでき、レタスが普及してきた。1977年時点で小山市27、野木1、国分寺4石橋1ha、計33haの秋作レタス（8月中旬播き）、春作（1月播き）は10haでペンレイク、みかどグレート3204などの品種を栽培している。西部の生井地区は1979年から栽培が始まる。野木のレタスは畑灌漑施設の整備により1976年7名、1979年26名の栽培者となる。

大谷地区のレタスは1969年に大谷レタス部会ができ、75年頃から夏播春採りが本格化する。

1986年頃はこの地方で50ha、1戸平均40aを作る。育苗は連結ポット使用、施肥量は成分で20－30－20kg/10a程度、セロファン包装8kg箱となっている。

小山市のレタスは1999年時点で春採り70、秋採り50haあり、250cm幅の大型トンネルも入り2月採りも行われる。小山市育苗センターの利用も増えている。1990年代後半には全面マルチ機、包装機が普及し、コート種子を直接セルに播くようになった。トレイは49穴200穴が使用される。　市農協では1997年にレタス共販額10億円となる共販30年記念会を行った。2000年代初期の生産者は葉菜類との複合栽培が多く平均作付はレタス2、ハクサイ1.5、キャベツ1haの規模である。　小山市のレタス生産者は、2009年時点で120名で業務用の調整出荷も始まる。秋作は病害予防のため白黒ダブル全面マルチが定着している。

なお、春レタスは1982年（74ha)、冬レタスは1998年に指定産地となっている。

1993年当時の小山市武井・山関洋のレタスを主体にした作付けは次のようであった（1)。

春レタス：170a　秋レタス：100a　夏キュウリ：10a　水稲：75a　陸稲：100a

レタスの出荷期間は2月－5月、9月－1月と周年的になっている。

3）ハクサイ

カンピョウの後作として栽培は古くからあり、1965年には指定産地となる。当時は下都賀東部地区で350haの産地であった。年による価格の変動は大きいが、畑作地帯の秋作として定着してきた歴史を持つ。

戦後は練り床育苗が普及したが、1970年代はポリ鉢、連結ポット育苗に移ってきた。この頃の秋ハクサイは3株束出荷で畑売りが多いが、国分寺農協などでは共販を行っている。貯蔵は畑での藁囲いとする。春ハクサイは電熱か踏み込み床から鉢上げで育苗し出荷は段ボール箱15kgである。

ハクサイ根こぶ病は1970年頃より発生が目立ち、レタスとの輪作などの対応がなされたが、1984年には耐病性品種の試作があり、1990年代後半は耐病性品種が普及してくる。

4）ネギ

ネギもこの地では古くから栽培されているが、他の新興産地と違い栽培面積の増減は少なく小山市でも1970年代よりおおむね40－50haで推移している。

野木町川田地区に灌漑施設ができたのは1975年であり、1978年に野渡地区のネギ技術により川田でも5名がネギ栽培を始めたが、全体的には大きな動きはなかった。

その後、ネギが首都圏農業推進事業の新規作物として取り上げられてから、この地方でも1990年頃から急速に普及してきた。桑地区のようにネギの少なかったカンピョウ－ハクサイ地帯にも普及が推進された。例えば小山市飯塚の塚原豊は1991年にカンピョウをやめてネギ30aを、翌年には120aを作付するようになった。規模拡大のために夏ネギ（長悦)、秋冬ネギ（越谷黒一本太)、冬ネギ（元蔵）と播種期を区別して殆ど周年にわたって出荷する経営も多くなってきた (2)。

1990年代後半からトンネル栽培も普及してきた。栽培期間の一時期をビニールトンネルにして抽苔を抑制するこの栽培は、9月播き、11月定植、6、7月収穫でセル苗やペーパーポット苗が前提である。トンネルの換気は穴をあけて行う。

5）国分寺町の野菜

国分寺町の北野国照ら農研クラブは桑苗の不振を契機に1958年に茨城県境村の野菜産地を見学し、野菜導入に努め、1955年7月の小金井青果物生産出荷組合（田村賢作会長）の結成につながっていった。各種野菜の生産が始まったが特に半促成トマト、キュウリ、夏秋トマト、地這キュウリが重点で農協のオート三輪車で宇都宮へ、東京へは神田便で出荷した。しかし、1959年に国分寺農協に一本化され全町的な農協青果物部会となる。さらに同年、広域化して栃南青果物出荷協議会（国分寺など10農協）となり共販が推進された。(この頃4号国道は舗装完了していた) (3)。　この頃はニューメロンと夏キュウリに力を入れ、ニューメロンは1961年に約35haであった。範囲は国分寺、上三川、南河内に及んでいた。

ミツバ（根ミツバ）の軟化栽培は1970年に農協で出荷を扱い始めてから1977年時点で52名、6haの産地であった。導入は農協の生井安市で鉾田町の技術を見学してこの地に応用した (4)。国分寺町施設園芸部会は同町川中子に育苗ハウスを建て、1971年から燻炭培地によるキュウリの共同育苗を始めた。6万本の規模で周辺の栽培者にも供給した。

国分寺町のホウレンソウ（60ha）は1971年に石橋町と共に指定産地（60ha）となる。

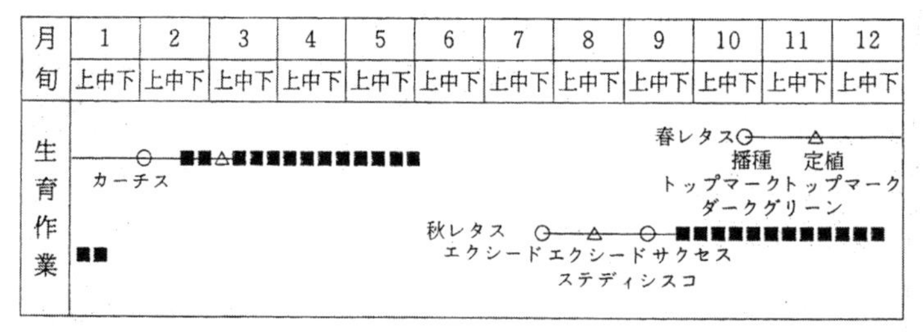

月 1 2 3 4 5 6 7 8 9 10 11 12
旬 上中下
生育作業
夏ネギ
長悦
秋冬ネギ
冬ネギ

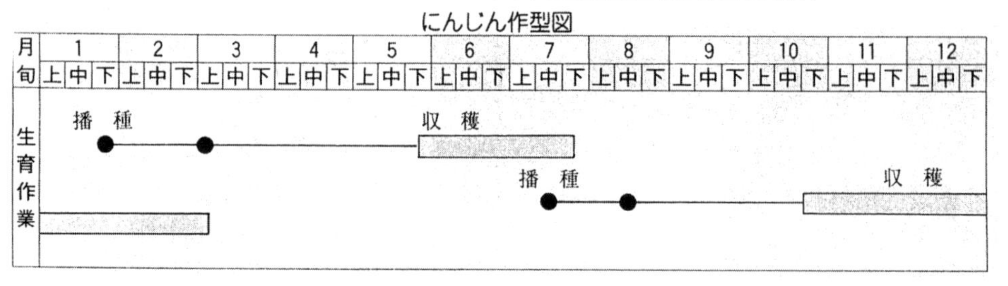

図5－1　1990年代始めの作型、いずれも1993年
上よりレタス（山岡洋）、ネギ（塚原豊）、ニンジン（宇賀神正章）

図5－2　ハクサイの圃場での貯蔵、1993年1月、小山市

引用文献［第5章第3項 2）－5）］

1．くらしと農業1993年10月号記事「現地に見る大規模経営」

2．くらしと農業1993年10月号記事　同上

3．農業と生活4（8）（1960）音羽誠、記事

4．朝日新聞栃木版（1977）1977年3月7日付け記事「出稼ぎするよりミツバ栽培」

白菜の豊作貧乏について（1964）

（これは当時の県農業試験場長、枝村藤作がまとめ、野菜試験担当者に渡された考察文である。）

1963年秋冬ハクサイは極めて順調な生育の結果、大暴落を来した。翌年1月28日、みくら会館での農産物流通改善対策委員会で横川信夫知事から「農試も学者のような研究ばかりしないでハクサイの簡易貯蔵のようなこともやったらどうか」との発言があった。ハクサイの暴落を念頭に置いた発言であった。このことが気になり私なりに検討してみた。（以下、考察の要約）　本県を含む関東地方のハクサイ作付面積が増加を続けていること、従って収量も出荷量も増加していること、東京市場の単価（kg・円）は次のようで11月－12月が安い。対策として、1.作付面積の統制　2.前進栽培（10月出し）　3.晩だし又は貯蔵による早春出しがある。

本県産地の作付はカンピョウ後作が7割であるから、早出しはこの慣行的な作付体系を変更しなければならない。貯蔵についてはすでに現地で行われている遮光（竹林下）＋防寒（わら囲い）が安定している。

対策としては早生品種の導入、耐貯蔵性品種の作付という限られたものしかない。平年と豊作年の価格の比較は次の通りである。

月	1961年	1963年
10月	14	9
11月	12	6
12月	11	6

（付記　農業試験場園芸部ではこの頃から早生ハクサイの育成（担当、瓦井豊　栃光の育成）や簡易貯蔵法の検討（担当・大和田常晴　半地下式断根畑貯蔵）が行われた。現地では秋作としてレタス、ホウレンソウなどへの転換が進み秋野菜の脱白菜化が進んだ。）

第6章 那須北地域

この地域の開拓地、高冷地については前章で触れた。ここでは平坦地の既往農業地について概況を記す。この地は大田原市、湯津上村などの水田地帯と那須町などの畑作地帯に分けられ、1956年の農業振興計画で前者の地区に奨励すべき野菜としてネギ、サトイモ、後者の地区にはダイコン（準高冷地以上）、ハクサイ、キャベツ、アスパラガスが挙げられている。春夏野菜は農作業上、水稲作と競合するので両地区とも難しいとされている。

その後の動きでは北部では夏キュウリ、夏秋ナス、レタスなどが導入され、水田地帯には施設園芸（トマト、ニラ）や冬に収穫されるネギ、ウドが導入され産地化した。この間、社会情勢や農政の変化もありさまざまな動きがあったが、ここでは主な事象についてだけ記す。

1. 那須町での初期の概要

戦後の激変はこの町の農業も同様であり、従来の葉タバコ、馬産、製炭からの転換が余儀なくされた。加えて1953、54年の冷害で食糧増産もさることながら所得の増加を図るための野菜の導入も必要であるとの動きが起こってきた。農業改良普及事業と農研クラブにより野菜導入事業が具体化され、役場、町内4農協などを含め青果物関連の協議会（1956年）(1)、次いで1960年の那須町青果物生産販売連合会の結成となった。これにより夏キュウリ、スイートコーン、トマト、インゲンなどの作付が増加した。1957年から4農協一元の出荷が始まった。出荷組合に関しては1956年に那須北部農協蔬菜部（222名）ができ、サトイモ、キュウリ等の増産が計られ、組合員の20％が蔬菜部に加入した。1960年頃の出荷組合は那須町蔬菜出荷組合（150名）、芦野同（130名）、那須町南部同（140名）、伊王野同（30名）があった（2、3）。

夏キュウリの試作は1955年の埼玉県視察をへて、1955年に渡辺政一ら農研クラブ員10数人で行われた（1）。この栽培は1965年には50ha、300余名の規模に発展した。当時の栽培として品種は霜不知の地這栽培から始まり、1961年頃からときわの網支柱に切り替わった。1973年に黒磯・那須地区で37haとなり指定産地となったが、その後開田の影響などで減少し、1980年代後半には黒磯市で1haとなった。

当時のことを平山幸次郎は次のように記している（4）。

「キュウリ栽培は1人1－3aで技術も習得していないので2日に一回の出荷日に1人が10kg箱1個くらいでありそれも等級など考えたら一箱もできないのです。その場所が黒田原であるため大澤、池田部落からは馬車で運搬してきて午後からの共撰であるが、夜の10時頃までかかりその量も一人12、3kgであったから採算もなにもあったものでなく、其の胡瓜は売上1億円の祝を前にして開田ブームとなり祝いの花火も揚がらずじまいで終わったことが残念でありました」

同じく野菜導入に携わった三本木秀夫は次のように記している（4）。

青年学級をへて普及所の勧めにより若葉4Hクラブを結成してから「プロジェクトとして何を作るかが問題でした。普及員の方と相談して蔬菜を作り東京に送ろうということになり、全員で神田市場を見学しました。（中略）後日東印の担当者がきて和久金久君の圃場を案内しました。そこに作られていたキュウリをみて担当の方が『これにしなさい』とキュウリを勧めてくれました。普及員の指導によりキュウリをトラックで送り出した時の喜びはつい昨日のようにおもいだされます」

そのほかトマトは古谷K号から新豊玉2号となり1963年頃が最盛期で、加工トマトは1961年から赤福3号などから始まり後にこの品種に統一された。育苗はウラホルム配合肥料による促成床土で行われた。レタスは1961年から試作し、1963年からポット育苗による10月採りとして普及し（2、3）、1975年頃は那須町で48名、50ha近くになる。

夏秋ナスは後発であったが、1982年時点で19名、1.7haの規模であり、1990年代には10ha程度の産地を維持している。2002年の野菜産額のうちでは1位で、全農産物産額（約140億円）の0.9%を占めた（ちなみに米は25.4%）。後に小山、真岡と並ぶナス産地となった。1997年に各部会は広域合併し那須野農協ナス部会となる。

ダイコンは改めて1979年に農協青果部会により栽培（3ha）が始まり1984年時点で90名、36haの規模である。

表6－1
1963年の那須町主要野菜の作付面積（概数、ha）

種類	面積	備考
スイートコーン	100	クロスバンタム、開拓地含む
レタス	2.2	
キュウリ	50.6	
ナス	20.5	
トマト	5.4	
ダイコン	63	
ネギ	20.5	
キャベツ	4.8	春播、開拓地

注：那須農改普及所15年のあゆみによる

引用文献［第6章第1項］

1. 後藤敏武（1960）
那須町そ菜生産販売対策協議会について
農業と生活4（8）
2. 農業改良普及事業十五年のあゆみ（1963）
県普及教育課（那須農改普及所）
3. 那須地区農業改良普及事業十五年の歩み（1964）
那須地区農改推進協議会ほか
4. 黒磯地区農改普及事業30年の歩み（1978）
黒磯地区普及事業30周年記念会
談話参考　篠原要一、柳義雄

2. 黒磯市での初期の概要

ニラは1970年から仁平文夫、人見心一らによりトンネル栽培で始まった。1975年に佐野地区でパイプハウスが入り、1970年代の終わりには46名、3.2haの規模で1－3月出荷となっている。当時のことを平山は次のように述べている（1)。

「それまでは水稲単作で出稼ぎが多かったがオイルショックで収入減が絶たれ、農協の人見心一指導員から冬ニラを勧められたのが、1974年でした。佐野地区14名でニラ組合を作ったが今は（1978年）栽培者が市内で50名となった」

加工トマトは1961年にカゴメ社が操業以来この地区の重要野菜で、1966年から無支柱となり1976年頃最盛期となった。ホールプラント定植は1978年から試作的に入り、後に定植期の分散を図る方法として定着した。市内の1985年頃の加工トマトの栽培者は約30名、9haであった。下のうちの室井康夫は土作りに基づく多肥集約栽培で、1980年より毎年10a10トンないしこれ以上の収量をあげた（2)。

夏秋キュウリは那須町より少し遅れて始まったが1980年後半には1haくらいとなった。

アスパラガスは高林地区で1978年頃始まり1980年に初出荷となり、4haの規模となったが1983年頃から茎枯れ病のため衰退した。タラノキの栽培は15名くらいで1980年頃からあり、品種・駒緑も導入されている。

夏秋ナスの産地化は1980年頃から始まり1990年代は5、6haを維持しているが、那須町に比べれば面積は少ない。

現在の栽培につながるウドは、大田原の影響を受けて1986年から鍋掛地区で始まり、急増して1989年には21ha、64名の産地となり、この頃から県北7農協の出荷組織となった。

夏秋トマトは1978年より雨除けハウスとなり1985年時点で49名、4.5haとなった。

引用文献［第6章第2項］

1. 黒磯地区農改普及事業30年の歩み（1978）黒磯地区普及事業30周年記念会
2. くらしと農業1984年2月号記事

談話参考　柳義雄

3. 大田原市とその周辺地域

この地で園芸作物導入が本格的に始まったのは1958、59年の冷害以降で、この頃から畜産と園芸導入が考えられ始めたという。1970年代までの動きは「那須野が原の緑と共に－普及事業の30年の歩み－」(1) に詳しい。それ以降1980年代からのウド、ネギの躍進ぶりは第2編で触れたので本章では紹介にとどめる。

さかのぼって明治期の農産については第1編第3章の表にある通り、主穀とイモ3種類の作付が中心であって、ごく普通の経営が最近まで続いていたといえる。

大田原市周辺には多少の野菜農家が存在したであろうが、確かな記録は見当たらない。本格的な野菜生産は1950年代からのことである。西那須野町二区の大蔵増太郎の1954年当時の野菜を取り入れた作付状況を紹介する (2)。これによると耕種部門のうちイモ類を除く野菜の販売可能額は約40%で野菜の比率はかなり高い。

なお、大蔵は戦前に長野県から移住し、戦後主穀経営から野菜プラス畜産経営に移行した。子息の大蔵健は後に施設園芸（トマト）の先駆者となる (3)。

表6－2　大蔵増太郎の作付状況、1954年 (2)

種類	作付面積	販売可能額
水陸稲	9.3反	114千円
大小麦	11	110.4
大小豆	1.5	16.5
デントコーン	4.0	21.6
サツマイモ、ジャガイモ	2.5	96
ナス	0.2	4.8
キュウリ	0.5	28.8
トマト	0.5	56.5
ハクサイ	1.5	78.0
ダイコン	0.2	自家用
キャベツ	1.0	29.4
ホウレンソウ	1.0	35.7

注：水田8.3、畑16.7反　家畜養蚕省略

大田原市では1974年に市内の3農協が合併しているが、1969年の市役所の方針として野菜関係の奨励品目は施設野菜（トマト、キュウリ、イチゴ)、キャベツ、トウガラシ、加工トマトであったが、農家の意向として水稲＋野菜とした人は13%にとどまっていた。

稲作転換政策が実施された1970年以降の野菜作付面積は施設野菜を除きあまり増加せず、1980年代後半の首都圏農業政策の時期になってから特定品目の伸びが大きいように見える。

キャベツは水稲早期栽培後作として1960年ごろから始まり親園地区が中心であった。1970年頃が最盛期で1971年は45haであったが、周辺の町村には広まらなかった。品種はやよい、耐寒大御所、晩抽理想など寒玉といわれる堅いキャベツであった。衰退の原因は栽培の不安定性、根こぶ病の発生などによる。

ニラは殆ど同時期に各市町村で開始されたが、稲作転換の頃には西方町や大平町で注目されたのみで県北では未知数であったが、その後急速に作付を伸ばした。1976年に農協金田支所

にニラ部会（48名）ができ、1979年には大田原市3、湯津上5haであった。2000年代初期には旧大田原市で83名、約30haと発展している。

ナスは1981年に大田原農協野菜部門の重点5品目の一つにニラ、山ウドなどと共にとりあげられた。同年12月に部会（高瀬忠武会長）ができ、キャベツ栽培者を中心に会員15名、1.2haの規模であった。1983年には105名、16haとなる。

1999年の農協合併によりナス部会も統一され、当時の会員は大田原市の最多10ha、次いで黒羽町の7haなど会員は200名近かった。品種は従来の千両2号から節間の短い式部に変わり、那須の美なすとして出荷されている。1998年に夏秋ナスの指定産地となった。

アスパラガスは各地で栽培が起こったが、黒羽町では1978年から栽培開始、1979年には47名、4.4ha、メリーワシントン種であったが、殆どが露地栽培のため伸び悩んだ。那須野農協となりアスパラガスの販売額は湯津上地区の分も含め2005年に1億円を超え、2007年には4億円（約70名、30ha）となった。加工トマトは佐久山、金丸が中心で1979年頃は周辺町村含め10haあった。

湯津上村のホウレンソウは1983年に5名で始まり、平坦地の雨除け栽培で周年出荷している貴重な産地である。水田地でありハウス内の圃場の盛り土など排水対策に万全を期している。1990年頃には30名を越え、同村で1億円の産額となり、首都圏普及事業のプラスワン対象となっていた。

同村のワラビは天狗わらびとして特産化したが、始まりは1965年頃である。当時、農閑期に他産業へ就労する者が多かったが、狭原の磯春夫は馬頭町山田郷の実家付近の山から地元の知り合いに依頼してワラビの根株を採取し、畑で増殖してパイプハウスを掛けて早出しを試みた。すぐ、隣家の磯宣裕も誘われて栽培開始、最盛期には湯津上村で約20名が栽培した。初期は大竹運送店で東京市場へ出荷していたが、後に農協の部会となった。

暖房機による1月出荷も行われている。栽培してみると株立ちの粗密、茎の色合い、毛の多少、太さなど変異があったので、選抜を繰り返したという。2000年代に入ると栽培者は減少し、現在は狭原と根本地区で栽培者は4名である。

1993年の大田原市の野菜生産状況は表の通りである。相当に多彩なものになっている。この後、ウド、ネギの伸びは大きく2000年には同市のウドは5.4億円で産額の3%、ネギは4億円で2%となり、ネギは県全体のネギ産額の26%を占める。さらに広域の那須野農協となってからは大きいネギ産地となり2005年頃には統一部会で売上10億円に迫る勢いである。2002年の大田原市の生産は農産産出額180余億円のうちネギは3.2%、5.8億円、ウドは1.9%、3.4億円、ナス1.4% 2.6億円となっている。ネギ、ウドは県1位、ナスは県2位である。

表6－3
1993年の大田原市野菜生産（農協資料、1994年）

種類	栽培者・戸	面積ha	産額百万円
山ウド	157	90	278
軟化ウド	14	30	127
ニラ	61	14	251
イチゴ	26	7.3	238
ナス	68	14	156
トマト	28	4.6	123
ネギ	79	18.6	111
黄金ニラ	6	7	51
ワラビ	15	2.2	27
シュンギク	13	1.3	19
ブロッコリー	40	13	18
ミニトマト	26	0.7	13
キュウリ	10	0.8	11

施設園芸

果菜類のビニールハウス栽培は県央部とほぼ同時にスタートしている。これは宇都宮市の小島重定らとの交流の結果である。先駆者として多くの人材を挙げ得るが、初期の中心人物として湯津上村の渡辺正男がいる。「大田原地区普及事業30周年記念誌」に詳しく紹介されているが、西那須野町の落ち葉利用の踏み込み温床によるキュウリの半促成栽培からスタートして、1963年にハウスを建てキュウリ、トマトの早出し栽培をリードした。このグループの参加者は馬頭町、矢板市からも参加し、任意組合での出荷を行っていた。冬期の落ち葉集めの労力から解放する電熱利用も東電の協力により実現され、「電熱友の会」がグループ名となるほどであった。渡辺は1961年には県ビニール利用研究会に参加し、1963年に栃木県野菜園芸技術研究会を小島重定らと立ち上げた。

1972年、栃木県施設園芸農協の解散後は各地の生産者は地元農協のハウス部会（連合体として4農協による那須北部施設園芸協議会、会長渡辺正男）となった。1998年、農協の合併大型化により協議会は役目を終え、渡辺ら有志6名は同年、那須北園芸・農事組合法人を、2002年には法人を有限会社とした。

傘松施設園芸組合は1979年に5名（代表渡辺正男）で設立し、ガラス温室5棟、約1haを農業構造改善事業により建設し、トマト栽培を開始した。

渡辺正男らによるハウス桃太郎の導入は、1988年産からで県内で最も早かった。当時すでに夏秋トマトで桃太郎が席巻してきた時期で、夏秋の桃太郎が出始めると瑞光102などの品種は価格が下がってきた。桃太郎クラスの完熟トマトを求め、タキイ社の系統を試作して結果を得、系統名で後のハウス桃太郎を1988年産に採用した。品種名が未定だったのでスーパー桃太郎の名で出荷し成功、ハウス桃太郎の普及に先鞭をつけた（4、5）。

西那須野町の高松勝雄は1964年にハウス200坪を建て施設園芸に参加した。同町ではすでに大蔵健、中村広巳らが施設野菜の栽培を始めており、これらとのグループでハウス規模の拡大を図ってきた。高松は園芸施設の改良にたけており高松式カーテンの発明（発明協会表彰）は画期的なものであった。多くの研修生を受け入れ、1979年より養液栽培（ハイポニカ）を導入、養液栽培の技術を確立し、現在はこの様式でトマトの長期栽培を行っている。各方面から褒賞を受けており、2003年9月12日には現・上皇陛下の視察も受けられた（1、6）。現在周辺は宅地化し栽培者は少なくなった。

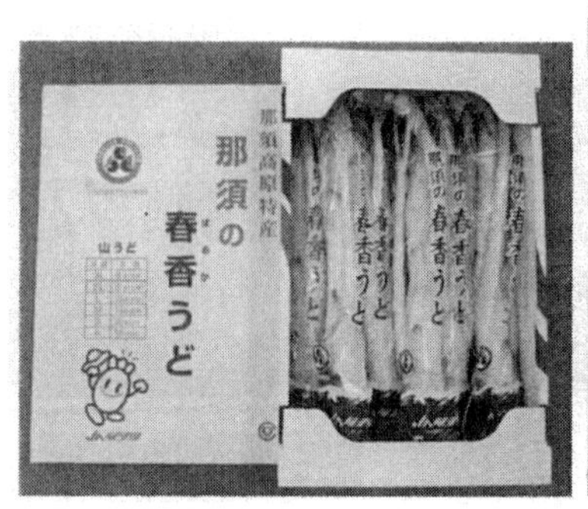

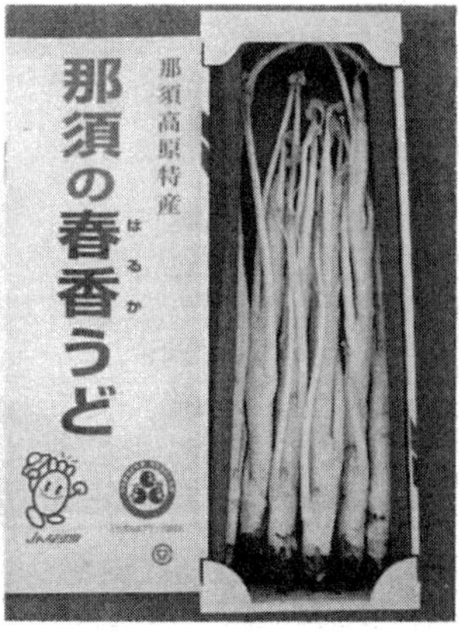

図6－1　那須の春香（はるか）うどのPRパンフ、2005年頃

図6－2　湯津上村のハウス団地、
4段プログラムサーモによる温風暖房、
自動天窓開閉を備える、1979年

図6－3　湯津上村でのスーパー桃太郎（後のハウス桃太郎）出荷状況
渡辺正男原図、1989年

図6－5　高軒高ハウス、高松勝雄圃場
中村藍原図、毎日新聞社承認済

引用文献［第6章第3項］

1. 那須野が原の緑と共に（1978）農改普及事業30年記念誌　大田原地区農業改良協議会
2. 伸び行く農業経営第4集（1955）　県農業改良課（独法・草地研究所所蔵）
3. 星光栄（1970）ハウス経営を企業的経営に－大蔵健さん－　農業と生活1970年6月号
4. 那須北施設園芸協議会20周年記念誌（1992）　同会事務局編
5. 渡辺正男（1989）ハウス桃太郎の栽培　園芸新知識　1989年9月号　タキイ種苗㈱
6. 新農業士の横顔（1990）くらしと農業1990年9月号記事

参考文献

大田原農改普及所各年・年報
談話参考　渡辺正男、高松勝雄、磯宣裕、木村健夫

回想　早出し栽培事始め ―昭和28年―　　**渡辺 正男**

本格的な醸熱物踏込温床栽培が拡大され、特に落ち葉さらいの風景の一こまを覗いて見る。温床材料は稲わら、木の葉、厩肥の収集は大変で、私の家内の実家に泊まり込んで朝の暗いうちにリヤカーを引いて出発しだらだら登り坂で凍てつく寒気にもめげず塩原街道の砂利道を一歩一歩進んでゆく。周りが見えるようになると街道はまるで大名行列のようで三島地区の農家の人で混雑しています。脇を流れる那須疏水はかなりの急流で川端には大根程度に大きなつららがずらりと並んで下がっている。千本松農場に着いた頃朝日が昇りたき火をして小休止。それから厚手の鎌で下刈り、熊手で落ち葉を集めさらに束ねリヤカーに山のように積んで家に帰る足取り、夕暮れの道をとっととっとと軽やかでこれが正月目途に意気込みで冬期間続き、今では誰も想像できない心の風景として残っている。

（「栃木トマトの源流」（冊子）2014年より）

あとがき

本書は本県におけるイチゴ、カンピョウ、トウガラシを除く野菜類の栽培について歴史的な経過を紹介するものです。もとより限られたわずかな史・資料と筆者の能力でその全体を書き出すことは難しいことです。この点をまず申し上げます。

筆者は栃木の野菜については、1962年に東京都職員から職場を転じ、栃木県職員にお世話になった時期からの見聞しかありませんが、当時は各地に続々とビニールハウスが建ち、レタス、キャベツ、夏トマト、夏キュウリなどの産地が出現してきた時代でした。この中で園芸後進県といわれた本県の生産者の人たちの努力や苦労、それにも増しての向上心に感銘を受けてきました。

爾来数十年、本県もいちご王国、園芸大国などと声がかかるようになってきました。晩年になるにつけてこれらの事蹟を記録することの必要を感じ、改めて本県の野菜の栽培史を考えてみることにいたしました。

野菜生産は育種、栽培、出荷、流通、経営など多岐にわたりますが、すべてを紹介することはできません。ここでは2010年頃までの栽培面だけにとどめました。他県では園芸史、野菜史など多く出版されていますが、本県での野菜史は初めてのことであり、内容的に「甘さ」があったり、筆者の個人的な思い入れが入ったりしたことはご容赦ください。

大袈裟な表現ですが「通史」では農政の動きに関連付けて野菜生産の動き、変遷を紹介し、種類編では主な種類の歴史的事項や特別な作型、産地の発展経過について、地域編では多少の重複がありますが、主な野菜産地の発展経過を記しました。内容的には粗密や不揃いがありますが、このように全体を整理しました。

学卒以来、幸いにも専攻科目蔬菜に生涯関われてきたことは幸いでした。私のわがままをお許しくださった上司や職場の方々に感謝せねばなりません。

引用、参考資料の多くは県立図書館、宇都宮大学図書館、各市町村の図書館に求め、幸いなことに感染症にかかわる休館前にあらかたの資料に目を通すことができたのは幸運でした。本県並びに県農協関係の資料も引用させていただき、筆者所持の記録類なども利用しました。お名前は省略させていただきますが、この間多くの関係者、生産者、農協の方、県職員、同OBなどからの証言、助言、ご教示をいただき厚く感謝申し上げます。

私の長い野菜生活の卒業論文と致します。

出版に際しては煩雑な原稿を巧みに編集、制作された（有）随想舍、卯木伸男氏、山崎智章氏らに大変お世話になりました。御礼申し上げます。

2022年6月　　川里　宏

付記　本書の性格上、敬称は省略しました。
　　　引用文献の記載は不統一ですがご容赦下さい。
　　　調査にご協力頂いた方は談話者としてお名前を記載しました。

[著者略歴]
川里　宏

1934年　東京都杉並区高円寺生まれ
1952年　東京都立豊多摩高校卒
1956年　千葉大学園芸学部卒（蔬菜園芸専攻）
1956年　東京都農業改良普及員（北多摩郡担当）
1962年　栃木県農業試験場研究員
1992年　栃木県退職

自家本として
　ある小さな農業技術史（自分史）（1993年）
　栃木のいちご、半世紀 －聞き書き－（2008年）
　The Strawberry　G.M. Darow著　和訳書（2009年）
　草苺の歴史　（2015年）

とちぎの野菜栽培史

2022年6月27日　発行

著　者　川里　宏
　　　　〒321－0952　栃木県宇都宮市泉が丘1－17－20
　　　　TEL 028－661－8566

発　行　有限会社随想舎
　　　　〒320－0033　栃木県宇都宮市本町10－3　TSビル
　　　　TEL 028－616－6605　FAX 028－616－6607
　　　　振替 00360－0－36984
　　　　URL https://www.zuisousha.co.jp/
　　　　E-Mail info@zuisousha.co.jp

印　刷　モリモト印刷株式会社

装丁●栄舞工房

定価はカバーに表示してあります/乱丁・落丁はお取りかえいたします
 ISBN978-4-88748-404-7